मध्यान्तविभागशास्त्रम्
MADHYĀNTA-VIBHĀGA-ŚĀSTRA

मध्यान्तविभागशास्त्रम्

आचार्यमैत्रेयकृतकारिकाभिः, आचार्यवसुबन्धुकृतेन भाष्येण,
स्थिरमतिकृतटीकया च संवलितम्

प्रतिसंस्कर्ता

रामचन्द्रपाण्डेयः

MOTILAL BANARSIDASS PUBLISHING HOUSE
SINCE 1903

मोतीलाल बनारसीदास
पब्लिशिंग हाउस • दिल्ली
Email: naraina@mlbd.in • Website: www.mlbd.in
@mlbdofficial

Madhyānta-vibhāga-śāstra

Containing the Kārikā-s of Maitreya, Bhāṣya of Vasubandhu and Ṭīkā by Sthiramati

Critically Edited by

RAMCHANDRA PANDEYA

MOTILAL BANARSIDASS PUBLISHING HOUSE

SINCE 1903

MOTILAL BANARSIDASS

PUBLISHING HOUSE • DELHI

Email: naraina@mlbd.in • Website: www.mlbd.in

@mlbdofficial

2nd Reprint : Delhi, ***2023***
First Edition : Delhi, 1971

ISBN: 978-93-5760-423-9 (Hardcover)
ISBN: 978-93-5760-426-0 (Paperback)

Printed & Published by
Rajendra P Jain *for*
Motilal Banarsidass Publishing House
A-44, Naraina Industrial Area, Phase I,
New Delhi–110 028 (INDIA)
Email: naraina@mlbd.in Website: www.mlbd.in
Tel.: (+91-11)4751 1592
Showroom:
4637/20, F-2, Hari Sadan, First Floor, Ansari Road, Daryaganj
Delhi–110 002 (Opp. Fire Station) ***Tel.*** : (+91-11)4559 7999

प्राचीनवाङ्मयसमुद्धरणोद्यतानाम्
आधुनिकभारतीयविद्याविदुषां नायकानाम्
श्रीमतां परशुरामलक्ष्मणवैद्य महोदयानाम्
करकमलयोः संस्करणमिदं
सादरं समर्पितम् ।

INTRODUCTION

1. The Present Edition

The *Madhyānta-vibhāga* literature consists of the *Kārikā-s*, divided into five chapters, by Maitreya or, according to some by Asaṅga, the commentary of the *Bhāṣya* style by Vasubandhu and the *Ṭīkā*, called *Āgamānusāriṇī*, on the *Bhāṣya* by Sthiramati. The *Kārikā* and the *Bhāṣya* texts have been edited together by Gadjin M. Nagao and the text of the Ṭīkā in full was published by S. Yamaguchi and in parts by V. Bhattacharya and G. Tucci. The present edition contains all the three texts in Devanāgarī characters, published together for the first time.

It may be confessed that the present editor could not lay his hands on any new manuscript of the texts included here. But he was able to consult photographs of all the manuscripts used by former editors of these texts. In fact the idea of preparing an edition of the *Madhyānta-vibhāga* literature owes its origin to Professor V. V. Gokhale, the former Professor of Buddhist Studies in the University of Delhi, who received a photo-copy of the *Bhāṣya* text from the collection of the photographs of Sanskrit manuscripts, brought by the late Rahul Sankrityayana from Tibet and deposited at the K. P. Jayaswal Institute, Patna. The photograph of the *Bhāṣya* Ms. was deciphered and the text was carefully compared with its Tibetan and Chinese versions jointly by Prof. Gokhale and the present editor. In the meanwhile Prof. Gokhale retired from the University of Delhi and Professor Nagao's edition came out. The present editor therefore thought it not proper to republish the *Bhāṣya* text alone; he decided to include the text of the *Ṭīkā* in his edition.

It is well known that the text of the *Ṭīkā* was published at a time when the text of the *Bhāṣya* on which the *Ṭīkā* comments, was not known to exist in original Sanskrit. After the discovery of the *Bhāṣya* it became necessary to revise the *Ṭīkā* text and to re-write the missing portions of the *Ṭīkā* in comparison with the Tibetan version and now available Bhāṣya text. The present edition embodies only this improvement upon previous editions. So far as the *Bhāṣya* text is concerned, there is not much difference between the editions of Nagao and the present one. But a reader may note practically on every page of the present edition that the readings adopted here are, at places, materially as well as linguistically different from those of Yamaguchi. This is more so in those parts which are restored from Tibetan. This difference is due either to failure to read the Ms. correctly or to the lack of sufficient familiarity with the complicated grammar of Sanskrit on the part of the learned Professor Yamaguchi. The present editor has, at places, taken liberty with the Ms. where the logic of clear understanding so demanded. For these deviations he alone should be held responsible.

2. Abbreviations and Typographical Notes

Y.=*Madhyānta-vibhāga ṭīkā* of Sthiramati, ed. S. Yamaguchi, Nagoya 1934.

N.=*Madhyānta-vibhāga-Bhāṣya*, ed. Gadjin M. Nagao, Suzuki Research Foundation, Tokyo, 1964.

Ms.=in the case of the *Bhāṣya* text refers to the photographs of the Bhāṣya Ms. in the Rahul Sankrityayana collection and in the case of the *Ṭīkā* to the Ms. of *Ṭīkā* used by Yamaguchi.

Tib.=*Dbus daṅ mthaḥ rnam par ḥbyed paḥi ḥgrel pa* (Tohoku 4027, Peking Rep. Ed. 5520) or Tohoku 4032, Peking 5534).

Fourteen pt. white face types are used for the *Kārikā-s*, 10 pt. black face types for the *Bhāṣya* and 10 pt. white face types for the *Ṭīkā* texts. Smaller portions restored from Tib. are printed in 12 pt. white, but longer portions are printed in normal types within parenthesis.

3. Acknowledgements

The editor is indebted to the works of all those scholars who have brought out various editions and translations of the texts included here. He is specially indebted to Professor V. V. Gokhale for the kind of help mentioned earlier. Professor T. R. V. Murti formarly of the Banaras Hindu University helped the editor by providing some books and Professor P. L. Vaidya helped by giving valuable suggestions and encouragement. The editor is thankful to these scholars and also to his wife Mrs. Vidyawati Pandeya and his students for various kinds of help he has received from them.

4. About the Text

The *Bhaṣya* text, as in the photographs of Rahul Sankrityayana, contains *Kārikā* text in full, although from Chinese and

Tibetan sources one can gather that perhaps the *Kārikā* text was separately available in old days. Hsūan-Tsang (Taisho 1601) translated the *Kārikā-s* into Chinese and according to Tohoku Cat. 4021 there is a translation of the same available in Tibetan. The *Bhāṣya* text was translated by Paramārtha and Hsūan-Tsang into Chinese (Taisho 1599 and 1600 respectively) and its Tibetan translation is available in Tanjur (Tohoku 4027, Peking ed. 5528).

The text of the *Ṭīkā* by Sthiramati was discovered by Prof. Sylvain Lévi and edited by Yamaguchi in 1934. The edition of the first chapter of the same text in Devanāgarī characters was published by V. Bhattacharya and G. Tucci in the Calcutta Oriental Series. No. 24, 1932. There are two translations of this text into Chinese by Paramārtha and Hsūan-Tsang and one into Tibetan. The entire Ṭīkā text has been translated into Japanese by Yamaguchi and only the first chapter has been translated into English by Th. Stcherbatsky (Bibliotheca Buddhica XXX, 1936) and by D. L. Friedmann (Amsterdam, 1937). The third chapter was published in English translation by Paul Wilfred O' Brien (*Monumenta Nipponica*, vol IX and X 1953-54).

The Chinese translation of the Bhāṣya by Hsūan-Tsang does not follow the pattern of the available Sanskrit text. Hsūan-Tsang has arranged the entire text in his own way and has given his rendering in Chinese expressions. Paramārtha is, however, more faithful to the text. The Tibetan translation is closer still to the original. But our Ms. of the *Bhāṣya* represents that version of the text on which Sthiramati wrote his Ṭīkā.

The last line of the *Bhāṣya* Ms. calls the text as *Madhyānta-vibhāga-kārikā-bhāṣya.* The colophon at the end of the III chapter however reads *Madhyānta-vibhāga-śāstre.* The last *Kārikā* (31) of chapter V calls this text *śāstraṁ madhya-vibhāgaṁ* which has been expanded into *madhyāntavibhāgam* by Vasubandhu and Sthiramati. From all this account it is clear that the text was called *Madhyānta-vibhāga-śāstra* and not *Madhyānta-vibhaṅga* as some scholars have done.

According to Nagao there are 22 kārikā-s in chapter I, excluding the Kārikā giving the topics of the whole text. I do not see any reason why this *Kārikā* should not be counted as belonging to chapter I. Yamaguchi was definitely mistaken about the last line of the last *Kārikā* as he thought that in this chapter there are only twenty-one and a half *Kārikā-s*. He read प्रकृत्यैव along with the third *pāda* of the *Kārikā* and missed in his reconstruction from Tibetan (see p. 47 and specially note 7) the fourth pāda, translating it as a prose passage. As pointed by Nagao this was mainly due to the fact that almost all the editions of the Tibetan translation of the *Kārikā* text have missed the last two *pāda-s* of this *Kārikā*. I think when the original Sanskrit is available, not much reliance should be placed on Tibetan or Chinese translations. Many scholars, like Yamaguchi, have committed serious mistakes because of their preferene for Tibetan or Chinese versions over original Sanskrit.

According to Nagao there are 22 *kārikā-s*, including one *ṣaṭ-pāda* in the III chapter, 18 (including one *ṣaṭ-pāda*) in the IV chapter and 29, (including two *ṣaṭ-pāda-s* and excluding one *kārikā* on शास्त्रनाम) in the V chapter. I have accepted the numbering of Nagao in the III chapter because the fourth *pāda* of the *kārikā* 22 does not complete the sense. The *kārikā* in question is as follows:

गुणदोषाऽविकल्पेन ज्ञानेन परतः स्वयम् ।
निर्याणादपरं ज्ञेयं सप्रज्ञप्तिसहेतुकात् ।
निमित्तात् प्रशमात् सार्थात् पश्चिमं समुदाहृतम् ।।

Here one who is familiar with the nature of Sanskrit language would easily discover that the ablative case-ending in सप्रज्ञप्ति-सहेतुकात, meaning "because of", demands a complimentary clause (here पश्चिमं समुदाहृतम्) showing the result. But the reason that Nagao has put forth in support of the 22nd *kārikā* being a *ṣaṭ-pāda* is not very convincing. I do not see why it must be obligatory on the part of the author of the *kārikā* text to complete a chapter with a full kārikā, when the treatment of the subject under discussion is complete. In the case of the IV chapter Nagao thinks *kārikā* 5 to be a *ṣaṭ-pāpa*. But the kind of logic holding in the case of the III chapter, noted above, does not hold here. Here the enumeration of eight प्रहाणसंस्कार-s is spread over six *pāda-s* and thus we can count a *śloka* as having, as usual, only four *pāda-s*. In that case I have counted eighteen and a half *kārikā-s* in the IV chapter.

In the V chapter, again, I do not see any reason for excluding the last *kārikā*, explaining the name of the treatise from the main body. In support of his reading two *ṣaṭ-pāda-s* in this chapter Nagao says "There are, in the middle of the chapter, many instances in which one topic begins on the last half of a kārikā and ends on the first half of the next kārikā; such instances are seen especially in the section "Aviparyāsa-pariṇatā". To answer this problem, I assumed, provisionally, there are two six-pāda kārikā-s included in this chapter—one is kārikā V. 6, the other V. 29." In both the cases there is no compelling reason to accept the view of Nagao as in both the cases only enumeration is involved. There are many other instances in this text itself (e. g. I. 11;I 18-20; II. 10 and so on) where one topic begins on the last half of the previous kārikā and ends on the first half of the next *kārikā* or the enumeration continues through one and a half *kārikā* or one topic ends with one *pāda* and the other topic begins in the next *pāda* of the same kārikā. Will Nagao's logic apply to all these cases? I think it cannot be done unless one obstinately holds the view that a chapter must invariably end in complete number of *kārikā-s*. Thus in the present edition I have counted 31 *kārikā-s* in the V chapter.

There are two places (p. 68 and 170) where some *śloka-s* which are not parts of the *kārikā* text, are given in the *Bhāṣya* and commented upon in the Ṭīkā. In both the places the *Bhāṣya* does not say anything about these *śloka-s*, treating them as if they are parts of the Bhāṣya. From this and also from the remarks of Sthiramati (p. 173) it can safely be concluded that these are the compositions of Vasubandhu and not of Maitreya. It may be interesting to note hare that the *Ṭīkā* on page 68 (note 35) reads either प्रसङ्गागतानामन्तरश्लोकेन सङ्ग्रहः क्रियते or प्रसङ्गागतानान्त्वत्र श्लोकेन etc. If the first reading is accepted, they are *antara-śloka-s* used for the purpose of *saṅgraha* and if the second reading, which is incidentally the reading found in the *Ṭīkā* Ms. is preferred, then they are the *śloka-s* for the purpose of *saṅgraha.* In any case *antara-śloka* and *saṅgraha-śloka* mean the same thing according to Sthiramati. The word "*antara-śloka*" means the *śloka* which comes in between, i. e. the *śloka* which is inserted by a commentator in order to recapitulate the points discussed in between the two kārikā-s he comments upon. The word "*saṅgraha-śloka*", on the other hand, simply means recapitulatory verses. The former expression emphasizes the position of the inserted *ślokas*, the latter shows their function. In any case these are not to be taken as parts of the text commented upon.

There are some interesting points emerging from a comparative study of the *Bhāṣya* with *Ṭīkā*. One such point may be found on pp 13-14. Here the *Ṭīkā* suggests an order of sentences of the *Bhāṣya* different from the one we have in the *Bhāṣya* Ms. (see note 12 on p. 14). Another point of interest relates to the *Bhāṣya* text beginning with बोधिप्राप्तुकामेन—and ending with °नुक्रमः शुभादीनाम् (pp. 64-65). This long passage is missing from Paramārtha's Chinese translation but is to be found in Hsüan-Tsang and Tib. Sthiramati (p. 67) takes this passage to represent the views of some others (केचित्तु) and discusses its contents not in the usual commenary style but by paraphrasing it. Moreover according to the *Bhāṣya* Ms. *antara śloka*-s come before this passage (p. 64) whereas according the *Ṭīkā* they come after the passage. This may lead us to believe that the entire (बोधिप्राप्तुकामेन....शुभादीनाम्, pp. 64-65) was not a part of the *Bhāṣya* at the time of Sthiramati and this might have been added to the *Bhāṣya* later on by a person who was interested in the idea contained in this passage.

1.12.1970. R.C.P.

विषय-सूची

मध्यान्तविभागशास्त्रम्

लक्षणपरिच्छेदः प्रथमः

मध्यान्तविभागभाष्यम्

[१ ब] ॐ नमो बुद्धाय

शास्त्रस्याऽस्य प्रणेतारमभ्यर्ह्य सुगतात्मजम् ।

वक्तारं चाऽस्मदादिभ्यो यतिष्येऽर्थविवेचने ॥

मध्यान्तविभागभाष्यटीका

आर्यमञ्जुश्रिये कुमारभूताय नमः ॥

उत्तमजनो हि प्रायशो गुरुं श्रद्धादेवतां चाभ्यर्च्यैक र्मसु प्रवर्तत[1] इत्ययमप्यहमुत्तमजननयमनुवर्ती **मध्यान्तविभागसूत्रभाष्यं** चिकीर्षु[2] स्तत्प्रणेतुर्वक्तुश्च पूजां कृत्वा तदर्थविभागाय प्रयुक्त इति प्रतिपादयन्नाह—

शास्त्रस्याऽस्य प्रणेतारम्

इत्यादि । एवं कृत्वा को गुणः प्राप्यते ? गुणवतो हितकारिणश्च पूजयतामेषां[3] पुण्यमुपचीयते । पुण्य उपचिते समारम्भाद् विघ्नविनायकैरनुपहतानल्पेन प्रयासेन समापयन्तीति ।

अथवा प्रणेतृप्रणेय[4]-प्रवचनात् सूत्रप्रणेतृवक्तृवृत्तिषु गौरवोत्पादनार्थमाह—

शास्त्रस्याऽस्य प्रणेतारम्

इति सर्वम् ।

तत्र प्रणेतृवचनात्[5] सूत्रे गौरवमुत्पद्यते । यस्याऽस्य[6] कारिकाशास्त्रस्य**आर्यमैत्रेयः** प्रणेता । स चैकजातिप्रतिबन्धात्[7] सर्वबोधिसत्त्वाभिज्ञाधारणीप्रतिसंवित्समाधीन्द्रियक्षान्तिविमोक्षैः परमं पारं गतः सर्वासु बोधिसत्त्वभूमिषु निःशेषमपि

१ Y. प्रवर्तेत against Ms. He reconstructs the sentence in plural.

२. Y. adds °र्षुरिति ज्ञापनार्थं on the basis of Tb but against Ms.

३. Y. गुणवद्भ्यो हितकारिभ्यश्च पूजयानाना°.

४. Y. adds वक्तृवाक्यसमादान° here on the basis of Tib. but against Ms.

५. Y. तत्र प्रणेत्रा वक्तुमुपदिष्टात्.

६. Y. यस्मादस्य against Ms.

७. Y. प्रतिबद्धात्.

प्रहीणावरणः। वक्तृसमादानद्वारेण वृत्तौ[८] गौरवमुत्पद्यते। वक्ता पुनरत्राचार्याऽ**सङ्गः** तस्माच्छ्रुत्वाचार्यभदन्त**वसुबन्धुः** तद्भाष्यमकरोत्। तयोरुत्तमप्रज्ञावतोर—भ्रान्ति[९] प्रतिवेधधारणोपदेशसामर्थ्यादत्र **सूत्रार्थो**ऽभ्रान्तमुपदिष्ट इति वृत्तौ[१०] गौरवमुत्पद्यते। एवं ये पुगद्लं प्रमाणीकुर्वन्ति तेषां सूत्रवृत्त्यो[११] गौरवोत्पत्तिः। ये च धर्मानुसारिणस्तेषां सूत्रवृत्त्योः शुभार्थो[१२]ऽवबोधः। जाते च निश्चये इयं प्रणेतुर्वक्तुश्च प्रतीत्या प्रभावना न तु तर्कागममात्रेण प्रभावनेति प्रणेतृवक्तृगौरवोत्पत्तिः।

इदमिदानीं वक्तव्यम्—कीदृशं शास्त्ररूपम्। शास्त्रं किमिति चेत्[१३] नामपदव्यञ्जनकायप्रभासा विज्ञप्तयः शास्त्रम्। अथ वा लोकोत्तर-ज्ञानप्रापकशब्दविशेषप्रभासा विज्ञप्तयः शास्त्रम्। कथं विज्ञप्तयः प्रणीयन्त उच्यन्ते वा? प्रणेतृवक्तृविज्ञप्तिप्रभवत्वात् प्रज्ञप्तीनां नात्र दोषः। शिष्यधार्मिको हि शीलसमाधिप्रज्ञाविशेषोत्पादात्[१४] कायवाङ्मन[१५]स्सम्भारानुत्पत्तिकर्मणो निवर्तते सम्भारोत्पत्तिकर्मणि च प्रवर्तते। अथ वा शास्त्रलक्षणस्य शासनाच्छास्त्रम्। (तच्च शा—) स्त्रलक्षणं यदुपदेशो भासमानसर्व[१६]क्लेशप्रहाणाय[१७] निरन्तरदीर्घविविधतीव्रदुःख भीत्याश्च[१८] दुर्गतेर्भवाच्च सन्त्रायते। तस्मात् क्लेशरिपुशासनाद् भवदुर्गतिसन्ताराच्च शास्त्रलक्षणम्। एतच्च द्वयमपि सर्वस्मिन्महायाने सर्वस्मिंश्च तद्व्याख्याने विद्यते नान्यत्रेति। अत एतच्छास्त्रम्। आह च—

यच्छास्ति च क्लेशरिपूनशेषान्
सन्त्रायते दुर्गतितो भवाच्च।
तच्छासना (त्त्राण-) गुणाच्च शास्त्रम्
एतद् द्वयं चान्यमतेषु नास्ति॥[१९]

अस्येति। त्रियानद्वारेण सप्तवस्तुसङ्ग्रहस्य क्लेशज्ञेयावरणप्रहाणप्रापकस्य **मध्यान्तविभागकारिकाशास्त्रस्य** हृदि स्थितत्वादस्येति प्रत्यक्षोपदेशः।

प्रणेतारमिति कर्तारम्। यद्यप्ययं धातुः प्रापणार्थस्तथापि प्र-शब्दसंयोगात् विशेषार्थको द्रष्टव्यः। उक्तं हि—

८. Y. वृत्त्यां.
९. Y. तावप्युत्तमप्रज्ञावतोरभ्रान्ति° which carries no sense.
१०. Y. वृत्त्यां.
११. Y सूत्रवृत्तिगौरवो°. Ms. broken.
१२. Y. शुभार्थेऽवबोधः.
१३. Y. किं चेति.
१४. Y. °त्पादितत्वात्.
१५. Y. °ङ्मनसां.
१६. Y. यद् उपदेशो भासमानो [ऽभ्यस्तः] सवासना° against Ms.
१७. Y. adds [आपद्यते] against Ms. on the basis of Tib.
१८. Y. °दुःखभीतायाश्च.
१९. Also quoted in the Prasannapadā, p. 3.

उपसर्गेण धात्वर्थो बलादन्यः प्रतीयते ।[२०]
गङ्गासलिलमाधुर्यं सागरेण यथाम्भसा ॥[२१]

सुगतात्मजमिति । सुष्ठु गतः सवासन[२२]क्लेशावरणाज्ज्ञेयावरणाच्चाप्रतिष्ठितं[२३] निर्वाणमिति *सुगतः* । स च सर्ववासनावरणप्रहीणः सर्वथा सर्वधर्मावबोधस्वरूपः सर्व विभूत्याश्रयभूत-(श्चिन्ताम)णिरत्नवदचिन्त्यप्रभावविग्रहः सर्वसत्त्वानामनाभोगेन सर्वार्थ (च-) रणसमर्थो निर्विकल्पकज्ञानविशेषात्मकः सुगतः,[२४] तज्जनितत्वान्निर्विकल्पस्य ज्ञानस्य । तस्मात्तस्मिन् वा जातः सुगतात्मजः ।

अथवा सुगतात्मना जात इति सुगतात्मजः । यथोक्तं **सूत्रान्तरे**—जातो भवति तथागतवंशे तदात्मकवस्तु *प्रतिलाभादिति । एवं सति बोधिसत्त्वस्य दशम्यां भूमौ*[२५] *प्रतिष्ठितस्य* सर्वाकारं ज्ञेयं वस्तु करतलस्थमिवामलकं तत्त्वंशुका[२६]वच्छादितलोचनस्येवाभासमायाति । भगवतः पुनरपनीतलोचनावरणस्येवेत्ययं विशेषः । अत्र हि सुगतात्मजस्य *शास्त्रप्रणेतुरवबोधसम्पत्*[२७] *प्रदर्शिता लाभसत्कारनिर*पेक्षस्य शास्त्रप्रणेतृत्वेन करुणासम्पत् प्रज्ञासम्पच्च ।

वक्तारमिति व्याख्यानस्य कर्तारम् । अभ्यर्ह्येति सम्बध्यते । सुगतात्मजमित्यपीत्यपरे । स पुनरार्या**ऽसङ्गः** । तस्य हीदं शास्त्रमभिव्यक्तम्, आख्यातं चार्यमैत्रेयाधिष्ठानात् *धर्मसन्तानेन* ।

चेति समुच्चये पादपूरणेऽधिकवचने वा । अन्यानपि बुद्धबोधिसत्त्वानर्चयित्वा, न केवलं प्रणेतारं वक्तारञ्चेति । केभ्यो वक्तारम् ? **अस्मदादिभ्य** इति । वयमादिर्येषां तेऽस्मदादयस्तेभ्योऽस्मदादिभ्यः । *अनेनात्मन उपदेशस्यामृषात्वं व्यज्यते* ।[२८]

अभ्यर्ह्येति अभ्यर्च्य । अभितः पुरतः साक्षादिव स्थितम् । अर्हित्वा अर्चयित्वा कायवाङ्मनोभिः । *शास्त्रस्य प्रणेतारं* वक्तारं चाभ्यर्च्य किं करिष्यसीत्याह—

यतिष्येऽर्थविवेचने ॥

इति । यत्नमारप्स्ये **अर्थविवेचने** अर्थविवरणे पृथग्भावकरणे वा । इयं च निमित्तार्था सप्तमी । अर्थविवेचननिमित्तमित्यर्थः ।

२०. Y. °दन्यत्र नीयते against Ms.

२१. Also quoted in the Prasannapadā, p. 5.

२२. Y. and perhaps Ms. सवासनाक्लेश°.

२३. Ms. क्लेशप्रहाणाज् ज्ञेयावरण—प्रति—तम्.

२४. Y. adds तदात्मत्वं विशुद्धितथता on the basis of Tib. but not found in Ms.

२५. Y. दशमभूमौ.

२६. Y. °वामलकीफलं शुका°. Ms. as here;can be construed as तत्तु+अंशुकावच्छादित etc. शुकावच्छादितलोचनस्येव has no sense.

२७. Y. reconstructs as सुगतात्मजस्तस्यैव शास्त्रप्रणयनस्यावबोधसम्पत्.

२८. Y. अनेनात्मनोऽमृषाया उपदेशो भासमानो निर्दिष्टः.

[शास्त्रशरीरम्]

तत्रादितः शास्त्रशरीरं व्यवस्थाप्यते—

लक्षणं ह्यावृति[1]स्तत्त्वम् प्रतिपक्षस्य भावना।
तत्राऽवस्था[1a] फलप्राप्तिर्यानानुत्तर्यमेव च ॥१॥

इत्येते सप्तार्था ह्यस्मिन् शास्त्र[2] उपदिश्यन्ते। यदुत—लक्षणम्, आवरणम्, तत्त्वम्,[3] प्रतिपक्षस्य भावना, तस्यामेव च प्रतिपक्षभावनायामवस्था, फलप्राप्तिः,[4] यानानुत्तर्यं च सप्तमोऽर्थः ॥१॥

अर्थः **पुनरत्र शास्त्रशरीर***मिति* । **एते सप्तार्था ह्य[5]स्मिन् शास्त्र उपदिश्यन्त[6]** *इति वचनात्* । *किमर्थमिदं* शास्त्रं प्रणीतम् ? बुद्धानां भगवतां सम्यग्[7]निर्विकल्पज्ञानोत्पादनार्थम्। धर्मनैरात्म्यदेशनतया निर्विकल्पज्ञानोत्पादात्तदभ्यासाच्च निःशेषसवासन[8]क्लेशज्ञेयावरणप्रहाणमवाप्यते। *अयं पुनर्धर्मनैरात्म्यस्य विरोधवादो यत् सर्वधर्मरहितता धर्मनैरात्म्यम्* । *अन्तर्व्यापारपुरुषरहितता[9]* च धर्मनैरात्म्यमित्यतस्तत्प्रतिषेधेन तथाभूतनैरात्म्यप्रतिपादनार्थं शास्त्रारम्भः।

लक्षणावरणादिष्वप्रतिपन्नविप्रतिपन्नानां सम्यगवबोधोत्पादनादप्रतिपत्तिविप्रतिपत्त्यपनयना[10]*र्थमित्यन्ये* ।

*अथ वा पञ्चाकारज्ञेयं[11]लोक धातुसत्त्वधर्मविनेयो*पायधात्वात्मके प्रत्येकमनन्तप्रभेदत्वाद् दुर्विज्ञेयमिति बोधिसत्त्वानां यश्चित्तसङ्कोचस्तदपनयनार्थमाह—

लक्षणं ह्यावृतिस्त[12]त्त्वम्

इति—

तत्रादितः शास्त्रशरीरं व्यवस्थाप्यत[13] इति। **तत्रेति** *शास्त्रार्थविवेचने शास्त्रे*

१. Ms. आवृत्ति°

१ a N. तत्र च स्था, against Ms.

२. N. शास्त्रे against Ms. The Ms. reading is correct according to the Saṁdhi rules but N. thinks it to be wrong.

३. Ms. usually तत्वम् throughout. N. does not note it, so he always writes तत्वम् which is wrong.

४. One च is cancelled in Ms.

५. Y. अस्मिन्.

६. Y. reconstructs आख्यायन्त.

७. Ms. विनिर्विकल्प

८ Y. invariably reads सवासनाक्लेश wherever the phrase occurs.

९. Y. पुरुषव्यतिरिक्तता.

१०. Y. अपनयार्थम्, but see below.

११. Y. पञ्चाकारज्ञेये; but read that way there will be no nominative in the sentence referring to. दुर्विज्ञेयम्.

१२. Ms., N., Y. ह्यावृत्तिस्.

१३. Y. reconstructs शरीरव्यवस्थापनम्

वा। **आदित** *इति प्रथमत एव।* **शास्त्रं** *विवरणम्।* **तच्छरीरं** संक्षेपः पिण्डार्थो वाश्रयार्थेन वा शरीरम्। यथा हि बाह्याध्यात्मिकायतनाश्रयः कायः शरीरमित्युच्यते, एवं यानर्थान् निश्चित्य शास्त्रं प्रवर्तते तेऽर्थास्तस्य शरीरम्। ते च सप्तार्था *लक्षणादयः।* **व्यवस्थाप्यत** *इति प्रज्ञाप्यते आख्यायत*[१४] *इत्यर्थः। ननु शास्त्रावबोधेनैव* तच्छरीरं विज्ञास्यत इति निरर्थकमादौ तद्व्यवस्थापनम्। न निरर्थकं, शिष्याऽनुग्रहार्थत्वात्। गतार्थो हि शिष्यः सुखं विस्तरमुच्यमानं प्रतिपद्यते। दृष्टा भूमिर्निःशङ्कमश्ववाहनेनेव[१५] *नान्यथा।*

[१६]**इत्येते सप्तार्था ह्यस्मिन् शास्त्र उपदिश्यन्ते**[१७]। *इतिः शास्त्रशरीरसमाप्त्यर्थः।*[१८] **एत** इति ये लक्षणादय उद्दिष्टाः। **सप्ते**ति संख्यापर्यन्ताधिगमार्थमुपादानम्। अर्थ्यन्त इत्य**र्था** अधिगम्यन्त इति यावत्। **अस्मिन् शास्त्र** इति **मध्यान्तविभाग**संज्ञके। **उपदिश्यन्त** *इत्याख्यायन्ते विनिश्चीयन्ते वा।*[१९]

यदुत *इति तथाऽ*[२०]*र्थप्रतिपादननिपातः।*

लक्षणमि*ति।* लक्ष्यन्तेऽनेनेति लक्षणम्। तच्च द्विविधं सङ्क्लेशलक्षणं व्यवदानलक्षणञ्च। तत्र सङ्क्लेशलक्षणं नवविधम्।

अभूतपरिकल्पोऽस्ति (का० १.२)

इत्यारभ्य यावत्

सप्तधाऽभूतकल्पनात् (का० १.१२)

इति। शेषेणार्धेन व्यवदानलक्ष*णमाख्यातम्। यदि लक्ष्यन्तेऽनेनेति लक्षणमित्येवं सति लक्षणस्य सङ्क्लेशव्यवदानभेदो भवेदिति नैत*देवम्। स्वभाव एव हि भावानां लक्षणम्। तद्यथा पृथिवीधातुः खरलक्षणो न च खरत्वात् पृथिवीधातुः पृथगस्तीति। अथ वा लक्ष्यते तदिति लक्षणम्। एवं हि सङ्क्लेशो व्यवदानञ्च सङ्क्लेशव्यवदानात्मत्वेन लक्ष्यत इति लक्षणम्। अथ वा द्वयोः सङ्क्लेशव्य*वदानयोर्लक्षणं द्विविधं स्वलक्षणञ्च सामान्यलक्षणञ्च।*

आवरणमिति*।* [२१]आवृणोति कुशलान् धर्माना[२२]व्रियन्तेऽ[२३]नेन कुशलधर्मोत्पत्तिविबन्धात् इत्यावरणम्। तत्पुनस्त्रिपञ्चाशत्प्रकारम्।

तत्त्वमिति। तदेवेदं तत्, तस्य भावस्तत्त्वम*विपर्यास इत्यर्थः। तच्च दशप्रकारम्।*

१४. Y. व्यवस्थापनमिति प्रज्ञप्तिरुच्यते। आख्यानमित्यर्थः। Reading adopted here according to Bhāṣya.

१५. Y. अश्ववाहनमिव.

१६. Y. नान्यथेति। एते....... Reading here according to Bhāṣya.

१७. Y. एते सप्तार्था अस्मिन् शास्त्र उद्दिष्टा.

१८. Y. इति शास्त्रशरीरं समाप्तमित्यर्थः against Ms. which is partly broken, but समाप्त्यर्थः is clear.

१९. Y. reconstructs as उद्दिष्टा इत्युपदिष्टा विनिश्चिता वा.

२०. Y. reconstructs as तथाहीति तदर्थ......Reading here after Bhāṣya.

२१. Y. reads इदम् before आवृणोति on the basis of Tib.

२२. Y. व्रियन्ते. Perhaps he mistook ा in the Ms. for daṇḍa.

२३. Y. reads (वाऽ) नेन.

विपक्षप्रहाणार्थः पक्षः **प्रतिपक्षः** । *स मार्गः । तदभ्यासो* **भावना** ।

अवस्था तस्यैव सन्ताननेनोत्पत्तिविशेषः । सा पुनरेकान्नविंशतिप्रकारा गोत्रावस्थादिका ।

फलस्य लाभः **फलप्राप्तिः**[२४] । तत् पुनः पञ्चदशप्रकारं विपाकफलादि ।

यानानुत्तर्यमिति । *गम्यतेऽनेनेति यानम् । यानञ्च तदानुत्तर्यञ्चेति* यानानुत्तर्यम्[२५] । तत्पुनस्त्रिविधं प्रतिपत्त्यानुत्तर्यादि । **सप्तमोऽर्थ** इति नियमार्थमनुक्रमार्थञ्चाह । एतावन्त एवार्था निर्दिश्यन्ते नातोऽन्य इति ।

अनुक्रमः पुनरयं *लोकोत्तरज्ञानानुकूल्यार्थः*[२६] । *तथा हि बोधिसत्त्वेनाधिमुक्तिचर्याभूमिस्थितेन शीलप्रतिष्ठितेन प्रथमं सङ्क्लेशव्यवदानकुशलेन* भवितव्यम् । ततः कुशलानां धर्माणां यस्य यदावरणं तस्य तज्ज्ञेयम् । तस्याप्रहाणाद्विमुक्तेरसम्भवादविज्ञानञ्च प्रहातुं न शक्यते, दोषादर्शनात् । *ततस्तदावरणाद् येनालम्बनेन चित्तं विमुच्यते तत्तत्त्वं वेदितव्यम् । ततस्तेनालम्बनेन तदावरणस्य*[२७] येन प्रयोगेण क्षयो भवति सा प्रतिपक्षभावना ज्ञेया । ततस्तस्यां प्रतिपक्षभावनायां विपक्षहान्या प्रतिपक्षवृद्धया चाऽवस्था ज्ञेया गोत्रावस्थादिका । ततो लोकोत्तरधर्मा*भिमुखीकरणं फलानि* स्रोतआपत्ति[२८] *फलादीनि वेदितव्यानि । सर्वमप्येतत् सोत्तरत्वा*[२९]च्छ्रावकादिभिः *साधारणं* बोधिसत्त्वानाम् । यथोक्तं **सूत्रे**—स प्रव्रजितः श्रावकशिक्षाचारगोचरसमुदाचारमपि शिक्षते, प्रत्येकबुद्धशिक्षाचारगोचरसमुदाचारमपि शिक्षते, बोधिसत्त्वशिक्षाचारगोचरसमुदाचार*मपि शिक्षते । बोधिसत्त्वानां त्वानुत्तर्यमसाधारणम् । सप्तमोऽर्थ आनुत्तर्यम्* ।

अन्यस्त्वाह । सङ्क्लेशव्यवदानलक्षणे कौशलोत्पादनार्थमादौ लक्षणम् । तत्र यः सङ्क्लेशस्तदावरणम् । यद् व्यवदानं तत्तत्त्वम् । आवरणप्रहाणं च तत्त्वाधिगमाद् भवतीत्यत आवरणतत्त्वम् । तत्प्रहाणोपायप्रदर्शनार्थं *ततः सपरिवारः*[३०] *प्रतिपक्षो मार्गः । तस्य मार्गस्यादिमध्यान्तेषु मृदुमध्याधिमात्रप्रभेदप्रदर्शनार्थं* तत्रावस्था । अवस्थाऽ[३१]नुरूपं फलमावहतीति तदनन्तरं फलम् । एतच्च सर्वं बोधिसत्त्वस्य श्रावकादिसाधारणमित्यसाधारणमहायाननयप्रकाशनार्थं यानानुत्तर्यमिति ।

अपरे पुनराहुः[३२] । *सदसल्लक्षणज्ञापनार्थं प्रथमतो लक्षणमाख्यातम् । लक्षणं ज्ञात्वावरणं प्रहातव्यं तत्त्वं* च साक्षात्कर्तव्यमिति तदनन्तरमावरणतत्त्वम् ।

२४. Ms. फलप्राप्तेस्तत्.

२५. Ms. यानानन्तर्यम्.

२६. Y. लोकोत्तरज्ञानानुकूलार्थम् ।

२७. Y. तदावरणं येन.

२८. Y. स्रोतआपन्न°

२९. Y. सोत्तराच्छ्रा°.

३०. Y. सपरिवारप्रतिपक्षो.

३१. Y. अवस्थानुरूपं. Ms. as here.

३२. Y. reconstructs as अपरः पुनराहुः which is grammatically wrong.

तयोश्च प्रहाणसाक्षात्करणयोरयमुपाय इति प्रतिपक्षभावना। तस्याश्च तारतम्यमवस्थाविशेषः। तत्कृतञ्च प्रहाणं फलम्। तदनन्तरं यानानुत्तर्यमितिप्रकाशनार्थमयमनुक्रम इति।

अन्यच्च सत्त्वस्य सदसद्धर्मसंमोहा[33]पवादसमारोपप्रहाणार्थं लक्षणनिर्देशः। प्रहीणसंमोहस्यावरणकौशलार्थमावरणम्। तेनावृतं तत्त्वमिति तत्त्वकौशलार्थं तदनन्तरं तत्त्वम्। तत्त्वप्रतिविद्धभावनयावरणप्रहाणं भवतीति तत्त्वानन्तरं प्रतिपक्षभावना। तत्प्रभेदकौशलार्थमवस्था। अवस्थया फलं प्रभावितव्यमित्यवस्थानन्तरं फलं तत्कौशलोत्पादनार्थम्। सर्वमेतन्महायानमागम्येति यानानुत्तर्यमन्ते निर्दिष्टम् ॥१॥

[१. अभूतपरिकल्पः—सदसल्लक्षणम्]

तत्र लक्षणमारभ्याह—

अभूतपरिकल्पोऽस्ति द्वयं तत्र न विद्यते।
शून्यता विद्यते त्वत्र तस्यामपि स विद्यते ॥२॥

तत्राऽभूतपरिकल्पो ग्राह्यग्राहकविकल्पः। द्वयं ग्राह्यं ग्राहकं च। शून्यता तस्याऽभूतपरिकल्पस्य ग्राह्यग्राहकभावेन विरहितता। तस्यामपि स विद्यत इत्यभूतपरिकल्पः। एवं यद् यत्र नास्ति तत् तेन शून्यमिति यथाभूतं समनुपश्यति, यत् पुनरत्राऽवशिष्टं भवति तत् सदिहा[1]स्तीति यथाभूतं प्रजानातीत्यविपरीतं शून्यतालक्षणमुद्भावितं भवति ॥२॥

तत्र लक्षणमारभ्याह—

अभूतपरिकल्पोऽस्ति द्वयं तत्र न विद्यते।
शून्यता विद्यते त्वत्र तस्यामपि स विद्यते ॥२॥

इति। तत्रेति लक्षणावरणादिसप्तार्थेषु[2] निर्दिष्टेषु लक्षणमधिकृत्योद्दिश्याह—

अभूतपरिकल्पोऽस्ति

इत्यादि। यथोद्देशस्तथा निर्देश इति कृत्वा। लक्षणञ्च प्रागुद्दिष्टमतस्तस्यैव शेषेभ्यो निर्देशः प्रागारभ्यते।

केचित् विरुन्धन्ति सर्वधर्माः सर्वथा निःस्वभावाः शशविषाणवदित्यतः सर्वापवादप्रतिषेधार्थमाह—

अभूतपरिकल्पोऽस्तीति।

स्वभावत इति वाक्यशेषः। नन्वेवं सूत्रविरोधः—सर्वधर्माः शून्या इति शास्त्रे वचनात्। नास्ति विरोधः यस्मात्—

द्वयं तत्र न विद्यते।

अभूतपरिकल्पो हि ग्राह्यग्राहकस्वरूपरहितः शून्य उच्यते न तु सर्वथा निःस्वभावः। अतो न सूत्रविरोधः। यद्येवं द्वयं शशविषाणवत् सर्वथा नास्ति। अभूतपरिकल्पश्च परमार्थतः स्वभावतोऽस्त्येवं शून्यताऽभावप्रसङ्गः। नैतदेवं यस्मात्

३३. Y. संमोहस्यापवाद.
१. Ms. इदिहास्तीति.
२. Y. सप्तभावनिर्दिष्टेषु.

शून्यता विद्यते त्वत्र,

इयमेव हि शून्यता या ग्राह्यग्राहकरहितताऽभूतपरिकल्पस्येति[3] न शून्यताया[4] नास्तित्वं भवति। यद्यद्वया शून्यता सा चाभूतपरिकल्पेऽस्ति कस्माद् वयममुक्ताः? विद्यमाना च कस्मान्न गृह्यत[5] इति संशयापनयनार्थं

तस्यामपि स विद्यते ॥

इत्याह। यस्माच्छून्यतायामप्यभूतपरिकल्पो विद्यते तस्माद् भवन्तो न मुक्ताः। अत एव च समलत्वान्न प्रसन्नाब्धातुवद् गृह्यते।[6]

अथ वा चित्तचैत्तेभ्योऽन्यत्र रूपादयो द्रव्यत्वेन सन्तीति यद्[7] दर्शनं तत्प्रतिषेधार्थमाह

अभूतपरिकल्पोऽस्ति[8]

द्रव्यतः। नास्ति रूपं तद्व्यतिरिक्तं[9] द्रव्यत इति। किं कारणम्? यस्मात्

द्वयं तत्र न विद्यते।

न ह्यभूतपरिकल्पः कस्यचिद् ग्राहको नापि केनचित् गृह्यते। किं तर्हि ग्राह्यग्राहकत्वं[10] भावमात्रमेव। यतो विज्ञानाद् बही[11] रूपादयो न गृह्यन्ते। स्वप्नादिवद् विज्ञानं रूपाद्याभासमुत्पद्यते। न च यद्यस्य[12] कारणं तदभावे तस्योत्पत्तिर्युज्यते। तस्मान्निरालम्बनमेव स्वप्नादाविव। अन्यत्रापि स्वबीजपरिपाकादर्थाभासं विज्ञानमुत्पद्यत इत्यवसेयम्। ग्राह्याभावे ग्राहकस्याभावाद् ग्राह्येऽसति ग्राहको भवितुं[13] न युज्यते। तस्मान्न रूपमभूतपरिकल्पात् पृथगस्ति। यदि तर्हि ग्राह्याभावस्तेन विशुद्ध्यालम्बनाभावान्मोक्षाभावः। नैतदेवं यस्मात्

शून्यता विद्यते त्वत्र

तुशब्दो यस्मादर्थः। शून्यता हि विशुद्ध्यालम्बना। सा च ग्राह्यग्राहकरहितताऽभूतपरिकल्पेऽस्तीति न मोक्षाभावः। यद्यभूतपरिकल्पेऽस्ति सा विद्यमाना किमर्थं न गृह्यते? अभूतपरिकल्पावृतत्वान्न गृह्यत आकाशनैर्म[14]ल्यवत्, न तु असत्त्वादिति प्रतिपादयन्नाह

तस्यामपि स विद्यत इति।

अथ वा सर्वापवादप्रतिषेधार्थमाह

३. Y. अभूतपरिकल्प इति.
४. Y. शून्यता नास्तित्वं.
५. Y. गृहणत.
६. Y. °धातुवदवगन्तुं युक्तम्.
७. Y. येषां दर्शनं.
८. Y. adds [इति स एवास्ति] before द्रव्यतः.
९. Y. adds [नास्ति] hereafter.
१०. Y. °ग्राहकरहितं against Ms. Tib. supports Y.
११. Y. बाह्ये.
१२. Y. yady asya for yad yasya
१३. Y. अस्तुम् which is grammatically not correct..
१४. Y. नैर्मल्यवत्.

अभूतपरिकल्पोऽस्ति

इति । न सर्वमसत्, नापि सदात्मकं विज्ञानपरिणामात्मनाऽस्तीति कृत्वा । ये तु मन्यन्ते यथैव रूपादयः प्रख्यायन्ते तथैवाभूतपरिकल्पात् स्वभावतः पृथग् विद्यन्त इति तान् प्रत्याह अभूतसमारोपप्रतिषेधार्थं

द्वयं तत्र न विद्यते ।

इति । अभूतपरिकल्पमात्रं विद्यत इत्यभिप्रायः । केनचित् द्वयोरभा[१५]वो वन्ध्यापुत्रवत् छेद (sic) रूपो गृह्यते । अन्यैरन्तर्व्यापारपुरुषरहितता धर्माणां शून्यतेत्युच्यते । अतः शून्यतापवादप्रतिषेधार्थं भूतनैरात्म्यख्यापनार्थञ्चाह

शून्यता विद्यते त्वत्र

इति । यद्यभूतपरिकल्पे शून्यतास्त्येवं सति सर्वप्राणिनामप्रयत्नेन मोक्षप्रसङ्गः । नास्त्येतद्यस्मात्

तस्यामपि स विद्यते ।

न ह्यविशोधितायां शून्यतायां मोक्षोऽस्ति, सङ्क्लिष्टा च[१६] महता यत्नेन विशोध्यत इति नास्त्ययत्नेन मोक्षः ।

अथ वा लक्षणं सङ्क्लेशव्यवदानाभिधानादन्यन्नास्तीत्यतः सङ्क्लेशव्यवदानलक्षणप्रदर्शना[१७]र्थमाह

अभूतपरिकल्पोऽस्ति

इति विस्तरः । अभूतपरिकल्पस्वभावः संक्लेशो भ्रान्तिलक्षणत्वात् । कथमेतज्ज्ञातव्यं भ्रान्तिलक्षणमिति ? येन

द्वयं तत्र न विद्यते ।

स्वात्मन्यविद्यमानेन ग्राह्यग्राहकाकारेण प्रख्यानाद् भ्रान्तिस्वरूपेण ज्ञायते । इदानीं व्यवदानस्वरूपप्रदर्शना[१८]र्थमाह—

शून्यता विद्यते त्वत्र

इति । शून्यतास्वभावो हि व्यवदानं द्वयाभावस्वभावत्वात् । अत्र च शून्यताप्रभावितत्वात् मार्गनिरोधयोरपि ग्रहणं वेदितव्यम् । सङ्क्लेशपक्षादेव व्यवदानपक्षो मार्गयितव्यो न पुनः पृथक्त्वमस्यास्तीति प्रदर्शनार्थमाह अत्रेति । यदि द्वयं नास्ति कथं तस्यां विद्यमानायां लोको भ्रान्त इत्याह[१९]

तस्यामपि स विद्यते

इति ।

ग्राह्यग्राहकविकल्पो हस्त्याद्याकारशून्यमायायामिव हस्त्याकारादयः । **अभूतम**स्मिन् द्वयं परिकल्प्यतेऽनेन वेत्य**भूतपरिकल्पः** । अभूतवचनेन च यथाऽयं परिकल्प्यते ग्राह्यग्राहकत्वेन तथा नास्तीति प्रदर्शयति । परिकल्पवचनेन त्वर्थो यथा परिकल्प्यते तथार्थो न विद्यते इति प्रदर्शयति । एवमस्य ग्राह्यग्राहकविनिर्मुक्तं लक्षणं परिदीपितं भवति । कः पुनरसौ ? अतीतानागतवर्तमाना हेतुफलभूतास्त्रैधातुका अनादिकालिका निर्वाणपर्यवसानाः संसारानुरूपाश्चित्तचैत्ता अविशेषेणाभूतपरिकल्पः । विशेषेण

१५. Y. द्वयमभावो.

१६. Y. संक्लिष्टश्च. Ms. as here; vide kārikā 1. 17.

१७. Y. परीक्षार्थमाह.

१८. Y. परीक्षार्थमाह.

१९. Y. इति पृष्टम् । अतश्चाह.

तु[२०] *ग्राह्यग्राहकविकल्पः । तत्र ग्राह्यविकल्पो*ऽर्थसत्त्वप्रतिभासं विज्ञानम् । **ग्राहक-विकल्प** आत्मविज्ञप्तिप्रतिभासम् ।

द्वयं ग्राह्यं ग्राहकञ्चेति । तत्र ग्राह्यं रूपादि । ग्राहकं चक्षुर्विज्ञानादि । **ग्राह्यग्राहकभावेन वि**[२१]**रहितता** *विविक्तता ह्यभूतपरिकल्पस्य शन्यता । न त्वभूत-परिकल्पोऽप्यभावः यथा शून्या रज्जुः* सर्पस्वभावेनातत्स्वभावत्वात् सर्वकालं शून्या, न तु रज्जु[२२]*स्वभावेन तथेहापि ।*

तस्यामपि स विद्यत इति अभूतपरिकल्पः । एवं ह्यागन्तुकावरणोपक्लिष्ट-त्वात्तदग्रहणमुक्तम[२३]*ब्धात्वादिवदिति* । **एवं यद् यत्र नास्ति तत्तेन शून्यमिति यथाभूतं समनुपश्यतीति**[२४] । *कि*[२५] *कुत्र नास्ति ? अभूतपरिकल्पे* द्वयम् । अतो-ऽभूतपरिकल्पं द्वयेन शून्यं पश्यति । **यत् पुनरत्राऽवशिष्टं तत्सत्** । किं पुनरिहावशि-ष्टम्[२६] ? अभूतपरिकल्पः शून्यता च । तदुभय**मिहास्तीत्य**नध्यारोपानपवादेन **पश्यन् यथाभूतं प्रजानाति** । *तत्राभूतपरिकल्पेऽद्वयदर्शनादनध्यारोपः । अभूतपरि-कल्पस्य शून्यताया*श्चास्तित्वदर्शनादनपवादः । **अविपरीतं शून्यतालक्षणमुद्भावितं भवति** । यच्छून्यं तस्य सद्भावात्, येन शून्यं तस्य तत्राभावात् । सर्वभावे सर्वाभावे वा नाविपरीतं शून्यतालक्षणम् । शून्यताया एवाभावप्रसङ्गात् । न *शून्यसंज्ञाऽसत्यां शून्यतायां युज्यते ।*[२७] *धर्मताया हि भावायत्तत्वादनित्यत्वादिवत् । द्वयमस्तीति शून्य*ताभावः । यदि शशविषाणकल्पनेन द्वयं कथं तेनाभूतपरिकल्पस्य शून्यतासम्भवः ? अन्येन ह्यन्यस्य शून्यता दृष्टा, यथा भिक्षुर्भिविहारस्य । नैतदेवम् ।[२८] यथारज्जु[२९]-र्माया वा स्वात्मन्यविद्यमानेन सर्पाका*रेण पुरुषादिना (वा) प्रभासते । तत्र कस्यचिद् ग्राहनिवर्तनार्थं सर्पपुरुषादिभिश्च*[३०] शून्येत्युच्यते । एवमभूतपरिकल्पोऽपि स्वात्म-न्यविद्यमानेन ग्राह्यग्राहकाकारेण प्रख्यायमानो बालानां तद्ग्राहाभिनिवेशत्याजनार्थं द्वयेन शून्यमित्युच्यते ॥२॥

२०. Y. घिशेषतस्तु.

२१. Y. reconstructs रहितता. Reading here according to the Bhāṣya Ms.

२२. Ms. चक्षुःस्वभावेन, Y. रज्जुःस्वभावेन.

२३. Y. आब्धात्वा°.

२४. Y. reconstructs this sentence as एवं यस्मिन् यन्नास्ति तत्तेन समनुपश्यतीति. Reading here as in the Bhāṣya.

२५. Y. कस्मिन् for कुत्र.

२६. Ms. अवशिष्टः.

२७. Y. शून्यसंज्ञायामसत्यां शून्यता योग्या.

२८. Y. भिक्षुभिर्विहारं स्यान्नैतदेवम्, but tbis is not clear.

२९. Ms. चक्षु°.

३०. Y. सर्पपुरुषादिना but Ms.…श्च शून्य.

न शून्यं नाऽपि चाऽशून्यं तस्मात् सर्वं विधीयते ।
सत्त्वादसत्त्वात् सत्त्वाच्च[1] मध्यमा प्रतिप[2]च्च सा ॥३॥

न शून्यं शून्यतया चाऽभूतपरिकल्पेन च । न चाऽशून्यं द्वयेन ग्राह्येन ग्राहकेण च । सर्वं सं[²अ]स्कृतं चाऽभूतपरिकल्पाख्यम्, असंस्कृतं च शून्यताख्यम् । विधीयते निर्दिश्यते । सत्त्वादभूतपरिकल्पस्य । असत्त्वाद् द्वयस्य । सत्त्वाच्च शून्यताया अभूतपरिकल्पे, तस्यां चाऽभूतपरिकल्पस्य सा च मध्यमा प्रतिपत् । यत् सर्वं नैकान्तेन शून्यं, नैकान्तेनाऽशून्यम् । एवमयं पाठः प्रज्ञापारमितादिष्वनुलोमितो भवति—सर्वमिदं न शून्यं नाऽपि चाऽशू[3]न्यमिति ॥३॥

न शून्यं नाऽपि चाऽशून्यम्

इति । *किमर्थमसौ श्लोक आरब्ध इति ?* सर्वस्य संस्कृतस्यासंस्कृतस्य च द्वयरहितताज्ञा[4]पनार्थम् । एवं च ह्येकान्तप्रतिक्षेपेण सर्वमिदं न शून्यं नाशून्यमिति **प्रज्ञापारमिता**पाठाभिप्रायताविष्कृता[5] भवति । अन्यथा पूर्वापरविरुद्धमेतत् स्यात् ।

किञ्च मध्यमाप्रतिपत्प्रकाशनार्थम् । *अन्यथैकान्तिकशून्यतैवाशन्यान्तो वा स्यात् ।*

अपवादसमारोपप्रतिषेधोपसंहारार्थं वाऽस्यारम्भः ।

हेतुप्रत्ययप्रतिबद्धात्मलाभादभूतपरिकल्पः **संस्कृतम्** । शून्यता पुनस्तन्निरपेक्षत्वादसंस्कृतम् । **विधीयते प्रज्ञापारमिता***दिमध्ये पठ्यते ।* **सत्त्वाद[6]भूतपरिकल्पस्य** *न संस्कृतं शून्यमभूतपरिकल्पात्मत्वेन ।* **असत्त्वाद[7]द्वयस्य** । ग्राह्यग्राहकात्मना शून्यम् । शून्यातायास्तु सर्वमभूतपरिकल्पे तद्धर्मतेति कृत्वा । शून्यतायामप्यभूतपरिकल्पो धर्मिरूपेण विद्यते । एवमसंस्कृतमपि धर्मतारूपेण न शून्यम् । *अभावसंज्ञकेन द्वयेन स्वरूपशून्यम् ।* **सा च[8] मध्यमा प्रतिपद***िति* **रत्नकूटा***दिमध्येऽस्तीति* **काश्यपा[9]** यमेकोऽन्तः । नास्तीत्ययं द्वितीयोऽन्तः । यदेतयोर्द्वयोरन्तयोर्मध्यमियमुच्यते **काश्यप** मध्यमा प्रतिपद्धर्माणां भूतप्रत्यवेक्षेति[10] सा मध्यमा प्रतिपदेवमनु**लोमिता[11] । सर्वं**-*मिति संस्कृतमसंस्कृतञ्च ।* **नैकान्तेन** *शून्यमित्यभूतपरिकल्पस्य तच्छून्यतायाश्च*

१. N. invariably सत्व.

२. Ms. प्रतिच्च.

३. Ms. चाश्यशून्यम्.

४. Y. सर्वं संस्कृतमसंस्कृतं च विगतद्वयत्वं ज्ञापनार्थम् which is meanigless construction.

५. Y. निष्कृता; Tib. bstan-pa (=उक्ता); Ms. as here.

६. Y. reconstructs सत्त्वादित्यभूत°; reading here after the Bhāṣya.

७. Y. reconstructs असत्त्वादिति द्वयस्य; reading here after the Bhāṣya.

८. Y. reconstructs as सा हि. Reading here after the Bhāṣya.

९. Ms. काश्यपोऽयम्.

१०. Y. hereafter [यत् पठ्यते] on the basis of Tib.

११. Y. अनुलोमकृता.

सद्भावात्। **नाप्येकान्तेनाशून्यं** द्वयस्याभावात्[12]। सर्वनास्तित्वं सर्वास्तित्वं वाऽन्त एव स्यात्। न मध्यमा प्रतिपद् ॥३॥

[स्वलक्षणम्]

एवमभूतपरिकल्पस्य सल्लक्षणमसल्लक्षणं च ख्यापयित्वा स्वलक्षणं ख्यापयति—

अर्थसत्त्वात्मविज्ञप्तिप्रतिभासं प्रजायते।
विज्ञानं नास्ति चाऽस्याऽर्थस्तदभावात् तदप्यसत् ॥४॥

तत्राऽर्थप्रतिभासं यद् रूपादिभावेन प्रतिभासते। सत्त्वप्रतिभासं यत् पञ्चेन्द्रियत्वेन स्वपरसन्तानयोः। आत्मप्रतिभासं क्लिष्टं मनः, आत्ममोहादिसम्प्रयोगात्। विज्ञप्तिप्रतिभासं षड् विज्ञानानि। नास्ति चाऽस्याऽर्थ इति अर्थसत्त्वप्रतिभासस्याऽनाकारत्वात्, आत्मविज्ञप्तिप्रतिभासस्य च वितथप्रतिभासत्वात्। तदभावात् तदप्यसदिति यत् तद्ग्राह्यं रूपादि, पञ्चेन्द्रियं, मनः, षड्विज्ञानसंज्ञकं चतुर्विधं तस्य ग्राह्यस्याऽभावात् तदपि ग्राहकं विज्ञानमसत् ॥४॥

एवमभूतपरिकल्पस्य सल्लक्षणमसल्लक्षणञ्च ख्यापयित्वेति। इदं सत्त्वेन लक्ष्यत इति सत्त्वमेव *सल्लक्षणम्। अभूतपरिकल्पो विद्यत इत्यनेनाभूतपरिकल्पस्य सत्त्वं*[1] *प्रदर्शयतीत्यर्थः।* एवमसत्त्वेन लक्ष्यत इति असत्त्वमेवासल्लक्षणम्। तत् पुनर्यद् ग्राह्यग्राहकभावेनासत्त्वम्। यस्मादभूतपरिकल्पे द्वयं नास्ति तस्मादभूतपरिकल्पोऽपि द्वयात्मना नास्तीत्युक्तं भवति।

(इदानीं) **स्वलक्षणं ख्यापयतीति**। *को विशेषोऽस्ति सल्लक्षणस्वलक्षणयोः? सल्लक्षणं हि सामान्यम्। स्वलक्षणं तु विशेषः। यदि स्वलक्षण*[2]मनाख्यातमत्र किं स्यात्? शरीरमभूतपरिकल्पस्य नोक्तं स्यात्। अतस्तच्छरीरप्रतिपादनार्थमुच्यते—

अर्थसत्त्वात्मविज्ञप्तिप्रतिभासं प्रजायते।
विज्ञानं नास्ति चाऽस्यार्थस्तदभावात्तदप्यसत् ॥

इति। अथ वा ग्राह्यग्राहक*रहितता*[3]*ऽभूतपरिकल्पमात्रतेत्युद्दिष्टम्*[4]*। तस्यामभूतपरिकल्पमात्रतायामिन्द्रियविषयविज्ञानं यथा व्यवस्थितं* (तथा)[5] न ज्ञायत (इति)। अभूतपरिकल्पप्रतिभासभेदेन तद्व्यवस्थितिज्ञापनार्थमभूतपरिकल्पस्य स्वलक्षणं ख्यापयति—

अर्थसत्त्वात्मविज्ञप्तिप्रतिभासम्

इति विस्तरः।

12. On the basis of the order of sentences of the Bhāṣya commented upon here, one may be tempted to read the Bhāṣya text thus: (after सा च मध्यमा प्रतिपत्) एवमयं पाठः······चाऽशून्यमिति। यत् सर्वं··· ·नाऽशून्यम्।

१. Y. सत् प्रदर्शं°.

२. Y. यदि स्वलक्षणेऽनाख्यातेऽत्र.

३. Y. °रहिताऽभूत°.

४. Y. °त्युद्दिष्टायां तस्याम° (s. p. 274. Corrections).

५. Y. does not insert तथा, but it seems necessary with यथा.

अथ वा ऽभूतपरिकल्पोऽस्तीत्यनेन *तत्सत्त्वमात्रं ज्ञायते, न तु तत्स्वभावः।* *द्वयाभावेऽपि यद् ग्राह्यग्राहकाभिनिवेशकारणं*[६] न *विज्ञायते, द्वयं* च नास्तीति यतः प्रतीयते तदपि नोक्तमित्यतस्तत्प्रतिपादनार्थमाह—

अर्थसत्त्वात्मविज्ञप्तिप्रतिभासम्

इति विस्तरः। तत्र विज्ञानस्वभावोऽभूतपरिकल्पः। तच्च विज्ञानं[७] ससम्प्र*योगमभि-प्रेतम्। प्रधानेन तु विज्ञानं गृहीतम्। स एव ग्राह्यग्राहकाभिनिवेशोऽर्थ*सत्त्वादि-*प्रतिभासनिबन्धनः।*

नास्ति चास्यार्थस्तदभावात्तदप्यसत्॥

इति। द्वयाभावकारणम्। **तत्रार्थसत्त्वप्रतिभास**मालयविज्ञानं ससम्प्रयोगम्। तच्च विपाकत्वादव्याकृतमेव। **आत्मप्रतिभासं क्लिष्टं मनः** ससम्प्रयोगम्। *तच्च निवृता-व्याकृतं क्लेशसम्प्रयुक्तत्वादुक्तम्।* **विज्ञप्तिप्रतिभासं** *कुशलाकुशलाव्याकृतं ससम्प्रयोगञ्चक्षुर्विज्ञानादिषट्कम्।* तदेतान्यर्थसत्त्वात्मविज्ञप्तिप्रतिभासान्यष्टौ विज्ञानानि ससम्प्रयोगाणि समुदयसत्यसङ्गृहीतात् सहकारिप्रत्ययापेक्षादालयविज्ञानात् यथासम्भवं *पञ्चगतिषु प्रभवन्ति। कश्चित् कुशलाऽकुशलाव्याकृतधर्मवासनापरि-णामविशेषोऽस्त्यालय*विज्ञानस्य यदाधिपत्येन परस्परभिन्नाभासं विज्ञानं प्रजायते। कथमसत्यर्थादौ विज्ञानं तदाभासमुत्पद्यते? न हि पुरुषेऽसति स्थाणुः[८] पुरुषाभासो भवतीति। नैष[९] दोषः। अर्थाद्याभासं हि *विज्ञानं बाला विज्ञानात् पृथगर्थास्तित्वे-नाऽभिनिविशन्ते*[१०] *तैमिरिकस्य केशोण्डुकादिवत्। तस्मात्तदभिनिवेशत्याजनार्थ-*मुच्यते—विज्ञानमेवेदमर्थाद्याभासमुत्पद्यते, तैमिरिकाणामिव केशोण्डुकाद्याभासं विना-प्यर्थसत्त्वादिनेति। एवं चाष्टविज्ञानवस्तुकः परतन्त्रोऽभूतपरिकल्प इत्युक्तं भवति।

रूपादभावेनेति *रूपशब्दगन्धरसस्प्रष्टव्य*[११]*धर्मस्वरूपेण प्रतिभासं* तदा-*कारेणोत्पन्नत्वात्।* **सत्त्वप्रतिभासं यत् पञ्चेन्द्रियत्वेन स्वपरसन्तानयोः।** प्रतिभास इत्यधिकृतम्। अधिकसक्तिस्थानत्वात्पञ्चस्विन्द्रियेषु सत्त्वाख्या। तैस्तेषु वा सज्जत इति सत्त्वः। तदाकारोत्पत्तितामुपादाय विज्ञानं तदाभास*मिति।* **आत्मप्रतिभासं क्लिष्टं मनः, आत्ममोहादिसम्प्रयोगादिति**[१२] *क्लिष्टस्य मनस आत्ममो*हेनात्मदृष्ट्या, आत्म-तृष्णयाऽस्मिमानेन च नित्यं[१३] सम्प्रयुक्तत्वात्, तेषाञ्चात्मालम्बनत्वाद्यु[१४]क्तमात्म-

६. Y. inserts [तत्] but unnecessary.

७. Y. adds अत्र after Tib. but against Ms. Cf. Vijñapti-mātratā-siddhi (Viṁśatikā, Kārikā 1).

८. Y. स्थाणः.

९. Ms. भवति नैव दोषः.

१०. Y. पृथगर्थास्तित्वमभिनिवेशन्ति.

११. स्पर्श°.

१२. Y. reconstructs as °प्रतिभासमात्ममोहादिसम्प्रयुक्तत्वात् क्लिष्टं मनः. Reading here after the Bhāṣya.

१३. Ms. चिन्त्यं.

१४. Ms. आलम्बनत्वायुक्त.

प्रतिभासत्वं क्लिष्टस्य मनसः । **विज्ञप्तिप्रतिभासं षड् विज्ञानानीति** । विषयग्राहकरूपेण प्रख्यानात्तदाकारोत्पत्तितामुपादाय *विज्ञप्तिप्रतिभासम्* । **नास्ति चास्यार्थ** *इति चतुष्टयस्याकारस्येति* । **अर्थसत्त्वप्रतिभासस्यानाकारत्वात्, आत्मविज्ञप्तिप्रतिभासस्य च वितथप्रतिभासत्वादिति** अर्थसत्त्वप्रतिभासयोर्ग्राह्यरूपेण प्रख्यानाद् वितथप्रतिभासत्वासम्भवादनाकारत्वमेवार्थाभावे कारणम् । न *तत्रन्ययोर्ग्राहकरूपेण प्रख्यानादनाकारः* । *वितथप्रतिभासत्वमेवार्थाभावे* कारणमुक्तम् । आकारो ह्यालम्बनस्यानित्यादिरूपेण ग्रहणप्रकारः । स चानयोर्नास्ति ग्राह्यरूपेण प्रख्यानात् । अतोऽ**नाकारत्वा** दग्राहकत्वादित्यर्थः । आलम्बनसम्वेदनं वाकारः । तच्च तयोर्नास्तीत्युपलब्ध्यभावादनाकारः ।

यद्युभयमप्यनाकारं परस्परभिन्नस्वरूपञ्च[१५] *रूपादिवच्चक्षुरादिवच्च* एवं सति लोकशास्त्रप्रसिद्धेभ्यो रूपादिभ्यश्चक्षुरादिभ्यश्च विज्ञानस्य कोऽसावात्मातिशयो यतस्तान्निराक्रित्य तैरभिन्नरूपं विज्ञानं गृह्यते, तद्व्यतिरिक्तस्यार्थस्यासम्भवात् ? एतदेवं व्यवस्थाप्यते—*यस्माद् भिन्नार्थस्वरूपमसन्नपि चित्तसन्तानप्रतिनियमेन स्वबीजात् प्रत्येकात्मगृहीतं भिन्नार्थादिप्रतिभासं* विज्ञानं प्रसूयते । तथाहि प्रेता[१६] अपः पूयपुरीषमूत्रादिपूर्णा[१७] धृतदण्डपाणिभिरुभयतः पुरुषैः संरक्ष्यमाणाः[१८] पश्यन्ति,[१९] मनुष्यादयः पुनः स्वच्छशीतलोदकपरिपूर्णा निर्विबन्धा इत्युपलभन्ते । *योगिनश्चाशुभमनसिकाराद्यभ्यस्ता निरन्तरं पृथिवीं कङ्कालपूर्णां पश्यन्ति* । *तथा* पृथिव्यादिकृत्स्नेषु सर्वं पृथिव्यादिभिर्व्याप्तं पश्यन्ति । न चार्थप्रतिबद्धात्मलाभस्यार्थमन्तरेणार्थस्वरूपाद्वा भिन्नाकारस्य विज्ञानस्य प्रसूति[२०]र्युक्ता । तस्मात्तदर्थमन्तरेण सर्वमर्थसत्त्वादिनिर्भासं[२१] विज्ञानमेव प्रसूयत इति निश्चीयते ।

ग्राह्याभावे द्वयोरात्मविज्ञप्तिप्रतिभासयोर्ग्राहकाकारेण प्रख्यानात् **वितथप्रतिभासत्वम्** । अथ वा यथा विज्ञानेनार्थः परिकल्प्यते तथार्थस्याभावो व्याघ्रादिश्रुत्यादिष्विव वितथालम्बनत्वाद् वितथप्रतिभासता । तथा हि विज्ञप्तिरपि विज्ञप्त्यन्तरपरिकल्पितेनात्मना शून्येति सिद्धान्तः[२२] । अतश्चार्थसत्त्वविज्ञानस्येवात्म*विज्ञप्तिप्रतिभासस्याप्यर्थाभावः* । **अर्थाभावात्तद्विज्ञानमसत्** । विजानातीति विज्ञानं[२३] ग्राह्याभावे विजाननाप्ययुक्तम्[२४] । तस्मादर्थाभावाद्विज्ञातृत्वेन विज्ञानमसद्, न त्वर्थ-

१५. Y. परस्परभिन्नं च स्वरूपम्.

१६. Ms. प्रभाः.

१७. Ms. शारीरतो दण्डपाणिभिर.

१८. संरक्षमाणाः.

१९. Ms. similar idea and expressions. Vijñapti-mātratā-Siddhi-Kārikā 4.

२०. Y. प्रसुतिर्.

२१. Ms. निभास.

२२. Cf. Vimśatikā, Kārikā 19.

२३. Y. adds [तच्च].

२४. Y. विज्ञातृताप्य°; but Ms. as here.

सत्त्वात्मविज्ञप्तिप्रतिभासतया । तदसत्त्वे हि सर्वथाऽभावप्रसङ्गः । तद्व्यतिरेकेण विज्ञानस्वभावानिर्देशात्[२५] । तद्भिन्नस्वभावे सति तद्विज्ञानं कथं युज्येत,[२६] कथं परस्परं भिन्नं भवेत् ? ॥४॥

अभूतपरिकल्पत्वं सिद्धमस्य भवत्यतः ।
न तथा सर्वथा [२ब] ऽभावात्

यस्मान्न तथाऽस्य भावो यथा प्रतिभास उत्पद्यते । न च सर्वथाऽभावो भ्रान्तिमात्रस्योत्पादात् । किमर्थं पुनस्तस्याऽभाव एव नेष्यते ? यस्मात्

तत्क्षयान्मुक्तिरिष्यते ॥५॥

अन्यथा न बन्धो न मोक्षः प्रसिद्ध्येदिति सङ्क्लेशव्यवदानाऽपवाददोषः स्यात् ॥५॥

एवंग्राह्यग्राहकाभावात्तत्प्रतिभासविज्ञानसद्भावाच्च यत्पूर्वं प्रतिज्ञातम्
अभूतपरिकल्पोऽस्ति द्वयं तत्र न विद्यते (का० १. २)

इति तत्प्रसिद्धमिति प्रदर्शयन्नाह

अभूतपरिकल्पत्वं सिद्धमस्य भवत्यतः ।

अभूतपरिकल्पत्वञ्च तेषाञ्चतुर्णां विज्ञानानां सिद्धम् । **अत** इत्यनन्तरोक्ताद्धेतो[१]-र्थाभावात्तदप्यसदिति (का० १. ४) । पुनरप्यभूतपरिकल्पास्तित्वप्रसाधनार्थं द्वयाभावप्रसाधनार्थञ्चाह

न तथा सर्वथाऽभावात्

इत्यादि । अथ वा अत इति वक्ष्यमाणाद्धेतोः । तमेव प्रदर्शयन्नाह

न तथा सर्वथाऽभावात्

इति । न तथाऽस्तित्वान्न च सर्वथा नास्तित्वात् तद्ग्राह्यग्राहकप्रतिभासमुत्पद्यते । तत्र चतुःप्रकारेऽप्यनाकारत्वाद्वितथाकारत्वाच्च यथासम्भवं ग्राहकत्वाभावः । विज्ञप्त्यन्तरपरिकल्पितेन चात्मना सर्वस्य शून्यत्वाद् ग्राह्यत्वाभावः । **न च सर्वथाऽभावो भ्रान्तिमात्रस्यो**[२]त्पादादित्यात्मत्वेनाभावो न तु यदाकारेण प्रतिभासते तेन[३] भ्रान्तिरुच्यते मायावत् । मात्र—शब्दस्तदधिकव्यवच्छेदार्थः । एतदुक्तं भवति —भ्रान्तिविज्ञानस्य सद्भावान्न सर्वथाऽभाव इति ।

किमर्थं पुनस्तस्य भ्रान्तिविज्ञानस्याऽ**भाव एव नेष्यते** ग्राह्यग्राहकाभाव[४]वत् ? न हि केनचित्तस्यास्तित्वं कल्पयितुं शक्यते, सर्वविज्ञानविषयातिक्रान्तत्वादित्यभिप्रेतमिति चेत् । यस्मात्

तत्क्षयान्[५] मुक्तिरिष्यते ॥

अतोऽस्याभाव एव नेष्यते । किं तर्हि सङ्क्लेशव्यवदानपक्षसामर्थ्यात्तदस्तित्वमनुमीयते ।

२५. Y. निर्देशनात्.
२६. Y. तत्कथं विज्ञानं युज्येत.
१. Y. °रोक्तात् तद्धेतोः.
२. Y. न च सर्वथाभावो भ्रान्तिमात्रोत्पादा°. Reading here after the Bhāṣya.
३. Y. प्रतिभासते सा.
४. Ms. ग्राहकभाव°.
५. Y. Reconstructs as तत्क्षेपान्.

अन्यथेति यदि तस्य सर्वथाऽभाव एवेष्यते **न बन्धो न मोक्ष** इति । भ्रान्तिमात्रेऽप्यसति *सङ्क्लेशाभावाद्बन्धोऽपि नास्ति । पूर्वं बद्धो*[६] *मुच्यत इति कृत्वा मुक्तिरपि न स्यात् ।*

अथ वा कथं न यथा प्रख्याति तथा भावेनेष्यते, सर्वथा वाऽभाव इति पराभिप्रायव्युदासार्थमाह

तत्क्षयान्[७] मुक्तिरिष्यते ॥

तस्मिंश्चापरिक्षीणे बन्ध इत्यर्था[८] दुक्तं भवति । अन्यथा हि न बन्धो न मोक्ष इति **सङ्क्लेशव्यवदानापवाददोषः** *स्यात्*[९] *। यथा ग्राह्यग्राहकत्वेन भ्रान्तिरुद्भासिताऽपि यदि तथा स्यात् प*रमार्थत एवं सति नित्यः सङ्क्लेशः स्यात् । तथा च निर्वाणाभावः । एवं च भ्रान्तिमात्रस्याप्यभावे सङ्क्लेशाभावो नित्यश्च व्यवदानं प्रसज्येत । एवं चोभयथापि मोक्षार्थिनां व्यर्थो यत्नः स्यात् । *अतोऽवश्यमभूतपरिकल्पभावोऽभ्युपगन्तव्यो द्वयाभावश्च ॥५॥*

[सङ्ग्रहलक्षणम्]

एवमभूतपरिकल्पस्य स्वलक्षणं ख्यापयित्वा सङ्ग्रहलक्षणं ख्यापयति[१] **। अभूतपरिकल्पमात्रे सति यथा त्रयाणां स्वभावानां सङ्ग्रहो भवति ।**

कल्पितः परतन्त्रश्च परिनिष्पन्न एव च ।
अर्थादभूतकल्पाच्च द्वयाऽभावाच्च देशितः ॥६॥

अर्थः परिकल्पितः स्वभावः । अभूतपरिकल्पः परतन्त्रः स्वभावः । ग्राह्यग्राहकाऽभावः परिनिष्पन्नः स्वभावः ॥६॥

सङ्ग्रहलक्षणं ख्यापयतीति *सङ्ग्रह एव लक्षणम् । अथ वा येन सङ्ग्रहो लक्ष्यते तत् सङ्ग्रहलक्षणम् । तच्च किमर्थमुक्तम्*[२] *? अत्र हि* ग्राह्यग्राहकरहितमभूतपरिकल्पमात्रमेवास्तीत्युक्तम् । **सूत्रान्तरेषु** पुनस्त्रयः स्वभावाः पठ्यन्ते । अतः **सूत्रान्तरै**रविरोधप्रदर्शनार्थं तेषामिह सङ्ग्रह उच्यते । अत एव **वृत्तिकार** आह—**अभूतपरिकल्पमात्रे सतीति**[३] *विस्तरेण ।*

कल्पितःपरतन्त्रश्च परिनिष्पन्न एव च ।
अर्थादभूतकल्पाच्च द्वयाभावाच्च देशितः ॥

इति । ग्राह्यं ग्राहकं च[४]स्वभावशून्यत्वादभूतमप्यस्तित्वेन परिकल्प्यत इति परि-

६. Y. Reconstructs पूर्वं बद्धाद्.
७. Y. तत्क्षेपान्.
८. Y. इत्यर्थः । एतदुक्तं against Ms.
९. Y. reconstructs as °दोषो भवति.
१. Ms. ख्यापयिति.
२. Y. °मिति.
३. Y. reconstructs °मात्रमेवेति. Reading here after the Bhāṣya.
४. Ms. चास्वभाव°.

कल्पित[५] उच्यते । स पुनर्द्रव्यतोऽसन्नपि व्यवहारतोऽस्तीति स्वभाव उच्यते । परतन्त्रः परवशः, हेतुप्रत्ययप्रतिबद्धजन्मकत्वात् । आह च[६]

अकल्पितः प्रत्ययजोऽनभिलाप्यश्च सर्वथा ।
परतन्त्रस्वभावो हि शुद्धलौकिकगोचरः[७] ॥

याऽभूतपरिकल्पस्य द्वयरहितता स परिनिष्पन्नः स्वभावः, तस्याऽसंस्कृतत्वात्, निर्विकारत्वेन परिनिष्पन्नत्वात् । आह च

कल्पितेन स्वभावेन तस्य याऽत्यन्तशून्यता ।
स्वभावः परिनिष्पन्नोऽविकल्पज्ञानगोचरः ॥

अर्थादि[८]त्यर्थाधिपत्यादुक्तम् । एवमभूतपरिकल्पाद् द्वयाभावाच्चेति वक्तव्यम् ।

अर्थः[९] **परिकल्पितः**[१०] **स्वभाव इत्यर्थो**ऽत्र रूपादयश्चक्षुरादय आत्मा विज्ञप्तयश्च । स च कल्पितेन स्वभावेनाभूतपरिकल्पे नास्तीत्यसन् परिकल्पितः[११] स्वभाव उच्यते । आह च-

अकल्पितो विकल्पो हि विकल्पान्तरकल्पितः ।
स्वभावो नास्त्यसौ तस्य विकल्पान्तरकल्पितः ॥

अभूतपरिकल्पः परतन्त्रः स्वभाव इति । परैर्हेतुप्रत्ययैस्तन्त्र्यते जन्यते न तु स्वयम्भवतीति परतन्त्रः ।

ग्राह्यग्राहकाभावः परिनिष्पन्नः स्वभाव इति । निर्विकारपरिनिष्पत्त्याऽविपरीतपरिनिष्पत्त्या च परिनिष्पन्नत्वात् परिनिष्पन्न उच्यते ।

अत्र ह्यभूतपरिकल्पस्य द्वयरहितता ग्राह्यग्राहकाभाव उक्तः । न तु द्वयस्याभावमात्रम् । एवञ्चाभूतपरिकल्प एव हेतुप्रत्ययपारतन्त्र्यात् परतन्त्रः । स एव ग्राह्यग्राहकरूपेण स्वात्मन्यविद्यमानेन प्रख्यानात् परिकल्पितः । स एव ग्राह्यग्राहकरहितत्वात् परिनिष्पन्नः । एवमभूतपरिकल्पे त्रयः स्वभावाः सङ्गृहीताः । एतेनाऽभूतपरिकल्पमनूद्य[१२] परिज्ञेयं, परिज्ञाय प्रहातव्यं, परिज्ञाय साक्षात् कर्तव्यञ्च[१३] वस्तु सन्दर्शितं भवति ॥६॥

[असल्लक्षणाऽनुप्रवेशोपायलक्षणम्]

इदानीं तस्मिन्नेवाऽभूतपरिकल्पेऽसल्लक्षणाऽनुप्रवेशोपायलक्षणं परिदीपयति ।

उपलब्धिं समाश्रित्य नोपलब्धिः प्रजायते ।
नोपलब्धिं समाश्रित्य नोपलब्धिः प्रजायते ॥७॥

५. Ms. °कल्पेतदुच्यते.

६. Y. does not read च.

७. Ms. गौरवः.

८. Y. अर्थत इत्यर्था° but here reference is to अर्थात् in the Kārikā.

९. Y. अर्थो हि.

१०. Y. परिकल्पितस्वभाव.

११. Y. असं परिकल्पितस्वभाव. Ms. अतः परि°. Tib. med-pa-la.

१२. Ms.···द्य Y. reconstructs as एवं कृत्वाऽभूतपरिकल्पस्य.

१३. Ms. ञ्चावस्तु. Tib. dṅos-·po yaṅ.

विज्ञप्तिमात्रोपलब्धिं निश्रित्यार्थाऽनुपलब्धिर्जायते । अर्थाऽनुपलब्धिं निश्रित्य विज्ञप्तिमात्रास्याऽप्यनुपलब्धिर्जायते । एवमसल्लक्षणं ग्राह्यग्राहकयोः प्रविशति ।।७।।

अपरिज्ञातासल्लक्षणो ह्यभूतपरिकल्पः क्लेशकर्मजन्मसङ्क्लेशाय सम्प्रवर्तते । अतोऽसल्लक्षणपरिज्ञानार्थमुपायं प्रदर्शयन्नाह[1]

उपलब्धिं समाश्रित्य

इति विस्तरः । अभूतपरिकल्पे तदुपलक्षणम[2]*भूतपरिकल्पो वेति ।* ग्राह्यग्राहकयोरसत्त्वमेवाऽसल्लक्षणम् । तत्रानुप्रवेशस्तदवबोधः । तस्योपायो यतस्तदसल्लक्षणमनुप्रविशति । स पुनर्धर्मधातोः सर्वत्रगार्थप्रतिबोधप्रयोगनिश्रय[3]विशेषः कुशलो द्विविधः । *तदुपलक्ष्याऽयं श्लोक उक्तः*[4] ।

विज्ञप्तिमात्रोपलब्धिं निश्रित्या[5]र्थाऽनुपलब्धिर्जायत इति । *इदं विज्ञप्तिमात्र*[6]मालम्बनार्थरहितं स्वबीजपरिपाकाद् रूपाद्याभासं विज्ञानं प्रवर्तते न तु रूपादिकोऽर्थोऽस्तीत्येवं ग्राहकोपलब्धिं निश्रित्य[7] ग्राह्यानुपलब्धिं प्रविशति ।

एवं ह्यनेन विचारयितव्यम्—उत्पद्यमानमुत्पन्नं वा विज्ञानं[8] विषयमालम्बेत । तत्रोत्पद्यमानं *विषयं नालम्बते*[9] *उत्पद्यमानस्यासत्त्वात् ।* नोत्पन्नमपि, *विषयप्रतिभासात्मनोत्पन्नत्वात् ।* न च विषयप्रतिभासात्मनोत्पत्तिं मुक्त्वा विज्ञानस्यान्या क्रियाऽस्ति, यां क्रियां कुर्वत् विज्ञानं विषयमालम्बत इत्युच्यते ।

यदि वालम्बनस्य वर्तमान एव विज्ञाने व्यापारो नोत्पद्यमाने, एवमालम्बनप्रत्ययो न *विज्ञानोत्पादकः ।* तत्परिकल्पनं *निरर्थकम्*[10] *। वर्तमानालम्बनग्रहणे क्षणभेददोषो भवति ।* न चात्मातिशयाभावे पूर्ववद्विज्ञानेनालम्बनग्रहणं युज्यते । अथा[11]लम्बनग्रहणकाले तस्यात्मातिशय इष्यते, एवमप्यात्मातिशयस्यान्यत एव दर्शनादन्यदेवोत्पन्नमालम्बनं गृह्णातीति प्रसज्यते ।

अन्यो मन्यते—निरुध्यमानोऽर्थ एवोत्पद्यमानस्य विज्ञानस्यालम्बनप्रत्ययः । स च स्वाकारप्रतिभास[12]ज्ञानकारणत्वेन शेषेभ्यः प्रत्ययेभ्यो विशिष्यत

१. Y. तदुपायप्रदर्शनार्थं चाह. Ms. °ज्ञानार्थमुपायं......

२. Y. तदुपलक्ष्यते.

३. Ms. निश्चय.

४. Y. तदुपलक्षणार्थं स श्लोक उक्तः ।

५. Y. reconstructs this as विज्ञप्तिमात्रतोपलब्धिमाश्रित्यार्थाऽनुप°. Reading here after the Bhāṣya.

६. Y. इदं विज्ञप्तिमात्रत्वमा°.

७. Ms. निश्श्रित्य.

८. Ms. विज्ञान.

९. Y. 's reconstruction °षयमालम्बितुं न युज्यते.

१०. Y. °कल्पो निरर्थकः.

११. Ms. तथा.

१२. Y. reads विज्ञान but Ms. ज्ञान.

इति । तेनापि रूपादिपरमाणवस्तत्समूहो वालम्बनत्वेन परिकल्प्यते । उभयथापि चालम्बनाभावः । सर्वमेव हि विज्ञानं घटपटादिप्रतिभासमुत्पद्यते, न तु परमाणुप्रतिभासम् । न चाऽर्थाकारस्याऽन्यनिर्भासस्य विज्ञानस्यान्यदालम्बनम्[१३] । चक्षुरादीनामप्यालम्बनत्वप्रसङ्ग इति । योऽपि मन्यते समुदिताः परमाणव आलम्बनं, न प्रत्येकम्, तस्याप्ययमपरिहारः । समुदिता अपि हि ते प्रत्येकमेवालम्बनत्वेनेष्यन्ते, न तत्समुदायेन । तत्र परमाणूनां प्रत्येकप्रतिभासं ज्ञानं नोत्पद्यते नापि[१४]तत्समुदायप्रतिभासम् । तस्मान्न परमाणूनामालम्बनत्वं सम्भवति । नापि परमाणुसमूह आलम्बनं, प्रज्ञप्तिसतः कारणत्वासम्भवात् । विज्ञानकारणं हि समनन्तरादिप्रत्ययवदालम्बनप्रत्ययोऽपीष्यते । तस्मान्न निरुध्यमानोऽप्यालम्बनम् । अथ च निरुद्ध आ-[१५]लम्बनम्, एवं सत्यतीतानागतं विषयः स्यात् । स्वप्नादौ तु विज्ञानमनालम्बनमिति सिद्धम् ।

नाऽनालम्बनं स्वप्नादिविज्ञानं निमित्तालम्बनत्वादिति केचित् ।[१६] निमित्तं पुनरर्थप्रतिबिम्बं विप्रयुक्तसंस्कारस्वभावम् । न हि स्वप्नादावसत्यर्थे तन्निमित्तं युज्यते, मुखाद्यभावे तत्प्रतिबिम्बवत्[१७] । उत्पद्यमानमुत्पन्नं वालम्बनं विज्ञाननिमित्तमभावान्निरोधाच्चेति पूर्वमुक्तम्[१८] । विज्ञानमेवार्थप्रतिभासत्वादर्थप्रतिबिम्बम् । अतो न विप्रयुक्तसंस्कारात्मकं निमित्तं युज्यते । अवश्यं चार्थाकारं विज्ञानमभ्युपगन्तव्यम् । अनाकारे हि तस्मिन् ग्राह्यग्राहकनियम एव न स्यात् ।

अन्यस्त्वप्रतिघं रूपमेव स्वप्ने, योगिनां चाशुभादावालम्बनं मन्यते । तस्यापि वर्णसंस्थानाद्यात्मकत्वादप्रतिघत्वं मनोमात्रविषयत्वञ्च विरुध्यते । न चाविज्ञप्तिमात्रादन्यदप्रतिघं रूपं शास्त्रे वर्ण्यते । तस्मात्कल्पनामात्रमेव ।

अपरस्त्वननुभूतार्थमेव स्वप्ने विज्ञानविषयत्वेनेच्छति[१९], जात्यन्धेन स्वप्ने नीलादिरूपाग्रहणात्[२०] । न जात्यन्धः स्वप्ने रूपं न गृह्णाति । अव्युत्पन्नसङ्केतत्वात्तु नामतो न जानात्यतो नान्यस्याचष्टे । यदि चानुभूतस्यैव स्वप्ने दर्शनमेवं जात्यन्धस्यापि रूपदर्शनं किं नेष्यते ? तेनापि पूर्वजन्मसु[२१] रूपमुपलब्धमेव । न च

१३. For this reading see Vijñapti—mātratā-siddhi, Triṃśikā-bhāṣya, p. 16. Y. reconstructs as अर्थाकारश्च व्यतिरेकतः प्रतिभासमानं विज्ञानम् । न त्वालम्बनं व्यतिरिक्तम्.

१४. Y. तथा हि.

१५. Y. निरोधत्वमाल°.

१६. Y. के चेत्.

१७. Y. तत्प्रतिबिम्बासिद्धवत्. But Ms., as here, has the same sense.

१८. Y.'s reconstruction : °मुत्पन्नं वा विज्ञानं न निमित्तालम्बनम् । अभावस्य च पूर्वोक्तत्वात्.

१९. Y. reconstructs thus : अनुभूतार्थं स्वप्ने विज्ञानविषयमेवेच्छति.

२०. Y. reconstructs thus : जात्यन्धस्वप्नस्य नीलादिरूपाग्रहणत्वात्.

२१. Ms. °जन्मस्वरूप.°

वर्तमानजन्मन्युपलब्धमेव स्वप्ने प्रतिभासते । न ह्यतीतानागतवर्तमानानुभवे सुप्तस्य जाग्रतश्च कश्चिद्विशेषोऽस्ति । तस्मात् परिकल्पमात्रमेवैतदनुभूतार्थविषयं स्वप्ने विज्ञान[२२]मिति । अतीतस्य चाभावान्निर्विषयं विज्ञानमेव स्वप्नेऽर्थाभासमुत्पद्यत इति निश्चयः । एवं विज्ञप्तिमात्रत्वेनोपलम्भादर्था[२३]ऽनुपलब्धिर्भाव्येति ।

अर्थाऽनुपलब्धिं निश्रित्य[२४] **विज्ञप्तिमात्रस्याप्यनुपलब्धिर्जायत** इति । यथा न विज्ञानाद् बहिः परिकल्पितं ग्राह्यमस्तीति विज्ञप्तिमात्रताबलेन मनो[२५] ग्राह्याभावं प्रदिशति, तथा ग्राह्याभावबलेन विज्ञप्तिमात्रस्याप्यभावं प्रतिपद्यते । न ग्राह्याभावे ग्राहकत्वं युज्यते । ग्राह्यमपेक्ष्य[२६] तद्ग्राहकस्य व्यवस्थापनात् ।

एवमसल्लक्षणं ग्राह्यग्राहकयोः परिकल्पितरूपयोः **प्रविशति**, नाभूतपरिकल्पस्येति दर्शनं भवति ।

किमर्थं पुनः प्रथमत एव विज्ञप्तिमात्रस्यैवाभावं न विभावयति ? ग्राह्यप्रतिबद्धत्वाद्धि ग्राहकस्योपलभ्यार्थाभावे सुखं प्रवेशः स्यादालम्बनस्वभावविनाशात् । अन्यथा भावा[२७]पवादमेव कुर्यात् । ग्राह्यग्राहकयोः परस्परनिरपेक्षत्वात् । इमाञ्च[२८] ग्राह्यग्राहकविकल्पातीतां ज्ञानभूमिं सम्भारेषु निरन्तरं प्रवर्तमानः प्रथमकल्पासंख्येयपरिसमाप्तौ प्रविशति । तथा हि विज्ञप्तिमात्रमिदं निश्रित्य रूपानुपलम्भानुकूलो लोकोत्तरमार्गे प्रथम[२९] उष्मगताख्यः सपरिवारः समाधिरामुखी भवति । तस्यानन्तरं मूर्धाख्यः । तस्यानन्तरमशेषग्राह्यानुपलम्भाद् ग्राहकानुपलम्भानुकूलः क्षान्त्याख्यः समाधिः । तस्यानन्तरमर्थानुपलब्धिं निश्रित्य विज्ञप्तिमात्रस्याप्यनुपलब्धिं भावयन्[३०] लौकिकाग्र्यधर्माख्यः प्रज्ञादिसहितः सपरिवारः समाधिरामुखीभवति । तदनन्तरं दर्शनमार्गः । तत्रैव च सर्वत्रगधर्मधात्वधिगमात् प्रथमां भूमिं प्रविशतीति । अयं च तत्त्वमनस्कारो नावि[३१]मुक्तिमनस्कारोऽप्रमाणादिवत् ॥७॥

उपलब्धेस्ततः सिद्धा नोपलब्धिस्वभावता ।

उपलभ्याऽर्थाऽभावे उपलब्ध्ययोगात् ।

तस्माच्च समता ज्ञेया नो[३अ]पलम्भोपलम्भयोः ॥८॥

उपलब्धिरुपलब्धित्वेनाऽसिद्धा[१] । **अभूतार्थप्रतिभासतया तूपलब्धिरित्युच्यतेऽनुपलब्धिस्वभावाऽपि सती ।**

२२. Ms. ज्ञानमिति, Tib. rnam-par śes-pa.

२३. Y. विषयाऽनुप°.

२४. Y's reconstruction विषयाऽनुपलब्धिमाश्रित्य. **Reading here after the Bhāyṣa.**

२५. Equivalent of मनः not found in Tib.

२६. Y. ग्राह्यत्वापेक्षया.

२७. Ms. °पिवाद°.

२८. Ms. इमाञ्चाग्राह्य.

२९. Y's reconstruction : रूपाद्यभावभावना लोकोत्तरमार्गस्य प्रथमस्वभाव.

३०. Y. भावनातो.

३१. Y. नाधिमुक्ति. Ms. as here.

१. Ms. उपलब्धेरुपलब्धित्वेनाऽसिद्धा. N. °त्वेनासिद्धत्वात्.

उपलब्धेरनुपलब्धिस्वभावत्वमिति प्रदर्शयन्नाह
उपलब्धेस्ततः सिद्धा नोपलब्धिस्वभावता ।

इति । अथ वा यत् पूर्वं प्रतिज्ञातमभूतपरिकल्पे द्वयं नास्तीति तदनेनाकारेण प्रत्यात्मवेद्यत्वात् सिद्धमिति प्रदर्शयन्नाह

उपलब्धेस्ततः सिद्धा नोपलब्धिस्वभावता ।

इति । **तत** इति—उपलभ्यार्थाभावे उपलब्ध्यभावात् । उपलब्धिरिति भावकर्तृ-करणानामन्यतमत् परिकल्प्यते[२] । एतत्त्रितयमप्यभावान्न युज्यते ।

उपलब्धेस्ततः सिद्धा नोपलब्धिस्वभावता ।

अत एव **वृत्तिकार** आह—**उपलभ्यार्थाभाव उपलब्ध्ययोगादिति ।**

तस्माच्च समता ज्ञेया नोपलम्भोपलम्भयोः ॥

यस्मादुपलब्धिरनुपलब्धिस्वभावा तस्मात् समता तुल्यता ज्ञेया । अर्थानुपलम्भस्य विज्ञप्तिमात्रतोपलम्भस्य चासत्त्वादविशेषतः । उपलब्ध्यनुपलब्धिशब्दयोः परस्पर-विरुद्धत्वापनय[३]नार्थमाह—**अभूतार्थप्रतिभासतया तूपलब्धिरित्युच्यते ।** नतु तया किञ्चिदुपलभ्यतेऽर्थाभावादिति । अतः परमार्थतो **ऽनुपलब्धिस्वभावा[४]ऽपि सतीति** नास्ति विरोधः ।

अपर आह—यश्च बालानामसत्यर्थेऽर्थोपलम्भो यश्चार्याणामर्थानुपल-म्भस्तयोर्द्वयोस्तुल्यलक्षणत्वात्[५] समता ज्ञेया सर्पभ्रान्त्यनुपलब्धिवत् । अत एव ब्रवीति—अभूतार्थप्रतिभासतया तूपलब्धिरित्युच्यतेऽनुपलब्धिस्वभावा[६]ऽपि सतीति सर्पभ्रान्त्यनुपलब्धिव्यपदेशवदिति ।

अन्यः पुनराह—यश्च बालानां ग्राहकोपलम्भो यश्चार्याणामर्थाभावाद् ग्राहकानुपलम्भस्तयोर्द्वयोरुपलम्भानुपलम्भयोरुभयतोऽपि समता ज्ञेया ग्राह्ये ऽसति ग्राहकाभावाविशेषात् । अत एवाह—अभूतार्थप्रतिभासतयेति विस्तरः ।

केचित्तु मन्यन्ते, समारोपाऽपवादप्रतिपक्षेणाह
तस्माच्च समता ज्ञेया नोपलम्भोपलम्भयोः ।

इति । अर्थाभावादुपलब्धेरु[७]पलब्धिस्वरूपत्वेनाऽभावात् स्वरूपेण तदभाव उच्यते । उपलम्भ उपलब्धिस्वभावो नापनीयते नाप्यनुपलब्धिस्वभावः[८] प्रक्षिप्यते । किं तर्हि सममेतदुभयं निर्विकल्पतया । तस्मान्नोपलम्भोपलम्भयोः समारोपापवाद-निरपेक्षेण प्रत्यात्मसमता ज्ञेयेति । आह च

नापनेयमतः किञ्चित् प्रक्षेप्तव्यं न किञ्चन ।
द्रष्टव्यं भूततो भूतं भूतदर्शी विमुच्यते ॥

२. Y. परिकल्प्येत.
३. Y. विरुद्धत्वमपनयनार्थम्.
४. Y. °स्वभावेऽपि.
५. Y. reconstructs लक्षणतुल्यत्वात्.
६. Ms. °स्वभावाऽपि but Y. स्वभावेऽपि.
७. Ms. °लब्धेरूपा°.
८. Ms. °भावभावाप्रक्षिप्यते.

*यद्येवं कथं विज्ञप्तिरुपल*ब्धिरित्युच्यते ? अभूतार्थप्रतिभासतया लोके शास्त्रे च तथा प्रतीतत्वादनुपलब्धिस्वभावा[६]ऽपि सतीति ॥८॥

[प्रभेदलक्षणम्]

तस्येदानीमभूतपरिकल्पस्य प्रभेद[१]लक्षणं ख्यापयति ।

अभूतपरिकल्पश्च चित्तचैत्तास्त्रिधातुकाः ।

कामरूपा[२]रूप्याऽवचरभेदेन ।

प्रभेदलक्षणं ख्यापयतीति कामरूपारूप्यधात्वात्मकमभूतपरिकल्पस्य प्रभेदो नानाप्रकारता । *प्रभेद एव लक्षणमिति प्रभेदलक्षणम्, अनेन प्रभेदेनाऽभूतपरिकल्पस्य लक्षणात् । प्रभेदलक्षणञ्च किमर्थं[३]ख्याप्यते* ? अभूतपरिकल्पमात्रे कामरूपधात्वोरयोगात् । योऽयं धातुभावेन[४]विपक्षप्रतिपक्षभेदादार्यपुद्गलादिभेदः स न प्राप्नोतीति महान् शासनोपप्लवः प्रसज्यत इत्याशङ्काव्युदासार्थं प्रभेद*लक्षणमाख्यातम् ।*

अथ वा यत्र वितर्कविचारौ स्तस्तत्रैवाऽभूतपरिकल्पोऽस्ति न त्वन्यत्रेति यो मन्यते तद[५]पनयनार्थं प्रभेदलक्षणमुच्यते

अभूतपरिकल्पस्तु[६] चित्तचैत्तास्त्रिधातुकाः ।

न तु यत्रैव वितर्कविचाराविति । यथा रूपं भूतानि भौतिकञ्च, एवमभूतपरिकल्पोऽपि चित्तं चैत्ताश्च, न केवलं चित्तमेव । ते च त्रिधातुकस्वभावाः । **कामरूपारूप्यावचरभेदेन[७]** *त्रिधातुकः । तत्र ये तस्मादभूतपरिकल्पान्नरकाद्याकारा विंश*तिप्रकाराः प्रवर्तन्ते स कामधातुः । ये सप्तदशप्रकारा ब्रह्मकायिकाद्याकारास्ते रूपधातुः । य आकाशानन्त्यायतनाद्याकाराश्चतुःप्रकारास्ते आरूप्यधातुः ।

अन्यः पुनराह—अप्रहीणकाम*रागा अविभूता*[८]रूप्यसंज्ञाश्च *कामावचरः कामधातुः ।* प्रहीणकामरागा अविभूता[९]रूप्यसंज्ञाश्च रूपावचरो रूपधातुः । प्रहीणकामरूपरागा विभूता[१०]रूप्यसंज्ञाश्चारूप्यावचर आरूप्यधातुः ।

कामरागानुशयिताः कामधातुः । रूपरागानुशयिता रूपधातुः । आरूप्यरागानु*शयिता आरूप्यधातुरित्यन्ये ।*

६. Ms. °स्वभावाऽपि but Y. स्वभावेऽपि.

१. Ms. प्रतिभेदलक्षणं.

२. Ms. °रूपरूप्या°.

३. Y. किमर्थमाख्या°.

४. Y. धातुभेदेन, Ms. as here.

५. Y. reconstructs thus : यत्र यो वितर्कविचारयोः सतोरेवाभूत……त्वन्यथेति मन्यते । ततस्तदपनयनार्थं.

६. Bhāṣya Ms. °कल्पश्च.

७. Y. reconstructs °वचरभेदात्. Reading here after the Bhāṣya.

८. Y. अविभूतरूप्य°

९. Y. अविभूतरूप्य°.

१०. Y. विभूतरूप्य° Ms. as here.

सततविक्षेपाश्चैतसिकदुःखप्रकाराः[११] कामधातुः । समाहिता विगतचैतसिकदुःखप्रकारा रूपधातुः । समाहिताः प्रहीणसुखदुःखप्रकारा आरूप्यधातुरित्यपरे ।

अप्रहीणगन्धरसतद्विज्ञानाभासाः कामधातुः । प्रहीणगन्धरसतद्विज्ञानाभासा रूपधातुः । प्रहीणपञ्चदशधात्वाभासा आरूप्यधातुरित्यपरे ।

तेषु सर्वेषु व्याख्यानेषु कतमे त इत्यवश्यं पूर्वव्याख्यानोक्ता एव वक्तव्या इति साकाङ्क्षाण्येवैतानि व्याख्यानानि । अभूतपरिकल्पाधिकारे पुनरभूतपरिकल्पग्रहणमनुपलब्ध्यन्तरितत्वादिति ।

[पर्यायलक्षणम्]

पर्यायलक्षणं च ख्यापयति[१] ।

तत्रार्थदृष्टिर्विज्ञानं तद्विशेषे तु चैतसाः ॥६॥

तत्रार्थमात्रे दृष्टिर्विज्ञानम् । अर्थविशेषे दृष्टिश्चैतसा वेदनादयः ॥६॥

पर्यायलक्षणञ्चेति । चित्तचैतानां प्रभेदं ख्यापयित्वा[२]ऽभूतपरिकल्पस्य[३] पर्यायलक्षणं **ख्यापयति** । कथं कृत्वा ? अभूपरिकल्प्यवस्तुनः स्वभावविशेषपरिकल्पनया चित्तचैतानां प्रवृत्तत्वात् । अर्थस्वरूपविशेषदृष्टिश्चि[४]त्तचैत्ता अभूतपरिकल्पश्चेति पर्यायान्तर्भूताः ।

तत्रार्थमात्रे[५] **दृष्टिर्विज्ञानमिति** । मात्रशब्दो विशेषनिरासार्थः ।[६] तेनागृहीतविशेषा वस्तुस्वरूपमात्रोपलब्धिरित्यर्थः । **अर्थविशेषे**[७]**दृष्टिश्चैतसा वेदनादय** इति । तेन तेन विशेषरूपेण तत्राति[८]प्रवृत्तेः । तत्राह्लादकपरितापकत्वविशेषो यस्तस्य भावस्य यत् सौमनस्यादिस्थानं तद्ग्रहणं **वेदना** । स्त्रीपुरुषादिव्यवहारलक्षणो योऽर्थविशेषस्तद्ग्रहणं संज्ञा । एवमन्येऽपि यथायोगं योज्याः । एवं चैषा-[९]माश्रयालम्बनकालद्रव्यसमताभिः सम्प्रयुक्तत्वं न त्वाकारसमतयापि, विज्ञानाविशेषप्रसङ्गात् ।

चित्तविशेषा एव चैतसा इहाभिप्रेता इति केचिज्जानन्ति । तदेव विज्ञानं तादृशस्वरूपादिना विचित्रप्रतिभासमुत्पद्यते मयूरचन्द्रिकवत् । कथमेकं विचित्रञ्च ? नैकं[१०] हि लक्षणं लोके विचित्रमिष्यते । मा भूदेकमनेकस्वभावमिति स्यादेष

११. Y. प्रकाराश्रयभूताः.

१. Ms. ख्यापपयति, but प seems to have been cancelled.

२. Y. प्रदर्शयित्वा which is grammatically wrong: it should, if acceptable here, be प्रदर्श्य.

३. Y. °परिकल्पपर्याय°

४. Y. °दृष्टिचित्तचैत्ता, but Ms. as here.

५. Y's reconstruction तत्रार्थमात्रदृष्टिर्, Bhāṣya as here.

६. Y's reconstruction विशेषनिरसनेनागृहीत.°

७. Y. °विशेषदृष्टि°

८. Y. तत्राभि° on the basis of Tib., but Ms. तत्राति.°

९. Ms. चौषासाश्रया.

१०. Ms. चानेकं.

दोषो यदि धर्मस्वभावः परिनिष्पन्नः स्यात् । भ्रान्तिमात्रे तु नैष दोषः ।

न तथा सर्वथा भावात् (का० १.५)

इति वचनात् ।

नैतदेवं, **सूत्र***वचनविरोधात् । या वेदना या संज्ञा यच्चित्तं यद्विज्ञानञ्च* संसृष्टा अमी धर्मा न विसंसृष्टा इति । संसर्गश्च नाम सतां युगपच्च भवतीति । यो हि धर्मस्वभावमपरिनिष्पन्नमिच्छति तस्यैतत् **सूत्र**मस्मिन्नर्थेऽज्ञापकमिति ॥९॥

[प्रवृत्तिलक्षणम्]

प्रवृत्तिलक्षणं च ख्यापयति ।

एकं प्रत्ययविज्ञानं द्वितीयम्[1] औपभोगिकम् ।
उपभोगपरिच्छेदप्रेरकास्तत्र चैतसाः ॥१०॥

आलयविज्ञानमन्येषां विज्ञानानां प्रत्ययत्वात् प्रत्ययविज्ञानम् । तत्प्रत्ययं प्रवृत्तिविज्ञानमौपभोगिकम् । उपभोगो वेदना । परिच्छेदः संज्ञा । प्रेरकाः संस्कारा विज्ञानस्य चेतनामनस्कारादयः ॥१०॥

अभूतपरिकल्पमात्रेऽन्यस्य चाभावे हेतुफलप्रभेदं[2] *न विज्ञायत इति*[3] तत्प्रतिपादनार्थं **प्रवृत्तिलक्षणञ्च ख्यापयति ।** *अनेन हेतु*फलभावेनाऽभूतपरिकल्प इति लक्षणम् । प्रवृत्तिरेव लक्षणं प्रवृत्तिलक्षणम् । प्रवृत्तिः पुनर्द्विधा—क्षणपरम्पराप्रवृत्तिर्यदाधिपत्येन प्रत्युत्पन्न उपभोगसङ्क्लेशः, जन्मान्तरप्रवृत्तिश्च *यदाधिपत्येनायत्यां क्लेशकर्मजन्मसङ्क्लेशः । इह क्षणपरम्पराप्रवृत्तिः* प्रवृत्तिलक्षणमुक्तम् । जन्मान्तरप्रवृत्तिं सङ्क्लेशलक्षणत्वेन ख्यापयिष्यति ।

एकं प्रत्ययविज्ञानम्

इति विस्तरः । तत्रैकमित्यालयविज्ञानं शेषाणां सप्तानां विज्ञानानां हेतुप्रत्ययभावेन *हेतुरिति प्रत्ययविज्ञानम् ।*

द्वितीयमौपभोगिकम् ।

इति । विज्ञानमित्यनुवर्तते । तत्फलमिति वाक्यशेषः । तत्पुनः सप्तविधं प्रवृत्तिविज्ञानमुपभोगप्रयोजकत्वादौपभोगिकम् ।

उपभोगपरिच्छेदप्रेरकास्तत्र चैतसाः ॥

इति । तत्र विज्ञाने ये चैतसास्तेऽपि तत्फलमि*ति सम्बन्धः । विज्ञानत्वादेकयोगक्षेमत्वाच्च ।*

आलयविज्ञानमन्येषां विज्ञानानां[4] **प्रत्ययत्वात् प्रत्ययविज्ञानम**िति । आलीयन्ते सर्वे सास्रवा[5] धर्मास्तत्र फलभावेन तच्च तेषु हेतुभावेनेत्यालयः । सत्त्वभाजनलोक-

१. Ms. द्वितीयम्मौप.°

२. Y. °फलप्रकारभेदं.

३. Y. न विजानातीति.

४. Y. reconstructs आलयविज्ञानस्य ह्यन्यविज्ञानप्रत्ययत्वात्. Reading adopted after the Bhāṣya.

५. Ms. शास्त्रवा.

विज्ञापनात्तन्निर्भासतया विज्ञानम् । तच्चैकान्तविपाकत्वादव्याकृतम् । सर्वेषां सास्रवाणां धर्माणां बीजमनुबध्नाति[६] अन्येषाञ्च प्रवृत्तिविज्ञानानां हेतुप्रत्ययो भवतीति प्रत्ययविज्ञानम् ।

तत्प्रत्ययं प्रवृत्तिविज्ञानमौपभोगिकमिति । तस्मादालयविज्ञानात् प्रत्येतीति तत्प्रत्ययमुत्पद्यत इत्यर्थः । कथमुत्पद्यते ? प्रवृत्तिविज्ञानं ह्यालयविज्ञानात् प्रवर्तमानमनुत्पन्नस्य तज्जातीयस्य प्रवृत्तिविज्ञानस्योत्पादकं बीजमालयविज्ञाने परिपुष्णाति[७]। तस्मात् परिपुष्टबीजात् परिणामविशेषप्राप्तात्[८] पुनस्तज्जातीयं प्रवृत्तिविज्ञानमुत्पद्यत इत्येवं तत्प्रत्ययं[९] प्रवृत्तिविज्ञानं भवति ।

नन्वालयविज्ञानमप्यौपभोगिकं प्रवृत्तिविज्ञानञ्च प्रत्ययविज्ञानं प्रसज्यते, अदुःखासुखवेदनोपभोगाश्रयत्वात्, आलयविज्ञाने च वासनाभावनात् । न प्रत्ययभावव्यतिरेकेणान्या वासनाभावनाऽस्ति । यथोक्त**मभिधर्मसूत्रगाथायां**

सर्वधर्मा हि आलीना विज्ञाने तेषु तत्तथा ।
अन्योऽन्यं फलभावेन हेतुभावेन सर्वदा ॥

इति । न प्रसज्यते[१०] तद्वेदनाया दुरुपलक्ष्यत्वात् । न तदौपभोगिकत्वेन लक्ष्यते प्रवृत्तिविज्ञानवत् । प्रकर्षगतं वा ज्ञेयं सूर्यवत् । तथा ह्युपभोगत्रिविधवेदनाश्रयत्वं प्रवृत्तिविज्ञानस्यैव न त्वालयविज्ञानस्येति । हेतुप्रत्ययश्चात्र विवक्षितो न प्रत्ययमात्रम् । तथा हि कुशलाकुशलधर्माधिपत्यादालयविज्ञानं विपाकनिष्यन्दफलवासनां परिगृह्णाति । अव्याकृतधर्माधिपत्याच्च निष्यन्दफलवासनामेवेति । अत आलयविज्ञानं निरवशेषाणां सास्रवधर्माणां हेतुप्रत्ययः । प्रवृत्तिविज्ञानं त्वालयविज्ञानस्याधिपतिप्रत्यय इति नास्ति प्रवृत्तिविज्ञानस्य प्रत्ययत्वप्रसङ्गः । [अहेतुप्रत्ययत्वात्[११]] ।

उपभोगो वेदनेति । त्रिप्रकाराप्युपभुक्ष्यत[१२] इत्युपभोगः, अनुभूयत इत्यर्थः । भवरससारसरूपा वेदना । तस्माद्बालास्तत्संवेदनार्थं विषयमभिनिविशन्ते[१३] । न केवलं वेदना, अर्थोपलब्धिरप्युपभोग इत्यन्ये । तच्च न, उपभोगो वेदनेति **भाष्यविरोधात्** । अर्थोपलब्धिश्च न विज्ञानादन्येति न तस्याश्चैतसत्वं प्रयुज्यते ।

वेदित**परिच्छेदः संज्ञा**, सुखादिविशेषोद्ग्रहणात्मकत्वात् ।

उपभोगे संज्ञायाञ्च **प्रेरकाः संस्कारा विज्ञानस्य**[१४] **चेतनामनस्कारादयः** ।

६. Y. °बध्यते.

७. Y. परिपोषयति.

८. Y. °विशेषलाभात्.

९. Ms. तत्प्रवृत्ति°.

१०. Y. adds किं कारणम् on the basis of Tib. Ms. does not support it.

११. Tib. alone.

१२. Is it उपभुज्यते ?

१३. Y. अभिनिवेशन्ति which is a grammatically incorrect form.

१४. Y's reconstruction : संज्ञायाञ्च विज्ञानप्रवर्तकाः संस्काराश्चेतना°. Reading here after the Bhāṣya.

अथ वा। उपभोगो वेदनेति यथास्वमालम्बनानुभवनात्, सुखादिवेदनीयकर्मानुभवनाच्च। एवं विषयकर्मणोरुपभुक्तिर्वेदनेत्युपभोगः। विषयचिह्नं व्यवहारनिमित्तं परिच्छिन्नं *करोतीति परिच्छेदः संज्ञा। विज्ञानान्तरालम्बन आभोगः संस्काराः*[१५] *। ततश्चेतनाद्याधिपत्याद् विज्ञानमालम्बनान्तरं* भजते। आदिशब्देन छन्दादयो गृह्यन्ते। उक्तं यतो यादृशो[१६] यदर्था च प्रवृत्तिरिति ॥१०॥

[सङ्क्लेशलक्षणम्]

सङ्क्लेशलक्षणं च ख्यापयति।

छादनाद्रोपणाच्चैव नयनात् सम्परिग्रहात्।
पूरणात् त्रिपरिच्छेदादुपभोगाच्च[१] कर्षणात् ॥११॥
निबन्धनादाभिमुख्याद् दुःखनात् क्लिश्यते जगत्।

तत्र छादनादविद्यया यथाभूतदर्शनावबन्धनात्। रोपणात् संस्कारैर्विज्ञाने कर्मवासनायाः प्रतिष्ठापनात्। नयनाद् विज्ञानेनोप[३ ब]पत्ति[२]स्थानसम्प्रापणात्[३]। सम्परिग्रहणान्नामरूपेणात्मभावस्य। पूरणात् षडायतनेन। त्रिपरिच्छेदात् स्पर्शेन। उपभोगाद् वेदनया। कर्षणात् तृष्णया कर्माक्षिप्तस्य पुनर्भवस्य। निबन्धनादुपादानैर्विज्ञानस्योत्पत्त्य[४]नुकूलेषु कामादिषु। आभिमुख्याद् भवेन कृतस्य कर्मणः पुनर्भवे विपाकदानायाभिमुखीकरणात्। दुःखनाज् जात्या जरामरणेन च परिक्लिश्यते जगत्।

सङ्क्लेशलक्षणञ्च ख्यापयतीति क्लेशकर्मजन्मसङ्क्लेशा यथा प्रवर्तमाना जगतः परिक्लेशाय *भवन्ति तत् सङ्क्लेशलक्षणम्। तथाचाऽसत्यप्यात्मनि अभूतपरिकल्पमात्रात् संसारः*[५] प्रजायते इति प्रदर्शनार्थं ख्याप्यते।

छादनाद्रोपणाच्चैव नयनात् सम्परिग्रहात्।

इति विस्तरः। सोऽयं प्रवृत्तिपक्षमधि द्वादशाङ्गः प्रतीत्यसमुत्पादो दर्शितः। **तत्र छादनात्।** क्लिश्यते जगदित्यन्तवचनं *सर्वेण सम्बध्यते।* केन छादनात् कथं वा छादनात् क्लिश्यत इति? अत आह—**अविद्यया यथाभूतदर्शनविबन्धादिति।** अविद्या[६] ह्यदर्शनात्मकत्वाद् भूतदर्शनविषये प्रच्छादिते भूतदर्शनं नोत्पद्यतेऽतो भूतदर्शनोत्पत्तिविबन्धनादविद्या भूतदर्शनविबन्धः। भूतदर्शनं पुनः प्राधान्येन लोकोत्तर*प्रज्ञा, तत्पृष्ठोद्भवत्वात् तत्पृष्ठलाभात्तदवगमाच्च तत्प्रयोग इति श्रुतचिन्ताभावना*[७]मयी भूतदर्शनमित्युच्यते। भूतदर्शनविबन्धादविद्या संस्काराणां प्रत्यय इत्येवं छादनादविद्यया क्लिश्यते जगदिति।

१५. Y. विज्ञानस्यान्तरस्मिन्नालम्बन आभोगाः संस्काराः.
१६. It should be यादृशी.
१. Ms. उपभोच्चा.
२. Ṭīkā, °नोपपत्ति°.
३. Ṭīkā, सम्प्रेषणात्.
४. Ms. not clear; it reads like °रयोत्पत्त्यत्त्य°.
५. Y's reconstruction : तच्चासतोप्यात्मनोऽभूतपरिकल्पमात्रत्वात् संसारः.
६. Y. अविद्यया, but Ms. as here.
७. Y's reconstruction : तत्पृष्ठोद्भवत्वात्, तत्पृष्ठलाभात् तदवगमाच्च तत्प्रयोगश्रुत°

रोपणात्, क्लिश्यते जगदिति सम्बध्यते । केन रोपणात् क्व कस्य वेत्यत आह **संस्कारैर्विज्ञाने कर्मवासनाया** इति । तत्र संस्कारा यत् कायिकं कर्म वाचिकं मानसं च पुण्यापुण्यानिञ्ज्यस्वरूपं तत्पुनर्भवमभिसंस्करोतीति संस्कारः । अप्रणिहितं रोहयतीत्यर्थः । तदेव च संस्कारशब्देनोच्यते न तु सर्वम् । तच्चाविद्या[८]धिपत्यात्पुनर्भवमाक्षेप्तुं समर्थं भवति न सत्तामात्रेणेत्यविद्याप्रत्ययाः संस्कारा इत्युच्यते । तथाहि तान्यनुत्पन्नविद्यस्य पुनर्भवं संस्कुर्वन्ति नोत्पन्नविद्यस्य । न चाधिपत्यमात्रेणैवाविद्या संस्काराणां प्रत्यय उच्यते, सामान्येन सा समुत्थानप्रत्ययोऽपि[९] । अविद्या हि सम्प्रयुक्तत्वाद्यथा सर्वक्लेशानां[१०] सामान्येन समुत्थानप्रत्ययस्तथा[११] तत्समुत्था[१२]नां चेतनानामपि । (पुण्यानाम्[१३]) अपि संस्काराणां भवभोगभेदप्रार्थनान्व[१४]यानां समुत्थाने तत्सहभूताऽविद्या सामान्यप्रत्ययः । आनिञ्ज्यानामपि तद्भूमिनिःसरणदृष्टिसमुत्थानानां तत्सहभूताऽविद्या सामान्यप्रत्यय इति संस्काराणां प्रत्यय उक्तः । **विज्ञान**[१५] इति अत्रालयविज्ञानमभिप्रेतं न तु प्रवृत्तिविज्ञानम् । व्युपरत-[१६]प्रवृत्तिविज्ञानस्योत्पत्तिस्थाननयनाऽसम्भवात्, कुशलक्लिष्टयोश्च समवधानाभावात्, संस्कारैस्तत्र कर्मवासनायाः प्रतिष्ठापनाभावात् । **कर्मवासनाया** इति । का पुनरियं कर्मवासना नाम ? अनागतस्य जन्मनो बीजं हेतुभावः । तद्यथा व्रीहिफलं भूमिभस्मपुरीषादिप्रत्ययविशेषमपेक्ष्य परिणमदङ्कुरोत्पत्तौ हेतुभूतं बीजमिति[१७] । **प्रतिष्ठापनादिति** रोपणमेव पर्यायान्तरेणाचष्टे । प्रतिष्ठापनं पुनरत्र विज्ञानसन्ताने तत्प्रथमतस्तद्बीजस्याप्यायनम् । नहि कस्यचित् सास्रवस्य धर्मस्यानास्र[१८]वस्येवापूर्वं बीजमाधीयते । एवं संस्कारैर्विज्ञाने पुनर्भवबीजाधानाज् जगत् क्लिश्यते । **नयनाज्जगत्** क्लिश्यत इति । केन नयनात् क्व कस्य वेति न विज्ञायत इत्याह **विज्ञानेनोत्पत्ति**[१९]**स्थानसम्प्रेषणा**[२०]**दिति** । कर्मपरिभावितेन विज्ञानेन सन्तानवृत्त्या च्युतिस्थानादुपपत्तिस्थाने पुनर्भवबीजभूताया वासनायाः प्रापणं नयनम् । तथा च सति न प्रतिसन्धिविज्ञानं संस्कारप्रत्ययम्[२१] पूर्वकालभवविज्ञानमेव संस्कार-

८. Ms. तच्च विद्याधि°

९. Y's reconstruction : सामान्यप्रत्ययेन समुत्थानेऽपि.

१०. Y's reconstruction : अविद्याया हि सर्वक्लेशसम्प्रयुक्तत्वाद्यथा.

११. Y. समुत्थानक्लेशानां सामान्यप्रत्यय, but Ms. as here.

१२. Ms. तत्समुत्थानं.

१३. Ms. does not read पुण्यानाम् ; Tib. bsod-nams kyi.

१४. Ms. प्रार्थनाद्वयानाम्.

१५. Y. विज्ञान इत्यत्र.

१६. Y. व्युपरमप्रवृत्ति°

१७. Y's reconstruction : परिणामादङ्कुरोत्पत्तिहेतुभावो बीजमिति.

१८. Y. साश्रवस्य and अनाश्रवस्य.

१९. Bhāṣya उपपत्ति°. The following sentence confirms उपपत्ति.

२०. Ms. सम्प्रेक्षणात्. Y. सम्प्रेषणात्, Tib. phyin-par-byed.

२१. Y's reconstruction : प्रतिसन्धिविज्ञानप्रत्ययः संस्कारः; The reading adopted here in the light of the following sentence found in Ms.

प्रत्ययमिति प्रदर्शितं भवति । नहि विनष्टात् कारणात् कार्योत्पत्तिर्युज्यते । आरूप्यसमापत्तिलाभिनो हि यत्रैव च्यवन्ते तत्रैवोत्पद्यन्त इति कथमारूप्येषूपपत्तिस्थानप्रापणमिति तद्यथायोगं वेदितव्यं नामरूपवत् ।

सम्परिग्रहा[२२]**ज्जगत्** क्लिश्यत इति । केन सम्परिग्रहात् कस्य वेत्यत आह—**नामरूपेणात्मभावस्ये**ति । नामरूपं हि पञ्चस्कन्धाः । ते च प्रतिसन्धिमुपादाय कललार्बुदपेशीघनप्रशाखावस्था अनुत्पन्नषडायतना विज्ञानप्रत्ययं नामरूपमिति । तद्भावितविशेषेण ह्यनन्तरेषु[२३] निकायसभागेषु तद्विशिष्टत्वं[२४] सिध्यति । तस्मिंश्चोत्पन्ने मनुष्यतिर्यगादिनिकायसभागभेदादात्मभावो भिद्यत इति नामरूपेणात्मभावः परिगृहीत इत्युच्यते । अथ वाऽऽमरणात् सर्वमेवात्मभावं परिगृह्णाति तत्प्रथमतः सर्वस्य हेतुभावेन व्यवस्थानादिति । अथ वाऽभिन्नेऽपि[२५] नामरूपेणात्मभावो यथा परिगृह्येत[२६] तत् पृथक्त्वेन दर्शयति यथा सर्वं संस्कृतं पञ्चभिः स्कन्धैः सङ्गृहीतमिति । औपपादुकानां तु विज्ञानप्रत्ययं षडायतनमेवेत्यतो विज्ञानप्रत्ययं नामरूपं यथासम्भवं वेदितव्यम् ।

पूरणात् क्लिश्यत इति । केन पूरणात् कस्य वेति ? **षडायतनेन** । नामरूपसङ्गृहीतं शरीरम् । नामरूपावस्थायां हि शरीरमपरिपूर्णमुच्यते चक्षुराद्यायतनाभावात् । अस्ति च तस्यामवस्थायां कायायतनं मनआयतनञ्च तदप्यपरिपूर्णमेव, आश्रिताश्रयपरिपूर्यभावात् । षडायतनावस्थायां पुनश्चक्षुराद्यभिनिर्वृत्त आश्रितः[२७] परिपूर्णो भवति । कायायतनं च परिपूर्णं भवति तच्चक्षुराद्याश्रितानां परिपूर्णत्वात् । कथं तच्चक्षुरादि आश्रितम् ? तत्प्रतिबद्धवृत्तित्वात् । मनआयतनमपि षड्विज्ञानसङ्गृहीतं तदानीं निरवशेषाश्रयपरिपूरितात् परिपूर्णं भवति । अङ्गप्रत्यङ्गपरिपूरिताश्च[२८] षडायतनावस्थायामेव । आश्रयपरिपूरणात्[२९] षडायतनेन क्लिश्यते जगदिति वेदितव्यम्[३०] ।

[३१]**त्रिपरिच्छेदाज्जगत्** क्लिश्यत इति सम्बध्यते । त्रयाणां[३२] हीन्द्रियविषयविज्ञानसन्निपाते इन्द्रियस्य सुखादिवेदनोत्पत्त्यनुकूलो यस्त्रिप्रकारो विकारस्तत्परिच्छेदः **स्पर्शः** । अत एवाय[३३]मिन्द्रियविकारसादृश्यं स्पृशति तदाकारतयेति स्पर्श उच्यते ।

२२. Y. परिग्रहात्.
२३. Y. ह्यन्तरेषु.
२४. Y. तद्विशिष्टं.
२५. Y. अभिन्नमपि.
२६. Y. °रूपेणात्मभावः परिगृहीत इति.
२७. Y. आश्रयः but Ms. आश्रितः.
२८. Y. °पूरिताच्च but Ms. as here.
२९. Y. आश्रयपरिपूरितात्.
३०. Y. जगदित्युच्यते.
३१. Y. reconstructs त्रयपरिच्छेदात्, but Bhāṣya त्रिपरिच्छेदात्.
३२. Y. त्रयं ह्री°.
३३. Y. अतएव यमिन्द्रिय° but Ms. as here.

अथ वा षडायतनप्रत्ययः स्पर्श इन्द्रियस्य सुखादिवेदनानुकूलं त्रिविधं विकारं प्रसूते ।

उपभोगाद्वेदनयेति । वेदना हि तृष्णयोपभुज्यते आस्वाद्यत इत्यर्थः । पुण्यादिकर्मोप[३४]भोगाद्वा वेदनोपभोगः । अथ वोपभोगोऽत्र वेदनाया अनुभवः । सुखादिषु चानुभूयमानेषु *तत्र सुखादिपरिपोषणादनुरागप्रतिघमोहैः क्लिश्यते जगत् ।*

कर्षणादिति । *कर्षणात्* केन कस्य वेति न विज्ञायत इत्यत आह **तृष्णया कर्माक्षिप्तस्य पुनर्भवस्येति** । संस्कारैर्विज्ञाने[३५] बीजपरिपोषणेनाक्षिप्तस्य पुनर्भवस्योदक[३६]कल्पया तृष्णया सर्वगतिष्वविशेषेणात्मभावाभिलाषया,[३७] *यदार्द्रीकृतः*[३८] *पुनर्भव उ*[३९]*त्पत्तावुपयुङ्क्ते उत्पत्तिं चावस्थापयति* तत्कर्षणम् ।

निबन्धनात् । केन निबन्धनात्क कस्य वेति प्रश्नावकाशे स्वयमेवाह **उपादानैर्विज्ञानस्योपपत्त्य**[४०]**नुकूलेषु कामादिष्विति** । [४१]छन्दरागलक्षणैश्चतुर्भिरुपादानैः कर्माक्षिप्तं विज्ञानमुत्पत्त्यनुकूलेषु कामदृ*ष्टिशीलव्रतात्मवादेषु निबध्नाति*[४२] *अवस्थापयति च विज्ञानं हि च्छन्दरागवशात्तत्र वर्तते ।*

आभिमुख्यादित्यत्रापि परप्रश्नावकाशे स्वयमेवाह **भवेन कृतस्य कर्मणः पुनर्भव**[४३]**विपाकदानायाभिमुखीकरणादिति** । यथानिबन्धनं विज्ञानस्य पूर्वकृतं कर्म पौनर्भविकं वासनावस्थं विपाकफलं प्रति वृत्तिल*म्भनाद् भवः सद्भूत आक्षिप्तभवश्च निर्वृत्तये*[४४]*ऽभिमुखीभवति एवं भवेनाभिमुखीकरणाज्जगत्क्लिश्यते ।*

दुःखिता[४५] **ज्जात्या जरामरणेन च** । किम् ? क्लिश्यते जगदिति[४६] । एवं भवात् पुनर्भवाभिनिर्वृत्तौ सत्यामादित एव गर्भाधाने शुक्रशोणिते विज्ञानसम्मूर्च्छनात्क्लिश्यते । तथा मातुरामाशयपक्वाशययोरन्तराले परिवर्त*नात्क्लिश्यते । तथा च मातुर्भोजनचर्ययोः सङ्कटलघुनोरपरित्यागादपि क्लिश्यते । तथा सम्बाधे*-[४७]नाशुचिना मार्गेण निर्गच्छति । क्लिश्यते जगज्जातं पुनर्जरया खालित्यपालित्यादिलक्षणया मरणेन च नामरूपभेदलक्षणेन प्रियाभ्यां यौवनजीविताभ्यां भ्रश्यमानम् । **क्लिश्यते जगदिति** । *गच्छतीति जगत् । सभागावकाशात् क्षणावकाशं गच्छती-*

३४. Y. कर्म (फल) ोपभोगा on the basis of Chinese.
३५. Y. (पुनर्भव)बीज° on the basis of Tib.
३६. Ms. °भवस्याकल्पया. Tib. Chu dañ ḥdra-ba.
३७. Y. °भिलाषेति.
३८. Y. यदार्द्रीकृत्य.
३९. Y. पुनर्भवमुत्पत्ता.°
४०. Y. Bhāṣya. उत्पत्त्यनु° ?
४१. Y. [अभिनिवेश] छन्द° on the basis of Tib.
४२. Y. reconstructs निबन्धयति which is not correct.
४३. Bhāṣya reads पुनर्भवे.
४४. Y. निष्पत्तये.
४५. Bhāṣya. दुःखनाज् .
४६. Y. क्लिश्यन्ते जगन्तीति on the basis of Tib.
४७. Y. सम्बाधनाशुचिना.

त्यर्थः । क्लिश्यत इति जातिजराव्याधिमरणादिभिस्त्रैधातुके क्षणपरम्परयाऽऽजवञ्जवीभावेन च पीड्यत इत्यर्थः। क्लिश्यत इति न व्यवदायत इत्यपरे। एवमयं सङ्क्लेशलक्षणो द्वादशाङ्गः प्रतीत्यसमुत्पादश्छा*दनाद्येकादशभिरर्थैर्व्यवदानविपक्षः । अविद्याद्युत्पत्ति*[४८]क्रमः पूर्वपूर्वस्योत्तरोत्तरावाहनात्।

सोऽयम्

त्रेधा द्वेधा च सङ्क्लेशः सप्तधाऽभूतकल्पनात् ॥१२॥

त्रेधा सङ्क्लेशः—क्लेशसंक्लेशः, कर्मसंक्लेशः, जन्मसंक्लेशश्च । तत्र क्लेशसंक्लेशोऽविद्यातृष्णोपादानानि । कर्मसंक्लेशः संस्कारा भवश्च । जन्मसंक्लेशः शेषाण्यङ्गानि । द्वेधा संक्लेशः—हेतुसंक्लेशः फलसंक्लेशश्च । तत्र हेतुसंक्लेशः क्लेशकर्मस्वभावैरङ्गैः । फलसंक्लेशश्च शेषैः । सप्तधा संक्लेशः सप्तविधो हेतुः[१] **··· विपर्यासहेतुः, आक्षेपहेतुः, उपनयहेतुः, परिग्रहहेतुः, उपभोगहेतुः, आकर्षणहेतुः, उद्वेगहेतुश्च ···**[१]**। तत्र विपर्यासहेतुरविद्या । आक्षेपहेतुः संस्काराः । उपनयहेतुर्विज्ञानम् । परिग्रहहेतुर्नामरूपषडायतने । उपभोगहेतुः स्पर्शवेदने । आकर्षणहेतुस्तृष्णोपादानभवाः । [४ अ] उद्वेगहेतुर्जातिजरामरणे**[२] **। सर्वश्चैष संक्लेशोऽभूतपरिकल्पात् प्रवर्तत इति ।**

कतिविधः पुनरनेन द्वादशाङ्गेन प्रतीत्यसमुत्पादेन समासतः संक्लेशः प्रदर्शित इत्यत एवेदमुच्यते **सोऽयं** द्वादशाङ्गः प्रतीत्यसमुत्पादः

त्रेधा द्वेधा[३] **च संक्लेशः सप्तधा**

इति । चशब्दः समुच्चयार्थः परिवर्तार्थश्च ।[४] *क्लेश एव संक्लेश इति* **क्लेशसंक्लेशः** । एवं कर्मजन्मसंक्लेशौ । क्लेशो हि प्रवर्तमानः स्वपरात्मनोर्व्याबाधकत्वात् संक्लेशः । यथोक्तं **सूत्रे**ऽपि—रक्तो रागपरीत आत्मव्याबाधायापि चेतयते परव्याबाधायाऽपि चेतयते । उभयव्याबाधायापि चेतयते *। एवं द्वेषो मोहश्चापि वेदितव्य इति । कर्मजन्मसंक्लेशयोश्चोत्पादकत्वात्*[५] *संक्लेशः ।* तथा हि क्लेशाधिपत्येन कर्म जन्माक्षिपति दृष्टसत्यस्य सत्यपि कर्मणि **पुनर्भवाक्षे**पाभावात्, क्लेशसमुदाचारेण पुनर्भवबीजस्य भवीकरणात्, क्लिष्टचित्तस्य च पुनर्भवप्रतिसन्धिबन्धाज्जन्म *सङ्क्लेशेनैव हेतुना*[६] *। ततोऽर्हतः प्रतिसन्धिबन्धाभावः, क्लिष्टचित्ताभावात् ।* **कर्म** च *शुभाशुभं* तदात्वे कायचित्तयोरायासनिमित्तत्वादायत्याञ्च विपाकदानात् **सङ्क्लेशः** । **जन्मा**ऽपि सर्वोपद्रवास्पदत्वात् **सङ्क्लेश** इति ।

त्रेधा सङ्क्लेशः । हेतोर्द्विधा[७]भेदात् । **क्लेशसङ्क्लेशोऽविद्यातृष्णोपादानानीति** *त्रितयमपि क्लेशात्मकत्वात् ।* **कर्मसङ्क्लेशः संस्कारा भवश्चेति** *द्वयमपिकर्मा-*

४८. Y's. reconstruction : श्छादनादित्यादिनैकदशप्रकारार्थेन व्यवदानविपक्ष उत्पद्यते। अविद्यादि—

१. Not found in Tib. and Chinese.

२. Ms. °मणे.

३. Y's reconstruction त्रिधा द्विधा.

४. Y's reconstruction समुच्चयः परिवर्तश्चेत्यर्थः.

५. Y. श्चोत्पादत्वात्.

६. Y. संक्लेशकारणत्वमेव.

७. Sic. It should perhaps be त्रिधा.

त्मकत्वात् । अयन्तु विशेषः—स्वरूपावस्थं कर्म संस्काराः, बीजावस्थं भव इति । **जन्मसंक्लेशः शेषाण्यङ्गानीति** विज्ञाननामरूपषडायतनस्पर्शवेदनाजातिजरामरणानि, एषां जन्मसङ्गृहीतत्वात् ।

द्वेधा संक्लेशो हेतुफलाभ्यां प्रभिद्यते । **हेतुसंक्लेशः क्लेशकर्मस्वभावै**[८]**रङ्गैः । फलसंक्लेशश्च शेषैरङ्गैरि**ति । तत्र हेतुसंक्लेशत्वं कर्मक्लेशानां विज्ञानादिवेदनापर्यन्तं जात्यात्मकं जरामरणादी[८a]नवजन्म सम्पादयितुमभिप्रवृत्तत्वात् । फलसंक्लेशश्च शेषैर्विज्ञानादिभिः, कर्मक्लेशफलत्वात् ।

पुनः स एव *प्रतीत्यसमुत्पादः* **सप्तधा संक्लेश** *इति विपर्यासाक्षेपोपनय*[९]-*परिग्रहोपभोगाकर्षणोद्वेगहेतुत्वात्***सप्तविधो हेतुः । तत्र विपर्यासहेतुरविद्येति ।** अविद्यागतो हि तत्त्वसम्मोहादनित्यादीन्नित्यादिरूपेण विपर्यस्यतीति[१०] । **आक्षेपहेतुः संस्कारा** इति विज्ञाने चतुरङ्गात्मजन्म*बीजस्य प्रतिष्ठापनात् ।* **उपनयहेतु**[११]**विज्ञान**-*मितीह च्युतस्योपपत्तिविषय उपनयनात्* । **परिग्रहहेतुर्नामरूपषडायतन** इत्युपनीतस्य नामरूपषडायतनाभ्यां निकायसभागपरिग्रहात् । पूर्वं नामरूपेणैव परिग्रह उक्तो जरायुजादिकां योनिमभिप्रेत्य, *इदानीमुपपादुकमधिकृत्य षडायतनेनाऽपि परिग्रह उक्तः ।* *अथ वा नाम*रूपेण तत्प्रथमत आत्मभावमात्रस्य सङ्ग्रहो विवक्षितः । इह त्वपरिपूर्णस्य परिपूर्णस्य चेति नास्ति विरोधः । **उपभोगहेतुः स्पर्शवेदन**[१२] इति । सकारणेनानुभवेन कुशलाकुशलकर्म*विपाकस्योपभोगात् ।* **आकर्षणहेतुस्तृष्णोपादानभवा** *इति । स उपभुक्तकर्म*विपाको बालस्तस्यां तस्यां वेदनायां तृष्यति । विवृद्धतृष्णश्च तत्संयोगावियोगतृष्णया कामादीनुपादत्ते । तदुपादानाच्चास्य पूर्वभूतं पौनर्भविकं कर्म वासनावस्थं परिणतं *यथाक्षिप्तविपाकदानाय प्रवृत्तिं लब्ध्वा भवो भवति । स च तृष्णोपादानभवः*[१३] *संस्काराक्षिप्तः* पुनर्भवाभिनिर्वृत्तय आकृष्यते अभिमुखीक्रियत इति तृष्णोपादानभवा आकर्षणहेतुः । अथ वा तृष्णावशेन च्छन्दरागानुरूपान्यतरकर्मवासनाभिमुखात्तृष्णोपादानभवा *आकर्षणहेतुः ।* **उद्वेगहेतुर्जातिजरामरणे**[१४] *इत्येवमत्र जन्माकर्षणात्तस्मिंस्तस्मिन् सत्त्वनिकाये* जातिजरामरणदुःखमन्यच्च शोकपरिदेवदुःखदौर्मनस्योपायासदुःखमनन्तप्रभेदमनुभवतीति ।

८. Y's reconstruction स्वरूपै°, Bhāṣya, स्वभावै°.

८ a. Y. जरामरणादिनवजन्म but जरामरणादि नव has no meaning. It is °मरण+आदीनव. See towards the end of this section.

९. Y. °पोपनयनपरिग्रहो° but the Bhāṣya has उपनयहेतु.

१०. Y. °रूपेण दर्शनाद्विपर्यास उच्यते on the basis of the Tib. Ms. as here.

११. Y. उपनयनहेतुर्.

१२. Y. स्पर्शवेदना । इति.

१३. Y. °पादानभवभिः which is grammatically wrong.

१४. Y's reconstruction : जातिजरामरणान्युद्वेगहेतुः Reading here after the Bhāṣya.

तत्र त्रिधा सङ्क्लेशाऽभिधानेन क्लेशकर्मणो जन्मनः साधारणासाधारण-हेतुत्वं दर्शितम्। *क्लेशो हि जन्माङ्कुरस्य साधारणकारणं भूम्यादिवत्। कर्म त्वसाधारण*कारणम्, अङ्कुरस्येव बीजम्, तद्भेदेन जन्मभेदादिति। अथ वा नात्र पूर्वान्तापरान्तमध्यान्तानि त्रीणि काण्डानि, किं तर्हि कर्मक्लेशफलानीति प्रदर्शयति।

द्विविधाभिधानेन हेतुफलमात्रमेवेदं नात्रान्यः सङ्क्लिश्यते कारको वेदको *वेति प्रदर्शयति। अथ वाऽत्र कर्मक्लेशमात्रमेव हेतुः। तयोर्भावाभावाज्जन्मभावाभाव-*दर्शनात्। अतस्तत्फलमेव जन्म। तस्मान्नात्र हेतुः फलं वा सर्वत्र पञ्चस्कन्धिकावस्थेति प्रदर्शयति।

सप्तधाहेतुनिर्देशेन पुनर्द्विविधः प्रतीत्यसमुत्पादः प्रदर्शितः, आक्षेपलक्षणोऽभिनिर्वृत्तिलक्षणश्चेति। *तत्राक्षेपलक्षणः प्रतीत्यसमुत्पादः*[१५] *सप्तभिरङ्गैर्निर्दिष्टः, येनाक्षिप्यते यथाक्षिप्यते* यच्चाक्षिप्यते तत्प्रदर्शनात्। अभिनिर्वृत्तिलक्षणः पञ्चभिरङ्गैः, तस्याक्षिप्तस्य येनाभिनिर्वृत्तिर्यथाभिनिर्वृत्तिर्या चाभिनिर्वृत्तिः तस्याञ्च य आदीनव इति। केनाक्षिप्यते? अविद्याप्रत्य*यैः संस्कारैः, यथा तत्त्वं मुग्ध्वा विपरीतं संजानाति, कुशलाकुशलानिञ्ज्यान् संस्कारानभि*संस्करोति। कथमाक्षिप्यते तैः संस्कारैः? विज्ञाने बीजपोषणादुत्पत्तिभव्यतायामवस्थापनात्। किमाक्षिप्यते? पौनर्भविकं नामरूपं षडायतनं स्पर्शो वेदना च यथायोगम्। तदेवमाक्षि*प्तं केनाभिनिर्वर्त्यते? यथोक्तक्रमेण पूर्वाक्षिप्तादिहोत्पन्नां वेदनां प्रतीत्य या तृष्णो*त्पन्ना तत्प्रत्ययेनोपादानेन। कथं तेनाभिनिर्वर्त्यते? तस्य विज्ञाने वासनावस्थस्य कर्मणस्तेन भवीकरणात्। बहुविधा हि विज्ञाने कर्मवासना वर्तते, विचित्रसंस्कारपरिभावितत्वात्। *उपादानविशेषपरिग्रहेण येनात्र*[१६] पुनर्भवत्वं *वर्तते सोऽत्र भव उच्यते। का* पुनः साऽभिनिर्वृत्तिः? या तस्याक्षिप्तस्य नामरूपादिकस्यायत्यां जातिः। तस्यां पुनः सत्यां क आदीनवः? जरामरणं प्रिययौवनजीवितभ्रंशादीति[१७]। अत्र तूपनयहेतुर्निरर्थ इति चेत् न निरर्थकः। विच्छिन्न*मरणाद्भवोपपत्ति-भवप्रवृत्त्यधिगमनि*[१८]*राकरणार्थम्।*

सर्वे चैते सङ्क्लेशा अभूतपरिकल्पात् प्रवर्तन्त[१९] इति चित्तचैत्ताश्रय-[२०]त्वात् सङ्क्लेशस्य। उक्तं हि तत्

अभूतपरिकल्पश्च चित्तचैत्तास्त्रिधातुकाः। (का० १. ९)

इति॥१२॥

१५. Y. °समुत्पादस्य.

१६. Y. °विशेषेण परिगृहीतायेनात्र.

१७. Y. °भ्रंशादिति.

१८. Y's reconstruction ; विच्छिन्नमरणाद् भव उपपत्तिभवप्रवृत्तावधिगमं निराकरणार्थम्।

१९. Y's reconstruction : इमे सर्वे… . Bhāṣya : सर्वश्चैष सङ्क्लेशोऽभूतपरिकल्पात् प्रवर्तत इति.

२०. Y. चित्तचैत्ता आश्रयत्वात्, but Ms. as here;

[अभूतपरिकल्पपिण्डार्थः]

पिण्डार्थः पुनरभूतपरिकल्पस्य नवविधं लक्षणं परिदीपितं भवति । सल्लक्षणम्, असल्लक्षणम्, स्वलक्षणम्, सङ्ग्रहलक्षणम्, असल्लक्षणाऽनुप्रवेशोपायलक्षणम्, प्रभेदलक्षणम्, पर्यायलक्षणम्, प्रवृत्तिलक्षणम्, संक्लेशलक्षणञ्च ॥

पिण्डार्थः पुनरभूतपरिकल्पस्येति विस्तरेणार्थनिर्देशः सुखावबोधार्थम्, पिण्डार्थनिर्देशोऽविस्मरणार्थञ्च । ततोऽत्रार्थद्वयमुक्तम् । **सल्लक्षणम्**

अभूतपरिकल्पोऽस्ति (का० १. २)

इति । **असल्लक्षणं**

द्वयं तत्र न विद्यते ॥ (का० १. २)

इति । **स्वलक्षणम्**

अर्थसत्त्वात्मविज्ञप्तिप्रतिभासं प्रजायते
विज्ञानम् ॥ (का० १. ४)

इति । **सङ्ग्रहलक्षणं**

कल्पितः परतन्त्रश्च परिनिष्पन्न एव च । (का० १.६)

इति । **असल्लक्षणानुप्रवेशोपायलक्षणम्**

उपलब्धि समाश्रित्य नो[1]पलब्धिः प्रजायते । (का० १.७)

इत्यादि । **प्रभेदलक्षणम्**

अभूतपरिकल्पश्च[2] चित्तचैत्तास्त्रिधातुकाः । (का० १. ९)

इति । **पर्यायलक्षणम्**

तत्रार्थदृष्टिर्विज्ञानं तद्विशेषे तु चैतसाः । (का० १ .९)

इति । **प्रवृत्तिलक्षणम्**

एकं प्रत्ययविज्ञानं द्वितीयम् औपभोगिकम् । (का० १. १०)

इति । **संक्लेशलक्षणम्**

छादनाद्रोपणाच्चैव नयनात् सम्परिग्रहात् (का० १. ११)

इत्यादि ।

[२. शून्यता]

एवमभूतपरिकल्पं ख्यापयित्वा यथा शून्यता विज्ञेया तन्निर्दिशति

लक्षणञ्चाऽथ पर्यायस्तदर्थो भेद एव च ।
साधनञ्चेति विज्ञेयं शून्यतायाः समासतः ॥३॥

एवमभूतपरिकल्पं *नवप्रकारं* **ख्यापयित्वा यथा शून्यता विज्ञेया तन्निर्दिश[1]तीति** कोऽत्राभिसम्बन्धः ? द्वयमनेन प्रतिज्ञातमभूतपरिकल्पः शून्यता च । संक्लेश-

१. Y. °श्रित्यानुप.°

२. Y. °कल्पस्तु.

१. Y's reconstruction; एवमभूतपरिकल्पलक्षणं नवप्रकारमुक्त्वा यथा शून्यता ज्ञायते तत् ख्यापयतीति Reading here after the Bhāṣya.

पूर्वकं च व्यवदानम् । धर्मावबोधाश्रयञ्च धर्मतावधारणमित्यतोऽभूतपरिकल्प-निर्देशानन्तरं यथा शून्यता विज्ञेया तथा निर्दिशति

लक्षणञ्चाऽ[2]थ पर्याय

इति विस्तरः । तत्र लक्षणं *हि भावाभावप्रतिषेधात्मता, सर्वत्र* शून्यताप्रभेदव्यापक-त्वात् । नामान्तरं पर्यायः । पर्यायानुगुणं पर्यायप्रवृत्तिनिमित्तं पर्यायार्थः । आकाशवद-भिन्नलक्षणत्वान्निर्विकल्पत्वेऽप्यागन्तुकोपक्लेशसंयोग[3]वियोगावस्थाभेदाद्भेदः । *अन्यश्च पुद्गलधर्मसमारोपभेदाद् भेदः षोडशविधः । साधनं शून्यताप्रभेदप्रदर्शने* युक्तिः । किं पुनः कारणं यदेभिः प्रकारैः शून्यता विज्ञातव्या ? विशुद्ध्यालम्बनत्वाद् विशु-द्ध्यर्थिभिर्लक्षणतो विज्ञेया । **सूत्रान्तरेषु** पर्यायनिर्देशेष्वसम्मोहार्थं पर्यायार्थः । पर्यायार्थाऽवबोधार्थाच्छून्य*तायाः विशुद्ध्यालम्बनत्वेन निश्चितत्वात् पर्यायार्थः । संक्लेशे निराकृते सा विशुद्धेति तत्संक्ले*शप्रहाणाय यत्नोत्पाद[4]नार्थं भेदतः । भेद साधनावबोधाद्विकाराभावे सत्यपि भेदं सुखं प्रतिपद्यत इति भेदसाधनतोऽपि विज्ञेयेति ॥१३॥

[शून्यतालक्षणम्]

कथं लक्षणं विज्ञेयम् ?

द्वयाऽभावो ह्यभावस्य[1] भावः शून्यस्य लक्षणम् ।

द्वयग्राह्यग्राहकस्या[2]ऽभावः । तस्य चाभावस्य भावः शून्यताया लक्षणमित्यभावस्वभाव-लक्षणत्वं शून्यतायाः परिदीपितं भवति । यश्चाऽसौ तदभावस्वभावः स

न भावो नाऽपि चाऽभावः

कथं न भावः ? यस्माद् द्वयस्याऽभावः । कथं नाऽभावः ? यस्माद् द्वयाऽ-भावस्य[3] भावः । एतच्च शून्यताया लक्षणम् । तस्मादभूतपरिकल्पात्

न पृथक्त्वै[4]क-लक्षणम् ॥१४॥

पृथक्त्वे सति धर्मादन्या धर्मतेति न युज्यते, अनित्यतादुःखतावत् । एकत्वे सति विशुद्ध्यालम्बनं ज्ञानं[5] न स्यात् सामान्यलक्षणञ्च । एतेन तत्त्वाऽन्यत्वविनिर्मुक्तं लक्षणं परिदीपितं भव([4]ब)ति ॥१४॥

कथं लक्षणं विज्ञेयमिति लक्षणं हि प्रागुद्दिष्ट*मित्यतस्तदेव प्रथमतः पृष्टम्* ।

द्वयाऽभावो ह्यभावस्य भावः शून्यस्य लक्षणम्[6] ।

२. Y's reconstruction : लक्षणमथ पर्याय.

३. Ms. संक्लेश for संयोग. Tib. phrad-pa.

४. Ms. प्रहाणायादानोत्पाद°.

१. Ms. ह्यभावः.

२. Ms. °ग्राह्यग्राह्यकस्या°.

३. Ms. द्भभाया.

४. Ms. one illegible letter inserted between. थ and क्त्वै.

५. Tib. and Ṭīkā. omit ज्ञानं.

६. Y's reconstruction ; द्वयाभावो ह्यभावस्य भावश्च शून्यलक्षणम्. Reading here after the Bhāṣya.

इति *विज्ञेयम्* । **द्वयस्य ग्राह्यस्य ग्राहकस्य** चाऽभूतपरिकल्पेऽभूतपरिकल्पेन वा परिकल्पितात्मकत्वाद्वस्तुरूपेणाऽ**भावः** । **तस्य च द्वयाभावस्य यो भाव** एतच्छू**न्यताया लक्षणम्** । कारिकानुगुण्याच्चात्र भावप्रत्ययलुप्तनिर्देशो[७] द्रष्टव्यः । *अभावस्य भाव इति किमेतत् ? अभावस्यात्मत्वमस्तित्वम् । अन्यथा द्वयभावस्यास्तित्वमेव स्यात्* । तद्भावस्य भावतोऽविद्यमानत्वात्[८] । अत एवाह—**इत्यभावस्वभावलक्षण[९]त्वं शून्यतायाः परिदीपितं भवति** न भावरूपलक्षणमिति । भावप्रतिषेधवाचकत्वादभावशब्दस्य *भावशब्दाभावेऽप्येषोऽर्थोऽवगम्यत इति भावशब्दोऽत्राधिकः । नाधिकः, द्वयाभावः* शून्यतालक्षणमितीयति निर्दिश्यमाने द्वयाभावस्य स्वातन्त्र्यमेवात्र[१०]गम्यते शशविषाणाभाववत्, न दुःखतादिवद् धर्मतारूपता । तस्मादेवमुच्यते द्वयाभावः शून्यता । तस्य चाऽभावस्याऽभूतपरिकल्पे भावः *शून्यतेत्युच्यते । अभावस्य भावलक्षणपरिगृहीतत्वाद्धर्मतारूपता प्रदर्शिता ।*

अथ वा द्वयाभावः शून्यतेत्यभावशब्दस्य सामान्यवाचित्वान्न विज्ञायते कतमोऽत्राभावोऽभिप्रेत इत्यत्यन्ताऽभावप्रदर्शनार्थमुच्यते—अभूतपरिकल्पे द्वयाभावस्य भाव इति । न हि प्रागभावप्रध्वंसाभावौ स्वोपादानादन्यत्राख्यातुं युज्येते । *अन्योन्याभावस्य चै[११]काश्रयत्वं न युज्यते, उभयाश्रितत्वात् । तस्माद्भावस्याभावलक्षणो*पादानाद् ग्राह्यग्राहकयोरत्यन्ताभाव एव शून्यतेत्येतज्ज्ञापितं भवति ।

यद्यभावात्मिका शून्यता कथं परमार्थ उच्यते ? परमज्ञानविषयत्वादनित्यतावत्, न तु वस्तुत्वात् । अपि चाभावस्वभावो नैषः । *यस्माद्* **यश्चाऽसौ तदभावस्वभावः[१२] स**

न भावो नाऽपि चाऽ[१३]भावः ।

कथं न भावः ? यस्माद् द्वयस्याऽभावः । भावत्वे हि न द्वयभावस्यात्यन्ताभावःस्यात्, नाऽभूतपरिकल्पधर्मता । **कथं नाभावः ? यस्माद् द्वयाभावस्य भावः** । *नहि द्वयाभावो द्वयाभावस्वरूपेणाभावः । सोऽभावश्चेद्[१४] द्वयस्यास्तित्वं स्यान्न च स्यादभूतपरिकल्पस्य धर्मता यथा नित्यदुःखता । सत्त्वस्य विपर्यासत्वेन समारोपितस्य नित्यसुखभावाभावस्वरूपत्वान्न भावो नाप्यभाव इत्युच्यते ।*

यदि पुनरभूतपरिकल्पस्य शून्यता धर्मतास्ति किमसौ तस्मादन्यो वक्तव्य उतानन्य इत्यतो ब्रवीति—**एतच्च शून्यताया लक्षणमिति** । *अभावस्य स्वरूपमेव* ।

७. Ms. °प्रत्ययालुप्त. Y. °प्रत्ययो लुप्त°.
८. Y. तद्भावस्य शून्यताविद्यमानत्वात् but Ms. as here.
९. Ms. as here, but Y. °स्वभावो लक्षणत्वं.
१०. Ms. as here but Y. reads स्वातन्त्र्यमेवावगम्यते.
११. Y, °न्याभावश्चैका.°
१२. Y. यस्माद् यस्तदभावस्वभावः. Reading here after the Bhāṣya.
१३. Y. reconstructs नाऽपि वाभावः.
१४. Y. सोऽभावः स्याच्चेद्.

अथवा भाव एवाभावप्रतिषेधात्मकः[१५] । **तस्मादभूतपरिकल्पात्**

न पृथक्त्वैकलक्षणम् ॥

पृथक्त्वे सति धर्मादन्या धर्मतेति न युज्यते । कः पुनरयोगः ? धर्माद्विभिन्नलक्षणत्वाद्धर्मता धर्मान्तरमेव भवति, तदन्यधर्मवत् । न च धर्मान्तरं धर्मान्तरस्य धर्मता भवितुमर्हति, तत्र पुनर्धर्मान्तरमन्वेष्टव्यमित्यनवस्थाप्रसङ्गात्[१६] । **अनित्यतादुःखतावदिति ।** यथाऽनित्यताऽनित्येभ्यो नान्या, दुःखता च दुःखादेवं शून्यताऽपि न शून्यादन्येति ।

एकत्वे सति विशुद्ध्यालम्बनं[१७] **न स्यात्सामान्यलक्षणञ्चेति ।** विशुध्यतेऽनेनेति विशुद्धिर्मार्गः धर्मस्वलक्षणादनन्यत्वान्मार्गालम्बनं न स्यात् धर्मस्वलक्षणवत् । तस्माच्च न सामान्यलक्षणं युज्यते । स्वलक्षणादनन्यत्वात् । तस्यापि धर्मस्वरूपवत् परस्परतो भेद इति सामान्यता हीयते । अथ वा स्वलक्षणस्य तस्मादनन्यत्वाद्भावस्वरूपवद् भेदाभावः । ततश्च सामान्यलक्षणस्याप्यभावः, भेदापेक्षत्वात्सामान्यलक्षणस्य । अथ वा विशु[१८]द्ध्यर्थमालम्बनं विशुद्ध्यालम्बनं न भावस्वलक्षणमालम्ब्यमानं विशुद्धिमावहति, सर्वसत्त्वविशुद्धिप्रसङ्गात् ।

यद्यन्यानन्यत्वेनावक्तव्या कथं **निर्ग्रन्थवादो** नाऽलम्बितो भवति ? यो हि भावस्य सतस्तत्त्वान्यत्वेन[१९] व्याकरोति तेन **निर्ग्रन्थवाद** आलम्ब्यते । शून्यता तु न भाव इति नास्त्ययं दोषः । एतेन[२०] शून्यता सल्लक्षणाऽभावस्वरूपलक्षणाऽद्वयलक्षणा **तत्त्वान्यत्वविनिर्मुक्तलक्षणा च परिदीपिता**[२१]। उक्तं शून्यतालक्षणम् ॥१४॥

[शून्यतापर्यायः]

कथं पर्यायो विज्ञेयः ?

तथता भूतकोटिश्चाऽनिमित्तं परमार्थता ।
धर्मधातुश्च पर्यायाः शून्यतायाः समासतः ॥१५॥

पर्याय इदानीमुच्यते—

तथता भूतकोटिश्चाऽनिमित्तं परमार्थता ।
धर्मधातुश्च पर्यायाः शून्यतायाः समासतः ॥

इति । पर्यायो नामैकस्यार्थस्य भिन्नशब्दैः प्रत्यायनम्,[१] पर्यायार्थाभिधानमिति पर्याय उच्यते । तान्यभिधानानि **सूत्रान्तरेषु** शून्यतैव निर्दिश्यन्ते । एतच्च पर्यायपञ्चकं यथाप्रधानं **गाथा**यामुक्तमेवमन्येऽपि पर्याया इहानुक्ताः प्रवचनादुपधार्याः ।

१५. Y. °षेधात्मक एव.

१६. Y. °प्रसंगः

१७. Bhāṣya विशुद्ध्यालम्बनं ज्ञानं न.

१८. Y. विशोध्यार्थमा°.

१९. Y. °न्यत्वेन [न] व्याकरोति on the basis of Tib. But न missing n Ms.

२०. Y. एवमेषा.

२१. Bhāṣya तत्त्वान्यत्वविनिर्मुक्तं लक्षणं परिदीपितं.

१. Y. reconstructs : भिन्नशब्दैरेवं प्रत्याययति.

तद्यथा—अद्वयता, अविकल्पधातुः, धर्मता, अनभिलप्यता, अनिरोधः, असंस्कृतं निर्वाणादि ॥१५॥

[शून्यतापर्यायार्थः]

कथं पर्यायार्थो विज्ञेयः ?

अनन्यथाऽविपर्यासतान्निरोधार्यगोचरैः ।
हेतुत्वाच्चार्यधर्माणां पर्यायार्थो यथाक्रमम् ॥१६॥

अनन्यथाऽर्थेन तथता, नित्यं तथैवेति कृत्वा । अविपर्यासाऽर्थेन भूतकोटिः, विपर्यासाऽवस्तुत्वात् । निमित्तनिरोधार्थेनाऽनिमित्तम्, सर्वनिमित्ताऽभावात् । आर्यज्ञानगोचरत्वात् परमार्थः, परमज्ञानविषयत्वात्[1] **। आर्यधर्महेतुत्वाद् धर्मधातुः, आर्यधर्माणां तदालम्बनप्रभवत्वात् । हेत्वर्थो ह्यत्र धात्वर्थः ॥१६॥**

कथं पर्यायार्थो विज्ञेय[2] इत्येतद्दर्शयति । नैते शब्दा गौणाः किं तर्ह्यन्वर्था इति

अनन्यथाऽविपर्यासतन्निरोधार्यगोचरैः ।
हेतुत्वाच्चार्यधर्माणां पर्यायार्थो यथाक्रमम् ॥

इति । [3]**अनन्यथाऽर्थेन तथतेति** अविकारार्थेनेत्यर्थः । तदेव प्रदर्शनार्थमाह **नित्यं तथैवेति कृत्वा**[4] । नित्यं सर्वदाऽसंस्कृतत्वान्न विक्रियत इत्यर्थः । **अविपर्यासार्थेन भूतकोटिः** । भूतं सत्यमविपरीतमित्यर्थः । कोटिः पर्यन्तो यतः परेणान्यज्ज्ञेयं नास्तीत्यतो भूतकोटिर्भूतपर्यन्त उच्यते । कथं तथता ज्ञेयमुच्यते ? ज्ञेयावरणविशोधनज्ञानगोचरत्वात् । अविपर्यासार्थेनेत्यनध्यारोपानपवादार्थेन । अत्रैव कारणमाह—**विपर्यासाऽवस्तुत्वादिति** । विपर्यासो हि विकल्पः । विकल्पाऽनालम्बनत्वान्न विपर्यासवस्तु । **निमित्तनिरोधार्थेनाऽनिमि**[5]**त्तमिति** । अत्राऽनिमित्तत्वं निमित्तनिरोध उच्यते । एतदेव प्रदर्शनार्थमाह—**सर्वनिमित्ताभावादिति** । सर्वैरेव संस्कृतासंस्कृतनिमित्तैः शून्यता शून्येत्यनिमित्तमुच्यते । सर्वनिमित्ताऽभावादनिमित्तः । अनिमित्तमेवाऽनिमित्तः । **आर्यज्ञानगोचरत्वात् परमार्थ**[6] इति परमं हि लोकोत्तरज्ञानम् । तदर्थः परमार्थः । एतदेव प्रदर्शयन्नाह—**परमज्ञानगोचरत्वादिति** । **आर्यधर्महेतुत्वाद्धर्मधातुः** । धर्मशब्देनात्रार्यधर्माः सम्यग्दृष्ट्यादयः सम्यग्विमुक्तिज्ञानपर्यन्ताश्चेति । तद्धेतुत्वाद्धातुः । तदेव विभावयन्नाह—**आर्यधर्माणां तदालम्बनप्रभवत्वादिति** । स्वलक्षणोपादायरूपधारणेऽप्ययं धातुशब्दो वर्तत इत्याह **हेत्वर्थो ह्यत्र धात्वर्थः** । तद्यथा

१. Ṭikā, परमज्ञानगोचरत्वात्.

२. Y's reconstruction : कथं पर्यायार्थो ज्ञायत. Reading here after the Bhāṣya.

३. Y. [तत्राऽ]नन्या° on the basis of Tib.

४. Y's reconstruction : नित्यं तथात्वादिति. Reading here after the Bbāṣya.

५. Reading after the Bhāṣya. Y's reconstruction : °धादनिमित्तम्.

६. Reading after the Bhāṣya. Y's reconstruction : परमार्थतेति.

सुवर्णधातुस्ताम्रधातू रौप्यधातुः । **सूत्रान्तरेष्वन्ये** *पर्याया उक्ता अप्यनेनैव न्यायेन स्वार्थे*[७] *निर्देष्टव्याः ॥१६॥*

[*शून्यताप्रभेदः*]

[द्विविधा शून्यता]

कथं शून्यतायाः प्रभेदो ज्ञेयः ?

संक्लिष्टा च विशुद्धा च

इत्यस्याः प्रभेदः । कस्यामवस्थायां संक्लिष्टा, कस्यां विशुद्धा ?

समला निर्मला च सा ।

यदा सह मलेन वर्तते तदा संक्लिष्टा । यदा प्रहीणमला तदा विशुद्धा । यदि समला भूत्वा निर्मला भवति, कथं विकारधर्मिणी[१]**त्वादनित्या न भवति ? यस्मादस्या**

अब्धातुकनकाऽऽकाशशुद्धिवच्छुद्धिरिष्यते ॥१७॥

आगन्तुकमलाऽपगमात्, न तु तस्याः स्वभावा[२]**ऽन्य[५ अ]त्वम्भवति ॥१७॥**

शून्यताया ग्राह्यग्राहकाभावरूपत्वाद् भेदमसम्भावयन् पृच्छति, अथवा पर्यायार्थानन्तरं भेदो विज्ञेय इत्युक्तमतस्तन्निर्देशानन्तरं पृच्छति—**कथं शून्यतायाः प्रभेदो विज्ञेय**[३] इति । *अभूतपरिकल्पो हि सङ्क्लेशः तस्य प्रहाणं*[४] *विशुद्धिरुच्यते । सङ्क्लेशविशुद्धिकाले च शून्यताव्यतिरिक्तम*[५]*न्यन्नास्ति* यत् सङ्क्लिश्यते विशुध्यते वा । तस्मात्संक्लेशविशुद्धिकालयोः शून्यतैव सङ्क्लिश्यते विशुध्यते चेति प्रदर्शनार्थमाह

सङ्क्लिष्टा च विशुद्धा च

इत्यस्याः प्रभेदः । कदा सङ्क्लिष्टा कदा निर्मलेत्यनवबोधात्पृच्छति—**कस्यामवस्थायां संक्लिष्टा, कस्यां च विशुद्धेति ।**[६]

समला निर्मला च सा[७] **।**

इति विस्तरः । आश्रयाऽपरावृत्तिपरावृत्त्यपेक्षया समला[८] च प्रहीणमला च व्यवस्थाप्यते । येषामविदुषां ग्राह्यग्राहकाऽभिनिवेशरागादिक्लेशमलिनानां *चित्तसन्तानानामप्रतिपत्तिविप्रतिपत्तिदोषाच्छून्यता न प्रख्याति तान् प्रति समला व्यवस्था-*

७. Y. स्वार्थेन.

१. Ms. °धर्मणीत्वाद°

२. Here Ms. repeats what forms the part of the next topic viz. सर्वधर्मशून्यता । अभावशून्यता अभावस्वभावशून्यता च । सैषा समासतो वेदितव्या ॥ भोक्तृभोजनतद्देहप्रतिष्ठावस्तु.

३. Bhāṣya, ज्ञेय.

४. Y's reconstruction : तस्मिन् प्रहीणे.

५. Y. व्यतिरेकेण°

६. Reading here after the Bhāṣya. Y's reconstruction : कदा संक्लिश्यते कदा विशुद्धयत इति.

७. Y. सा समला निर्मला च. Bhāṣya as here.

८. Ms. सममलेन ; is it सह मलेन as in the Bhāṣya ?

प्यते। येषामार्याणां तत्त्वज्ञानादविपरीतचेतसां शून्यता निरन्तरमाकाशवद् विरजस्का प्रख्याति तान्प्रति प्रहीणमलेत्युच्यते। एवं शून्यताया आपेक्षिका संक्लेशविशुद्धि[९] *द्रष्टव्या* न मलिनस्वरूपत्वेन, प्रकृत्या प्रभास्वरत्वात्।

यदि समला भूत्वेति[१०] *विस्तरः।* न ह्यवस्थाभेदो विकारमन्तरेण दृष्टः। विकारश्चोत्पादविनाशाभ्यामनुस्यूत इति। अत आह—**कथं विकारधर्मिणीत्वादनित्या न भवतीति।** न हि सङ्क्लिष्टावस्थातः *शून्यताविशुद्धाऽवस्थायामन्यो विकारः। तत्त्वस्थितिता तु स्वभावान्तरमनापद्यमानाया*[११] आगन्तुकमलापगमात्। **यस्माद्**

अब्धातुकनकाकाशशुद्धिवच्छुद्धिरिष्यते ॥

तस्मादनित्या न भवतीति। यथैव ह्यब्धातुकनकाकाशानामतत्स्वभावत्वान् मलस्वभाव*ताऽभावेऽप्यागन्तुकमलवत्त्वम्। आगन्तुकमलाऽपगमे च ते विशुद्धा एव*[१२], स्वभावान्तरप्रतिपत्तिमन्तरेणापि। एवं शून्यताप्यागन्तुकैर्मलैः सङ्क्लिश्यते, अविकृतस्वरूपापि, तद्विगमाच्च विशुद्ध्यतीति। यो हि तमेव भावं पूर्वं सङ्क्लेशलक्षणं पश्चाद् विशुद्धिस्वभावं *व्यवस्थापयति तस्य विकारधर्मनिवृत्तिर्न भवति विकारस्वभाव*[१३]*त्वात्, न तु यत्राप्यागन्तुकं* तदुभयम्। तस्मान्नासौ विकारधर्मतां स्पृशतीति ॥१७॥

[षोडशविधा शून्यता]

अयमपरः प्रभेदः—षोडशविधा शून्यता। अध्यात्मशून्यता, बहिर्धाशून्यता, अध्यात्मबहिर्धाशून्यता, महाशून्यता, शून्यताशून्यता, परमार्थशून्यता, संस्कृतशून्यता, असंस्कृतशून्यता, अत्यन्तशून्यता, अनवराग्र[१]**शून्यता, अनवकारशून्यता**[२], **प्रकृतिशून्यता, लक्षणशून्यता, सर्वधर्मशून्यता, अभावशून्यता, अभाव-स्वभावशून्यता च। सैषा समासतो वेदितव्या।**

भोक्तृभोजनतद्देहप्रतिष्ठावस्तुशून्यता।
तच्च येन यथा दृष्टं यदर्थं तस्य शून्यता ॥१८॥

तत्र भोक्तृशून्यता आध्यात्मिकान्यायतनान्यारब्धा[३], **भोजनशून्यता बाह्यानि। तद्देहस्तयोर्भोक्तृभोजनयोर्यदधिष्ठानं शरीरं तस्य शून्यताऽध्यात्मबहिर्धाशून्यतेत्युच्यते। प्रतिष्ठावस्तु भाजनलोकः, तस्य विस्तीर्णत्वाच्छून्यता महाशून्यतेत्यु-**

९. Y's reconstruction : विशुद्ध्योर्द्रष्टव्या.

१०. Reading after the Bhāṣya. Y's reconstruction : यदिसमला स्यादिति.

११. Y. अनापद्यमाना but Ms. as here. °मानाया may be construed in ablative singular, referring to शून्यता. This is also supported by the Bhāṣya where we have यस्मादस्या······आगन्तुकमलापगमात्.

१२. Y's reconstruction : मलस्वभावस्याऽभवतोऽप्यागन्तुकमलवत्यागन्तुकमलापगमे च विशुद्धैव.

१३. Y's reconstruction : स्वभावविकारत्वात्.

१. Ms. अनराशून्यता.

२. अनवकारशून्यता added in a different hand in the upper margin.

३. It should be °यतनान्यारभ्य.

च्यते । तच्चाध्यात्मिकायतनादि येन शून्यं दृष्टं शून्यताज्ञानेन, तस्य शून्यता शून्यताशून्यता[४] । यथा च[५] दृष्टं परमार्थाकारेण तस्य शून्यता परमार्थशून्यता । यदर्थञ्च बोधिसत्त्वः प्रपद्यते तस्य च शून्यता ॥१८॥

प्रभेद[६]निर्देशाधिकारे सर्वे शून्यताप्रभेदा वक्तव्या इत्यत आह—**अयमपरः प्रभेद** इति । **षोडशविधा शून्यते**ति वस्तुभेदेन *षोडशविधा भवति । द्वयाभावस्वरूपे तु भेदो नास्ति । सा षोडशविधा शून्यता* **प्रज्ञापारमितायां** पठ्यते—अध्यात्मशून्यता यावदभावस्वभावशून्यतेति । **सैषा समासतो वेदितव्या**

भोक्तृभोजनतद्देहप्रतिष्ठावस्तुशून्यता ।

इत्येवमादि । सामान्यलक्षणं *शून्यतायाः सर्वधर्मस्याऽद्वयस्वरूपत्वम्*[७] *। नान्यथा तन्नानात्वं शक्यते दर्शयितु*मित्यतो वस्तुनानात्वेन तन्नानात्वं दर्शयति[८] ।

पूर्वं तावद्भोक्ता विभावयितव्यः, तत्स्नेहाभिनिवेशत्याजनार्थम् । तत्स्नेहाभिनिवेशो हि बुद्धत्वविमोक्षप्राप्तिप्रतिबन्धको[९] *भवति । तदनन्तरं तद्भोजनम् । तदनन्तरं तयोरधिष्ठानं शरीरम् । तदनन्तरं त*दधिष्ठानस्य शरीरस्य प्रतिष्ठाभाजनलोको विभावयितव्यः, भोक्तुरुपकारकत्वादात्मीयस्नेहग्राहव्यावर्तनार्थम् । एतच्चतुर्विधं वस्तु, तच्छून्यता वस्तुशून्यतेत्युच्यते ।

तत्र भोक्तृशून्यता आध्यात्मिकान्यायतनान्यारभ्येति[१०] । *तानि च चक्षुरादीनि यावन्मनःपर्यन्तानि ।* तदन्यस्य भोक्तुरभावात् । चक्षुरादीनाञ्च विषयोपभोगप्रवृत्तिदर्शनाल्लोकस्य चक्षुरादिष्वेव भोक्त्रभिमान इत्यतश्चक्षुराद्यायतनशून्यता भोक्तृशून्यतेत्युच्यते ।

भोजनशून्यता बाह्यानीति[११] *रूपादीनि यावत् धर्मपर्यन्तानि । तानि विषयभावेन*[१२] भुज्यन्त इति भोजनमतो बाह्यायतनशून्यता भोजनशून्यतेत्युच्यते ।

४. Ms. only शून्यता but some correction appears to have been made in the margin.

५. Wrongly read व by N.

६. Ms. प्रवेश°.

७. Y's reconstruction : °रूपत्वात्.

८. Ms. सामान्यत······तुमि यतो वस्तुनानात्वेन त नानात्वं दर्शयति which is followed here with suitable reconstructions. But Y. follows a different order of sentences on the basis of Tib. thus : सामान्यलक्षणं शून्यतायाः सर्वधर्मस्याद्वयस्वरूपत्वात्, अतो वस्तुनानात्वेन तन्नानात्वं दर्शयति, नान्यथा तन्नानात्वं शक्यते दर्शयितुमिति.

९. Y. °प्रतिबन्धो.

१०. Y's reconstruction : तत्र भोक्तृशून्यता ह्याध्यात्मिकायतनैरारब्धेति. Reading here after the Bhāṣya, except for Bhāṣya °नान्यारब्धा I have reconstructed °नान्यारभ्य.

११. Reading after Bhāṣya. Y's reconstruction : भोजनशून्यता बाह्यैरिति.

१२. Y. °भावत्वेन.

तयोर्भोक्तृभोजनयोः शरीरे परस्पराऽविनिभागेनाऽवस्थानात् **तद्देहः शरीरमित्यतस्तच्छून्यताऽध्यात्मबहिर्धा**[१३]**शून्यतेत्युच्यते** ।

प्रतिष्ठावस्तु भाजनलोकः, *सर्वत्र सत्त्वानां प्रतिष्ठावस्तुत्वेन* प्रज्ञानात् । अत एवाह—**तस्य विस्तीर्णत्वात्तच्छू**[१४]**न्यता महाशून्यतोच्यत** इति । वस्तुशब्दः प्रत्येकमभिसम्बध्यते ।

तस्यैवं योगिनो बोधिसत्त्वस्य चतुर्विधज्ञेयवस्तुशून्यतायां *सवितर्केण*[१५] *योनिशोमनस्कारेण मनस्क्रियमाणा*[१६]*यामयमन्यो निमित्तग्राह उपतिष्ठते* **येनेदं शून्यताज्ञानेनाध्यात्मिकबाह्यायतनादि शून्यं दृष्टं** तत्र यो ग्राह्यग्राहकाभिनिवेशोऽयमेव चात्र परमार्थाकारो यथा तच्छूताज्ञानेन दृष्टमिति विकल्पः । तस्य द्विप्रकारस्य *योगिभूमिभ्रान्तिनिमित्तस्य विकल्पस्य विभावनार्थं* **शून्यताशून्यता परमार्थशून्यता** च यथाक्रमं ज्ञानाकारलोपं कृत्वा निर्दिष्टा[१७] । शून्यताविषयत्वाद्वा तज्ज्ञानं शून्यतेत्युक्तम् । **तस्य** ग्राह्यग्राहकभावेन शून्यता **शून्यताशून्यता** । आध्यात्मिकायतनादिकं च तेन शून्यताज्ञानेन **यथा दृष्टं** *सोऽत्र परमार्थ* **इति परमार्थाकारेण तस्य**[१८] **शून्यता परमार्थशून्यता** । *किं कारणम्* ? परमार्थो हि शून्यः परिकल्पितेन स्वभावेनेति ।

अयमन्योऽपि निमित्तग्राहः शून्यताभावनोपप्लवभूतः **यदर्थं बोधिसत्त्वः** शून्यतां **प्रतिपद्यते**[१९] **तस्य** *भावस्वरूपत्वं समारोपयति*[२०] *तद्विभावनार्थं संस्कृतशून्यतादयः सर्वधर्मशून्यतापर्यन्ताः* शून्यता निर्दिष्टाः ।।१८।।

किमर्थञ्च प्रपद्यते[१] ?

शुभद्वयस्य प्राप्त्यर्थम्

कुशलस्य संस्कृतस्याऽसंस्कृतस्य च ।

सदा सत्त्वहिताय च ।

अत्यन्तसत्त्वहितार्थम् ।

संसारा[२]ऽत्यजनार्थञ्च

१३. बाह्य॰.

१४. Bhāṣya : तस्य विस्तीर्णत्वाच्छून्यता.

१५. Y. सवितर्केन which is not correct.

१६. Y. मनस्क्रियमानायां which is not a correct foɹm.

१७. Ms. ज्ञानाकरणोऽयं कृत्वा निर्दिष्टे, Tib. supports the reading accepted here.

१८. Y's reconstruction : सोऽत्र परमार्थ इत्येतस्याकारस्य शून्यता··· ·. Reading here after the Bhāṣya.

१९. Bhāṣya : प्रपद्यते.

२०. Y. समारोप्यते.

१. Ms. प्रद्यते.

२. Ms. संसारान्य॰.

अनवराग्रस्य हि संसार(५ब)स्य शून्यतामपश्यन् खिन्नः संसारं परित्यजेत ।

कुशलस्याऽक्षयाय च ।।१६।।

निरुपधिशेषे निर्वाणेऽपि यन्नाऽवकिरति[3] नोत्सृजति तस्य शून्यताऽनवकारशून्यतेत्युच्यते ।।१६।।

किमर्थञ्च प्रतिपद्यते[4] ?

शुभद्वयस्य प्राप्त्यर्थम्

यावद्बुद्धधर्माणां विशुद्धर्थं शून्यतां प्रतिपद्यते शून्यतां प्रभावयतीत्यर्थः । *शुभद्वयं हि संस्कृतमसंस्कृतञ्च,* मार्गो निर्वाणञ्च । *ताभ्यां[5] सम्बध्यते यथाक्रमं* संस्कृतशून्यताऽसंस्कृतशून्यता च ।

सदासत्त्वहिताय च ।

इति सर्वाकारं सर्वकालञ्च मया सत्त्वहितं कर्तव्यमिति तच्छून्यताऽत्यन्तशून्यता ।

संसाराऽत्यजनार्थञ्च

इति सत्त्वार्थं *मया संसारो न परित्याज्यः । संसारे हि परित्यक्तेऽलब्ध्वा बोधिसत्त्वबोधिं* श्रावकबोधौ व्यवतिष्ठते । तस्य शून्यता अनवराग्रशून्यता । किमर्थं पुनस्तस्य शून्यता देश्यत[6] इत्यत आह—**अनवराग्रस्य हि संसारस्य शून्यतामपश्यन् खिन्नः संसारं परित्यजेतेति[7] ।**

कुशलस्याऽक्षयाय च ।।

इति । मया कुशलमूलानि[8] न क्षीयन्ते **निरुपधिशेषे निर्वाणेऽपीति नावकिरतीत्येतदेवाचष्टे नोत्सृजतीति ।** यद्येवं कथं तर्हि निरुपधिशेषो निर्वाणधातुः सिध्यति ? सास्रवधर्मविपाककायाभावात् । अनास्रवभूत[9] *धर्मकायस्य तु बुद्धस्य भगवतो[10] निरुपधिशेषे निर्वाणधातावपि न व्युपरमादिति* सिद्धान्तः । अतस्तच्छून्यता **अनवकारशून्यतेत्युच्यते ।।१६।।**

गोत्रस्य च विशुद्ध्यर्थम्

गोत्रं हि प्रकृतिः, स्वाभाविकत्वात् ।

लक्षणव्यञ्जनाऽऽप्तये ।

महापुरुषलक्षणानां साऽनुव्यञ्जनानाम्प्राप्तये ।

३. Ms. नाकवकिरति.
४. Bhāṣya, प्रपद्यते.
५. Y. तयोः.
६. Y. देश्यता । इत्यत
७. Y's. reconstruction : परित्यजतीति. Reading here after the Bhāṣya.
८. Y. °मूला.
९. Y. भाव for भूत
१०. Y. बुद्धानां भगवताम्.

शुद्धये बुद्ध[1]धर्माणां बोधिसत्त्वः प्रपद्यते ॥२०॥

बलवैशारद्याऽऽवेणिकादीनाम् । एवं तावच्चतुर्दशानां शून्यतानां व्यवस्थानं वेदितव्यम् ॥२०॥

गोत्रस्य च विशुद्धयर्थम्

तस्य शून्यता प्रकृतिशून्यता । अत्रैव कारणमाह—**गोत्रं हि प्रकृतिरि**ति । कुत एतत् ? अत आह—**स्वाभाविकत्वादि**ति[2] । *स्वाभाविकमनादिकालिकमनागन्तुकमित्यर्थः । यथाऽनादौ[3]संसारे किञ्चिच्चेतनं* किञ्चिदचेतनमेवमिहापि किञ्चित् षडायतनं बुद्धगोत्रं किञ्चिच्छ्रावकादिगोत्रमिति । न चाकस्मिकत्वं गोत्रस्य, अनादिपरम्परागतत्वात्, चेतनाचेतनविशेषवदिति । *सर्वसत्त्वस्य तथागतगोत्र[4]त्वादत्र गोत्रमिति तथात्वं ज्ञेयमित्यन्ये ।*

लक्षणव्यञ्जनाप्तये ।

इत्यतः **सानुव्यञ्जनानां महापुरुषलक्षणानां** शून्यता लक्षणशून्यतेत्युच्यते ।

किञ्च-

शुद्धये बुद्धधर्माणां बोधिसत्त्वः प्रपद्यते ॥

अन्ते प्रपद्यत इत्यभिधानात् सर्वत्र शुभद्वयस्य *प्राप्त्यर्थं बोधिसत्त्वः प्रपद्यते । सदा सत्त्वहिताय च बोधिसत्त्वः प्रपद्यत इति योज्यम् ।* कतरेषां बुद्धधर्माणामित्यतो ब्रवीति **बलवैशारद्यावेणिकादीनामि**ति । संक्षेपतः सर्वबुद्धधर्माणां प्राप्तये मया प्रयतितव्यमिति प्रतिपद्यते । तस्माच्छून्यताविभावनया[5] *सर्वधर्मशून्यतोच्यते । कीदृशी विभावनेति ? ज्ञेये ज्ञानस्याव्यवहितप्रवृत्तिः ।*

एवं तावच्चतुर्दशानामध्यात्मशून्यतादीनां सर्वधर्मशून्यतापर्यन्तानां **व्यवस्थानं वेदितव्यम् ॥२०॥**

का पुनरत्र शून्यता ?

पुद्गलस्याऽथ धर्माणामभावः शून्यताऽत्र हि ।
तदभावस्य सद्भावस्तस्मिन् सा शून्यताऽपरा ॥२१॥

पुद्गलधर्माऽभावश्च शून्यता । तदभावस्य[1] च सद्भावस्तस्मिन् यथोक्ते भोक्त्रादौ साऽन्या[2] शून्यतेति शून्यतालक्षणख्यापनार्थं द्विविधामन्ते शून्यतां व्यवस्थापयति—

१. Ms. बुद्धर्माणाम्.

२. Y's. reconstruction : स्वाभाविकादिति. Reading here after the Bhāṣya.

३. Y. अनादिसंसारे.

४. Y. गोत्रिकत्वाद°.

५. Y. तस्माद् विभावनोच्यते । तस्य शून्यता सर्वधर्म° on the basis of Tib. But Ms. as here.

१. Ms. तद्भावस्य.

२. Ms. नान्या.

अभावशून्यतामभावस्वभावशून्यताञ्च, पुद्गलधर्मसमारोपस्य तच्छून्यताऽपवादस्य च परिहारार्थं यथाक्रमम् । एवं शून्यतायाः प्रभेदो विज्ञेयः ।।२१।।

का पुनरत्र भोक्त्रादौ शून्यता, कतमत् स्वरूपमित्यत आह

पुद्गलस्याऽथ धर्माणामभावः शून्यताऽत्र हि ।
तदभावस्य सद्भावस्तस्मिन् सा शून्यताऽपरा ।।[3]

इति । तत्र यथोक्तानां[4] भोक्त्रादीनां पुद्गलधर्माऽभावश्च शून्यता[5] । तदभावस्य च सद्भावः शून्यता । तत्र पुद्गलधर्मयोरसद्भावोऽभावशून्यता । तदभावस्य सद्भावोऽभावस्वभावशून्यता ।

किमर्थं पुनरेषा द्विविधा शून्यताऽन्ते व्यवस्थाप्यते ? अत आह—शून्यतालक्षणख्यापनार्थमिति[6] । किमर्थं पुनः शून्यताख्यापन[7]मत आह—पुद्गलधर्मसमारोपस्य तच्छून्यताऽपवादस्य च परिहारार्थं यथाक्रमम् । पुद्गलधर्मसमारोपस्य परिहारार्थमभावशून्यतां व्यवस्थापयति । तच्छून्यताऽपवादपरिहारार्थञ्चाऽभावस्वभावशून्यताम् । यद्यभावशून्यता नोच्येत परिकल्पितस्वरूपयोर्धर्मपुद्गलयोरस्तित्वमेव प्रसज्येत । यद्यभावस्वभावशून्यता नोच्येत शून्यताया अभाव एव प्रसज्येत । तदभावाच्च पुद्गलधर्मयोः पूर्ववद् भावः स्यात् ।

तत्राध्यात्मिकेष्वायतनेषु विपाकविज्ञानस्वभावेषु बालानां भोक्तृसम्मतेषु भोक्तृपुद्गलस्य कल्पितलक्षणानां च चक्षुरादीनामभावस्तदभावस्य च सद्भावोऽध्यात्मशून्यता । बाह्येष्वायतनेषु रूपादिविज्ञप्त्याभासस्वभावेषु बालानां भोग्यसम्मतेषु भोजनस्यात्मीयस्य परिकल्पितलक्षणानां च रूपादीनामभावस्तदभावस्य च सद्भावो बहिर्धाशून्यता । तद्देहे शरीरे भोक्तृपुद्गलस्य बालजनपरिकल्पितानां रूपादीनां देहस्य चाऽभावस्तदभावस्य च भावोऽध्यात्मबहिर्धा शून्यता । भाजनलोके सत्त्वलोकाऽभावस्तत्परिकल्पितस्वरूपाभावस्तदभावसद्भावश्च महाशून्यता । शून्य[8]ताज्ञाने परमार्थाकारे च ज्ञातुराकारग्रहीतृपुद्गलस्य परिकल्पितलक्षणशून्यता परमार्थाकारस्य चाऽभावस्तदभावस्य च सद्भावो यथाक्रमं शून्यताशून्यता परमार्थशून्यता च । [9]यदर्थं बोधिसत्त्वः प्रतिपद्यते तेषु संस्कृतादिषु सर्वबुद्धधर्मपर्यन्तेषु

३. Reading after the Bhāṣya. Y's reconstruction.

पुद्गलस्य च धर्माणामसद्भावोऽत्र शून्यता ।
तदभावस्य सद्भावस्तदन्या तत्र शून्यता ।।

४. Y. यथोक्तभोक्त्रादीनां.

५. Y's. reconstruction : पुद्गलधर्माणामसद्भावः.

६. Reading after the Bhāṣya. Y's reconstruction : शून्यतालक्षणप्रदर्शनार्थमिति

७. Y. प्रदर्शनं for ख्यापनं.

८. Ms. शू यज्ञाने.

९. Y. इदानीं before यदर्थं on the basis of Tib.

बोधिसत्त्वप्रतिपत्तव्येषु पुद्गलस्य परिकल्पितलक्षणानां च धर्माणामभावस्तदभावस्य च सद्भावो यथाक्रमं संस्कृतशून्यता यावत् सर्वधर्मशून्यतेति । तथाहि नास्ति संस्कृतस्य स्वामी वा प्रयोक्ता वा पुद्गलो नापि संस्कृतं बालजनपरिकल्पितेनात्मना[१०]। संक्षेपतः सर्वविकल्पग्राहप्रतिपक्षार्थं सर्वसूत्रान्ताभिसन्धिव्याकरणार्थं चैता बोधिसत्त्वानां श्रावकैरसाधारणाः षोडशशून्यता निर्दिष्टाः ।

अत्र च **भगवता** शून्यताविषयः शून्यतास्वभावः शून्यताभावनाप्रयोजनञ्च दर्शितम् । तत्र शून्यताविषयो भोक्त्राद्यर्थो यावत् बुद्धधर्मपर्यन्तः । तत्प्रदर्शनं पुनः शून्यतायाः सर्वधर्मव्यापकत्वज्ञापनार्थम् । शून्यतास्वभावोऽभावस्वभावोऽभावभावस्वभावश्च[११] । शून्यतास्वभावप्रदर्शनं पुनरध्यारोपापवादप्रतिपक्षेण सर्वदृष्टिनिःसरणात्मकत्वज्ञापनार्थम् । शून्यताभावनाप्रयोजनं शुभद्वयस्य प्राप्त्यर्थमित्यारभ्य बुद्धधर्माणां प्राप्तय इति पर्यन्तम् । तत्प्रदर्शनं पुनः स्वपरात्मनो रूपधर्मकायसम्पत्प्रकर्षः शून्यताभावनादेव[१२] प्राप्य इति प्रदर्शनार्थमिति ।

एवं शून्यतायाः प्रभेदो विज्ञेय इति समलावस्थायां संक्लिष्टा निर्मलावस्थायां विशुद्धेत्यध्यात्मशून्यतादिषोडशप्रकारभेदोऽनन्तरोक्तो[१३] वेदितव्यः ॥२१॥

[शून्यतासाधनम्]

कथं साधनं विज्ञेयम् ?

संक्लिष्टा चेद् भवेन्नाऽसौ मुक्ताःस्युः सर्वदेहिनः ।
विशुद्धा चेद् भवेन्नाऽसौ व्यायामो[१] निष्फलो भवेत् ॥२२॥

यदि धर्माणां शून्यता आगन्तुकैरुपक्लेशैरनुत्पन्नेऽपि प्रतिपक्षे न संक्लिष्टा भवेत्, संक्लेशाभावादयत्नत एव मुक्ताः सर्वसत्त्वा भवेयुः । अथोत्पन्नेऽपि प्रतिपक्षे न[२] विशुद्धा भवेत्, मोक्षाऽर्थमारम्भो निष्फलो भवेत् ॥२२॥

भेदोद्देशानन्तरं तत्साधनमुद्दिष्टमित्यतस्तन्निर्देशानन्तरं पृच्छति—**कथं साधनं विज्ञेय**[३]मिति । अत्र किं साध्यते ? आगन्तुकोपक्लेशसंक्लिष्टता स्वभावविशुद्धता च । तत्र संक्लिष्टतासाधनमधिकृत्याह

संक्लिष्टा चेद् भवेन्नाऽसौ मुक्ताःस्युः सर्वदेहिनः ।[४]

१०. Y. °नात्मत्वेन.

११. Ms. शून्यतास्वभावो भावोऽभावस्वभावश्च Reading here after Tib.

१२. Y. °भावनायाः on the basis of Tib. Ms. as here.

१३. Y's reconstruction : विशुद्धेति, अध्यात्मशून्यतादयश्च षोडशानन्तरोक्तभेदप्रकारा इति वेदितव्यः ।

१. Ms. व्यायात्मो.

२. Ms omits न but Ṭīkā and Tib. have it.

३. Ms. broken. Y. कथं साधनं ज्ञेयमिति. Reading after the Bhāṣya.

४. Reading after the Bhāṣya. Y's reconstruction : यदि न स्यात् स सङ्क्लेशो मुक्ताः स्युः सर्वदेहिनः.

इति । *मुक्तिः*[५] संक्लेशप्रहाणम् । तत्संक्लेशप्रहाणञ्च मार्गभावनातः । तत्र **यदि धर्माणां शून्यता आगन्तुकैरुपक्लेशैरनुत्पन्नेऽपि प्रतिपक्षे**, अपिशब्दादुत्पन्न इव, **न संक्लिष्टा भवेदेवं** सति **संक्लेशाभावादयत्नत एव मुक्ताः सर्वसत्त्वा भवेयुः** ।[६] *अयत्नत एवेति प्रतिपक्षमन्तरेणैव* ।[७] **न तु** प्रतिपक्षमन्तरेण प्राणिनामस्ति मोक्ष इत्यवश्यं पृथग्जनावस्थायां तथतायामागन्तुकैर्मलैः संक्लिष्टताऽभ्युपगन्तव्येति । एवं शून्यतायाः संक्लिष्टः प्रभेदः साधितो भवति । *इदानीं विशुद्धिप्रभेदं साधयन्नाह*

विशुद्धा चेद् भवेन्नाऽसौ व्यायामो निष्फलो भवेत्[८] ॥

इति । देहिनामिति सम्बध्यते । **अथोत्पन्नेऽपि प्रतिपक्षे**, अपिशब्दादनुत्पन्न इव, **न विशुद्धा भवेदेवं** सति **मोक्षार्थं**[९] **आरम्भो निष्फलो भवेत्**, प्रतिपक्षभावनयापि *तन्मलस्याऽविगमात्, समलस्य विमोक्षानुपपत्तेश्च*[१०] । *न तु मोक्षार्थ* **आरम्भो** *निष्फल* इष्यते । तस्मादवश्यं प्रतिपक्षाभ्यासादागन्तुकोपक्लेशविगमाच्छून्यताया विशुद्धिरभ्युपगन्तव्येति । एवं शून्यताया विशुद्धिप्रभेदः साधितो भवति ।

अत्र संक्लेश*धर्मोपादानात् संक्लेशो, विशुद्धि*[११]*धर्मग्रहणाद् विशुद्धिः* । *न तु शून्यताया* साक्षात् संक्लेशो विशुद्धिर्वेष्यते, धर्मपरतन्त्रत्वाद्धर्मतायाः । अत एवाह

मुक्ताः स्युः सर्वदेहिनः ।

इति । अत्र हि देहिन इति तदुपादानमेवोक्तम् । अन्यथा वा यदि *शून्यतायाः साक्षात् संक्लेशो विशुद्धिर्वा भवेत्ततः कः सम्बन्धो देहिभिर्भवेद्येन*[१२] *शून्यता-विशुद्धिश्च*[१३] देहिनां विशुद्धिः शून्यतासंक्लेशश्च संक्लेश उच्यते ? ॥२२॥

एवञ्च कृत्वा (६अ)

न क्लिष्टा नाऽपि वाऽक्लिष्टा शुद्धाऽशुद्धा न चैव सा ।

कथं न क्लिष्टा नाऽपि चाऽशुद्धा ? प्रकृत्यैव

प्रभास्वरत्वाच्चित्तस्य

५. Y. विमोक्षः.

६. Reading after the Bhāṣya. Y's reconstruction : सङ्क्लेशाभावात् प्रयत्नमन्तरेण सर्वे सत्त्वा मुक्ताः स्युः ।

७. Y. प्रयत्नमन्तरेणेति प्रतिपक्षमन्तरेणैव.

८. Reading according to Bhāṣya. Y's reconstruction : यदि न सा विशुद्धिः स्यात् प्रयत्नमफलं. Incidentally the word प्रयत्न is always used in the masculine gender.

९. But Bhāṣya : मोक्षार्थमारम्भो.

१०. Y. तन्मलविगतानाप्तात् समलस्य च विमोक्षाऽनुपपत्तित्वात्.

११. Y. विशुद्धधर्म°.

१२. Y. यस्मात् for येन.

१३. Y. विशुद्धेश्च.

कथं नाऽक्लिष्टा न शुद्धा ?

क्लेशस्याऽऽगन्तुकत्वतः ॥२३॥

एवं शून्यताया उद्दिष्टः प्रभेदः साधितो भवति ॥२३॥

यदा च शून्यता च क्लिष्टा पृथग्जनावस्थायां, शुद्धा चार्यावस्थायां भवति, अत एवेदं सिद्धं भवति

न क्लिष्टा नापि चा[1]ऽक्लिष्टा शुद्धाऽशुद्धा न चैव सा।[2]

इति। कथं न क्लिष्टा नाऽपि चाऽशुद्धा[3] ? शुद्धैव, द्वयशुद्धया प्रकृतगमकत्वात्। अत्रैवागममाह प्रकृत्यैव

प्रभास्वरत्वाच्चित्तस्य[4]

इति। अत्र च चित्तधर्मतैव चित्तशब्देनोक्ता, चित्तस्यैवंलक्षणत्वात्[5]। कथं नाऽक्लिष्टा न वि[6]शुद्धा किं तर्हि क्लिष्टैवेति प्रतिषेधद्वयात्प्रतिपादयति। सा

क्लेशस्यागन्तुकत्वतः ॥२३॥[7]

क्लिष्टा, न तु प्रकृत्येति दर्शयति। सा चागन्तुकैरुपक्लेशैरुपक्लिश्यत इत्यत्राप्यागमः।

सङ्क्लिष्टविशुद्धतया द्विधा भेद उक्ते किमर्थं पुनश्चतुर्धा भेद उच्यते ? लौकिकाल्लोकोत्तराच्च मार्गाद् विशेषा[8]र्थमित्येकः। लौकिको हि मार्गः स्वभूमिकैर्मलैः क्लिष्टो न त्वधरैः, तत्प्रतिपक्षत्वात्। लोकोत्तरस्तु मार्गो मृदुमध्यादिभेदादशुद्धोऽनास्रवत्वात्तु शुद्धः। नैवं शून्यतेति। न क्लिष्टेत्युक्त्वा पुनश्चक्षुरादिभ्यो विशेषार्थमुच्यते नाशुद्धेत्यन्ये, चक्षुरादयो ह्यनिवृत्ताऽव्याकृतत्वान्न क्लिष्टा न च तेषां सास्रवत्वात् प्रकृतिविशुद्धिरित्यशुद्धेति। एवं नाऽपि सा क्लिष्टेति चेदुच्यते—न शुद्धेति कुशलसास्रवात् विशेषणार्थमाह। कुशलसास्रवं हि संसारपर्यापन्नत्वान्नाऽक्लिष्टम्। इष्टविपाकत्वाच्च शुद्धम्, नैव धर्मता। सा हि क्लिष्टाऽवस्थायामशुद्धैवे[9]ति। एवं शून्यतायाः सङ्क्लेशविशुद्धयोद्दिष्टः प्रभेदः साधितो भवति ॥२३॥[10]

१. Bhāṣya वाऽक्लिष्टा.

२. Reading after the Bhāṣya. Y's reconstruction: शुद्धाशुद्धापि नैव सा.

३. After the Bhāṣya. Y कथं न क्लिष्टा नाप्यशुद्धा.

४. Y. does not treat it as a part of the Kārikā.

५. Ms. as here but Y. on the basis of Tib., चित्तस्यैव मललक्षणत्वात्.

६. Bhāṣya : शुद्धा.

७. Y. does not treat it as a part of the Kārikā text. He reconstructs it as a prose passage thus : सा चागन्तुकक्लेशेन क्लिष्टा.

८. Y. विशेष [प्रदर्शना] र्थमि° on the basis of Tib. Ms. as here.

९. Ms. as here but Y. on the basis of Tib., क्लिष्टाशुद्धैव.

१०. Y's reconstruction : एवं शून्यताप्रभेदस्य सङ्क्लेशविशुद्धिनिर्देशोऽयं साधितो भवति.

[शून्यतापिण्डार्थः]

तत्र शून्यतायाः पिण्डार्थो लक्षणतो व्यवस्थानतश्च वेदितव्यः। तत्र लक्षणतो भावलक्षणतोऽभावलक्षणतश्च। भावलक्षणं पुनर्भावाऽ[१]भावविनिर्मुक्तलक्षणतश्च तत्त्वा[२]ऽन्यत्वविनिर्मुक्तलक्षणतश्च। व्यवस्थानं पुनः पर्यायादिव्यवस्थानतो वेदितव्यम्। तत्रैतया चतुःप्रकारदेशनया शून्यतायाः स्वलक्षणम्, कर्मलक्षणम्, सङ्क्लेशव्यवदानलक्षणम्, युक्तिलक्षणञ्चोद्भावितं भवति; विकल्पत्रासकौसीद्यविचिकित्सोपशान्तये।

॥मध्यान्तविभागभाष्ये[३]लक्षणपरिच्छेदः प्रथमः[४] ॥

शून्यतापिण्डार्थो लक्षणतो व्यवस्थानतश्चेति वेदितव्यः। तत्र लक्षणतोऽभावलक्षणतो भावलक्षणतश्चेति द्वयाभावो हीतिवचनादभावलक्षणतः, अभावस्य च भाव *इति वचनाद् भावलक्षणतः। भावलक्षणतश्च* न भावो नाऽपि चाऽभाव इति वचनात्। **भावाभावविनिर्मुक्तलक्षणत[५]स्तत्त्वान्यत्वविनिर्मुक्तलक्षणश्चेति।** एतच्च शून्यताया लक्षणम्। तस्मादभूतपरिकल्पान्न पृथक्त्वैकलक्षणमिति वचनात्। एवं लक्षणतः पिण्डार्थः।

कथं व्यवस्थानतः पिण्डार्थो वेदितव्य इत्यत आह—**व्यवस्थानं पुनः पर्यायादिव्यवस्थानतो वेदितव्यम्[६]।** पर्यायस्तदर्थस्तदभेदस्तत्साधनञ्चेत्यर्थः। एतया चतुःप्रकारदेशनया[७] चतुर्विधोपक्लेशप्रतिपक्षेण **स्वलक्षणं कर्मलक्षणं सङ्क्लेशव्यवदानलक्षणं युक्तिलक्षणञ्चोद्भावितं भवति।**[८] *तत्र स्वलक्षणं विकल्पस्य प्रतिपक्षेण, तस्य हि भावाऽभावोभयपृथक्त्वैकत्वग्राहात्मकत्वत्वात्।*[९] *कर्मलक्षणमनधिमुक्तानां शून्यतालक्षणश्रुत्या त्रासस्य[१०] प्रतिपक्षेण। अभ्रान्तितथता कर्माऽविपर्यासकर्म, सर्वनिमित्तप्रहाणकर्म, सर्वलोकोत्तरज्ञानविषयत्वाऽवस्थानकर्म, प्रतिलब्धार्यधर्महेतुभावकर्म च। एवं शून्यतास्वरूपकर्मश्रवणेन प्राप्तग्रहाणां[११] कुसीदिनां कौसीद्यापनयनार्थं प्रभेदलक्षणम्। कथं सा सङ्क्लेशो भवति व्यवदानं चेति संशयिनां संशयापनयनार्थं युक्ति[१२]लक्षणम्।*

॥मध्यान्तविभागशास्त्रे लक्षणपरिच्छेदस्य प्रथमस्य टीका॥

१. Ms. drops भा.

२. Ms. तचान्यत्व°.

३. भाष्ये added in the upper margin of Ms.

४. Ms. प्रमथमः.

५. भावाभावविनिर्मुक्तलक्षणतः not found in Ṭīkā Ms. but Y. reads it on the basis of Tib.

६. व्यवस्थानं······वेदितव्यम् after the Bhāṣya. Y's reconstruction : वेदितव्य इत्यतो व्यवस्थानतो हि पर्यायादिव्यवस्थानतो वेदितव्यम्.

७. Ms. एतया च चतुःप्रकारलक्षणम् ···, Y. एतं च लक्षणादि चतुःप्रकारं निर्दिष्ट्वा. Reading here after the Bhāṣyā.

८. Y. reconstructs विद्या for युक्ति and आख्यायते for उद्भावितं भवति. Reading here after the Bhāṣyā.

९. Y. °वोभयपृथगेकत्वग्राहात्मकत्वम्.

१०. भयस्य for त्रासस्य-

११. Y. °स्वरूपकर्मश्रुतमात्रेण पर्याप्तत्वं ग्रहानां कुसी°.

१२. Y. विद्या for युक्ति.

आवरणपरिच्छेदो द्वितीयः

[१. व्याप्यादिपञ्चावरणानि]

आवरणमधिकृत्याऽऽह—

व्यापि प्रादेशिकोद्रिक्तसमादानविवर्जनम् ।

द्वयाऽऽवरणमाख्यातम्

तत्र व्यापि क्लेशज्ञेयाऽऽवरणं बोधिसत्त्वगोत्रकाणां, [1]साकल्यात् । प्रादेशिकं क्लेशाऽऽवरणं श्रावकादिगोत्रकाणाम् । उद्रिक्तं तेषामेव रागादिचरितानाम् । समं समभागचरितानाम् । संसाराऽऽदानत्यागाऽऽवरणं बोधिसत्त्वगोत्रकाणाम्, अप्रतिष्ठितनिर्वाणाऽऽवरणात् । इत्येतद् यथायोगमुभयेषा(६ब)मावरणमाख्यातम्—बोधिसत्त्वगोत्रकाणां श्रावकादिगोत्रकाणाञ्च ।

[2][लक्षणनिर्देशाऽनन्तरमावरणनिर्देशाऽवसरः, तदनन्तरमुद्दिष्टत्वादित्याह—**आवरणमधिकृत्याह**[3]

व्यापि प्रादेशिकोद्रिक्तसमादानविवर्जनम् ।

द्वयावरणमाख्यातम्[4]

द्वयावरणम्, बोधिसत्त्वगोत्रकाणां श्रावकादिगोत्रकाणाञ्चावरणम् । आवरणीयार्थभेदेनावरणस्य भिन्नत्वं प्रदर्शयितुमयं श्लोक आरब्धः ।

तत्र व्यापि क्लेशज्ञेयावरणं बोधिसत्त्वगोत्रकाणा[5]मिति । व्याप्नोतीति व्यापि, सकलार्थावरणात् । सकलार्थो हि स्वार्थः परार्थश्च । अथवा द्विविधं क्लेशं ज्ञेयं चावरणं बोधिसत्त्वस्य व्याप्नोतीत्युपचाराद् व्याप्युच्यते ।[6] क्लेश एवावरणमित्यावरणस्य क्लेशधर्मत्वेन सारूप्यादिहोपक्लेशोऽपि क्लेशशब्देन गृह्यते । अन्यथा

नवधा क्लेशलक्षणम् ।। (का० २.१)

१. Ms. कं साकल्यात्. Obviously कं is superfluous here. Tib. translation would suggest सकलावरणात्. Y. reconstrncts सकलार्थावरणात्, N. साकल्यावरणात्.

२. The text within [ ] is reconstructed from Tib. Only important variations from the text of Y. are noted. Minor changes are not recorded.

३. Y. °द्दिष्टत्वादित्यत आवरणमधिकृत्याहेत्याह.

४. Y. व्यापिप्रादेशिकोद्रक्तं समं चादपरित्यजः । आवरणं द्वयस्योक्तम्. I cannot derive any meaning from चादपरित्यजः. Reading adopted after the Bhāṣya.

५. Y. तत्र व्यापि बोधिसत्त्वगोत्राणां क्लेशज्ञेयावरणम्.

६. Y. reads this sentence as. अथवा द्विविधस्य क्लेशज्ञेयावरणस्योपचारेण बोधिसत्त्वावरणं व्याप्नोतीति व्याप्युच्यते.

इत्यत्रेर्ष्यामात्सर्ये न गृह्येताम्, तयोरुपक्लेशत्वात्। ज्ञेय एवावरणमिति ज्ञेयावरणम्। तेन ज्ञेयप्रावृतत्वाज् ज्ञानस्य विषय एव नास्ति। ज्ञाने वा ज्ञेयावरणं, ज्ञेयस्य ज्ञानोत्पत्तिप्रतिबन्धकत्वादिति ज्ञेयावरणमित्यत्र मध्यमपदलोपो द्रष्टव्यः तैलपात्रमिव। तत्पुनरक्लिष्टमज्ञानम्। बोधिसत्त्वगोत्रकाणां स्वपरार्थसम्पत्प्रकर्ष-लाभाय बुद्धत्वप्राप्तये पुण्यज्ञानसम्भारं सर्वथा सर्वत्राऽनुतिष्ठतां तद् द्वयमपि प्रति-बन्धकभूतम्। इत्यतस्तदावरणं व्यवस्थाप्यते बोधिसत्त्वगोत्रकाणाम्। तत्र व्यापि सर्वविषयं सकलं सर्वथा व्याप्नोति। कथं सकलं व्याप्नोतीति ज्ञायत इति चेत्— **साकल्यादावरणं** व्यापीत्युच्यते इति हेतुनिर्देशात्। अथ वा व्यापिशब्दो निरवशेषार्थ इति प्रदर्शनाय साकल्यादिवचनम्।

प्रादेशिकं क्लेशावरणं श्रावकादिगोत्रकाणामिति स्वार्थमात्रावरणादुच्चाराद-व्यापित्वाच्च प्रादेशिकाख्या। किं श्रावकप्रत्येकबुद्धानामक्लिष्टमज्ञानं नास्ति यस्मात् तेषां क्लेशावरणमेव व्यवस्थाप्यत इति? भवतु, न तु तदावरणं तेषाम्, तस्मिन् विद्यमाने श्रावकप्रत्येकबुद्धबोधिप्राप्तेः। नन्वज्ञानं दुःखादिसत्यविषये ज्ञानोत्पत्ति-प्रतिबन्धकत्वमेव श्रावकादीनाम्। ततस्तेषामपि द्वयावरणं भवेत्। तस्मान्न वक्तव्यं क्लेशावरणं श्रावकादिगोत्रकाणामिति। नैतदेवम्, अज्ञानं हि क्लिष्टं ज्ञानप्रतिपक्षभूतं संसारमूलं च क्लेशावरणमेवेति व्यवस्थाप्यते, न तु ज्ञेयावरणं, संशय इव। यथा विमतिर्हि दुःखादिसत्यविषये विचिकित्सा क्लेशश्चोच्यते न तु विषयान्तरे। विषया-न्तरे हि संशय एव, न क्लेशो न विचिकित्सा। एवं दुःखसत्यादिविषये एवाऽज्ञानमविद्या क्लेशश्चोच्यते, न तु विषयान्तरे। विषयान्तरे त्वज्ञानमेव, न चाऽविद्या नैव क्लेशः। तस्मात् तस्य ज्ञेयज्ञानमात्रप्रवृत्तावावरणत्वात्तज्ज्ञेयावरणमुच्यते न हि क्लेशकर्मजन्म-नामपि, तानि चोत्पद्यन्त एवाविद्याया इव।[७] यद्येवं बोधिसत्त्वानामावरणं न व्य-वस्थाप्यते। नैतदेवम्, बोधिसत्त्वानां हि श्रुतसम्भारप्रभावितत्वात् तेषामावरणं ज्ञेयावरणम्। तदुक्तम्

आर्योऽप्यग्र्यः पञ्च विद्यापदानि
नारभ्य स्यात् कदापि सर्वज्ञः।
ततोऽन्येषां निग्रहाऽनुग्रहार्थं
स्वज्ञानार्थं वाऽरभेत्तत्र यत्नम्॥

इति।

उद्रक्तं तु मृद्वपि रागादिवस्तु **तेषामेव** बोधिसत्त्वगोत्रकाणां श्रावकादिगोत्र-काणाञ्चाऽधिमात्रमभीक्ष्णं च प्रवर्तितं **रागादिचरितानामावरण**मिति। येषां

७. Y. न हि क्लेशकर्मजन्मान्यप्युत्पद्यन्तेऽविद्याया इव, but the idea here is quite different. अज्ञान in the case of श्रावक is only ज्ञेयावरण. It is not the आवरण of क्लेशकर्मजन्म. They continue to arise, as is the case in अविद्या, in respect of श्रावक. Y's reconstruction is therefore not only ambiguous but also misleading.

मृदावपि विषये रागादीनामन्यतमत् अधिमात्रमभीक्ष्णं च प्रवर्तते ते रागादिचरिताः।

समं पुनस्तेषामेव बोधिसत्त्वगोत्रकाणां श्रावकादिगोत्रकाणाञ्चावरणम्। समं हि प्रकारद्वित्वाभावात्[८]। **समभागचरितानामावरणमिति** येषां विषयसादृश्ये (सामीप्ये ?) क्लेश उत्पद्यते न त्वभीक्ष्णं ते समभागचरिताः।

संसारादानत्यागावरणमित्यादि। बोधिसत्त्वो हि कारुण्याधिपत्यात् संसारमुपादत्ते, प्रज्ञाधिपत्याच्च संसारदोषं यथाभूतं दृष्ट्वा त्यजति। ततः क्लेशाभावेऽपि सत्त्वालोचनाज् जन्मपरिग्रहोऽ **प्रतिष्ठितं निर्वाणम्,** संसारनिर्वाणयोर्द्वयोरप्रतिष्ठितत्वात्। तदावरणन्तु क्लेशाभिभूतेन यथा संसारमुपादाय यथाभूतदोषादर्शनाच्चाऽकृपया परित्यजनम्। अज्ञानमिहावरणमुच्यते कृपाप्रज्ञयोः प्रतिबन्धकत्वादित्यन्ये। अथवा यथोक्तं **महारत्नकूटे**—स आशयेन निर्वाणे तिष्ठति, संसारे च प्रयोगेण तिष्ठतीति।[९] एतद्धि बोधिसत्त्वानामप्रतिष्ठितं निर्वाणम्। तत्र निर्वाणपृष्ठीभावादाशयप्रयोगाभ्यां संसारमुपादत्ते, अगोत्रस्थसत्त्व इव। तथा च संसारपृष्ठीभावान्निर्वाणगताभ्यामाशयप्रयोगाभ्यां संसारं त्यजति, श्रावकादिगोत्रका इव। एवं संसारादानं तत्परित्यजनं च बोधिसत्त्वगोत्रकाणामप्रतिष्ठितनिर्वाणावरणम्, संसारनिर्वाणयोरेकान्तपतितत्वात्। बोधिसत्त्वास्तु तथागतत्वप्राप्तिकाले क्लेशज्ञेयावरणप्रहाणात् संसारे न तिष्ठन्ति निरुपाधिशेषे निर्वाणे च, धर्मकायप्रबन्धान्न तिष्ठन्ति निर्वाणे श्रावकादिवत्। ततः संसारनिर्वाणयोरुभयत्रापि न प्रतिष्ठन्तीति।

अत्र बोधिसत्त्वस्य श्रावकादीनाञ्च मार्गे, तेषां प्रयोगे, फले, अप्रतिष्ठितनिर्वाणे च प्रतिबन्धकत्वादेतानि पञ्चविधान्यावरणान्याख्यातानि। **इत्येतद् यथायोग**मिति यथासम्भवम्। तत्र प्रथममन्त्यं च बोधिसत्त्वगोत्रकाणामावरणम्। प्रथमादवरं श्रावकादिगोत्रकाणामावरणम्। इतरद् द्वयं पुनरु**भयेषामावरणमाख्यातम्**। तत्र च ज्ञेयावरणं बोधिसत्त्वानामावरणमुक्तम्। तच्चाऽक्लिष्टमज्ञानमिति।]

[२. नवसंयोजनावरणानि]

पुनर्

नवधा क्लेशलक्षणम् ॥१॥

संयोजनान्यावरणम्

नव संयोजनानि क्लेशावरणम्। कस्यैतान्यावरणम्[१] ?

उद्वेगसमुपेक्षयोः।

तत्त्वदृष्टेश्च

अनुनयसंयोजनं संवेगस्यावरणम्। प्रतिघ[२]**संयोजनमुपेक्षायाः, तेन हि प्रति-**

८. Y. समानं ह्युभयप्रकारस्याप्यभावात्.

९. Y. तस्याशयश् निर्वाणे च तिष्ठति संसारे च प्रयोगेन तिष्ठतीति.

१. Ms. कस्यैतावरणम्, N. कस्यैतस्यावरणम्.

२. Ms. प्रतिसघ.

कूलमपि प्रतिघवस्तु उपेक्षितुं न शक्नोति । शेषाणि तत्त्वदर्शनस्यावरणम् । कथं कृत्वा ? तानि हि यथाक्रमम्

सत्कायदृष्टेस्तद्वस्तुनोऽपि च ॥२॥

निरोधमार्गरत्नेषु लाभसत्कार एव च ।

सङ्क्लेशस्य[3] परिज्ञाने

संयोजनान्यावरणं भवन्ति । मान[4]संयोजनं हि सत्कायदृष्टिपरिज्ञाने भवत्यावरणम्, अभिसमयकाले सान्तरव्यन्तराऽस्मिमानसमुदाचारवशेन तदप्रहाणात् । अविद्यासंयोजनं सत्कायदृष्टिवस्तुपरिज्ञाने, तेनोपादानस्कन्धाऽपरिज्ञानात् । दृष्टिसंयोजनं निरोधसत्यपरिज्ञाने, सत्कायाऽन्तग्राहदृष्टिभ्यान्तदुत्[5]त्रासात्, मिथ्यादृष्ट्या चापवादात् । परामर्शसंयोजनं मार्गसत्यपरिज्ञाने, अन्यथाऽग्रशुद्धिपरामर्शनात्[6] । विचिकित्सासंयोजनं रत्नत्रयपरिज्ञाने, तद्गुणाऽनभिश्रद्धानात् । ईर्ष्यासंयोजनं लाभस[७ अ]त्कारपरिज्ञाने, तद्दोषाऽदर्शनात् । मात्सर्यसंयोजनं संलेखपरिज्ञाने, परिष्काराऽध्यवसानात् ।

[7][द्वयावरणं क्लेशावरणं कतिविधं किंस्वरूपं कस्य च प्रतिबन्धक[8]मिति न ज्ञायत इत्यत आह

नवधा क्लेशलक्षणम् ॥

इति । आवरणमिति सम्बध्यते । क्लेशलक्षणं क्लेशस्वरूपम् । कथमेतन्नवधेत्याह

संयोजनान्यावरणम्

इति । नानादुःखेन संयोजनात् संयोजनानि । नानादुःखं पुनः कामरूपारूप्येषु पर्यापन्नशरीराणां दुःखदुःखता, विपरिणामदुःखता, संस्कारदुःखता च । तैर्योजनात् त्रैधातुकानीति सम्बन्धः । तानि चाऽनुनयसंयोजनं यावत् मात्सर्यसंयोजनम् । तत्र द्वेषः प्रतिघः । ईर्ष्या परोत्कर्षासहिष्णुता । मात्सर्यञ्चाऽग्रहणमुपकारस्य[9] । एतत् त्रयं कामपर्यापन्नम् । अनुनयसंयोजनं त्रैधातुकरागः । एवं मानाऽविद्यादृष्टिपरामर्शविचिकित्सासंयोजनान्यपि त्रैधातुकानि । सत्कायान्तग्राहदृष्टिमिथ्यादृष्टयश्च दृष्टिसंयोजनम् । दृष्टिः शीलव्रतपरामर्शश्च परामर्शसंयोजनम् । विचिकित्सा सत्यरत्नत्रयेषु संशयः । येऽप्यन्ये क्रोधाद्युपक्लेशास्तेऽपि क्लेशावरणमेव, क्लेशनिष्यन्दात्, क्लिष्टत्वाच्च । ते चेर्ष्यामात्सर्यसंयोजनयोर्गृह्यन्ते, प्राधान्यात् । **सूत्रे** चैतदुक्तम्—कौशिक, देवमनुष्याणामीर्ष्यामात्सर्यसंयोजनमिति ।

३. The following Bhāṣya text suggests संलेखस्य.

४. Ms. माना°

५. Ms. दृष्टिदुत्रासात्.

६, N. परामर्षणात्.

७. Text within [ ] reconstructed from Tib. Only important variations from that of Y. are noted.

८. प्रतिविबन्धो न ज्ञायत.

९. Y. मात्सर्यं त्वाग्रह उपकरणस्य.

कस्यैतान्यावरण[१०]मित्याह

उद्वेगसमुपेक्षयोः ।

तत्त्वदृष्टेश्च

इति । उद्वेगो ह्यु द्विग्नचित्तपर्यायः । तदुक्तम्—**अनुनयसंयोजनं संवेगस्यावरणमिति ।** तेन शरीरजीवितभोगपुत्रकलत्रादौ ध्यानारूप्येषु चाऽनुनयात् संसारदुःखैःपीडयमानो नोद्विजते त्रैधातुकात् । **प्रतिघसंयोजनमुपेक्षाया** आवरणं कथमित्याह—**तेन हि प्रतिकूलमपी**त्यादि विस्तरः । **प्रतिघवस्तु** प्रतिघकारण**मुपेक्षितुं** अनभिसंस्कर्तुं **न शक्नोति ।** अनुनयवस्तु हि प्रतिकूलाभावान्नोपेक्षितु शक्नोति युक्तितः । प्रतिघवस्तु प्रतिकूलमपि प्रतिघमुपेक्षितु न शक्यत इत्यनुनयाद्दु ष्टतरत्वं प्रदर्शयन्नाह—**अपी**ति । समाधीयमानो यदि संस्कारोपेक्षां प्रतिलभते ततस्तस्य चित्तं समं वर्तते । यदि तस्मिन् प्रतिघसंयोजनमधिकं भवति ततस्तदाधिपत्यात्स उपेक्षां न प्रतिलभते । तस्मिन्नुत्पद्यमाने नियतमात्मालम्बनमालम्बेत । एवमनुनयसंयोजनेनाविविक्तं समाधिं न लभते प्रतिघसंयोजनेन तु विविक्तमपि ।

सप्त पुनः **शेषाणि तत्त्वदर्शनस्यावरण**मित्यभ्रान्तदर्शनस्यावरणम् । **कथं कृत्वे**ति प्रश्न आह—**तानि हि यथाक्रमम्**

सत्कायदृष्टेस्तद्वस्तुनोऽपि च ॥

इति विस्तरः । **मानसंयोजनं हि सत्कायदृष्टिपरिज्ञाने भवत्यावरणम् ।** तत्र सत्कायदृष्टिमाश्रित्योन्नतचित्तता मानः । स च नवविधः, मानाऽति]मानादिभेदेन । आत्मात्मीयग्राह्यग्राहकत्वविवेकेन बालजनपरिकल्पितधर्मस्वभावविवेकेन च यत् सत्कायदृष्टिर्दर्शनं तत् सत्कायदृष्टिपरिज्ञानम् । तस्य मानसंयोजनं भवत्यावरणम्, तदुत्पत्तिविबन्धात्[११] । कुत्र कथमित्याह—**अभिसमयकाले सान्तरव्यन्तराऽस्मि**[१२]**मानसमुदाचारवशेन तदप्रहाणादिति ।** सत्याभिसमयकाले निर्वेधभागीयावस्थायाम् । तत्र सान्तरः प्रतिपक्षव्यवहितः, व्यन्तरः प्रतिपक्षाऽव्यवहितः । स चाधिमात्रे मृदौ च प्रतिपक्षे वेदितव्यः । यावत् सान्तरेण व्यन्तरेण चास्मिमानेन समुदाचरति[१३] न तावत् सत्कायदृष्टेः प्रहाणमस्ति । सत्कायदृष्टिबलेनैवास्मिमानप्रवृत्तितः ।

अविद्यासंयोजनं सत्कायदृष्टिवस्तुपरिज्ञाने, आवरणमिति सम्बध्यते । सत्कायदृष्टेर्वस्तु पञ्चोपादानस्कन्धाः, तदालम्बनतः । यथोक्तं **सूत्रे**—*ये केचिच्छ्रमणा ब्राह्मणा* वा आत्मा आत्मेति समनुपश्यन्तः समनुपश्यन्ति, अभिनिविशमाना अभिनिविशन्ते, त इमानेव पञ्चोपादानस्कन्धानुपादायेति । किम्पुनस्तत्परिज्ञानम् ?

१०. Y. तानि च कतमस्मिन् कतमदावरणमित्याह. Reading here after the Bhāṣyā.

११. Y. विबन्धनात्.

१२. Y's reconstruction : अभिसमयकाले सान्तरेण व्यन्तरेण चाऽस्मि°. Readlng here after the Bhāṣya.

१३. Y. चास्मिमानः समुदाचरते.

आत्मन्यात्म[१४]शून्यतायाः स्कन्धेषु बालजनपरिकल्पितधर्मस्वभावशून्यतायाश्च यद् दर्शनमनित्यतो दुःखतः शून्यतोऽनात्मतः समुदयादितो वा यद् दर्शनं तत् तेषां परिज्ञानम्। अत्रैव कारणमाह—**तेनोपादानस्कन्धाऽपरिज्ञानादिति**। अविद्यया हि नित्यादिप्रकारावृतेषु स्कन्धेषु तत्परिज्ञानाऽभावादविद्या स्कन्धपरिज्ञानावरणम्।

दृष्टिसंयोजनं निरोधसत्यपरिज्ञाने आवरणमिति वर्तते। दृष्टिसंयोजनं हि तिस्रो दृष्टयः सत्कायान्तग्राहमिथ्यादृष्टयः। तत्र सत्कायदृष्टिः पञ्चसूपादानस्कन्धेष्वात्मत आत्मीयतो वेति[१५]दर्शनम्। अन्तग्राहदृष्टिर्हि तस्मिंन्नेवात्माभिकल्पितभावे शाश्वतदर्शनमुच्छेददर्शनं वा। येन दर्शनेन हेतुं वा फलं वा क्रियां वा सद् वा वस्तु अपवदते मिथ्या वा परिकल्पयति तन्मिथ्यादृष्टिः। निरोधसत्यपरिज्ञानं शान्तादिभिराकारैः। कथम्पुनस्तत् तस्यावरणमित्यत आह—**सत्कायान्तग्राहदृष्टिभ्यान्तदुत्त्रासात्, मिथ्यादृष्ट्या चाऽप[१६]वादादिति**। तत्र सत्कायान्तग्राहदृष्टिभ्यामहं तत्र न भविष्यामीति निरोधादुत्त्रस्यति, मिथ्यादृष्ट्या चाऽपवदते नास्त्येव निरोध इति। तत्र सत्कायान्तग्राहदृष्टिभ्यां शान्ततः प्रणीततो निस्सरणतश्च न परिजानाति, मिथ्यादृष्ट्या निरोधतो न परिजानाति। एवं दृष्टिसंयोजनं निरोधपरिज्ञान आवरणम्।

परामर्शसंयोजनं मार्गसत्यपरिज्ञाने।[१७] तत्र परामर्शसंयोजनं दृष्टिपरामर्शः, शीलव्रतपरामर्शश्च। तत्र दृष्टिपरामर्शो दृष्टौ दृष्टयाश्रयेषु च पञ्चसूपादानस्कन्धेषु यदुत्कर्षादितो दर्शनम्। शीलव्रतपरामर्शः शीलं व्रतं तदुभयं तदाश्रयान्[१८] वा पञ्चोपादानस्कन्धान् शुद्धितो मुक्तितो नैर्याणिकतो वा समनुपश्यतो यद् दर्शनं तच्छीलव्रतपरामर्शः। मार्गस्य परिज्ञानम्पुनर्नैर्याणिकादिभिराकारैः। कथम्पुनः परामर्शसंयोजनं मार्गपरिज्ञान आवरणमित्यत आह—**अन्यथा ऽप्रशुद्धिपरामर्शनादिति**।[१९] शीलव्रतमात्रकेण वा कामसुखालयेन वा दुष्करचर्यया वा **सांख्या**दिज्ञानेन वा शुद्धिपरामर्शनात्। दृष्टिपरामर्शेन तु येनैव शुद्धिं प्रत्येति तदेवाऽग्रतः परामृशति। एवम्परामर्शसंयोजनेन मार्गं त्यजति[२०], अन्यथा[२१] च शुद्धिम्परामृशतीति।

विचिकित्सासंयोजनं रत्नत्रयपरिज्ञाने आवरणमिति वर्तते। कथमित्यतो ब्रवीति—**तद्गुणाऽनभिश्रद्धानादिति**। विचिकित्सासंयोजनं सत्यरत्नेषु विमतिः। प्रकर्षेणाऽपनीतसर्वगुणदोषस्य[२२] पर्यन्ताश्रयत्वेन बुद्धरत्ने परिज्ञानम्। संसारसागरो-

१४. Y. आत्मात्म°.

१५. Y. आत्मत आत्मीयत वेति. Ms. आत्मीयते°.

१६. Y. च तदपवादात्.

१७. Y. [आवरणमिति] on the basis of Tib.

१८. Y. तदाश्रयं.

१९. Y's reconstruction : अन्येनाकारेण शुद्धिपरामर्शनादिति. Reading here after the Bhāṣya.

२०. Y. वर्जति.

२१. Y. अन्येन त्वाकारेण for अन्यथा.

२२. Y. सर्वगुणदोषस्य प्रकृष्टाऽपनीतस्य पर्यन्ताश्रयत्वेन.

त्तारकत्वेन[२३] सर्वसहेतुकदुःखाऽत्यन्तवियोगात्मकत्वेन तत्प्रतिपादकत्वेन च धर्मरत्ने परिज्ञानम् । श्रामण्यफलस्थत्वेनाऽ[२४]नुत्तरदक्षिणीयक्षेत्रत्वेन च सङ्घरत्ने परिज्ञानम् । *सत्यदर्शनात् प्रहीणविचिकित्सश्चा[२५]ऽवेत्य प्रसादलाभेन रत्नत्रयगुणेऽभिश्रद्धत्ते*, नाऽप्रहीणविचिकित्स इति । अतो विचिकित्सासंयोजनं रत्नत्रयपरिज्ञान आवरण-मुक्तम्[२६] ।

ईर्ष्यासंयोजनं लाभसत्कारपरिज्ञान आवरणम् । अत्रैव कारणमाह—**तद्दोषाऽदर्शनादिति** । *ईर्ष्यासंयोजनं हि लाभसत्काररक्तोऽन्यसम्पत्प्रतिघांशिकश्चेतसो* व्यारोपः । सर्वानर्थाश्रयत्वाऽवबोधो लाभसत्कारपरिज्ञानम् । ईर्ष्यया तु लाभसत्कारं सर्वगुणविपक्षभूतत्वेन विविधाऽनर्थमूलत्वेन च न परिजानातीत्यतो लाभसत्कारपरि-ज्ञान *आवरणमीर्ष्यासंयोजनम्* ।

मात्सर्यसंयोजनं संलेखपरिज्ञान *आवरणमिति* । कथमित्यत आह—**परिष्का-राऽध्यवसानादिति** । मात्सर्यं परिष्कारेष्वध्यवसितो रागांशिकश्चेतस उपकरणेष्वा-ग्रहः । संलेखः परिष्कारैर्विवेकः । *तस्य सर्वगुणाश्रयवस्तुत्वेनाऽवबोधः परिज्ञानम्* । *न तु मात्सर्येण परिष्काराऽध्यवसानात् सर्वगुणाश्रयत्वेन* परिजानातीत्यतः संलेख-परिज्ञाने मात्सर्यावरणत्वमुक्तम् ।

तत्राऽनुनयप्रतिघसंयोजने तत्त्वाधिगमप्रयोगावरणे ।[२७] शेषाणि तु प्रयुक्तस्य *तत्त्वदर्शनस्यावरणानि[२८], तस्मादेव तेषामनुक्रमः । तद्यथाऽ*वश्यं प्रथममेव मुमुक्षूणां संसाराच्चित्तमुद्वेजयितव्यम् । ततः सर्वतउपेक्षेण भवितव्यम् । ततः सर्वाऽनर्थमूल-त्वात् सत्कायदृष्टिः परिज्ञेया । तदनन्तरं दुःखसमुदयात्मकत्वेन *तद्वस्तु परिज्ञेयम् । ततस्तन्निरोधो विज्ञेयः । तदनन्तरं लाभमार्गो विज्ञेयः । ततः सत्यदर्शनाद्* रत्नत्रये तद्गुणाऽवबोधादवेत्य प्रसादलाभः । सत्यदर्शनबलेनैव च लाभसत्कारसंलेखयोर्दोष-गुणदर्शी भवतीत्येवमावरणीयधर्मक्रमहेतुना *तदावरणक्रमो* **वेदितव्यः** । **ननु सर्व-*स्यापि*[२९] *सर्वत्रावरणत्वेन सम्भवाद्*** वस्तुप्रतिनियमेनावरणनिर्देशो न युक्तः । **नैवाऽत्र वस्तुप्रतिनियमः क्रियते**, किन्तर्हि प्रत्यासत्तितः प्राधान्येनैष निर्देशः ।

[३. बोधिसत्त्वावरणम्]

[अ. दशशुभादिष्वावरणम्]

शुभादौ दशधाऽपरम्[१] ॥३॥

२३. Y. सागरोत्तरकत्वेन. Perhaps misprint !

२४. Y. adds [तत्प्रतिपन्नत्वेन] on the basis of Tib.

२५. Y. प्रहीणविचिकित्सायाश्चावेत्य°.

२६. Y. आवरणं वचनम् which is not a proper form.

२७. Y. adds on the basis of Tib. [न तु शेषाणि].

२८. Y. तत्त्वाधिगमायावरणानि. Reading here after the Bhāṣya.

२९. Y. सर्वमपि.

१. Ms. दशधात्तऽपरम्.

अपरं पुनरा[२]वरणं दशविधे शुभादौ वेदितव्यम्। किन्तदावरणम्, के च शुभादयः?

अप्रयोगोऽनायतने ऽयोगविहितश्च यः।
नोत्पत्तिरमनस्कारः सम्भारस्याऽप्रपूर्णता ॥४॥
गोत्रमित्रस्य वैधुर्यं चित्तस्य परिखेदिता।
प्रतिपत्तेश्च वैधुर्यं कुदुष्टजनवासता ॥५॥
दौष्ठुल्यमवशिष्टत्वं त्रयात् प्रज्ञाऽविपक्वता।
प्रकृत्या चैव दौष्ठुल्यं कौसीद्यञ्च प्रमादिता ॥६॥
सक्तिर्भवे च भोगे च लीनचित्तत्वमेव च।
अश्रद्धाऽनधिमुक्तिश्च यथारुतविचारणा ॥७॥
सद्धर्मेऽगौरवं लाभे गुरुताऽकृपता तथा।
श्रुतव्यसनमल्पत्वं समाध्यपरिकर्मिता ॥८॥

एतदावरणम्। के शुभादयः?

शुभं बोधिः समादानं धीमत्वाऽभ्रान्त्यनावृती।
नत्य[३]त्रासोऽमत्सरित्वं वशित्वञ्च शुभादयः ॥९॥

एषां शुभादीनां कस्य कत्यावरणानि ज्ञेयानीत्याह

त्रीणि त्रीणि च एतेषां ज्ञेयान्यावरणानि हि।

कुशलस्य त्रीण्यावरणानि—अप्रयोगो[४]ऽनायतनप्रयोगोऽयोनिशः प्रयोगश्च। बोधेस्त्रीणि—कुशलस्याऽनुत्पत्तिर[७ब]मनसिकरणमपरिपूर्णसम्भारता च। समादानं बोधिचित्तोत्पादः। तस्य त्रीणि—गोत्रवैधुर्यं कल्याणमित्रवैधुर्यं परिखेदचित्तता च। धीमत्त्वं बोधिसत्त्वता। तस्याः प्रज्ञाने त्रीण्यावरणानि—प्रतिपत्ति[५]वैधुर्यं कुजनवासः दुष्टजनवासश्च। तत्र कुजनो मूर्खजनः, दुष्टजनः प्रतिहतः। अभ्रान्तेस्त्रीणि—विपर्यासदौष्ठुल्यम्, क्लेशाद्यावरणत्रयादन्यतमाऽवशिष्टता, विमुक्तिपरिपाचिन्याः प्रज्ञाया अपरिपक्वता च। आवरणप्रहाणमनावरणम्। तस्य त्रीणि—सहजं दौष्ठुल्यं कौसीद्यं प्रमादश्च। परिणतेस्त्रीणि यैरन्यत्र चित्तं परि[६]णामयति, नाऽनुत्तरस्यां सम्यक्सम्बोधौ—भवसक्तिर्भोगसक्तिर्लीनचित्तता च। अत्रासस्य त्रीणि—असम्भावना पुद्गले, अन[७]धिमुक्तिर्धर्मे, यथारुतविचारणाऽर्थे। अमात्सर्यस्य त्रीणि—सद्धर्मेऽगौरवम्, लाभसत्कारपूजायां गौरवम्, सत्त्वेष्वकारुण्यञ्च। वशित्वस्य त्रीणि यैर्विभुत्वं न लभते—श्रुतव्यसनं धर्मव्यसन[८]सम्वर्तनीयकर्मप्रभवनात्, अल्पश्रुतत्वम्, समाधेरपरिकर्मितत्वञ्च।

२. Ms. पुनवरणम्.

३. Ms. नत्युत्त्रासो.

४. Ms. drops गो.

५. Ms. प्रतिषपत्ति.

६. Ms. परिणमयति.

७. Ms. धिमुक्तिर्.

८. Ms. °व्यसम्व°.

किमेतदेवावरणम् ? एतत्तु सामान्यं *बोधिसत्त्वश्रावकादीनाम्* । बोधिसत्त्वानान्त्वावरणम्

शुभादौ दशधाऽपरम्[९] **॥**

आवरणम् । **के च शुभादय** इति न ज्ञायते । अत आह

अप्रयोगोऽनायतने ऽयोगविहितश्च यः ।

इत्येवमाद्यावरणम् । शुभादयः पुनः

शुभं बोधिः समादानम्

इत्यादि दशार्थाः । *तत्र शुभं हि बोधिहेतुभूतं सर्वकुशलमूलम्, बोधिस्तु तत्फलम्* । *तत्र* शुभं सामान्यत उद्दिष्टं प्रभेदतः स्वभावतश्च न विज्ञायत इत्यतस्तत्प्रतिपादनार्थमारभ्यते

समादानं धीमत्ता[१०]**ऽभ्रान्त्यनावृती**[११] **।**

नत्यत्रासो ऽमत्सरित्वं वशित्वं[१२] **च**

इत्येतच्छुभमिति । *बोधिरपि वचनमात्रेण स्वभावतो न विज्ञायत इत्यस्या विभुत्वं*[१३] *दर्शयति* ।

शुभस्य बोधेश्च समादानादीनामिव स्वातन्त्र्येणावरणनिर्देशात् स्वातन्त्र्यमेवाऽत्र विज्ञायते न तद्देशनिर्देशभाव इत्**येके**। उत्पत्त्यावरणं हि शुभे व्यवस्थाप्यते, तच्च बोधिचित्तादीनां *सामान्यम्, तस्याः शुभोत्पाद्यत्वात्* ।[१४] धृत्याद्यावरणन्तु *समादानाद्यावरणम्,* समादानादिषु वृत्त्याद्यर्थभेदात् बोधिरप्यकोप्या प्राप्तव्या चेत्यतस्तस्याः स्थित्यावरणं प्राप्त्यावरणं च व्यवस्थाप्यते । तस्मान्नास्त्यत्र स्वातन्त्र्यप्रसङ्ग इति ।

क्रमश्च तेषां समासतः[१५]—*कुशलमूलं निरवशेषं निष्पाद्य बोधिः प्राप्तव्या* । व्यासतः पुनः प्रथमत एव बोधिचित्तमुत्पादयितव्यम्, स्वपरार्थसम्पदाधारभूतत्वात् । ततश्चित्तोत्पादनाऽनुरूपा दानादिषु प्रतिपत्तिः, यया बोधिसत्त्व *इत्या*[१६]*ख्यां लभते । ततोऽसंख्येयकल्पेनाभ्यस्यतः* पुण्यज्ञानसम्भारसञ्चयादाशय*विशोधनार्थं* पुद्गलधर्मभ्रान्तिप्रतिपक्षेणाऽभ्रान्त्यात्मको दर्शनमार्ग उत्पादयितव्यः । ततश्चावरणविगमप्रभावितो भावनामार्गः प्रकर्षं नेतव्यो विशुद्धिविशेषयोगा*र्थम्*[१७] ।

९. Y's reconstruction : अन्याद् दशशुभादिषु.

१०. Bhāṣya धीमत्त्वा°

११. Y. °न्त्यनावृत्तौ which is wrong.

१२. Ṭīkā as given in Y. °त्सरित्वं च but वशित्व is explained subsequently. Thus following the Bhāṣya we should have वशित्वं च here.

१३. Y. इत्यत एतद् विभुत्वमिति दर्शयति.

१४. Y. तच्छुभस्योत्पादनीयत्वात्.

१५. Y. संक्षेपतः but in contrast to व्यासतः in the following sentence it should be समासतः.

१६. Y. इति लभते.

१७. Y. योगार्थः.

ततः श्रावकाद्यतिक्रमणप्रयोगेण यथोपचितानि सर्वाण्येतानि लौकिकलोकोत्तराणि कुशलमूलानि बोधौ परिणामयितव्यानि । ततश्च तामवस्थामागतो महाबोध्याशयत्वाद् बुद्धबोधिसत्त्वानां गम्भीरोदारेषु निर्देशेषु न त्रस्यति[१८]। ततो बहुश्रुत*प्रतिपत्तियुक्त उदारं धर्मं निर्दिशति सत्त्वपरिपाचनार्थम् । ततः परिपक्वविनेयेषु* तद्विमोचनार्थं वशित्वं बुद्धत्वमवाप्नोतीति ।

अत्र हि त्रिंशदावरणान्युक्तानि, [१९]आवरणीयार्थाः शुभादयो दश चेत्यतः पृच्छति—**एषां तु**[२०] **शुभादीनां कस्य कत्यावरणानि विज्ञेया**[२१]**नीति ।** *अत आह—*

त्रीणि त्रीणि च एतेषां ज्ञेयान्यावरणानि हि[२२] ।

इति । **कुशलस्य**[२३] **त्रीण्यावरणानीति । अप्रयोगो**ऽनारम्भः । किमत्रावरणम् ? येन क्लेशेन न प्रयुज्यते प्रमादेन कौसीद्येन वा, यस्मिन्नवस्थाविशेषे क्लेशबीजानुगतेऽव्याकृते क्लिष्टे वा न प्रयुज्यते । न *प्रयुज्यते नित्यं गौरवाद् वा, अल्पत्वाद् वेत्यप्रयोग उच्यते न तु प्रयोगाभावात्, तस्मिन्नावरणाऽनुपपत्तेः ।* **अनायतनप्रयोगो** बोधेर्बोध्यावाहकानाञ्च कुशलमूलानां यत् प्रवचनमुत्पत्तिद्वारं तदायतनम्, तस्मादन्यदनायतनम् । तस्मिन् प्रयोगोऽनायतने प्रयोग *एतस्माद् बाह्येष्वर्थेषु । तत्र किमावरणम् ? येनाऽज्ञानेन दृष्टिक्लेशेन वाऽनायतने* प्रयुज्यते स एव च प्रयोग आवरणम् । **अयोनिशः प्रयोग** इति । योनिरुपायः । यस्य य उपायस्तस्मादन्यथा प्रयोगोऽयोनिशः प्रयोगः । इहैव शासने *पठ्यते यदुत रागचरणभावना हि न रागप्रहाणोपायः, प्रतिघचरणस्याऽशुभभावनेति* । अत्राप्ययोनिशो मनस्कारस्तन्निमित्तो वा प्रयोग आवरणम् ।

बोधेस्त्रीणि । यथार्थमवबोधो बोधिः । **कुशलस्याऽनुत्पत्तिरिति** पूर्वोक्तमेव । *कथमनुत्पत्तिरावरणम् ? कुशलेऽसति बोधिर्न भवेत्, ततः कुशलस्याऽनुत्पत्ति*र्बोधेरावरणम् । यो वा क्लेशो ऽवस्थाविशेषो वा कुशलोत्पत्तेरावरणं स एव बोधेरपि । यो हि यत्सम्भारस्यावरणं नियतमसौ तत्फलस्यापीति । *उत्पन्नस्याप्यमनसिकरणम्, अभावनाऽनपेक्षे*[२४]*त्यर्थः ।* येन कौसीद्यादिक्लेशेन यस्मिन्नवस्थाविशेष उत्पन्नमपि कुशलं पौनःपुन्येन[२५] न मनसि करोति तदत्रावरणम् । **अपरिपूर्णसम्भारता** चेति । यावता सम्भारेण बोधिः प्राप्यते *तावान् पुण्य-*

१८. Ms. नान्तस्येति but Tib. skrag-par mi-ḥgyur—ro.
१९. Ms. broken. Y. आवरणीयशुभादिदशार्थश्चेति.
२०. Bhāṣya omits तु.
२१. Bhāṣya ज्ञेयानीति.
२२. Y's reconstruction : त्रीणि त्रीणि विज्ञेयान्येषामावरणानि हि.
२३. Y. reconstructs तत्र त्रीण्यावरणानि. Reading here after the Bhāṣya.
२४. Y. अनुपेक्षेत्यर्थः.
२५. Ms. यानुनः प्रन्येन, Y. पौनपुन्येन.

ज्ञानसम्भारोऽपूर्णः पूर्ववदवस्थाक्लेशोऽल्पसम्भारो वा । **अन्यः** पुनराह—अविशेषवचनेऽपि निर्वेधभागीयानामे[२६]वात्राऽनुत्पत्तिरभिप्रेता नान्येषाम् । उत्पन्नानामपि तेषामेवाऽमनसिकरणं मनसिकुर्वतोऽप्यसम्भृतसम्भार *आवरणमुच्यत इति ।*

समादानं बोधिचित्तोत्पाद *इति ।* निरवशेषाः पुण्यज्ञानसम्भारास्तत्फलञ्च बुद्धत्वं सर्वसत्त्वाश्च निरुत्तरे निरुपधिशेषे निर्वाणधातौ प्रतिष्ठापयितव्येनाऽनेन [समादेयं प्रतिग्राह्यञ्च[२७]] इति समादानं बोधिचित्तोत्पादः । स पुनः स्वपरहितक्रियाशयश्चेतनाच्छन्दसहितः[२८] *। तस्यावरणेषु त्रिषु* **गोत्रवैधुर्यम्** । *अगोत्रकः* श्रावकादिगोत्रको वा । **कल्याणमित्रवैधुर्यम्** । सत्यपि गोत्रे ये तं बोधिचित्तोत्पादे समादापयन्ति तैरसमवधानम्, यान् वागम्य बोधिर्व्यावर्तते, कुशलैर्वा धर्मैर्न वर्धते । सत्यपि कल्याणमित्रसमव*धाने*[२९] *संसारदुःखेन*[३०] **परिखेदचित्तता**[३१] *विप्रतिपन्नसत्त्वानामुद्वेगचित्तस्याशु* परिनिर्वाणाभिप्रायः । किमत्रावरणम् ? हेतुवैकल्यं प्रत्ययवैकल्यं सत्त्वेषु चाऽकारुण्यं कौसीद्यं वा । अकारुणिको हि सत्त्वार्थेन खिद्यते कुसीदो वा ।

धीमत्त्वं बोधिसत्त्वते*ति*[३२] *। स्वभावेन श्रावकादिगोत्रकेभ्यस्तीक्ष्णेन्द्रियत्वात्, सर्वथा सर्वज्ञेयो*पपरीक्षाधिकारित्वात्, गम्भीरोदारधर्माऽधिमुक्तेश्च बोधिसत्त्व एव धीमान्, नाऽन्यः । बोधिसत्त्वताऽविपर्यस्ता परार्थपरा प्रतिपत्तिः । **प्रतिपत्तेर्वैधुर्यं** *पारमितादिष्वप्रवृत्तिः*[३३] *। बोधिसत्त्वो हि प्रतिपत्तिवृत्तो ज्ञेयः ।* **कुजनो मूर्खजन**[३४] इति, अपरीक्षकजन इत्यर्थः । कुजनो हि प्रतिपत्तियुक्तमपि बोधिसत्त्वोपमितं न जानीते । **दुष्टजनः प्रतिहत** इति बोधिसत्त्वद्वेषिणः । ते हि रन्ध्राऽन्वयित्वा*द्*[३५] *बोधिसत्त्वस्य भूतान् गुणान् न पश्यन्ति*[३६] *। असद्दोषदर्शनात् प्रतिघरौद्रचित्ताद्* वा भूतान् गुणान् प्रच्छाद्याऽध्यारोप्याऽभूतान् दोषान् प्रकाशयन्ति । किमत्रावरणम् ? दानपारमितादिविपक्षो ऽज्ञानम्प्रद्वेषश्चेति ।

अभ्रान्तेस्त्रीणि । अध्यारोपापवादाद् भ्रान्तिः, तत्प्रतिपक्षस्तु *भ्रान्त्यभावो दर्शनमार्गः ।* **विपर्यासदौष्ठुल्यं** *ग्राह्यग्राहकाऽभिनिवेशवासना परिपुष्टिरिति* केचित् । सर्वेषां दर्शनहेयानामनुशयानां सर्वत्रगधर्मधातुबोधप्रतिबद्धस्य वाऽक्लिष्टस्याऽज्ञान-

२६. Y. adds आवरणम् after °भागीयानाम् on the basis of Tib.
२७. Tib. reading.
२८. Y. सहितातदावरणेषु.
२९. Y. समवहिते.
३०. Y. संसारदुःखभिः which is grammatically wrong.
३१. Y's. reconstruction : चित्तपरिखेदः.
३२. Y's. reconstruction : धीमत्तावोधिसत्त्वता.
३३. Y. पारमितादिषु न प्रवर्तते.
३४. Y's reconstruction हिमूढजन.
३५. Y. °न्वयित्वं.
३६. Y. पश्यति.

स्यालयविज्ञानसन्निविष्टबीजपरिपोष इत्यन्ये । *आत्माद्यभाव आत्मादिविकल्पो हि विपर्यास इत्यपरे ।* **क्लेशाद्यावरणत्रयादन्यतमाऽवशिष्टतेति**[३७] । तत्र क्लेशावरणं यस्तीव्रायतकालसमुदाचारिक्लेशो रागादिकस्तत्प्रतिपक्षप्रयोगाऽनवकाशादभ्रान्तेरावरणम् । कर्मावरणमानन्तर्यादिकर्म यदपायनियमनम् । *विपाकावरणमपायादयः, तत्रोत्पन्नस्यार्यधर्मोत्पत्तिभागो नास्ति । तेषां* क्लेशकर्मजन्मनामन्यतममप्यविशिष्टमावरणं न पुनः कृत्स्नम् । **विमुक्तिपरिपाचिन्याः प्रज्ञाया अपरिपक्वता**[३८] चेति । विमुक्त्यावाहिकायाः प्रज्ञाया *अकर्मण्यता । निर्वेधभागीयावस्थाया अप्राप्तत्वादिति केचित् । अन्येत्वाहुः* निर्विकल्पाऽत्र प्रज्ञा विमुक्तिपरिपाचिनी तत्प्रयोगिका च द्वितीया । तयोरपरिपक्वता तत्त्वाधि[३९]गमाऽयोग्यता, तदुपनिषद्भावाऽयोग्यता चाऽपरिपूर्णम्भारत्वा*द्यथाक्रममिति । किमत्रावरणम् ? दर्शनहेयक्लेशस्य पुष्टवासनाक्लेशावर*णादीनामन्यतमाऽवशिष्टता प्रज्ञापरिपाकविबन्धभूतमज्ञानं सम्भाराऽपरिपूर्णता च ।

आवरणप्रहाणमनावरणमिति । आवरणं प्रहीयते ऽनेनेत्यावरण*प्रहाणमावरणप्रतिपक्षादनावरणं भावनामार्गः ।* **तस्य त्रीणि । सहजं**[४०] **दौष्ठुल्यं** भावनाहेयक्लेशाऽनुशयः । सहजं वात्मदृष्ट्यादीनां धर्मधातुस्पर्शार्थादिप्रतिवेधविबन्धकस्याऽक्लिष्टस्याऽज्ञानस्यालयविज्ञानसन्निविष्टं *परिपुष्टबीजम् ।* **कौसीद्यं** *मोहांशिकादालस्याच्चित्ताऽनभ्युत्साहः ।*[४१] **प्रमादश्च** विषयव्यासङ्गः, कुशले चाऽनवधानम् । समाधेरास्वादनाऽ[४२]त्र प्रमाद इत्येके । तत्र दौष्ठुल्याच्च मार्गं न भावयति । प्रमादादकुशलाच्चित्तं न रक्षति । किमत्रावरणम् ? एतदेव त्रयम् ।

परिणतेस्त्रीणि यैरन्यत्र चित्तं परिणामय*तीति*[४३] *। तत्र परिणतिरुत्पन्नानां* कुशलमूलानां बुद्धत्व एव चित्तेन नियमनम् । तस्यास्त्रीण्यावरणानि । कतमानि त्रीणि यैरन्यत्र[४४] बुद्धत्वात् संसारे श्रावकादिबोधौ वा चित्तं परिणामयति **नाऽनुत्तरायां**[४५] **सम्यक्सम्बोधौ** ? तानि पुन**र्भवसक्तिर्भोगसक्तिर्लीनचित्तता च** । *भवः पञ्चोपादानस्कन्धाः ।* भुज्यन्त इति भोगा रूपादयो विषयाः । तयोरभिष्वङ्गः सक्तिः । लीनचित्तताऽनुदारचित्तता, क्व बुद्धत्वं क्व च मद्विध इत्यात्मन्यसम्भावना । तत्र च भवसक्त्या भोगसक्त्या च *सुगतौ चित्तं परिणामयति, लीनचित्ततया श्रावकादियाने परिणामयति किमत्रावरणम् ? भवभोगतृष्णा* कौसीद्यमकारुण्यञ्च ।

३७. Y's reconstruction : क्लेशाद्यावरणानां त्रयाणामन्यतमा°.

३८. Y. reconstructs: विमुक्तिपरिपाचनपरिज्ञाया.

३९. Y. wrongly तत्त्वाधगमा°.

४०. Y. reconstructs : सहजदौःठुल्यं.

४१. Y. मोहांशिकादालस्याच्चित्तं नाभ्युत्सहते.

४२. Y. आस्वादनमत्र, Ms. as here.

४३. Y's reconstruction : परिणतेस्त्रीण्यावरणानि यैश्चित्तमन्यत्र परिणामयति.

४४. Y's reconstruction यैरन्ये.

४५. Bhāṣya—नानुत्तरस्यां.

अत्रासस्य त्रीणि । कोऽयमत्रासः ? शून्यतायां गम्भीरोदारेषु च बुद्धबोधिसत्त्वधर्मेष्वधिमुक्ति[४६]रभीरुता । **असम्भावना पुद्गले** महायाननयाभिध्यायिनः पुद्गलस्य *भ्रान्त्याऽवगमो वचनञ्च, शीलसमाधिप्रज्ञादिगुणस्य वाऽसम्प्रत्ययः ।* **अनधिमुक्तिर्धर्मे** गम्भीरोदारनयप्रतिपादके[४७] बुद्धवचनत्वेनाऽविपरीतार्ऽथेन चाऽसम्प्रत्ययः । **यथारुतविचारणाऽर्थे ।**[४८] अनुत्पन्नाऽनिरुद्धादिशान्ताद्यर्थं यथाशब्दमेव प्रतिपद्यते[४९] *न चाभिप्रायिकार्थतत्त्वमवगच्छति । तस्मादनुत्पन्नाद्यर्थोऽ[५०]नधिमुक्तिः ।* किमत्रावरणम् ? विचिकित्साप्रज्ञासमाधिविपक्षभूतमज्ञानमाभिप्रायिकार्थमितिरुतविचारणा[५१]विपक्षभूतञ्चेति ।

अमात्सर्यस्य त्रीणि । अमात्सर्यं यतः सद्धर्मस्थितये[५२]ऽन्याऽनुग्रहार्थं *वा धर्मदेशना*[५३] *।* **सद्धर्मेऽगौरवम्,** *अचित्रीकारः ।* तेनाऽन्यसन्तानाऽप्रापणाच्चिरस्थितिकं सद्धर्मं न करोति । **लाभसत्कारपूजायां गौरवम्** चित्रीकारः सद्धर्मगौरवे माऽन्योऽपि मत्तुल्योऽधिको वा भविष्यतीत्याशङ्का । *तस्माल्लाभादिव्यवधानं भविष्यतीति भीत्या धर्मं न देशयति । लाभसत्काराध्यवसानेऽविद्यमानेऽपि* **सत्त्वेष्वकारुण्यञ्चेति,** सत्त्वेषु करुणाभावान्न [धर्मं] देशयति । न ह्यकारुणिकः सत्त्वदुःखेनाऽप क्रियते । किमत्रावरणम् ? अगौरवं लाभसत्कारसक्तिरकारुण्यञ्चेति ।

वशित्वस्य त्रीणि, *आवरणानीत्यर्थः । वशित्वं हि सर्वेषां चित्तवशितानाम्प्राप्तिर्बुद्धत्वम् । तस्य* **त्रीण्यावरणा**नि पुनर्नज्ञायन्त इत्यत आह—**यैर्विभुत्वं न लभते** इति । चित्तवशित्वप्रतिबन्धाद् वशित्वस्य यैर्वशित्वं न लभते तान्येव वशित्वस्यावरणानीत्याह । विभुत्वम्पुनर्ज्ञानप्रहाण*प्रभावसम्पन्नता । अथ वा वशित्वपर्याये निर्दिष्टत्वाद्*[५४]*यैर्वशित्वं न लभत* इति बुद्धत्वं[५५] न लभत इत्यर्थः । **श्रुतव्यसनं** सद्धर्मश्रवणेनाऽत्यन्तवियोगः । बन्धुभिरत्यन्तवियोगो बन्धुव्यसनं [यथा] । तत्पुनः श्रुतव्यसनं सद्धर्म**व्यसनसम्वर्तनीयकर्मप्रभवनाद्**[५६] *भवति । स्वदर्शनपरामर्शस्थितत्वादकल्याणमित्राश्रितत्वाद् वा यैरविप्रतिसारैर्म***हायानसूत्रान्तः** प्रतिक्षिप्तो मारभाषितोऽयमपायहेतुश्च नाऽयम्बुद्धभाषित इति, अन्यानपि तस्माद् विच्छन्दयन्ति,

४६. Ms. धर्मेषु विमुक्तिः.

४७. Y. °प्रतिपादके[न] but न is not necessary.

४८. Y. reconstructs : यथाशब्दं विचारणा चार्थे. Reading here after the Bhāṣya.

४९. Y. प्रतिपादयति.

५० Y. °द्यर्थं अनधि°.

५१. Ms. °ह्यर्थमितिरुत······ तम्. Y. reconstructs आभिप्रायिकार्थविचारणाविपक्षभूतं.

५२. Y. स्थितिकार्थम्.

५३. Y. धर्मं देशयति.

५४. Y. निर्दिष्टं.

५५. Ms. विभुत्वं.

५६. Y's. reconstruction : °कर्मोत्पादनाद्.

लिखितं चान्मृषन्ति दाहयन्ति प्लावयन्तीत्यादिप्रकारैः सद्धर्मव्यसनसम्वर्तनीयकर्मोत्पद्यते सद्धर्मश्रवणविधुरात्मभावपरिपुष्टितः। असति श्रुतव्यसनेऽल्पश्रुतत्वं ज्ञानसम्भारस्याऽपरिपूरिता, आवरणमिति प्रकृतम्। अल्पश्रुतो हि न शक्नोति धर्मान् प्रविवेक्तुम्[५७]। बहुश्रुतस्यापि समाधेरपरिकर्मितत्वञ्चा[५८]वरणमिति सम्बन्धः। छन्दादीनामन्यतमाऽभावात्, अपरिपूर्णत्वाद् भावनायां वाऽष्टानां प्रहाणसंस्काराणामन्यतमाभावात् समाधेरपरिकर्मितत्वम्। वज्रोपमादीनां वा बुद्धसमाधीनामपरिनिष्पन्नत्वमपरिकर्मितत्वम्। किमत्रावरणम्? धर्मव्यसनसम्वर्तनीयकर्म, अल्पश्रुतत्वम्, दुष्प्रज्ञता समाधिप्रत्यनीकश्चोपक्लेशो लयौद्धत्यादिक इति।

[ब. दशकारणानि]

तत्पुनरेतदावरणं शुभादौ यत्रार्थे दश कारणानि तदर्थाऽधिकारेण वेदितव्यम्। दश [८ अ] कारणानि—उत्पत्तिकारणम्, तद्यथा चक्षुरादयश्चक्षुर्विज्ञानस्य; स्थितिकारणम्, तद्यथा चत्वार आहाराः सत्त्वानाम्; धृतिकारणं यद् यस्याऽऽधारभूतम्, तद्यथा भाजनलोकः सत्त्वलोकस्य; अभिव्यक्तिकारणम्, तद्यथा आलोको रूपस्य; विकारकारणम्, तद्यथाऽग्न्यादयः पाक्यादीनाम्; विश्लेषकारणम्, तद्यथा दात्रादयः छेद्यादीनाम्; परिणतिकारणम्, तद्यथा सुवर्णकारादयः सुवर्णादीनां कटकादिभावेन परिणतौ; सम्प्रत्ययकारणम्, तद्यथा धूमादयोऽग्न्यादीनाम्; सम्प्रत्याय[१]नकारणम्, तद्यथा हेतुः प्रतिज्ञायाः; प्राप्तिकारणम्; तद्यथा मार्गादयो निर्वाणादीनाम्।

एवमुत्पत्त्यावरणं शुभे द्रष्टव्यम्, तस्योत्पादनीयत्वात्। स्थित्यावरणं बोधौ, तस्या अकोप्यत्वात्। धृत्यावरणं समादाने, बोधिचित्तस्याधारभूतत्वात्। अभिव्यक्त्यावरणं धीमत्त्वे, तस्य प्रकाशनीयत्वात्। विकारावरणमभ्रान्तौ, तस्या भ्रान्तिपरिवृत्तित्वेन विकारत्वात्। विश्लेषावरणमनावरणे, तस्यावरणविसंयोगत्वात्। परिणत्यावरणं नतौ, बोधौ चित्तपरिणतिलक्षणत्वात्। सम्प्रत्ययावरणमत्रासे, असम्प्रत्ययेन त्रसनात्। सम्प्रत्यायनावरणममत्सरित्वे, धर्माऽमत्सरित्वेन परस[८ ब]म्प्रत्यायनात्। प्राप्त्यावरणं वशित्वे, तस्य विभुत्वप्राप्तिलक्षणत्वात्।

कारणं दशधोत्पत्तौ स्थितौ धृत्यां प्रकाशने।
विकारविश्लेषनतिप्रत्ययप्रायणाप्तिषु॥
चक्षुराहारभूदीपवह्न्याद्यादिस्तदुदाहृतिः।
दात्रशिल्पज्ञताधूमहेतुमार्गादयोऽपरे॥

बोधिप्राप्तुकामेनादित एव तावत् कुशलमूलमुत्पादयितव्यम्। ततः कुशल-

५७. Y. प्रविवेकाय.

५८. Y. reconstructs : समाधेश्चापरिकर्मितत्वम्.

१. Ms. सम्प्रत्ययान°.

मूलबलाधानेन बोधिः प्राप्तव्या। तस्याः पुनः कुशलमूलोत्पत्तेर्बोधिचित्तं प्रतिष्ठा, तस्य बोधिचित्तस्य बोधिसत्त्व आश्रयः। तेन पुनरुत्पादितबोधिचित्तेन कुशलमूलबलाधान[2]प्राप्तेन बोधिसत्त्वेन विपर्यासं प्रहायाऽविपर्यास उत्पादयि[3]तव्यः। ततो दर्शनमार्गेऽविपर्यस्ते भावनामार्गे सर्वावरणानि प्रहातव्यानि। प्रहीणावरणेन सर्वाणि कुशलमूलानि अनुत्तरायां सम्यक्सम्बोधौ परिणामयितव्यानि। ततः परिणामनाबलाधानेन गम्भीरोदारधर्मदेशनासु नोत्त्रसितव्यम्। तथाऽनुत्त्रस्तमानसेन धर्मेषु गुणदर्शिना परेषां ते धर्मा विस्तरेण सम्प्रकाशयितव्याः। ततः स बोधिसत्त्व एवं विचित्रगुणबलाधानप्राप्तः क्षिप्रमनुत्तरां सम्यक्सम्बोधिमनुप्राप्तवान् सर्वधर्मवशितामनुप्राप्नोती [९ अ]त्येषोऽनुक्रमः शुभादीनाम्।

तत्पुनरेतदावरणमप्रयोगादिकम्। शुभादौ वशित्वपर्यन्तदशविधे *वस्तुनि।* **यत्राऽर्थे दश कारणानि**[4] *भवन्तीति—उत्पत्त्यादौ प्राप्तिपर्यन्ते यस्मिन्नर्थे* तदावरणविपर्ययेण प्रयोगादीनि[5] समाधिपरिकर्मितत्वाऽवसानानि दशकारणानि भवन्ति। अत्र चोत्पत्त्यादिकारणत्वाऽविशेषाद् भिन्नस्याऽपि प्रत्येकमप्यभेदनिर्देशः। **तदर्थाधिकारेणेत्युत्पत्त्याद्यर्थाधिपत्येनेत्यर्थः**, *तेषां हि शुभादीनामुत्पत्त्यादिकारणविबन्धं* वर्तमानमुत्पत्त्याद्यावरणमुच्यते, तद्यथा कुड्यादिकमालोकमावृण्वत्[6] कार्यस्य चक्षुर्विज्ञानस्यावरणमुच्यते। एवं कृत्वैषां दशानां धर्माणां त्रिंशदावरणविपर्ययेण त्रिं*शत्कारणं* **वेदितव्यम्**[7]।

तत्र शुभोत्पत्तिकारणं त्रीणि—प्रयोग **आयतन**प्रयोगो योनिशः प्रयोगश्च। **तद्यथा चक्षुरादय** इत्यत्रैव दृष्टान्तः। चक्षुरादयो विज्ञानस्योत्पत्तिकारणमेव [न तु] स्थित्यादिकारणम्। तत्राऽप्रयोगादयः प्रयोगादीनां साक्षाद् विबन्धे *वर्तमानाः परम्परया शुभोत्पत्तेरपि प्रतिबन्धकाः*[8]। **एवमुत्पत्त्यावरणं शुभे द्रष्टव्यमि**[9]त्याह **तस्योत्पादनीयत्वादिति** शुभे स्थित्याद्यसम्भवादुत्पत्त्यावरणमेवैतदिति दर्शयति।

स्थितिकारणं बोधौ। आश्रयपरावृत्तिर्बोधिः, आश्रयो निर्मलतथता[10]। **अत्र** *कारणमाह—***अकोप्यत्वादिति**। *यावल्लोकस्तावदवस्थानादकोप्यत्वम्, नाऽन्यथा भवति* विनिवर्तते वा। श्रावकादीनान्तु बोधिः स्वसन्तान एव कृतार्थत्वाद् व्यावर्तते। बोधिसत्त्वा हि सर्वसत्त्वहितसुखाध्याशयेन सम्भारेषु प्रवर्तमाना आश्रयपरावृत्तिलक्ष-

२. Ms. व्याप्तेन

३. उत्पादितव्यः.

४. Y's reconstruction : यस्मिन्नर्थे दशकारणानि भवन्तीति.

५. Ms. प्रयोगविधम्.

६. Y. adds तत् on the basis of Tib.

७. Y. reconstructs निर्दिष्टम्.

८. Y. वर्तमानः परम्परया शुभोत्पत्तेरपि प्रतिबन्धकत्वात्.

९. Y's reconstruction : उत्पत्त्यावरणं शुभस्यावरणमित्याह. Reading here after the Bhāṣya.

१०. Ms. आश्रयपरवृत्तिनिर्मलतथताश्रयबोधिः.

णत्वाद् बोधे[११]*र्यावत्सत्त्वास्तावदवतिष्ठन्ती*[१२]*त्युच्यते, न त्वनुत्पत्तिमात्रत्वा-*[१३]**च्छ्रावकादिवत्**। उत्पत्तिं विना भावितत्वात्तु स्थितेरुत्पत्तिरप्यत्र **भवति**। **तस्माद्** बोधिस्थितिकारणमेवोच्यते नोत्पत्तिकारणम्। न चाऽन्यत् तद्व्यतिरेकेण *स्थिति-कारणमस्तीत्यत एतदेवोक्तम्। विशुद्धतथता वा बोधिः। न तथतायाः*[१४] *स्व-*भावविशुद्धत्वादुत्पत्तिरस्ति, किन्तर्ह्यागन्तुकमलाऽपगमादत्यन्तमेभिः कारणैः स्थितिरे-वोच्यते नोत्पत्तिः। स्थितिकारणानि पुनर्बोधेः[१५] कुशलोत्पादो *मनसिकारः परिपूर्ण-सम्भारश्च। अत्र च शुभानुत्पत्त्यादयः* कुशलोत्पत्त्यादिविबन्धे वर्तमाना बोधेः स्थितिं कुर्वन्तीति स्थित्यावरणमुक्ताः। [**स्थितिकारणम्**] **तद्यथा चत्वार आहाराः सत्त्वानामि**त्यत्रैव निदर्शनम्। न हि कवडाकारादिभिराहा*रैरपूर्वाः सत्त्वा उत्पद्यन्ते पूर्वोत्पन्नास्तु व्यवस्थाप्यन्त एव।*

धृतिकारणमिति। धृतिर्बोधिचित्तम्, सर्वकुशलधर्माधारभूतत्वात्। अत्रैव निदर्शनं **यद्यस्याधारभूत**न्तत्र[१६] तस्य धृतिः, धार्यतेऽनेनेति कृत्वा। **तद्यथा भाजनलोकः सत्त्वलोकस्ये**ति[१७] *। तत्कारणं गोत्रं कल्याणमित्रसम्पन्नता चित्ताऽपरिखेदतां* च। तत्र धृतिकारणविरुद्धत्वाद् गौत्रवैधुर्यादिकं धृतेरप्यावरणमुक्तम्। एतदेवाह—**धृत्या-वरणं समादान** आवरणम्, बोधिचित्तस्याधारभूतत्वादिति।

अभिव्यक्तिकारणं धीमत्त्वे बोधिसत्त्वस्य, **प्रकाशनीयत्वात्**।[१८]*तच्च प्रतिपत्ति-सम्पत्, सुजनवासो दुष्टजनाऽवासश्च*[१९] *। अत्र धीमत्त्वे* प्रतिपत्तिवैधुर्यादयोऽभिव्य-क्त्यावरणत्वेनोच्यन्ते। अत एवाह—**अभिव्यक्त्यावरणं धीमत्त्वे,** तस्य **प्रकाशनीय-त्वा**दिति। **तद्यथा—आलोको रूपस्ये**[२०]*त्यत्रैव निदर्शनम्। आलोको*[२१] *हि* रूप-*मात्रस्याऽभिव्यक्तिकारणमेव,* नोत्पत्त्यादिकारणम्।

विकारकारणमभ्रान्तौ। समारोपाऽपवाद**भ्रान्तिपरिवृत्त्यात्मकत्वाद**भ्रान्ति-दर्शनमार्गोऽभ्रान्ते**र्विकार** उच्यते। तद्यथा भस्मादयः *काष्ठादीनाम्। तस्य त्रीणि कारणानि—विपर्यासदौष्ठुल्योपघातः, क्लेशाद्यावरणानां त्रयाणामभावो* विमुक्ति-

११. Y. °वृत्तिलक्षणा बोधि°.

१२. Y. °दवतिष्ठती°.

१३. Ms. °मात्रश्रावका°.

१४. Y. न तथता.

१५. Ms. बोधिः.

१६. Y's construction : यद्यस्याधारण. Y. does not take this to be a part of the Bhāṣya.

१७. Ms. °लोकस्योत्पादा……

१८. Y. does not take it to be a part of the Bhāṣya.

१९. Y. °सम्पदुचितजनसंवासो रौद्रचित्तजनाऽसंवासश्च.

२०. Y's reconstruction : रूपस्याऽवभास.

२१. Y. अवभासो.

परिपाचिन्याः प्रज्ञायाः परिपक्वभावः । **तद्यथा अग्न्यादयः पाक्यादीनामिति** । पाक्यो ह्योदनादिकस्तण्डुलादिविलक्षणस्तत्सन्तानान्तर्भूतः । तत्कारणं चाग्न्यादि ।

विश्लेषकारणमनावरणे । दर्शनमार्गप्रहेयादावरणाच्छेषमावरणमनेन प्रहीयत इत्यनावरणं भावनामार्गः । तस्य त्रीणि कारणानि—सहजदौष्ठुल्योपघातो वीर्यमप्रमादश्च । तेषाञ्च विश्लेषकारणप्रतिपक्षत्वात् । अत एवाह—**विश्लेषावरणमनावरणे** । एतदपि विश्लेषकारणप्रतिपक्षभावेनैवावरणम् । अत्रैव कारणमाह—**तस्यावरणविसंयोगत्वादिति** । विसंयुज्यतेऽनेनेति विश्लेषः ।

परिणतिकारणं नतौ[२२] । तस्य[२३] महाबोधौ कुशलमूलप्रयोजकलक्षणत्वात् । तत्पुनर्भवभोगवैमुख्यं लीनचित्तताऽभावश्च । ततश्च परिणत्यावरणं परिणतिकारणविबन्धेन द्रष्टव्यम् । किं कारणम् ? नतेर्महा**बोधौ चित्तपरिणतिलक्षणत्वादिति** ।

सम्प्रत्ययकारणमत्रासे । तच्च पुद्गलसम्भावना धर्माऽधिमुक्तिराभि[२४]प्रायिकार्थाऽधिगमश्च । एभिर्धर्मैः सम्प्रत्ययो भवतीत्यतश्च सम्प्रत्ययकारणविबन्धेन **सम्प्रत्ययावरणमत्रासे** । अत्रैव कारणमाह—**असम्प्रत्ययेन त्रसनादिति** । असम्प्रत्ययेन हि धर्मस्य त्रस्यति ।

सम्प्रत्यायनकारणममत्सरित्वे । तत् पुनः सद्धर्मे गौरवं लाभसत्कारपूजादिनिरपेक्षता सत्त्वेषु च कारुण्यम् । सम्प्रत्यायनकारणविरुद्धत्वाच्च **सम्प्रत्यायनावरणममत्सरित्वे** ऽवस्थाप्यते । अत्रैव कारणमाह—धर्माऽमत्सरित्वे**न परसम्प्रत्यायनादिति**[२५] । सद्धर्मेऽगौरवादितो धर्मे मात्सर्यं करोति । धर्ममात्सर्येण च परेषां धर्मं न देशयति । अतः सम्प्रत्यायनावरणममत्सरित्व इति ।

वशित्वस्य त्रीणि कारणानि—धर्मव्यसनसंवर्तनीयकर्माऽभावो बहुश्रुतत्वं समाधिपरिकर्मितत्वञ्च । तद्विरुद्धत्वाच्छ्रुतव्यसनादिकं वशित्व आवरणं व्यवस्थाप्यते । अत्रैव कारणमाह—**तस्य** वशित्वस्य **विभुत्वप्राप्तिलक्षणत्वादिति** ।

केचित्तु शुभादीनामेवमनुक्रमे कारणमाहुः । कुशलधर्मोपष्ट[२६]ब्धसन्ततिर्बोधिः प्राप्तव्या[२७] । तत आदितः[२८] शुभमुक्तम् । तदनन्तरं बोधिरुक्ता । बोधिचित्तञ्चागम्यैतदुभयसम्पादने समर्थो भवति, आ बोधेर्बोधिचित्तस्य सर्वकुशलधर्माधारभूतत्वादतस्तदनन्तरं बोधिचित्तमुक्तम् । उत्पादितबोधिचित्तस्य षट्पारमितासु[२९] प्रयोगः कुजनदुष्टजनाभ्याञ्च परिहारः । एवमस्य बोधिसत्त्वभावः प्रकाशीभवति ।

२२. Y. परिणामे. cf. Bhāṣya.

२३. Y. तेन.

२४. Y. अभिप्रायिक°.

२५. Y's reconstruction : परेषां सम्प्रत्यायनत्वादिति.

२६. Ms. and Y. धर्मोपस्तब्ध which is grammatically incorrect.

२७. Y. प्राप्तिभागिनी.

२८. Y. प्रथमतः.

२९. Y. पारमितायां.

अतः समादानानन्तरं धीमत्त्वमुक्तम्। एवञ्च प्रयुज्यमानो विपर्यासं प्रजहाति, अविपर्यस्तं च ज्ञानमुत्पादयति। अतो धीमत्त्वानन्तरम*भ्रान्तिरुक्ता, स पुनर्दर्शन-मार्गः। तदभ्यसनेनावरणं विजहातीत्यतस्तदनन्तरमावरण*प्रहाणमनावरणमुक्तम्। निरावरणस्य भवभोगसक्त्यभावाद् बुद्धत्व एव मानसं परिणामयति नान्यत्रे[३०]ति। अतस्तदनन्तरं नतिरुक्ता। एवम्भूतस्य च सुगम्भीरेष्वपि बुद्धधर्मेषु *प्रामोद्योत्पत्तिरत्रास इत्यतस्तदनन्तरमत्रास उक्तः। एवं धर्मप्रत्यक्षेण* येन येनोपायेन सत्त्वविनयं पश्यति तन्तमेवोपायम्भजत इति तस्य कुतो मात्सर्यम्भवेदित्यत्रासानन्तरममात्सर्य-मुक्तम्। एवम्प्रहीणावरणः परिपूर्णशुक्लधर्मा[३१] च बोधिसत्त्वश्चित्त*वशित्वे*[३२] *प्रवर्तत इत्यतस्तदनन्तरं वशित्वमुक्तम्। एषोऽनुक्रम इति।*[३३]

अस्मिन् परिच्छेदे आवरणप्रसङ्ग इत्यतः शुभादीनामुत्पत्तिकारणान्या-वरणवत्[३४] सूत्रितानि। प्रसङ्गागतानामन्तर[३५]श्लोकेन सङ्ग्रहः क्रियते।

कारणं दशधोत्पत्तौ स्थितौ धृत्यां प्रकाशने।
विकारविश्लेषनतिप्रत्ययप्रायणाप्तिषु॥[३६]

एष द्वितीयोऽन्तरश्लोक उदाहरणसङ्ग्रहार्थम्।

चक्षुराहारभूदीप[३७]वह्न्यादिस्तदुदाहृतिः।
[३८]दात्रशिल्पज्ञताधूमहेतुमार्गादयोऽपरे[३९]॥

इति।

३०. Ms. broken, Y. नान्यथेति.

३१. Y. धर्मश्च, Ms. as here

३२. Y. चित्ते वाशित्वं.

३३. This paragraph represents the view of केचित् and as such cannot be taken to explain a part of the Bhāṣya text. However, the Bhāṣya text beginning with बोधिप्राप्तुकामेनादित एव seems to be the basis of this part of the Ṭikā. But in the technical sense this cannot be the ṭikā ot the Bhāṣya Paramārtha has not translated this part of the Bhāṣya but Hsuan-tsang and Tib. have. One may therefore infer this portion of the Bhāṣya to be a later addition. Is it a case of a part of a commentary becoming subsequently a part of the text commented upon ?

३४. Ms. आवरणवन्न सूत्रितानि.

३५. Ms. गतानान्त्वत्र श्लोकेन.

३६. Y's. reconstructon : विश्लेषनतौ श्रद्धागमकताप्तिषु. Reading here after the Bhāṣya.

३७. Y's reconstruction:—चक्षुर्भोजनदीप°.

३८. Ms. दान°.

३९. Ṭīkā मता.

[४. बोधिपक्ष्यपारमिताभूमिष्वावरणानि]

पक्ष्यपारमिताभूमिष्वन्यदावरणम्पुनः ॥१०॥

[अ. बोधिपक्ष्येष्वावरणानि]

बोधिपक्ष्येषु तावत्

वस्त्वकौशलकौसीद्यं समाधेर्द्वयहीनता ।
अरोपणाऽथ दौर्बल्यं दृष्टिदौष्ठुल्यदुष्टता ॥११॥

स्मृत्युपस्थानेषु वस्त्व[1]कौशलमावरणम् । सम्यक्प्रहाणेषु कौसीद्यम् । ऋद्धिपादेषु समाधेर्द्वयहीनता । ([२]अ) परिपूर्या च च्छन्दवीर्यचित्तमीमांसानामन्यतमवैकल्यात् । भावनया च प्रहाणसंस्कारवैकल्यात् । इन्द्रियेषु[2] मोक्षभागीयानामरोपणम्[3] । बलेषु तेषामेवेन्द्रियाणान्दौर्बल्यम्, विपक्षव्यवकिरणात् । बोध्यङ्गेषु दृष्टिदोषः, तेषान्दर्शनमा[4]र्गप्रभावितत्वात् । मार्गाङ्गेषु दौष्ठुल्यदोषः, तेषां भावनामार्गप्रभावितत्वात् ।११।

पक्ष[5]पारमिताभूमिष्वन्यदावरणम्पुनः ॥

पूर्वं ह्यविशेषेण शुभं निर्दिष्टम्, तदावरणञ्च । इदानीन्तु *पक्ष्ये[6]त्यादिभेदेन साधारणाऽसाधारणभेदेन च शुभं निर्दिशति[7] ।*

वस्त्वकौशलकौसीद्यम्[8]

इत्यादिभेदेन च पक्षादीनामावरणम्[9] । तत्र साधारणं बोधिपक्षाः श्रावकबोधिसत्त्वयोरविशेषेण, तत्राऽविकारात । असाधारणन्तु *पारमिताभूमयो बोधिसत्त्वानां करणम्, बोधिसत्त्वानामेव तदाधिपत्यात् । पूर्वञ्च शुभादिहेत्वावरणद्वारेण* फलावरणमुक्तम्, इह तु साक्षात् फलावरणमेवेति पूर्वस्मादन्यदुच्यते । अथ वाऽप्रयोगादिभ्यो वस्त्वकौशलादिकमन्यदेवेति *तदन्यदुच्यते । अथवा शुभं बोधिश्चे* (का० २.९) त्यत्र *बोधिसत्त्वस्यैवोपायसहितयोश्चर्याफलयो*रप्रयोगादिकमावरणमुक्तम्, इह तु शुभस्यैव साधारणस्याऽसाधारणस्य च बोधिपक्षादिविभागेन वस्त्वकौशलादिकमप्रयोगादिकादन्यदावरणं वेदितव्यम् *। तत्र श्रावकादिभेदेन बोधित्रयम्, तदनुरूपेण* **स्मृत्युपस्थानादयो** *मार्गपर्यन्ता* बोधिपक्षा इत्युच्यते, दश पारमिता दश च भूमयो यथा**सूत्रम** ।

स्मृत्युपस्थानेषु वस्त्वकौशलमावरणमिति । तानि पुनः कायवेदनाचित्तधर्म-

१. Ms. वस्थकौश°.

२ अ. N. परिपूर्या, Ms. no avagraha but the Ṭikā suggests अपरिपूर्या.

२. Ms. चात्तियेषु.

३. Ms. अशेपणम्.

४. Ms. पाश.

५. Bhāṣya पक्ष्य° which is better.

६. Y. पक्षश्चेत्यादि.

७. Y. निर्देशयति.

८. Y. कौसीद्य.

९. Y. पक्षादि [शुभा] नामावरणम्.

स्मृत्युपस्थानानि चत्वारि। तेषाम्पुनर्वस्तु कायवेदनाचित्तधर्माः, तद्विषयत्वात्। तत्राश्रयाभिनिवेशवस्तु कायः। आत्मपरिभोगाभिनिवेशवस्तु वेदना। आत्माभिनिवेशवस्तु चित्तम्। आत्मसङ्क्लेशव्यवदानाभिनिवेशवस्तु धर्म इति। कायादिषु यः स्वसामान्यलक्षणाऽनवबोधः स तत्राऽकौशलम्। तत्र स्वलक्षणमनेकाशुचिद्रव्येण सङ्गृहीतात्मकत्वं कायस्य। सुखादिस्वभावो वेदनायाः। विषयप्रतिविज्ञप्तिर्विज्ञानस्य। धर्माणां यथासम्भवम्। सामान्यलक्षणम्पुनरनित्यदुःखशून्याऽनात्माद्याकाराः। अथवा कायादिष्वशुचिदुःखाऽनित्याऽनात्माकारेणाऽप्रतिपत्तिः, शुचिसुखनित्यात्माकारेण वा विकल्पो वस्त्वकौशलम्, यस्मादज्ञानं दर्शनं वा स्मृत्युपस्थानेष्वावरणम्। प्रज्ञास्मृतिस्वाभाव्ये सति स्मृत्युपस्थानानां कस्माद् वस्त्वकौशलमेवावरणमुच्यते न तु वस्त्वस्मरणमपीति ? प्रज्ञाधीनप्रवृत्तित्वात्। तथा हि दर्शनात्मकत्वात् प्रज्ञायाः प्रज्ञापृष्ठलब्ध आलम्बने स्मृत्यादयः प्रवर्तन्ते, न तु स्वातन्त्र्येण प्रज्ञावत्। तस्मान्नाऽस्मरणमत्रावरणमुक्तमिति।

सम्यक्प्रहाणेषु कौसीद्यम्। किम् ? आवरणमिति प्रकृतम्। वीर्यं ह्यत्रोत्पन्नाऽनुत्पन्नविपक्षप्रहाणाऽनुत्पत्तये, उत्पन्नप्रतिपक्षस्य[१०] भूयोभावोत्पादाय च प्रवर्तमानं सम्यक्प्रहाणाख्यां प्रतिलभते। तत्पुनर्भेदाभावेऽपि फलभेदाच्चतुर्धा व्यवस्थाप्यत इति **स्मृतिः**। अतः सम्यक्प्रहाणानां वीर्यात्मकत्वादालस्यमावरणमुक्तम्।

ऋद्धिपादेषु समाधेर्द्वयहीनतावरणमिति। अनेनर्द्ध्यत इत्यृद्धिः। सा च **च्छन्दवीर्यचित्तमीमांसा**समाधिः। सैवर्द्धिपादः, आकाशगमननिर्माणादिकाया ऋद्धेः प्रतिष्ठाभूतत्वात्। गमनं वा ऋद्धिः, आकाशगमनादिका समृद्धिरित्यर्थः। तस्याः पादा ऋद्धिपादाः, तदाधारत्वात्। सैव च्छन्दसमाध्यादिचतुर्विधा समाधिः। तत्रच्छन्दसमाधौ छन्दप्राधान्यम्, तद्द्वारेण समाधिलाभात्। न तु वीर्यादयस्तत्र न सन्ति, छन्दसहायत्वादप्रधानास्तु ते तत्रेति न ते प्रकाशिताः। एवं वीर्यचित्तमीमांसासमाधिषु वाच्यम्। समाधेर्द्वयहीनतावरणमुक्तम्। न तज्ज्ञायते, अत आह—[११]
अपरिपूर्या च च्छन्दवीर्यचित्तमीमांसानामन्यतमवैकल्याद्, भावनया च प्रहाणसंस्कारवैकल्यादिति। तत्र परिपूरिहीनता तासां छन्दवीर्यचित्तमीमांसानामन्यतमवैकल्यात् तदाधिपत्यस्य समाधेरभावाद् भावना हीयत इत्यष्टप्रहाणसंस्काराणामन्यतमवैकल्यम्[१२]। ते पुनः श्रद्धाच्छन्दवीर्यप्रश्रब्धिस्मृतिसम्प्रजन्यचेतनोपेक्षात्मकाः। एषां हि प्रहाणसंस्काराणां भावनया समाधौ वशित्वमवाप्यते नान्यथेत्यत एषां वैकल्याद् भावनाहीनतेति न समाधौ वशित्वमवाप्यते। किमत्रावरणम् ? छन्दादिप्रतिपक्षाणां प्रहाणसंस्काराणाञ्च विपक्षोपक्लेशः, यदुत कौसीद्यम्, आलम्बनसम्प्रमोषः, लयौद्धत्येऽ संस्कारः संस्कारश्चेति।

इन्द्रियेषु मोक्षभागीयानामरोपणमिति। संसारा[१३]दुत्त्रस्तो मोक्षमधिकृत्य

१०. Y. प्रतिपच्चभूयो°.

११. N. परिपूर्या. Bhāṣya Ms. not clear.

१२. Y. वैकल्यात्.

१३. Ms. संस्काराद्°.

कुशलमूलमभिसंस्करोति तेन मोक्षलाभनिश्चयात्[१४] *मोक्षभागीयमुच्यते* तस्मिंश्चारोपिते श्रद्धादय इन्द्रियाख्यां प्रतिलभन्ते नान्यथेत्यतो मोक्षभागीयानामरोपणमिन्द्रियेष्वावरणमुक्तम् । किमत्रावरणम् ? येनोपक्लेशेन *मोक्षभागीयं न रोप्यते* । सा पुनर्भवसक्तिर्निर्वाणभीतिश्च ।

बलेषु तेषामेवेन्द्रियाणान्दौर्बल्यम् । आवरणमिति प्रकृतम् । कथम्पुनरिन्द्रियाणान्दौर्बल्यमित्यत आह—**विपक्षव्यव**[१५]**किरणादिति** । आश्रद्ध्यकौसीद्यमुषितस्मृतिविक्षेपदुष्प्रज्ञात्मकेन *विपक्षेणाभिभूतत्वा*[१६]*दित्यर्थः* । *इन्द्रियाणि ह्यूष्मगत—मूर्धनाभ्यां प्रभावितानि* । एतच्च द्विविधमपि निर्वेधभागीयन्दुर्बलमाश्रद्ध्यादिविपक्षाभिभवात् । अत एव तस्मात् परिहाणिसम्भवः । निर्जितविपक्षत्वात्तु श्रद्धादीनि क्षान्त्यग्रध[१७]र्मावस्थायां *बलाख्याम्प्रतिलभन्ते* । *तस्माद् यत्तेषामेव श्रद्धादीनामुष्मगतमूर्धनावस्थायां विपक्षाऽभिभवाद्* दौर्बल्यन्तद् बलानामावरणम् । तस्मिन् सति बलाऽवस्थाऽसम्भवादिति । किमत्रावरणम् ? स एवाश्रद्ध्यादिको विपक्षः ।

बोध्यङ्गेषु दृष्टिदोषः । आवरणमिति *प्रकृतम्* । बोधिरत्र *दर्शनमार्गोऽभिप्रेतः* । *तस्यास्तानि स्मृतिधर्मप्रविचयवीर्यप्रीति*प्रश्रब्धिसमाध्युपेक्षात्मकानि सप्त बोध्यङ्गानि दर्शनहेयक्लेशप्रहाणकाल उत्पद्यन्त इत्यङ्गानीत्युच्यन्ते । यदि तु बोधेरनुकूलत्वादङ्गानि स्युरेवं स्मृत्युपस्थानादीनामपि *बोध्यङ्गत्वम्प्रसज्येत* । कथमिदं *बोध्यङ्गेषु दृष्टिदोष आवरणमित्यत आह*—**तेषान्दर्शनमार्गप्रभावितत्वादिति,** दर्शनमार्गव्यवस्थापितत्वादित्यर्थः । कः पुनरयन्दृष्टिदोषः ? परिकल्पिताः पञ्च दृष्ट्यो विचिकित्साऽविद्या तदालम्बनाश्च रागादयः *ससम्प्रयोगाः क्लेशोपक्लेशाः* । *ननु विचिकित्सादयोऽप्यत्रावरणम्* । *आवरणम्भवतु* । इह तु प्रधानविवक्षया दृष्टिदोषोपदेश इति न तेपामनुपदेशो विरुध्यते । तेषाञ्च दृष्ट्यादीनामालयविज्ञानसन्निविष्टं बीजमेव दर्शनमार्गप्रहेयत्वात्तदा*वरणमुच्यते* ।

मार्गाङ्गेषु *सम्यग्दृष्टिसंकल्पवाक्कर्मान्ताजी*वव्यायाम*स्मृति*समाध्याख्येषु **दौष्ठुल्यदोष** आवरणमिति प्रस्तुतम् । अत्रैव कारणमाह—**तेषाम्मार्गाङ्गानां भावनामार्गप्रभावितत्वादिति** भावनामार्गव्यवस्थापितत्वाद् । *कः स दौष्ठुल्यदोषः ? व्यासतः सत्कायान्तग्राहदृष्टी सहजे ससम्प्रयोगे* तदालम्बना विषयालम्बनाश्च रागादयः क्लेशोपक्लेशाः ससम्प्रयोगाः । तेषामालयविज्ञानसन्निविष्टं यद् बीजन्तद् दौष्ठुल्यम् । सङ्क्षेपतस्तु दर्शनप्रहातव्यादन्या *सास्रवा तच्छक्तिरालयविज्ञानसन्निविष्टा दौष्ठुल्यम्* । तच्च *भावनामार्ग*प्रहेयत्वान्मार्गाङ्गेष्वावरणत्वेन व्यवस्थाप्यते ।
उक्तं बोधिपक्षेष्वावरणम् ॥११॥

१४. Y. कुशलमूलं योऽभिसस्करोति तेन मोक्षलब्धौ निश्चितान्मोक्षभागीयमुच्यते.

१५. Ms. °व्यष°.

१६. Y. °भिभूतादित्यर्थः.

१७. Y. क्षान्ति [लौकिका] ग्रधर्मा° on the basis of Tib.

[ब. पारमितास्वावरणानि]

पारमितास्वावरणम्

ऐश्वर्यस्याऽथ सुगतेः सत्त्वाऽत्यागस्य चावृतिः[1] ।
हानिवृद्ध्योश्च दोषाणां गुणानामवतारणे[2] ॥१२॥
विमोचनेऽक्षयत्वे च नैरन्तर्ये शुभस्य च ।
नियतीकरणे धर्मसम्भोगपरिपाचने ॥१३॥

अत्र दशानां पारमितानां यस्याः पारमिताया यत्फलं तदावरणेन तस्या आवरणमुद्भावितं भवति । तत्र दानपारमिताया ऐश्वर्याधिपत्यावरणमावरणम् । शीलपारमितायाः सुगत्यावरणम् । क्षान्तिपारमितायाः सत्त्वाऽ[६ ब[परित्यागावरणम् । वीर्यपारमिताया दोषगुणहानिवृद्ध्यावरणम् । ध्यानपारमिताया विनेयावतारणावरणम् । प्रज्ञापारमिताया विमोचनावरणम् । उपायकौशल्यपारमिताया दानाद्यक्षयत्वावरणम्, बोधिपरिणामनया तदक्षयत्वात् । प्रणिधानपारमितायाः सर्वजन्मसु कुशलनैरन्तर्यप्रवृत्त्यावरणम्, प्रणिधानवशेन तदनुकूलोपपत्तिपरिग्रहात् । बलपारमितायास्तस्यैव कुशलस्य नियतीकरणावरणम्, प्रतिसंख्यानभावनाबलाभ्यां विपक्षाऽनभिभवात् । ज्ञानपारमिताया आत्मपरयोर्धर्मसम्भोगपरिपाचनावरणमावरणम्, अयथारुतश्रुतार्थाऽवबोधात् ॥१३॥

तदनन्तरम्पारमितासु वक्तव्यमित्यत आह— **पारमितास्वावरणम् ।**

ऐश्वर्यस्याऽथ सुगतेः सत्त्वाऽत्यागस्य चावृतिः ।[3]

इति विस्तरः । **अत्र दशानां पारमितानां यस्याः पारमिताया यत् फलं तदावरणेन तस्या आवरणमुद्भावितम् ।** किमत्र कारणं यन्मात्सर्यादयो वस्तुतो दानादिविबन्धे वर्तमानास्तत्फलावरणत्वेनोच्यन्ते न पुनः पारमिता*वरणत्वेनेति ? तत्फलार्थेन दानादौ सर्वः*[4] *प्रवर्तते । तस्मान्मात्सर्यादि*प्रहाण आदरोत्पादनार्थं फलावरणमुक्तम्, न पारमितावरणमिति । अथवा मात्सर्यादिकमावरणमैश्वर्यादिविपक्षभूतं दारिद्र्यादिफलं जनयदैश्वर्यादिफल*प्रतिबन्धात् तदावरणमुच्यते । किन्तासाम्फलम् ? तत्र* **दानपारमितायाः** फलं *प्राधान्येनैश्वर्याधि*पत्यम् । **शीलपारमितायाः** सुगतिः । **क्षान्तिपारमितायाः** सत्त्वाऽपरित्यागः । **वीर्यपारमिताया** दोषगुणहानिवृद्धी । **ध्यानपारमितायाः** शासने सत्त्वा*वतारणम् ।* **प्रज्ञापारमिताया** *गुरुविमोचनम्*[5] । **उपायकौशल्यपारमिताया** बोधिपरिणामनया कुशलाऽक्षयत्वम् । **प्रणिधानपारमितायाः** शुभनैरन्तर्यम् । **बलपारमितायाः** कुशलधर्मनियतीकरणम् । **ज्ञानपारमिताया** *धर्मोपभोगः सत्त्वपरिपाचनञ्च ।*

ऐश्वर्याधिपत्यावरण*मिति । तत्रैश्वर्यं धनोपकरणबहुलता ।* **आधिपत्यं**

१. Ms. चावृत्तिः.

२. Ms. मेव तारणे.

३. Y's reconstruction : ऐश्वर्यस्य सुगत्याश्च सत्त्वात्यागस्य चावृत्तिः.

४ Y. दानादिभ्य सर्वं.

५. Y. प्रज्ञापारमितायास्तांगुरून् विमोचयति.

तदुपभोगवशित्वम् । अस्योभयस्यावरणमावरणम्, दानपारमितायास्तत्फलत्वात् । किम्पुनस्तत् ? मात्सर्यम् ।

सुगत्यावरणमिति । शोभना गतिः सुगतिः[6], मनुष्यो देवश्च । तस्यावरणमावरणं शीलपारमितायास्तत्फलत्वात् । तत्पुनर्दौःशील्यं कुत्सितं कायवाक्कर्म ।

सत्त्वाऽपरित्याग इति । उपकारिवदपकारिसत्त्वोपादानम । एतच्च क्षान्ति-[पारमितायाः] फलम् । तदावरणं क्रोधः ।

दोषगुणहानिवृद्धी इति । स्वपराऽपकारप्रयुक्तानामुत्पन्नानां प्रहाणम्, अनुत्पन्नानाञ्चाऽनुत्पादो दोषाणां हानिः । स्वपराऽनुग्रहप्रवृत्तानामुत्पन्नानां भूयोभावोऽनुत्पन्नानाञ्चोत्पादो[गुणानां]वृद्धिः । किम्पुनरत्रावरणम् ? कौसीद्यम् ।

विनेयावतारणावरणमिति । विनेयानां शासनेऽवतारणं स्वर्गाऽपवर्गलाभकारणत्वेनाऽभ्युपगमात् ।[7] उपशान्त्या गौरव उत्पद्यमाने सत्त्वाः सञ्जल्पद्धर्याऽप्रयत्नेन[8] शासनम्प्रतिपद्यन्ते । अत्र च विक्षेप आवरणम् ।

विमोचनावरणमिति । विमोचनं क्लेशप्रहाणम् । तच्चाऽनुशासन्या[9] भवति । अनुशासनी च प्रज्ञा नाऽन्यथेत्यतः प्रज्ञापारमिताफलं विमोचनम् । तदावरणं क्लिष्टप्रज्ञा मोहो दुष्प्रज्ञा वा ।

दानाद्यक्षयत्वावरणमि[10]ति । दानशीलादीनामक्षयत्वे यदावरणन्तदुपायपारमिताया आवरणम् । तत्पुनर्दानाद्यक्षयत्वं कथम्भवतीत्यत आह—**बोधिपरिणामनया तदक्षयत्वादिति** । महाबोधिपरिणतं दानादि कुशलमूलं न क्षीयते बुद्धत्वमिव । तदावरणं महाबोधिपरिणामना लक्षणाऽनुपायज्ञतेत्येके । अनुपायकौशल्यं त्रिमण्डलग्राहस्तदावरणमित्यन्ये ।

सर्वजन्मसु कुशलनैरन्तर्यप्रवृत्त्यावरणमिति । कुशलनैरन्तर्यं प्रतिदिनम्प्रतिक्षणं वा । तच्च प्रणिधानपारमितायाः फलम् । कथमित्यत आह—**प्रणिधानवशेन तदनुकूलोपपत्तिपरिग्रहादिति** । प्रणिधानवशेन हि दानादीनां नैरन्तर्यप्रवृत्त्या[11]ऽनुगुणामुपपत्तिं परिगृह्णाति । तस्यावरणं दानाद्यनुकूलोपपत्तावप्रणिधानम ।

तस्यैव कुशलस्य नियतीकरणावरण[12]मिति । प्रतिदिनं प्रतिक्षणं वा नियतीकरणं[13]निश्चयः । अत्रैव कारणमाह—**प्रतिसंख्यानभावनाबलाभ्यां विपक्षाऽनभिभवादिति** । अत्र प्रतिसंख्यानबलं धैर्यसहिता प्रज्ञा । धैर्यं पुनः प्रज्ञप्तिधर्मः । सहजे वीर्यसमाधिप्रज्ञात्रये प्रतिसंख्यानत्वात् । भावनाबलमभ्याससहितेनाऽप्रयत्नेन

६. Y. शोभनगमनं but Ms. शोभना······

७. Y. अभ्युपगमनात्.

८. Y. सञ्जल्पद्धर्य प्रयत्नेन.

९. Ms. अनुसामान्या.

१०. Y's reconstruction : दानाद्यक्षयावरणम्.

११. Y. प्रवृत्त्यानुगुणां.

१२. Y's reconstruction : निश्चयावरणम्.

१३. Y. एकीकरणम्.

दानादिषु प्रवर्तनम्[१४], तत्प्रतिपक्षेण मात्सर्यादिनाऽनभिभवात् । किमत्रावरणम् ? अ[१५]प्रतिसंख्यानभावना दौर्बल्यम् ।

आत्मपरयोर्धर्मसम्भोगपरिपाचनावरणमिति । सम्भोगिक[१६]पर्षन्मण्डले *व्यवस्थानम्*[१७], *गम्भीरोदारमहायानधर्मस्य सम्भोगो*[१८], *विचित्राकारैर्निर्माण-कर्माभिधर्मदेशनया* सत्त्वपरिपाकश्च फलम् । तदावरणम्पुनर्यथाभूतश्रुतार्थविचारणा मन्दप्रज्ञता चावरणमिति ।

अत्र च द्रव्यतः षट् पारमिताः, नामतो दश[१९] । प्रज्ञापारमिताप्रभा*वितत्वाच्चतसृणाम्पारमितानाम् । तत्र प्रज्ञापारमिता लोकोत्तरनिर्विकल्पज्ञानम् । तेन ज्ञानेन* क्रमेण सर्वावरणप्रहाणम् । उपायप्रणिधानबलज्ञानपारमिताः पुनर्लोकोत्तरमार्गपृष्ठलब्धज्ञानसङ्गृहीताः । ज्ञानपारमिता प्रकृष्टा सती कथं न निर्विकल्प *इति ? ज्ञानपारमिता हि निर्विकल्पज्ञानपृष्ठलब्धज्ञानम् । तज्ज्ञानावबुद्धत्वं परिच्छिद्य स्वयं* च धर्मसम्भोगं प्रत्यनुभवति परांश्च प्रतिपाचयति । तच्चैतन्निर्विकल्पे द्वयमपि नास्तीत्यतो न निर्विकल्पा ज्ञानपारमितेति । उक्तं पारमितानामावरणम् ॥१३॥

[स. भूमिष्वावरणानि]

भूमौ पुनर्यथाक्रमम्

सर्वत्रगाऽर्थे अग्रार्थे निष्यन्दाऽग्रार्थ एव च ।
निष्परिग्रहताऽर्थे च सन्तानाऽभेद एव च ॥१४॥
निस्संक्लेशविशुद्धयर्थेऽनानात्वाऽर्थ एव च ।
अहीनाऽनधिकार्थे च चतुर्धावशिताश्रये ॥१५॥
धर्म[१]धातावविद्येयमक्लिष्टा दशधावृतिः[२] ।
दशभूमिविपक्षेण प्रतिपक्षास्तु भूमयः ॥१६॥

धर्मधातौ दशविधे सर्वत्रगाद्यर्थे यदक्लिष्टमज्ञानं तद्दशसु बोधिसत्त्व[३]भूमिष्वावरणं यथाक्रमम्, तद्विपक्षत्वात्—यदुत सर्वत्रगार्थे । प्रथमया हि भूम्या धर्मधातोः सर्वत्रगार्थं प्रतिविध्यति, येनात्मपरस[४]मतां प्रतिलभते;[१० अ]द्वितीयया ऽग्रार्थम्, येनाऽस्यैवं भवति—तस्मात्तर्ह्यस्माभिस्समाने ऽभिनिर्हारे सर्वाकारपरिशोधनाभिनिर्हार एव योगः करणीय इति; तृतीयया तन्निष्यन्दाऽग्रार्थम्, येन धर्मधातुनिष्यन्दस्य श्रुतस्याऽग्रतां विदित्वा तदर्थं त्रिसाहस्रमहासाहस्रप्रमाणायामप्यग्निखडायामात्मानं प्रक्षि-

१४. Y. प्रवर्तनात्.
१५. Ms. प्रतिसंख्यान°.
१६. Is it साम्भोगिक ?
१७. Y. °स्थानो.
१८. Y. सम्भोगश्च.
१९. Ms. °पारमितामतो दश.
१. Ms. धर्मधाता°.
२. Ms. दश धावृत्ति.
३. Ms. बोधिभूमिष्वा°.
४. Ms. परमतां.

पेत्; चतुर्थ्यां निष्परिग्रहतार्थम्, तथा हि धर्मतृष्णाऽपि व्यावर्तते; पञ्चम्या सन्तानाऽभेदार्थम्, दशभिश्चित्ताशयविशुद्धिसमताभिः; षष्ठया निस्संक्लेशविशुद्धचर्थम्, प्रतीत्यसमुत्पादे नास्ति स कश्चिद् धर्मो यः संक्लिश्यते वा विशुद्धचते वेति प्रतिवेधात्; सप्तम्याऽनानात्वार्थम्, निर्निमित्ततया सूत्रादिधर्मनिमित्तनानात्वाऽसमुदाचारात्; अष्टम्याऽहीनाऽनधिकार्थम्, अनुत्पत्तिकधर्मक्षान्तिलाभात् संक्लेशे व्यवदाने वा कस्यचिद् धर्मस्य हानिवृद्धचदर्शनात्; चतुर्धा वशिता—निर्विकल्पवशिता, क्षेत्रपरिशुद्धिवशिता, ज्ञानवशिता, कर्मवशिता च; तत्र प्रथमद्वितीयवशिताश्रयत्वं धर्मधातावष्टम्यैव भूम्या प्रतिविध्यति[५]; ज्ञानवशिताश्रयत्वं नवम्याम्, प्रतिसंविल्लाभात्; कर्मवशिताश्रयत्वं दशम्याम्, यथेच्छं निर्माणैः सत्त्वार्थकर[१० ब]णात् ॥१६॥

तदनन्तरं भूमिषु वक्तव्यमित्यत आह—**भूमौ पुनर्यथाक्रमम्**[६]

सर्वत्रगाऽर्थे अग्रार्थे निष्यन्दाग्रार्थ एव च ।[७]

इति विस्तरः । तत्र भूमयो दश—प्रमुदिता, विमला, प्रभाकरी, अर्चिष्मती, सुदुर्जया, अभिमुखी, दूरङ्गमा, अचला, साधुमती, धर्ममेघा च । तत्र धर्मधातोः सर्वत्रगाद्यर्थेऽधिगमादवकाशविशेषोत्तरोत्तरप्रतिपत्तिस्थानरूपेण तदुत्पन्नगुणवस्तुरूपेण च भूमय उच्यन्ते । धर्मधातोः सर्वत्रगाद्यर्थे येन येन विहारेण बोधिसत्त्वो बहुलं विहरति तस्मिन्तस्मिन् विहारेऽवस्थानार्थेन भूम्याख्येत्परे । व्यवस्थानम्पुनर्भूमिभिः प्रमुदितायां दर्शनमार्गोत्पत्तित्वाद् बोधिसत्त्वो धर्ममभिसमेति । अभिसमितधर्मो विमलायां स्वरसवाहिनमधिशीलं शिक्षाविशेषं निष्पादयति, सर्वसूक्ष्मापत्तिदौश्शील्यविगमात् । प्रभाकर्यां जन्मान्तरेऽप्यच्यवनधर्मकर्माऽधिचित्तं शिक्षाविशेषं निष्पादयति । अर्चिष्मतीसुदुर्जयाऽभिमुखीषु बोधिपक्षसत्यप्रतीत्यसमुत्पादालम्बनमधिप्रज्ञं शिक्षाविशेषं निष्पादयति । तासामेव शिक्षाणां शेषासु भूमिषु चतुर्विधं फलं वेदितव्यम् । तत्र दूरङ्गमायाम्प्रयत्नसहितमनिमित्तज्ञानेऽवस्थानं निष्पादयति । अचलायामनाभोगेनानिमित्तज्ञानेऽवस्थानं सार्धं क्षेत्रविशुद्धचा निष्पादयति । साधुमत्यां प्रतिसम्विद्गुणविशेषं निष्पादयति, येन धार्मकथिको भवति । धर्ममेघायां समाधिधारणीगुणविशेषं निष्पादयति ।

धर्मधातौ दशविधे सर्वत्रगाद्यर्थ[८] इति । धर्मधातौ दशभिर्बोधिसत्त्वभूमिभिः सर्वत्रगाद्यर्थोऽधिगम्यते । तत्र **यदक्लिष्टमज्ञानं तद्दशसु बोधिसत्त्वभूमिषु** दशविधमाव-

५. Ms. प्रतिविद्धति.

६. Y's reconstruction : भूमिष्वपि यथाक्रमम्. Reading here after the Bhāṣya.

७. Y's reconstruction : सर्वत्रगार्थोऽग्रार्थश्च.

८. Y's reconstruction : सर्वत्रगार्थादिषु दशविधधर्मधातुषु. Reading here after the Bhāṣya.

वरणं यथाक्रमम्, तद्विपक्षत्वादिति, भूमिविपक्षत्वात् । भूमयो हि लोकोत्तरसमाधिप्रज्ञाद्यवकाशविशेषात्मकाः । तदुत्पत्तिविबन्धादक्लिष्टमज्ञानं विपक्षः । न चात्राऽक्लिष्टमेवाऽज्ञानमावरणं किन्तर्हि चान्येऽपि क्लेशोपक्लेशाः । तथा हि प्रमुदितायाः सर्वं एव दर्शनमार्गप्रहेया आवरणम् । यस्मात्सर्वत्रार्थाऽवबोधेन दर्शनमार्गेण सत्येषु सर्वे विप्रतिपत्त्यनुशयाः प्रहीयन्ते, भावनाप्रहेयाः पुनः शेषाभिर्भूमिभिः । ते त्वप्रहीणा अपि प्रहीणवत् बोधिसत्त्वानां न संक्लेशकरा भवन्तीति । इममेव चाऽर्थमधिकृत्योक्ता गाथा

क्लेशो बोध्यङ्ग आपन्नो मोहोपायप्रयोगतः ।[९]
संसारोऽप्युपशान्तात्मा[१०] ततोऽचिन्त्यस्तथागतः ॥

दशसु च भूमिषु दश पारमिता यथाक्रममतिरिक्ततरा भवन्तीतिवचनात् तद्विपक्षस्यापि मात्सर्यादिकस्य यथाक्रमं प्रहाणमिति गम्यते ।

यद्यन्योऽपि क्लेश आवरणं स्यात् कस्मादुक्तं भूमिष्वक्लिष्टमेवाज्ञानमावरणमिति ? असाधारणत्वात् । एतद्धि बोधिसत्त्वानामेव निर्वाणाधिगमविबन्धैर्वर्तते न श्रावकादीनाम् । तथा हि—श्रावकाः प्रत्येकबुद्धाश्च तस्मिन् सत्येव मुच्यन्ते न तु बोधिसत्त्वा इत्यतोऽसाधारणम् । एतद् भूमिष्वावरणमुक्तं न त्वेतदेव[११] भूमिष्वावरणमिति कृत्वा । क्लेशस्तु श्रावकादिभिर्बोधिसत्त्वानां समान इति तस्यावरणत्वेन बोधिसत्त्वभूमिषु न विधिर्न प्रतिषेध इति तस्याऽवचनेऽप्यावरणं न निवर्तते ।

अन्य आह—अक्लिष्टमज्ञानं श्रावकादिभिर्बोधिसत्त्वानां समानमिति भूमीनां विशेषेणावरणमुच्यते । क्लेशस्त्वानुषङ्गिक इति नोक्तम् । क्लेशोऽपि श्रावकादिभिर्बोधिसत्त्वानां समान एवेत्यसावानुषङ्गिको न स्यादिति ।

अन्ये त्वाहुः—यद् भूमीनामज्ञानमावरणं तच्छ्रावकादीनामक्लिष्टमज्ञानं सन्नापि विमुक्तिविबन्धनम् । यस्माच्छ्रावका भूमिष्वज्ञाने सत्येव विमुच्यन्ते । बोधिसत्त्वानान्तु क्लिष्टं निर्वाणाधिगमे[१२] विबन्धहेतुभावा[१३]दिति ।

नैतदेवमित्यन्ये ।

अक्लिष्टं दशधावृतिः[१४] ।

इति ।

प्रथमया हि भूम्या धर्मधातोः सर्वत्रगार्थं प्रतिविध्यतीति । तत्र प्रथमा लोकोत्तरप्रज्ञा सपरिवारा दर्शनमार्गसंगृहीता । धर्मधातुः शून्यता । सामान्यलक्षणेनैकत्र यथा सर्वत्राऽपि तथेति सर्वत्रगत्वात् सर्वत्रगः ।

धर्मधातुविनिर्मुक्तो[१५] यस्माद् धर्मो न विद्यते ॥ (का० ५.१९)

९. Y. प्रयोगिनः.
१०. Y. °प्युपशान्त्यात्मा.
११. Y. नापि तदेव.
१२. Y. °धिगमने.
१३. Y. हेतुभूतादिति.
१४. Ms. and Y. दशधावृत्तिः.
१५. Ms. धर्मधातुर्विनिर्मुक्तो. See का. ५.१९.

इति वचनं धर्मधातोः सर्वत्रगत्व[१६]ज्ञापकम् । प्रतिविध्यतीति साक्षात्करोतीत्यर्थः । **येन**[१७] प्रतिवेधेना**त्मपरसमतां**[१८] **प्रतिलभते** । योऽहं स परो यो वा परः सोऽहमिति परत्रात्मनि च शून्यताया अभेददर्शनात् स्वपरात्मनोरभेदं मन्यते । अत एवास्यां भूमौ दानपारमिताऽतिरिक्ततरा भवति । ततोऽत्र बोधिसत्त्वो यथा स्वार्थे तथा[१९] परार्थे प्रवर्तते । एवं[२०] हि प्रतिवेधः प्रतिपक्षः प्रतिपक्षफलञ्चोद्भावितम् । एतच्च त्रितयमितरास्वपि भूमिषु विज्ञेयम् ।

द्वितीययाऽग्रार्थम् । धर्मधातोः प्रतिविध्यतीति सम्बध्यते । प्रकृतिप्रभास्वरदर्शनात् । **येनाऽस्यैवं भवति—तस्मात्तर्ह्यस्माभिस्समानेऽभिनिर्हारे सर्वाकारपरिशोधनाभिनिर्हार एव योगः करणीय** इत्यागमं दर्शयति । **सूत्रे** ह्युक्तम्[२१]—यस्मादिति दशकुशलाः कर्मपथाः प्रज्ञाकारेण प्रतिभाव्यमाना यावच्छ्रावकयानं संवर्तयन्ति । तत उत्तरं परिशोधिता यावत्प्रत्येकबुद्धयानं संवर्तयन्ति । तत उत्तरं परिशोधिता यावद् बोधिसत्त्वभूमिपरिशुद्धि[२२]पारमितापरिशुद्धि[२३]चर्याविपुलत्वाय संवर्तन्ते । तत उत्तरं परिशुद्धितरत्वाद्[२४] यावद् दशबलबलत्वाय संवर्तन्ते । तस्मात्तर्ह्यस्माभिस्समानेऽभि[२५]निर्हार इति विस्तरः । यस्मादेतदस्यैवं भवति द्वितीयायां भूमौ तस्मात्तर्हीत्यादि । तस्माद् द्वितीययाऽग्रार्थं प्रतिविध्यतीति विज्ञायते । अभिनिर्हारः प्रयत्नः कृत्यं वा । सर्वाकारपरिशोधनं धर्मधातौ क्लिष्टाऽक्लिष्टमोहनिराकरणम् । तस्मात्तस्यां भूमौ शीलपारमिताऽतिरिक्ततरा भवति, विशिष्टार्थप्रार्थनया सुतरामात्ममात्रीकरणात् ।

तृतीयया तन्निष्यन्दाग्रार्थम् । प्रतिविध्यतीति प्रकृतम् । धर्मधातुप्रतिवेधप्रभावितत्वाद् बुद्धवचनस्य । यस्मात् सर्वाकारपरिशुद्धधर्मकायसंज्ञकेन धर्मधातुवशेन प्रभावितो धर्मधातुनिष्यन्दः सूत्रादिको देशनाधर्मः । धर्मधात्वग्रतया तन्निष्यन्ददेशनाधर्माग्रतया[२६] धर्मधातुपरिशुद्धिनिमित्तत्वाच्च । **तेन**[२७] **धर्मधातुनिष्यन्दस्य**

१६. Y. सर्वत्रगज्ञापकम्.
१७. Y. reconstructs तेन.
१८. Y. reconstructs स्वपरसमताम्.
१९. Y. omits तथा.
२०. Y. एतद्धि.
२१. Y. सूत्रेहि [एतद्] उक्तम्. Ms. as here.
२२. Y. °शुद्धय° against Ms.
२३. Y. शुद्धय° against Ms.
२४. Y. परिशोधिताः सर्वाकारपरिशोधितत्वाद् against Ms.
२५. Y. समाभिनिर्हार. Reading here after the Bhāṣya.
२६. Y. °ग्रताया.
२७. Bhāṣya येन.

श्रुतस्याऽग्रतां विदित्वेति विस्तरः। *तेनेति प्रतिविद्धधर्मधातुना। श्रुतस्येति श्रुत-सूत्रादिधर्मस्य तस्याऽग्रता विदित्वेति निर्विकल्पेन* ज्ञानेन तथा प्रत्यात्मं ज्ञात्वेत्यर्थः। तदर्थमिति बुद्धवचनश्रवणार्थम्। **त्रिसाहस्रमहासाहस्रप्रमाणायामप्यग्निखडायामात्मानं प्रक्षिपेदिति**। उक्तं हि **सूत्रे**—स चेदिदं कश्चिदेवं ब्रूयात्—एवमहं *तुभ्यमिदं धर्मपदं सम्यक्सम्बुद्धोपनीतं बोधिसत्त्वचर्यापरिशोधनं संश्रावयेयम्*, स चेत् त्वं महत्यामग्निखडायां सम्प्रज्वलितायामेकज्वालीभूतायामात्मानं प्रपातयेः, महान्तं च दुःखवेदनोपक्रमं स्वशरीरेणोपादद्याः। तस्यैवं *भवति—उत्सहेऽहमेकस्यापि धर्मपद-स्य सम्यक्सम्बुद्धोपनीतस्य बोधिसत्त्वचर्या*परिशोधनस्यार्थाय त्रिसाहस्रमहासाहस्र-लोकधातावग्निपरिपूर्णे ब्रह्मलोकादात्मानमुत्स्रष्टुम्। किम्पुनः प्राकृतायामग्निखडा-याम्। अपि *तु खलु पुनः सर्वैर्निरयापायदुःखसंवासैरप्यस्माभिस्सर्वबुद्धधर्माः* पर्येषितव्याः किम्पुनर्मनुष्यदुःखसंवासैरिति। अत एवास्याम्भूमौ क्षान्तिपारमिता-ऽतिरिक्ततरा भवति, श्रुतार्थं सर्वक्लेशसहनादिभिरप्यभेद्यत्वात्।[२८]

चतुर्थ्यां निष्परिग्रहतार्थम्[२९], *धर्मधातोः प्रतिविध्यतीति*[३०] *प्रकृतम्।* चतुर्थ्याम्भूमौ समत्वादनात्मीयत्वं धर्मधातोः प्रतिविध्यति, यस्मान्न धर्मधातोः कस्यचित् समतास्तीति।[३१] अथवा सर्वविपर्यासाऽविषयत्वान्न कस्यचित् परिग्रहः। स्वयमविषय[३२]त्वान्नाऽत्र *कश्चित् परिग्रहः*[३३]*। यस्माद्* **धर्मतृष्णाऽपि व्यावर्तत इत्यागम**वचनम्। एवमर्चिष्मत्यां निष्प्रपञ्चेन ज्ञानेन धर्मधात्वधिगमाद् बोधिपक्ष-धर्मप्राप्तिः। बोधिसत्त्वस्य याऽपि सूत्रादिधर्मतृष्णा पूर्वमासीत् साऽपि व्यावर्तते। ध्यानसमाधिसमापत्ति[३४]*धर्मतृष्णेत्यन्ये। तस्मात् तस्याम्भूमौ वीर्यपारमिताऽति-रिक्ततरा भवति।* अभीक्ष्णं वाङ्मनोजल्पसमतिक्रान्ते बोधिपक्षैर्विहरणात्।

पञ्चम्या सन्ताना[३५]**भेदार्थम्**। धर्मधातोः प्रतिविध्यतीत्यधिकृतम्। अतीताऽ-नागतवर्तमानानां[३६] सर्वबुद्धानां परम्परतो बोधिसत्त्वानाञ्च सन्तानैरात्मनः

२८. Y. अभेद्यात्.

२९. Y's reconstruction : चतुर्थ्याऽपरिग्रहतार्थम्.

३०. Y. प्रतिविध्यतीति सम्बध्यते.

३१. Y. on the basis of Tib. यस्मान्न धर्मधातोः कश्चिदात्मा नास्तीति. Ms. as here. The use of double negation as accepted by Y. goes against the first part of the sentence. Hence one need not unnecessarily interfere with the Ms. and rely solely on Tib. translation in preferance to Ms.

३२. Y. स्वयमविपर्यासत्वात् against Ms.

३३. Y. अत्र कश्चित् परिग्रहो नास्ति.

३४. Y. समापत्ति धर्म°.

३५. Ms. broken, Y. सन्तानाऽभिन्नार्थम्.

३६. Y. adds भगवतां on the basis of Tib.

सन्तानाऽभेदं[३७] पश्यति । **दशभिश्चित्ताशयविशुद्धि[३८]समताभिरित्यागमं** दर्शयति । अतीतबुद्धधर्मविशुद्धयाशयसमतया च, अनागतबुद्धधर्मविशुद्धयाशयसमतया च, प्रत्युत्पन्नबुद्धधर्मविशुद्धयाशयसमतया च, शीलविशुद्ध्याशयसमतया च, चित्तविशुद्ध्याशयसमतया च, दृष्टिकाङ्क्षाविमतिविलेखाऽपनयनविशुद्धयाशयसमतया च, मार्गाऽमार्गज्ञानविशुद्धयाशयसमतया च, प्रतिपत्प्रहाणज्ञानविशुद्धयाशयसमतया च, सर्वबोधिपाक्षिक[३९]धर्मोत्तरोत्तरविभावनविशुद्धयाशयसमतया च, सर्वसत्त्वपरिपाचनविशुद्धयाशयसमतया च । आभिः समताभिः सर्वबुद्धानां सन्तानाऽभेदं प्रतिविध्यति[४०], आलयविज्ञानपरावृत्तिलक्षणधर्मकायस्याऽभिन्नत्वात् । तस्मात् तस्यां भूमौ ध्यानपारमिताऽतिरिक्ततरा भवति, परमार्थतः सत्याकारभावनाबहुलत्वात् ।

षष्ठ्या निस्सङ्क्लेशविशुद्धयर्थम् । धर्मधातोः प्रतिविध्यतीति सम्बध्यते । प्रतीत्यसमुत्पादलक्षणः सङ्क्लेशः, तस्मिन्नागन्तुकात्[४१] प्रकृत्या न सङ्क्लिश्यते[४२] । प्राकृतिकविशुद्धेर्न विशुद्धयति । एवं स्वसंवेद्याकारेण निर्विकल्पेन ज्ञानेन धर्मधातुं प्रतिविध्यतीत्यत्रै**वागमं** दर्शयति । **प्रतीत्यसमुत्पादे नास्ति स कश्चिद् धर्मो यः सङ्क्लिश्यते वा विशुद्धयते वेति प्रतिवेधात्**[४३] । षष्ठ्यां भूमौ बोधिसत्त्वः प्रतीत्यसमुत्पादं विध्यति । तत्र न कस्यचिद् धर्मस्य सङ्क्लेशं व्यवदानं वा प्रतिविध्यति, धर्मधातोः प्रकृतिप्रभास्वरत्वात्, प्रतीत्यसमुत्पादाङ्गञ्च सङ्क्लेशमात्रत्वात्, न च तद्वयतिरिक्तोऽन्य आत्माऽस्त्यात्मीयो वा यस्मिन् सङ्क्लेशः सङ्कल्प्यते विशुद्धिर्वा । तस्माद् वाऽस्यां भूमौ प्रज्ञापारमिताऽतिरिक्ततरा भवति, निस्सङ्क्लेश[४४]विशुद्धयर्थेन प्रतीत्यसमुत्पादगाम्भीर्याऽवबोधादिति ।

सप्तम्याऽनानार्थत्वम् । धर्मधातोः प्रतिविध्यतीत्यधिकृतम् । तस्यां भूमौ बोधिसत्त्वोऽभिभवति सर्वनिमित्तसमुदाचाराभावात्, निमित्तसमुदाचारद्वारक[४५]श्च नानात्वसमुदाचार इति । अतो निमित्तसमुदाचाराऽभावात् सप्तम्याऽनानात्वार्थं धर्मधातोः प्रतिविध्यतीत्युच्यते । इममेवाऽर्थं प्रदर्शयन्नाह—**र्निनिमित्ततया सूत्रादिधर्मनिमित्तनानात्वाऽसमुदाचारादिति**[४६] । यैः सूत्रादिधर्मनिमित्तैर्धर्मधातुं प्रविशति

३७. Y. अभिन्नसमतां.

३८. Y's reconstruction : दशभिर्विशुद्धचित्ताशय. Reading here after the Bhāṣya.

३९. Y. बोधिपक्ष्य against Ms.

४०. Ms. प्रतिविध्यते.

४१. Y. °गन्तुजात्

४२. Y. संक्लिष्टः.

४३. Y's reconstruction : प्रतिवेधनात्. Reading here after the Bhāṣya.

४४. Ms. निःक्लेश°.

४५. Y. द्वारतश्च against Ms.

४६. Y's reconstruction : निमित्ताऽभावेन सूत्रादिधर्मलक्षणस्य नानात्वाऽसमुदाचारादिति.

तानि बलान्नात्वेन तत्प्रवेशतत्पृष्ठलब्धयोर्ज्ञानयोरभिमुखीभवन्ति यावत् षष्ठी भूमिः। सप्तम्यान्तु भूमौ सर्वनिमित्तैकरसाकारेण *ज्ञानेन धर्मधातोर्निर्निमित्ताभावत्वं प्रतिविध्यतीति तानि निमित्तानि न समुदाचरन्ति ।* तस्मात् तस्यां भूभावुपायपारमिताऽतिरिक्ततरा भवति, यतः सर्वनिमित्तान्यनिमित्तत्वेन प्रतिविध्यति, निमित्तकृतं च व्यवहारं न विरोधयति । तत्प्रतिवेधाच्च *तस्यामेव वशित्वं प्रतिलभते ।*

अष्टम्याऽहीनाऽनधिकार्थम्[४७] । *धर्मधातोः प्रतिविध्यतीति* सम्बध्यते । धर्मधातोः प्रकृतिपरिशुद्धत्वात् समलाऽमलाऽवस्थयोर्विशेषाऽभावात् । अत एवाऽसौ नित्यं तथैवेति कृत्वा तथतेत्युच्यते । *निमित्ताऽभावे क्वचिदपि हीनता नास्ति ।*[४८] *सनिमित्तत्वे क्वचिदप्याधिकत्वं नास्ति ।*[४९] *तथा हि* निमित्तमेवाऽनिमित्तमिति किञ्चिदनुत्पत्तिकधर्मक्षान्तिलाभादित्यत्रैव कारणम् । अष्टम्यां हि भूमौ बोधिसत्त्वोऽनुत्पत्तिकधर्मक्षान्तिप्रतिलम्भाद् धर्मधातोरभ्युच्चयाऽभावत्वमपचयाऽभावत्वं चैवं प्रतिविध्यति । **सङ्क्लेशे व्यवदाने वा कस्यचिद् धर्मस्य हानिवृद्ध्यदर्शना**[५०]दित्यपूर्वधर्माऽनुत्पादात् ।

चतुर्धा वशिता—निर्विकल्पवशिता, क्षेत्रपरिशुद्धिवशिता, ज्ञानवशिता, कर्मवशिता च । तत्र निर्विकल्पवशिता[५१]श्रयत्वं धर्मधातोर्वेदितव्यम्, *अनाभोगेन-सर्वनिमित्तसमुदाचाराऽभावात् । सप्तम्यामपि निमित्तसमुदाचाराभावः* सम्भवत्यभिसंस्कारेण। इह त्वनभिसंस्कारेणेति विशेषः । क्षेत्रपरिशुद्धिवशिताश्रयत्वं चाऽष्टम्या प्रतिविध्यतीति प्रकृतम् । क्षेत्रपरिशुद्धिवशिताश्रयत्वं धर्मधातोर्यथेष्टं बुद्धक्षेत्र[परिशोधन] *पर्षन्मण्डलसन्दर्शनशक्तिप्रतिलम्भात् । तस्मात् तस्यां भूमौ* प्रणिधानपारमिताऽतिरिक्ततरा भवति, निर्विकल्पक्षेत्रवशितालाभेन कुशलनिरन्तरप्रयोगात् ।

ज्ञानवशिताश्रयत्वं नवम्या ।[५२] धर्मधातोः प्रतिविध्यतीति प्रकृतम् । कथमेतद् *विज्ञायते नवम्या ज्ञानवशिताश्रयत्वं प्रतिविध्यतीति ?* अत आह—**प्रतिसंविल्लाभात्**[५३] । अस्यां हि भूमौ धर्मार्थनिरुक्तिप्रतिभानप्रतिसंविदोऽन्यैरपर्याप्ताः प्रतिलभते । अतोऽत्र ज्ञानवशिताश्रयत्वं धर्मधातोः प्रतिविद्धमिति विज्ञायते । *तस्मात् तस्यां भूमौ बलपारमिताऽतिरिक्ततरा भवति,* प्रज्ञाबलविशेषयोगात् ।

४७. Y's reconstruction : अष्टम्याऽनपकर्षाऽनुत्कर्षार्थम्. Reading here after the Bhāṣya.

४८. Y. निमित्तविगते क्वचिदप्युत्कर्षश्च नास्ति.

४९. Y. निमित्तगते क्वचिदप्युत्कर्षश्च नास्ति.

५०. Y's reconstruction : कश्चिदपचयधर्मो नास्ति संक्लेशे, अभ्युच्चयो वा नास्ति व्यवदाने. Reading here after the Bhāṣya.

५१. Y. निर्विकल्पज्ञानवशिता° on the basis of Tib.

५२. Y. Bhāśya नवम्याम्.

कर्मवशिताश्रयत्वं दशम्या[५४] प्रतिविध्यतीति सम्बध्यते । कथमेतद् गम्यते ? अत आह—**यथेच्छं निर्माणैः सत्त्वार्थकरणादिति** । निश्चयेनाऽनेन दशम्याम्भूमौ धर्मधातोः कर्मवशिताश्रयत्वं प्रतिविध्यति, तेन तथागतकर्म स्वाधिपत्यं प्रतिलभते । तथा हि सुगतत्वाद् दशदिगनन्तलोकधातुस्थितानां सत्त्वानां निर्माणकार्यैर्यथेष्टं यस्य यथा यस्मिन् काले यत् कर्तव्यं तस्य तथा तस्मिन् काले तत् करोति । तस्मादस्याम्भूमौ ज्ञानपारमिताऽतिरिक्ततरा भवति । धर्मपरिभोगसत्त्वपरिपाकविशेषयोगादिति ।

एवमासां यथोक्तानां बोधिसत्त्वभूमीनां दशविधधर्मधातुप्रतिवेधसर्वाकारपरिशोधनविबन्धभूतं यदक्लिष्टमज्ञानमेकैकायामपि भूम्यामावरणम् तत्प्रतिपक्षा बोधिसत्त्वानां दश भूमयो व्यवस्थिताः[५५] नवम्या दशम्याश्च भूमेः फलेन विशेषः परिदीपितो नावरणभेद[५६] प्रतिवेधविशेषेण, तद्विहारस्य कामप्यनिरूप्याऽवस्थां गतत्वात् । सर्वत्रगाद्यर्थप्रतिवेधप्रयोजनं दशभूमिषु दशानाम्पारमितानां विशेषगतिर्यथाक्रमम् । तस्मादेतदेवोक्तम्—भूम्यावरणं पारमिताविशेषगत्यावरणमिति । अथवा **सूत्रोक्त**मेव समाधिसमापत्त्यादिकमुत्तरोत्तरभूमिविशिष्टं सर्वाकारं नानाऽवसानं फलं सर्वत्रगाद्यर्थप्रतिवेधप्रयोजनमिति ॥१६॥

[५. आवरणसमासः]

समासेन पुनः

क्लेशावरणमाख्यातं ज्ञेयावरणमेव च ।
सर्वाण्यावरणानीह यत्क्षयान्मुक्तिरिष्यते ॥१७॥

अस्य हि द्विविधस्यावरणस्य क्षयात् सर्वावरणेभ्यो मुक्तिरिष्यते ॥१७॥

प्रागुक्तानि बहुविधानि सर्वावरणानि द्वयावरणान्तर्गतानीति प्रदर्शनार्थमाह—**समासेन पुनः**

क्लेशावरणमाख्यातं ज्ञेयावरणमेव च ।

कथमेतद् गम्यते ? समासतो द्वयमेव न पुनस्तृतीयमप्यस्तीति । अत आह—

सर्वाण्यावरणानीह

इति । अत्रान्तर्गतानीति वाक्यशेषः । सर्वावरणानि द्वयावरणान्तर्गतानि नान्यत् तृतीयमस्तीति गम्यते । यतश्च सर्वावरणान्यत्रैवान्तर्गतान्यतस्यैव सर्वावरणसङ्ग्राहकस्य क्लेशज्ञेयावरणद्वयस्य **क्षयात् सर्वावरणेभ्यो मुक्तिरिष्यते**, सर्वावरणानाम्प्रहाणमित्यर्थः । बुद्धभूम्यावरणेऽनाख्याते कथमत्रैवान्तर्भावः ? न ह्यभिधानादन्तर्भावः, किन्तर्हि स्वभावात् । अपि च व्याप्यावरणवचनात् तदप्युक्तमेव । अन्यथा च प्रदेशावरणमेव भवतीति । अथवा बुद्धभूम्यावरणसङ्ग्रहार्थमाह—

सर्वाण्यावरणानीह **यत्**[१] **क्षयान्मुक्तिरिष्यते ।**

५४. Bhāṣya दशम्याम्.
५५. Y. बोधिसत्त्वदशभूमिर्व्यवस्थिता.
५६. Y. न त्वालम्बनभेद° on the basis of Tib. Ms. नावरणभेद°.
१. Y's reconstruction : तत्क्षया मुक्ति°.

बुद्धावरणाऽक्षये न मुक्तिरस्तीति । अतः शेषावरणवत् तदप्यावरणमिति प्रतिपादितम्भवति । सौक्ष्म्यप्रकर्षावस्थं त्वक्लिष्टमज्ञानं क्लेशवासनाश्च बुद्धभूमेरावरणमुच्यते । तस्मात्सौक्ष्म्यप्रकर्षादन्यथा प्रेक्षितुं न शक्यत इत्येवमाख्यातम्भवति ।।१७।।

[आवरणपिण्डार्थः]

आवरणानाम्पिण्डार्थः । महदावरणं यद् व्यापि । प्रतन्वावरणं यत् प्रादेशिकम् । प्रयोगावरणं यदुद्रिक्तम् । प्राप्त्यावरणं यत्समम् । प्राप्तिविशेषावरणं यदादानविवर्जने । सम्यक्प्रयोगावरणं यन्नवधा क्लेशावरणम् । हेत्वावरणं यच्छुभादौ दशविधहेत्व[1]र्थाधिकारात् । तत्त्वप्रवेशावरणं यद् बोधिपक्ष्येषु । शुभानुत्तर्यावरणं यत्पारमितासु । तद्विशेषगत्यावरणं यद् भूमिषु । सङ्ग्रहावरणं यत् समासतो द्विविधम् ।

।।मध्यान्तविभागे आवरणपरिच्छेदो द्वितीयः ।।

महदावरणं यद् व्यापि क्लेशज्ञेयावरणं बोधिसत्त्वगोत्राणाम् । **प्रतन्वावरणं प्रादेशिकं** क्लेशावरणमेव श्रावकादिगोत्राणाम् । **प्रयोगावरणं यदुद्रिक्तमिति** तेषामेव रागादिचरितानाम्, तैः प्रयोगाऽप्राप्तेः[2] । **प्राप्त्यावरणं यत्सम**[3]मिति समभागचरितानाम्, तद्धि प्राप्तिविबन्धे वर्तते । **प्राप्तिविशेषावरणं यदादानविवर्जने**[4] इति बोधिसत्त्वगोत्राणामधिगमविशेषावरणत्वात् । अप्रतिष्ठितं निर्वाणमधिगमविशेषः । एष चैव फलविशेषो वेदितव्यः । **सम्यक्प्रयोगावरणं यन्नवधा क्लेशलक्षणमिति** नव संयोजनान्यावरणमिति वचनात् । तानि सम्यक्प्रयोगस्यावरणं भवन्ति यथा तथोक्तम् । **हेत्वावरणं यच्छुभादौ दशविधहेत्वधिकारादिति** । तद्धि शुभादिहेतुविबन्धद्वारेणावरणं भवन्तीति हेत्वावरणमुच्यते । **तत्त्वप्रवेशावरणं यद् बोधिपक्ष्ये**[5]**ष्विति** । तैर्हि तत्त्वम्प्रविशति । **शुभानुत्तर्यावरणं यत् पारमितासु**, तत उत्तरि शुभाभावात् । **तद्विशेषगत्यावरणं यद् भूमिष्विति** पारमिता एव हि लोकोत्तरविशेषाश्रयभूता भूमय उच्यन्ते । **सङ्ग्रहावरणं यत् समासतो**[6]**द्विविधमिति** क्लेशावरणं ज्ञेयावरणञ्च, एतेन सर्वावरणसङ्ग्रहात् ।

पिण्डार्थवचनं सुखोद्ग्रहणधारणार्थम् । पिण्डीकृतं हि सुखमुद्गृह्यते धार्यते चेति ।

।। आगमानुसारिण्यां मध्यान्तविभागटीकायामाचार्यभदन्तस्थिरमतिव्याख्यातायामावरणपरिच्छेदो द्वितीयः समाप्तः ।।

१. Ms. °हेतुत्वर्था°.

२. Y. तेन प्रयोगत्वमप्राप्तम्.

३. Y's reconstruction : यत्समानमिति. Reading here after the Bhāṣya.

४. Ms. broken. Y's reconstruction यदादानप्रहाणमिति. Reading here after the Bhāṣya.

५. Ṭikā : बोधिपक्षेषु°.

६. Y's reconstruction : समासेन.

तत्त्वपरिच्छेदस्तृतीयः

तत्त्वमधिकृत्याह

> मूललक्षणतत्त्वम्[1] अविपर्यासिलक्षणम् ।
> फलहेतुमयन्तत्त्वं सूक्ष्मौदारिकमेव च ॥१॥
> प्रसिद्धं शुद्धिविषयं संग्राह्यं भेदलक्षणम् ।
> कौशल्यतत्त्वं दशधा आत्मदृष्टिविपक्षतः ॥२॥

इत्येतद्दशविधं तत्त्वम्, यदुत—मूलतत्त्वम्, लक्षणतत्त्वम्, अविपर्यासतत्त्वम्, फलहेतुतत्त्वम्, औदारिकसूक्ष्मतत्त्वम्, प्रसिद्धतत्त्वम्, विशुद्धिगोचरतत्त्वम्, सङ्ग्रहतत्त्वम्, प्रभेदतत्त्वम्, कौ[११अ]शल्यतत्त्वञ्च। तत्पुनर्दशविधं दशविधात्मग्राहप्रतिपक्षेण वेदितव्यम्। तद्यथा—स्कन्धकौशल्यम्, धातुकौशल्यम्, आयतनकौशल्यम्, प्रतीत्यसमुत्पादकौशल्यम्, स्थानाऽस्थानकौशल्यम्, इन्द्रियकौशल्यम्, अध्वकौशल्यम्, सत्यकौशल्यम्, यानकौशल्यम्, संस्कृताऽसंस्कृत[2]कौशल्यञ्च ॥२॥

आवरणनिर्देशानन्तरं तत्त्वनिर्देशावसरः, तदनन्तरमुद्दिष्टत्वादित्यतस्तत्त्वमधिकृत्याहेत्याह। तत्त्वस्य च बहुविधत्वं विद्यते। अतस्तद्भेदाऽनवबोधे तत्त्वस्वरूपं दुरवगममित्यतस्तत्त्वप्रभेदमेवादौ प्रतिपादयन्नाह

मूललक्षणतत्त्वम्

इति विस्तरेण दशविधं तत्त्वम्।

[एक आहुः]तत्र मूलतत्त्वेऽन्यतत्त्वान्तर्भावसन्दर्शनार्थं **मूलतत्त्ववचनम्**। **मूलतत्त्वे** परिज्ञानप्रहाणसाक्षात्करणसम्प्रयुक्तस्य दोषप्रहा[3]णार्थं **लक्षणतत्त्ववचनम्**। संसारादुद्वेगोपायप्रदर्शनार्थ**मविपर्यासतत्त्ववचनम्**। उद्विग्नस्य श्रावकयाननिर्याणसन्दर्शनार्थं **फलहेतुतत्त्ववचनम्**। श्रावको हि चतुरार्यसत्यप्रतिवेधभावनाभ्यां निर्याति। सर्वाकारज्ञानप्रतिपत्त्युपायसन्दर्शनार्थ**मौदारिकतत्त्ववचनम्**। सर्वावरणप्रहाणोपायसन्दर्शनार्थं **सूक्ष्मतत्त्ववचनम्**। सु[4]व्यवस्थितधर्मनिर्देशोपायसन्दर्शनार्थं सर्वपरप्रवादिनिग्रहोपायसन्दर्शनार्थञ्च **प्रसिद्धतत्त्ववचनम्**। समे[5]ऽपि धर्मधातौ गोत्रेन्द्रियाशय-

१. Ms. °तत्त्व अवि°.
२. असंस्कृत missing in Ms.
३. Y. दोषप्रहरणार्थं.
४. Ms. अव्यवस्थित°.
५. Ms. समेत्य.

भेदेन *विशुद्धिभेदसन्दर्शनार्थं* **विशुद्धिगोचरतत्त्ववचनम्**। सर्वाकारसङ्क्लेशव्यवदानप्रवेशोपायसन्दर्शनार्थं **सङ्ग्रहतत्त्ववचनम्**। तथतामारभ्य सर्वसन्देहविनिवर्तनसामर्थ्यसन्दर्शनार्थं **प्रभेदतत्त्ववचनम्**। सर्वप्रकार*ात्मग्राहं* निवर्त्य नैरात्म्यव्यवस्थानसामर्थ्यसन्दर्शनार्थं **कौशल्यतत्त्ववचनमिति**।

अन्ये पुनराहुः, मूलतत्त्वं बोधिसत्त्वस्यासाधारणम्। तत्रैव मिथ्याप्रयोगप्रतिपक्षत्वाद्[६] द्वितीयम्। सम्यग्योगानुकूलतत्त्वं तृतीयम्। श्रावकप्रत्येकबुद्धसाधारणतत्त्वं चतुर्थम्। *प्रतिपत्त्युपायतत्त्वं पञ्चमम्। लोकसाधारणतत्त्वं षष्ठम्। तदसाधारणतत्त्वं सप्तमम्।* ज्ञेयसमासतत्त्वमष्टमम्। प्रकृतितत्त्वं नवमम्। सङ्क्लेशमूलनिर्घातनतत्त्वं दशममिति।

एतानि समासतो दश तत्त्वानि तथागतानां सर्वाभिसन्धिवचनाश्रय*भूतम्*। विस्तरेण तत्त्वमप्रमेयम्।

अत्र तत्त्वाऽनुकूल्यात्[७] *संवृति*[८]*रपि तत्त्वमित्युक्तमित्येके*।

सर्वाण्येवैतानि यथोक्तैः प्रकारैरविसम्वादात्तत्त्वानीत्यन्ये।[९] यद्येन प्रकारेण न विसम्वदति तत्तथा तत्त्वमिति कृत्वा ॥२॥

[१. मूलतत्त्वम्]

तत्र मूलतत्त्वम्

स्वभावस्त्रिविधः[१]

परिकल्पितः, परतन्त्रः परिनिष्पन्नश्च। तत्राऽन्यतत्त्वव्यवस्थापनात्। किमत्र स्वभावत्रये तत्त्वमिष्यते ?

असच्च नित्यं सच्चाऽप्यतत्त्वतः।
सदसत्तत्त्वतश्चेति स्वभावत्रय इष्यते ॥३॥

परिकल्पितलक्षणं नित्यमसदित्येतत् परिकल्पितस्वभावे तत्त्वम्, अविपरीतत्त्वात्। परतन्त्रलक्षणं सच्च न च तत्त्वतो भ्रान्तत्वात्, इत्येतत् परतन्त्रस्वभावे तत्त्वम्। परिनिष्पन्नलक्षणं सदसत्तत्त्वतश्च, इत्येतत् परिनिष्पन्नस्वभावे तत्त्वम् ॥३॥

तत्र मूलतत्त्वं

स्वभावस्त्रिविधः[२]

इत्येतदप्रसिद्धमित्यत आह, **परिकल्पितः परतन्त्रः परिनिष्पन्नश्चेति**। येन

६. Y. प्रतिपक्षतत्त्वं against Ms. on the basis of Tib.

७. Y. तत्त्वानुकूलात्.

८. Y. संवृत्तिरपि.

९. Ms. यदि येन.

१. Both Tib. and Chinese regard this as a prose passage but it must be taken to form a part of the Kārikā 3, otherwise it cannot be complete.

२. Y's reconstruction as a prose passage त्रिविधः स्वभावः.

कारणेन स्वभावस्त्रिविधो मूलतत्त्वमित्युच्यते तत्प्रदर्शयन्नाह—**तत्राऽन्यतत्त्वव्यवस्थापनादिति**। तत्राऽन्यस्य लक्षणादितत्त्वस्याऽन्तर्गतत्व*मित्यर्थः*।

*किमर्थं स्वभावस्त्रिविध उपधार्यते? व्यवहारपरमार्थतदाश्रयप्रदर्शनार्थं*मित्**येके**। विपर्यासतन्निमित्ततत्प्रतिपक्षालम्बनप्रदर्शनार्थमित्**यन्ये**। बोधिसत्त्वानामावरणविसंयोगार्थं प्रहाणपरिज्ञासाक्षात्क्रियावस्तुप्रदर्शनार्थमित्**यन्ये**। *प्रकृत्या गम्भीरस्य*[3] *प्रज्ञापारमितारूपस्य त्रिस्वभावद्वारेणाऽभ्रान्तिप्रतिपत्त्यर्थं*मित्**यन्ये**। एवं ह्युक्त**मभिधर्मसूत्रगाथा**द्वये

मायादिदेशना भूते कल्पितान्नास्ति देशना।
चतुर्विधविशुद्धेस्तु परिनिष्पन्नदेशना॥
शुद्धिः प्रकृतिवैमल्यं *मार्गतालम्बनन्तथा*।[४]
विशुद्धानां हि धर्माणां चतुर्धा ग्रहणम्मतम्[५]॥

इति। *लौकिक*लोकोत्तरतत्पृष्ठलब्धज्ञानविषयत्वप्रदर्शनार्थं यथासम्भवं त्रयोपादानं स्वभावत्वमित्**यन्ये**।

किमत्र स्वभावत्रये तत्त्वमिष्यत इति। अविपरीतार्थो हि तत्त्वार्थः। किमत्र स्वभावत्रये*ऽविपरीतत्वमिति यस्मात् स्वभावत्रये तत्त्वमिष्यत इति पृच्छाभिप्रायः*।

स्वभावस्त्रिविधोऽसच्च नित्यम्[६]

इत्यादि विस्तरः। **परिकल्पितलक्षणं नित्यमसदिति**, यत्र हि बालानां ग्राह्यग्राहकवाच्यवाचकाभिनिवेशः स्वप्न इव प्रवर्तते। असच्च[७]सस्वरूपाभावात् कल्पितस्वभावः। *तस्मादसदात्मकत्वादभ्रान्तित्वाच्च परिकल्पितलक्षणमसत्त्वम्*। **एतत्**[८] **परिकल्पितस्वभावे**ऽसत्त्वमेव **तत्त्वमुच्यते**। **अविपरीतत्वादिति**, अविपरीतार्थोऽत्र तत्त्वार्थं इति दर्शयति।

परतन्त्रलक्षणं सच्च न च तत्त्वत[९] इति। *ग्राह्यग्राहकादिकल्पितव्यवहाराश्रयत्वात् सत्त्वम्*। *ग्राह्यग्राहकाद्यात्मकत्वेनासत्त्वान्न* तथा तत्त्वत इति। एतदेव प्रतिपादयन्नाह, **भ्रान्तिमात्रत्वादि**[९a]ति। एतदुक्तं भवति—यत्ख्याति मायोपादानवत् तदस्ति। यथा ख्याति ग्राह्यग्राहकाकारेण *नैतदेवं मायापुरुषादिवत्*। **अतो भ्रान्ति**-*रिति*। **इत्येतत्**[१०] **परतन्त्रस्वभावे तत्त्वम्**, अन्यथा विद्यमानस्य स्वात्मन्यविद्यमानेनाकारेण प्रख्यानम्। अत्राप्यविपरीतत्वादिति प्रकृतत्वात् सम्बध्यते।

३. Y. प्रकृतिगाम्भीर्यस्य.
४. Y. वैमल्यमालम्बनञ्च मार्गता.
५. Y. धर्माणां चतुर्विधगृहीतत्वम्.
६. Y's. reconstructiou : त्रिस्वभावो ह्यसन्नित्यम्.
७. Y. प्रवर्तते स स्वरूपाऽभावात्. Ms· as here.
८. Y. अतः. Reading here after the Bhāṣya.
९. Y. against Ms. परतन्त्रलक्षणं सत्, न च तत्त्वत इति.
९.a Bhāṣya भ्रान्तत्वात्.
१०. Y's reconstruction : तद्धि.

परिनिष्पन्नलक्षणं सदसत्तत्त्वतश्चेति[११] । *सदसच्च तत्त्वं परिनिष्पन्नलक्षणम् । द्वयाऽभावभावात्म*कत्वात् सत्त्वम् । द्वयाऽभावात्मकत्वादसत्त्वञ्च । विशुद्ध्यालम्बनत्वात्तत्त्वम् । **एतत् परिनिष्पन्ने स्वभावे**[१२] **तत्त्वम्** । अविपरीतत्वादिति सम्बध्यते ॥३॥

[२. लक्षणतत्त्वम्]

लक्षणतत्त्वम् कतमत् ?

समारोपाऽपवादस्य धर्मपुद्गलयोरिह ।
ग्राह्यग्राहकयोश्चापि भावाऽभावे च दर्शनम् ॥४॥
यज्ज्ञानान्न प्रवर्तेत तद्धि तत्त्वस्य लक्षणम् ।

पुद्गलधर्मयोः समारोपाऽपवाददर्शनं यस्य ज्ञानान्न प्रवर्तते तत् परिकल्पितस्वभावे तत्त्वलक्षणम् । ग्राह्यग्राहकयोस्समारोपाऽपवाददर्शनं यस्य ज्ञानान्न प्रवर्तते तत् परत[११ ब]न्त्रस्वभावे तत्त्वलक्षणम् । भावाऽभावसमारोपापवाददर्शनं यस्य ज्ञानान्न प्रवर्तते तत् परिनिष्पन्नस्वभावे तत्त्वलक्षणम् । एतन्मूलतत्त्वे लक्षणमविपरीतं लक्षणतत्त्वमित्युच्यते ।

स्वभावत्रयस्य *तत्त्वमुक्तं न तु लक्षणमित्यतः* पृच्छति । *अथवा मूलतत्त्वाऽनन्तरं लक्षणतत्त्वमुक्तम्,* तच्चाऽप्रसिद्धमिति पृच्छति **लक्षणतत्त्वं कतमदिति** । अत आह

समारोपाऽपवादस्य धर्मपुद्गलयोरिह ।

इति विस्तरः । **पुद्गलधर्मयोः समारोपाऽपवाददर्शनं यस्य ज्ञाना**[१]**न्न प्रवर्तते तत्परिकल्पितस्वभावे तत्त्वलक्षणमि***ति । आत्मरू*पादयश्च धर्मास्तत्प्रतिभासविज्ञानव्यतिरिक्तस्य तदालम्बनभूताः परमार्थतः सन्तीत्यभिनिवेशः समारोपदर्शनम् । व्यवहारार्थोऽपि न सन्तीत्यपवाददर्शनम् । *अन्य आहुः । पुद्गलधर्मप्रतिभासविज्ञानपरिहारोऽपवाददर्शनमिति ग्राहाऽपक्षेप* इति चिन्त्यमेतत् । पुद्गलधर्मयोः समारोपाऽपवाददर्शनं यस्य लक्षणस्य परिच्छेदान्न प्रवर्तते तत् परिकल्पितस्वभावे तत्त्वलक्षणं समारोपापवादव*र्जितं वेदितव्यम् । तच्च व्यवहारेण तत्त्वं न तु स्वभावेन, यस्मात्परिकल्पिता*ऽवबोधाद्धर्मपुद्गलयोः समारोपापवाददर्शनं न प्रवर्तते । न जायत इत्यर्थः ।

ग्राह्यग्राहकयोः समारोपापवाददर्शनमिति विस्तरः । *ग्राह्यग्राहकप्रतिभासभ्रान्तिर्या धर्मेण पुद्गलेन च गृह्यते सा यदि तत्त्वेनैवास्ती*त्यभिनिविशते एवं ग्राह्यग्राहकसमारोपः । अथ ग्राह्यस्येव ग्राहकस्याप्यभावमभिनिविशते एवं ग्राह्यग्राहकापवादः । **यस्य** लक्षणस्य **ज्ञानाद्** ग्राह्यग्राह*कयोः समारोपाऽपवाददर्शनं* **न प्रवर्तते तत् परतन्त्रस्वभावे तत्त्वलक्षणं** समारोपापवादवर्जितं ज्ञातव्यम् । तत्पुनः कल्पितया ग्राह्यग्राहकात्मतयाऽसत्त्वं तद्व्यवहाराश्रयत्वेन च सत्त्वम् । एवं हि परिज्ञानात्

११. Y's reconstruction : सदसत्तत्त्वमिति. Reading here after the Bhāṣya
१२. Bhāṣya परिनिष्पन्नस्वभावे.

१. Y's reconstruction : यज्ज्ञानान्न. Reading here after the Bhāṣya.

परतन्त्रे समारोपाऽपवाददर्शनं न प्रवर्तते ।

भावाऽभाव[२] **समारोपापवाददर्शनमि***ति विस्तरः । केचिदाहुः यदि शून्यतां* भाव एवेति समनुपश्यति, एवं भावसमारोपदर्शनं भवति । अथाऽभाव एवेत्येवमभाव-दर्शनम् । एतदुभयमपि भावाभावदर्शनम् । **यस्य** लक्षणस्य **ज्ञानान्न** ते भावाभाव-दर्शने प्रवर्तेते **तत्परिनिष्पन्नस्वभावे तत्त्वलक्षणमि***ति । तच्च भावाऽभावविमुक्तस्व-*भावम् । तज्ज्ञानाद्धि परिनिष्पन्ने स्वभावे भावाऽभावप्रदर्शनं न प्रवर्तत इत्**येके** । अन्ये पुनराहुः—द्वयाभावस्वरूपैव[३] शून्यतेत्य[४]भावसमारोपान्तः, भावाऽभाव*विमुक्तात्म-कत्वे भावस्वरूपसमारोपणात् । भावाऽभावविमुक्तेन द्वयाऽभावस्वरूपेण* निर्विकल्प-ज्ञानगोचरेणाऽसौ[५] नास्तीत्यभावापवादान्तः । भावाऽभावयोः प्रत्येकं समारोपाऽप-वाददर्शनस्याभिसम्बन्धाच्चिन्त्यमेतद् व्याख्यानद्वयमित्य**परः** । भावोऽत्र *द्वयाऽभावस्य भावः । तं यदि भावमेव गृह्णात्येवं भावः समारोपितो*[६] *भवति । यद्यभाव*मेव गृह्णात्ये-वमपोदितो भवति । भावोऽपि द्वयाभावस्तं यदि उच्छेदतो गृह्णात्येवमभावोऽत्यन्ता-भावत्वेन समारोपितो भवति । अथ द्वयत एव *गृह्णात्येवमपोदितो भवति, यस्मादे-तद् द्वयाभावेन प्रभावितम् । अथवा* तं भावाऽभावस्वरूपेण[७] गृह्णात्येवं समारोपितो भवति । अथाऽभावमेव गृह्णात्येवं संक्लेशो व्यवदानञ्चाऽपोदितम्भवतीति । एतदन्त-द्वयविधातनं *परिनिष्पन्नत्वे तत्त्वलक्षणम् ।*

*ननु पूर्वमपि त्रिस्वभाव*लक्षणमुक्तं

अर्थादभूतकल्पाच्च द्वयाभावाच्च देशितः ॥ (का० १.६)

इति । तत्र स्वभावो लक्षणमिह तु चिह्नमिति नास्ति पुनरुक्तता ।

यज्ज्ञानान्न प्रवर्तेत तद्धि तत्त्वस्य लक्षणम्[८] ।

इति पुद्गलादिसमारोपापवाददर्शनं यज्ज्ञानान्न प्रवर्तते तन्मूलतत्त्वस्य लक्षणम् ।

[३. अविपर्यासतत्त्वम्]

अविपर्यासतत्त्वं नित्यादिविपर्यासप्रतिपक्षेणाऽनित्यदुःखशून्याऽनात्मता मूलतत्त्वे यथाक्रमम । कथञ्च तत्राऽनित्यतादिता वेदितव्या ?

असदर्थो ह्यनित्यार्थ उत्पादव्ययलक्षणः ॥५॥

समलाऽमलभावेन मूलतत्त्वे यथाक्रमम् ।

२. Y's reconstruction : भावाभावयोः.

३. Y. द्वयाभावः स्वरूपेण against Ms.

४. Y. शून्यतेति भाव against Ms. but Tib. stoṅ.pa-ñid-do ṣe-na. dṅos-por.

५. Y. गोचरेणापि against Ms.

६. Y. भाव-समारोपितो.

७. Y. भावस्वरूपेण against Ms.

८. Y. reconstructs : न्न प्रवर्तेते तत्तत्त्वलक्षणमिति and treats it as a part of the Ṭīkā text.

त्रयो हि स्वभावा मूलतत्त्वम् । तेषु यथाक्रममसदर्थो ह्यनित्यार्थः, उत्पादव्ययार्थः, समलाऽम[2]लताऽर्थश्च[1] ।

दुःखमादानलक्ष्माख्यं सम्बन्धेनाऽपरं मतम् ॥६॥

मूलतत्त्वे यथाक्रमं दुःखमुपादानतः, पुद्गलधर्माऽभिनिवेशोपादानात् । लक्षणतः, त्रिदुःखतालक्षणत्वात् । सम्बन्धतश्च, दुःखसम्बन्धात् । तत्रैव मूलतत्त्वे यथाक्रमं वेदितव्यम् ॥६॥

लक्षणतत्त्वानन्तरमविपर्यासतत्त्वं वक्तव्यम्, तदनन्तरमुद्दिष्टत्वादित्यत आह— **अविपर्यासतत्त्वमिति** *विस्तरः ।* **अनित्यदुःखशून्याऽनात्म**[3]**तो** *हि नित्यसुखशुद्धात्मविपर्यासप्रति*पक्षत्वादविपर्यासतत्त्वमित्युच्यते । मूलतत्त्वे तदन्यतत्त्वान्तर्भावः पूर्वं प्रतिज्ञात इत्यतः पृच्छति—मूलतत्त्वे **कथ**मिति विस्तरः । **अनित्यादिते**[4]ति । अनि-*त्यादयो येऽ*[5]*नित्यदुःखशून्याऽनात्मप्रकारास्तेऽनित्यादयः । तद्भावोऽनित्यादिता । मूल*तत्त्वेऽविपर्यासतत्त्वस्यान्तर्भावप्रदर्शनार्थमाह—

असदर्थो ह्यनित्यार्थ

इति विस्तरः । त्रिविधो ह्यनित्यार्थः—**असदर्थः, उत्पादव्ययार्थः समलामलतार्थ**[6]**श्च ।** *यः सर्वदा तथास्ति स नित्यः । तद्विपरीतोऽनित्यः ।* **तेषु यथाक्रममिति ।** तत्र सर्वदाऽसदर्थाऽनित्यार्थेन परिकल्पितस्वभावोऽनित्यः । असन्नित्यमनित्यमिति निरुक्तिन्यायेन वेदितव्यमित्यन्ये । प्रतिक्षणमुत्पादव्ययलक्षणेनाऽनित्यार्थेनाऽनित्यः परतन्त्र-*स्वभावः । तस्य प्रत्य*[7]*योत्पाद्यत्वाद्विनाशे चाऽहेतुकत्वात् । समलामलताऽ*[8]*र्थ-लक्षणेनागन्तुके*नाऽनित्यार्थेनाऽनित्योऽविकारधर्मोऽपि परिनिष्पन्नस्वभाव इति ।

दुःखमादानलक्ष्माख्यम्

इति विस्तरः । दुःखमपि त्रिविधम्—उपादानदुःखं *लक्षणदुःखं सम्बन्धदुःखञ्च । तत्र कल्पितस्वभाव उपादानतो दुःखम् ।* अपरिज्ञातेनेहाऽमुत्र वा दुःखमुपादीयत इति दुःखम् । यथा च तेनाऽपरिज्ञातेन दुःखमुपादीयते तत् प्रदर्शयन्नाह—**पुद्गलधर्मा-**

१ N. is confused here (see p. 39, n. 1). In fact असदर्थो ह्यनित्यार्थः in the middle of this sentence should not be taken as a quotation from the Kārikā. अनित्यार्थ is असदर्थ, उत्पादव्ययार्थ and समलाऽमलतार्थ.

२. Ms. समलातार्थश्च.

३. Y's reconstruction : °शून्यानात्मनो.

४. Bhāṣya अनित्यतादिता.

५. Y. य.

६. Y's reconstruction : समलाऽमलार्थश्च. Reading here after the Bhāṣya.

७. Y. °त्पादत्वात्.

८. Y. समलामलत्वार्थ°.

भिनिवेशोपादानादिति । *तद्भावग्राहद्वारेण पुद्गलधर्ममभिनिविशत इति पुद्गलधर्माभिनिवेशः*[६] । स च द्वयपतितत्वात् परिकल्पितः स्वभावः । परिकल्पितस्वभावाऽभिनिवेशाद् दुःखप्रबन्ध इत्येवमुक्तम्, न पुनः परिकल्पित एव दुःखम् । तदभावात् । *अथवा परिकल्पितस्वभावः पुद्गलधर्माभिनिवेशेन* वस्तुरूपेणोपादीयत इत्येव**मुपादानतः** कल्पितः स्वभावो **दुःखम्** ।

परतन्त्रः स्वभावो **लक्षणतो** दुःखमिति सम्बध्यते । तिस्रो हि दुःखताः—*दुःखदुःखता, विपरिणामदुःखता संस्कारदुःखता* च । ताश्च तिस्रोऽपि दुःखताः परतन्त्रदुःखता इति लक्षणतो दुःखम् ।

परिनिष्पन्नः स्वभावः **सम्बन्धतो** दुःखम् । **च**शब्दः समुच्चयार्थः । कथं सम्बन्धतः ? इत्यत आह—**दुःखसम्बन्धादिति** । *परतन्त्रस्वभावो दुःखम् । तद्धर्मस्य परिनिष्पन्नस्याऽपि दुःखसम्बन्धाद्* दुःखमुच्यते ।

अत्रैव **मूलतत्त्वे यथाक्रममिति** तत्रोपादानतो दुःखं परिकल्पितः । लक्षणतः परतन्त्रः । सम्बन्धतः परिनिष्पन्नः ॥६॥

अभावश्चाप्यतद्भावः प्रकृतिः शून्यता मता ।

परिकल्पितलक्षणं न केनचित् प्रकारेणास्तीत्यभाव एवाऽस्य शून्यता । परतन्त्रलक्षणं तथा नास्ति यथा परिकल्प्यते, न तु सर्वथा नास्तीति तस्याऽतद्भावः शून्यता । परिनिष्पन्नलक्षणं शून्यतास्वभावमेवेति प्रकृतिरेवाऽस्य शून्यता ।

अलक्षणञ्च नैरात्म्यं तद्विलक्षणमे[१२ अ]व च ॥७॥
स्वलक्षणञ्च निर्दिष्टम्

परिकल्पितस्य स्वभावस्य लक्षणमेव नास्तीत्यलक्षणमेवाऽस्य नैरात्म्यम् । परतन्त्रस्याऽस्ति लक्षणं न तु यथा परिकल्प्यत इति तद्विलक्षणमस्य लक्षणं नैरात्म्यम् । परिनिष्पन्नस्तु स्वभावो नैरात्म्यमेवेति प्रकृतिरेवाऽस्य नैरात्म्यमिति त्रिविधे मूलतत्त्वे त्रिविधाऽनित्यता परिदीपिता—असदर्थाऽनित्यता, उत्पादभङ्गाऽनित्यता, समलनिर्मलाऽनित्यता च । त्रिविधा दुःखता—उपादानदुःखता, लक्षणदुःखता, सम्बन्धदुःखता च । त्रिविधा शून्यता—अभावशून्यता, अतद्भावशून्यता, स्वभावशून्यता च[१] । त्रिविधं नैरात्म्यम्—अलक्षणनैरात्म्यम्, विलक्षणनैरात्म्यम्, स्वलक्षणनैरात्म्यञ्च ।

अभावश्चाप्यतद्भावः प्रकृतिः शून्यता मता ।

इति । **त्रिविधा शून्यता[२]—अभावशून्यता, अतद्भावशून्यता प्रकृतिशून्यता[३] च** । तत्राऽभावशून्यता परिकल्पतस्य स्वभावस्य । एतत्प्रतिपादयन्नाह—**परिकल्पितलक्षणं**

६. Y. अभिनिविशः.
१. Ms. omits स्वभावशून्यता.
२. Y's reconstruction : शून्यता त्रिविधा. Reading here after the Bhāṣya.
३. Bhāṣya स्वभावशून्यता च.

शशविषाणादिस्वरूपवद् *भ्रान्त्या न केनचित् प्रकारेण*[४] *येनापि सत्त्वं ग्राह्यं* **नास्ति इत्यभाव एवाऽस्य शून्यतेति** ।[५] अतद्भावशून्यता परतन्त्रस्य। एतदेव प्रतिपादयन्नाह— **परतन्त्रलक्षणं तथा नास्ति यथा** बालैर्द्वयात्मना **परिकल्प्यते । न तु सर्वथा नास्ति यथा** चाऽस्ति तथा शुद्धलौकिक*ज्ञानेनाधिगम्यते* । **तस्याऽतद्भावः शून्यतेति**[६] । प्रकृतिशून्यता परिनिष्पन्नस्य । अत एवाह—**परिनिष्पन्नलक्षणं** द्वयाभावस्वभावत्वा- **च्छून्यतास्वभावमेवेति** । तस्मात्**प्रकृतिरेव** स्वभाव एवाऽस्य शून्यता ।

अलक्षणञ्च नैरात्म्यम्[७]

इति विस्तरः । **त्रिविधं नैरात्म्यम्**[८]—**अलक्षणनैरात्म्यं विलक्षणनैरात्म्यं स्वलक्षण- नैरात्म्यञ्च** । तत्र परिकल्पितस्य स्वभावस्य लक्षणाऽभावादलक्षणमेव नैरात्म्यम् । अत एवाह—**परिकल्पितस्य स्वभावस्य लक्षणमेव नास्तीत्यलक्षणमेवास्य नैरात्म्यं**[९] नान्येन प्रकारेणेति दर्शयति । परतन्त्रस्य विलक्षणनैरात्म्यम्, यस्मात्**परतन्त्रस्यास्ति लक्षणं** वस्तुरूपम् । न तु तद् **यथा** बालैः **परिकल्प्यते** द्वयत्वेन[१०] । **तद्विलक्षणमि**[११]ति *परिकल्पितलक्षणेनाऽसदृशम्*[१२] । *परतन्त्रलक्षणं* तन्नैरात्म्यम् । एवं परिकल्पिते- नात्मना[१३] नैरात्म्यमस्य दर्शितं भवति । स्वलक्षणं नैरात्म्यं परिनिष्पन्नस्य । यतः **परिनिष्पन्नः स्वभावो** ग्राह्यग्राहकाभावरूपत्वा**न्नैरात्म्यमेवे***ति स्वलक्षणमस्य नैरात्म्य- मिति परिनिष्पन्नस्य धर्मस्य नैरा*[१४]*त्म्यस्व*भावतां दर्शयति ।

कः पुनरनयोः शून्यताऽनात्मतयो[१५]र्विशेषः ? यद्यत्र नास्ति तत्तेन शून्यम् । यत्तु यस्यात्मा स्वभावो न भवति तत् तेनाऽनात्मेत्ययमनयोर्विशेष इत्येके । *अर्थतः कोऽपि विशेषो नास्ति व्यवस्थानभेदेन तु भेदः* । यस्माद्यद्यत्र नास्ति तेन तस्य निः- स्वभावतामुपादाय नैरात्म्यमितरस्य तु तत्राऽनिष्पन्नस्वभावतामुपादाय शून्यत्व- मिति ।[१६]

४. Y. स्वरूपवत् प्रत्यक्षानुमानाकारेण. Ms. स्वरूपवद्भ्रान्त्य···Reading partially after the Bhāṣya.

५. Y's reconstruction अभावत्वात्तच्छून्यतेति.

६. Y's reconstruction : तस्मादतद्भावात्तच्छून्यतेति.

७. Y's reconstruction : अलक्षणाद्धि.

८. Y's reconstruction : नैरात्म्यञ्च त्रिविधम् Reading here after the Bhāṣya.

९. Y's reconstruetion : लक्षणासत्त्वादलक्षणमेव तन्नैरा°.

१०. Y. द्वयत्वम्.

११. Y's reconstruction : तद्विरुद्धलक्षणम्. Reading here after the Bhāṣya.

१२. Y. °लक्षणेनासादृश्यम्.

१३, Y. परिकल्पितात्मत्वेन against Ms.

१४. Y. परिनिष्पन्नं धर्मं.

१५. Y. °तायो°.

१६. Y adds किञ्चित् on the basis of Tib.

त्रिविधे मूलतत्त्वे समारोपापवादान्तयोः प्रतिपक्षेणागन्तुकमलप्रदर्शनेन च *यथाक्रमं* **त्रिविधाऽनित्यता परिदीपिता**[१७]। साऽसदर्थाऽनित्यता, उत्पादभङ्गाऽनित्यता **समलनिर्मलाऽनित्यता च** । एवं यावत् त्रिविधं नैरात्म्यमित्युक्तमविपर्यासतत्त्वम् ।

[४. फलहेतुतत्त्वम्]

फलहेतुमयन्तत्त्वं तत्रैव मूलतत्त्वे दुःखसमुदयनिरोधमार्गसत्यम् । कथं त्रिविधं मूलतत्त्वं दुःखादिसत्यत्वम् ? यतस्तदनित्यादिलक्षणम्

दुःखसत्यमतो मतम् ।

त्रिविधेन समुदयाऽर्थेन समुदयसत्यम् । त्रिविधः समुदयाऽर्थः

वासनाऽथ समुत्थानमविसंयोग एव च ॥८॥

वासनासमुदयः परिकल्पितस्वभावाऽभिनिवेशवासना । समुत्थानसमुदयः कर्मक्लेशाः । अविसंयोगसमुदयः तथताया आवरणाऽविसंयोगः ॥८॥

तदनन्तरं फलहेतुतत्त्वं वक्तव्यमित्यत आह—**फलहेतुमयन्तत्त्वं मूलतत्त्व**[१] *इति विस्तरः । तत्र सङ्क्लेशपक्षमधिकृत्य* दुःखसत्यं फलतत्त्वम् । समुदयसत्यं हेतुतत्त्वम्, व्यवदानपक्षेऽपि निरोधसत्यं फलतत्त्वं, मार्गसत्यं हेतुतत्त्वम् । एवं दुःखादीनि चत्वारि सत्यानि फलहेतुतत्त्वम् । **मूलतत्त्वे दुःखसमुदयनिरोधमार्गसत्यमि**[२]त्युक्तम् । तच्च न विज्ञायते कथं मूलतत्त्वं दुःखादिसत्यस्वभावमित्यतः पृच्छति—**कथं त्रिविधं मूलतत्त्वं दुःखादिसत्यमिति** ? अत आह—**यतस्तदनित्यादिलक्षणम्**[३],

दुःखसत्यं ततो मतम् ।

इति । *अनित्यदुःखशून्यानात्मताया दुःखसत्यलक्षणत्वात्*च्च समस्तं प्रत्येकं कल्पितादिष्वस्तीति विस्तरेणोक्तम् । अतः कल्पितादयः प्रत्येकं दुःखसत्यत्वेनाभिप्रेता इति ।

त्रिविधेन समुदयाऽर्थेन मूलतत्त्वं **समुदयसत्यं** *यथाक्रमम् । स एव समुदयो न ज्ञायत इत्यत आह*—**त्रिविधः समुदयार्थः** ।

वासनाऽथ समुत्थानमविसंयोग एव च ॥

इति । त्रिविधः समुदयो वासनासमुदयः, समुत्थानसमुदयः, अविसंयोगसमुदयश्च । तत्र **वासनासमुदयः** *परिकल्पितस्वभावो वेदितव्यः । अत आह*—**परिकल्पितस्वभावाभिनिवेशवासनेति** । अस्ति हि परिकल्पिते स्वभावेऽस्तीत्यभिनिवेशमुपादाय लौकिका धर्मा विकल्पक्लेशवासनां व्यवस्थापयन्ति, न तु विगताभिनिवेशा लोकोत्तरा । *ततः परिकल्पितस्वभावो वासनासमुदय उच्यते ।* **समुत्थानसमुदयः** परतन्त्रः (स्वभावः) । समुत्थान आत्मलाभः । स यतो भवति स समुत्थानसमुदयः, समुदेत्य-

१७. Y's reconstruction : सन्दर्शिता.

१. Y's reconstruction : मूलतत्त्वे फलहेतुतत्त्वमिति. Reading here after Bhāṣya.

२. Y's reconstruction : °सत्यानीत्युक्तम्.

३. Y's reconstruction : °लक्षणेन.

स्मादिति कृत्वा। स पुनः किंस्वरूप इत्यत आह—**कर्मक्लेशा** इति। ते च वस्तुरूपत्वात् *परतन्त्रस्वभावः* । **अविसंयोगसमुदयस्तथतायाः** *इति* ।[४] कथमित्यत आह—**आवरणाऽविसंयोग** इति। एतदुक्तं भवति—यावदावरणैर्न विसंयुक्ता तथता तावत्समुदेति दुःखमिति। आवरणैरविसंयुक्ता वा तथता समुदयधर्मतेति समु*दयनामलाभ इति* ॥८॥

त्रिविधेन निरोधेन निरोधसत्यम्। त्रिवि[१२ ब]धो निरोधः

स्वभावद्वयनोत्पत्तिर्मलशान्तिद्वयं मतम्।

स्वभावाऽनुत्पत्तिर्ग्राह्य[१]ग्राहकयोरनुत्पत्तिः। मलशान्तिद्वयञ्च प्रतिसंख्यानिरोधतथताख्यम्। इत्येष[२] त्रिविधो निरोधो यदुत—स्वभावनिरोधो द्वयनिरोधः प्रकृतिनिरोधश्च।

मार्गसत्यं त्रिविधे मूलतत्त्वे कथं व्यवस्थाप्यते ?

परिज्ञायां प्रहाणे च प्राप्तिसाक्षात्कृतावपि[३] ॥९॥
मार्गसत्यं समाख्यातम्

परिकल्पितस्य परिज्ञाने, परतन्त्रस्य परिज्ञाने प्रहाणे च, परिनिष्पन्नस्य परिज्ञाने प्राप्तिसाक्षात्करणे च। एवमत्र परिज्ञाप्रहाणसाक्षात्क्रियायां मार्गसत्यव्यवस्थानमिति वेदितव्यम्।

त्रिविधेन निरोधेन मूलतत्त्वं **निरोधसत्यम्।** *तच्च न विज्ञायत* इत्यत आह—**त्रिविधो निरोधः**

स्वभावद्वयनोत्पत्तिर्मलशान्तिद्वयं मतम् ॥

इति। तत्र **स्वभावाऽनुत्पत्तिः** परिकल्पितस्य, यस्य हि निःस्वभावत्वादात्*यन्तिक्यनुत्पत्ति*[४]*र्वन्ध्यापुत्रवत्* । **ग्राह्यग्राहकयोरनुत्पत्तिः** *परतन्त्रस्य । तस्यापि ग्राह्यग्राहक*स्वरूपाभ्यामत्यन्तरहितत्वाद् द्वयभ्रान्त्यात्मनाऽनुत्पत्तिः। **मलशान्तिद्वयं** परिनिष्पन्नः। **च**शब्दः समुच्चयार्थः। तत्पुनर्न विज्ञायत इत्यत आह—**प्रतिसंख्यानिरोधतथताख्यमिति**।[५] *मलं द्विविधं रागाद्यावरणं* परिकल्पितश्च। तत्राऽनास्रवेण ज्ञानेनाश्रयाद्बीज उद्धृते रागादिमलानामत्यन्तमनुत्पादात्मिका शान्तिः प्रतिसंख्यानिरोधः। तथतागोचरेणाऽद्वयज्ञानेन *परिकल्पितमलस्याऽनुत्पादात्मिका शान्तिस्तथता । एतद्धि द्वयं परिनिष्पन्नः* स्वभावः। **एष त्रिविधो निरोधः** कल्पितादौ मूलतत्त्वे यथासंख्यं विज्ञेयः।

४. Y's reconstruction तथतेति. Reading here after the Bhāṣya.

१. ग्राह्य added in the margin of the Ms.

२. Ms. इत्येषा.

३. Ms. seems to be साक्षात्कृतावयम्, but not very clear. N. साक्षात्कृतावयम् but suggests साक्षात्कृताविदम्.

४. Y. आत्यन्तिकानुत्पत्ति°

५. Y's reconstruction : निरोधस्तथता चोच्यत इति. Reading here after the Bhāṣya.

अन्ये तु तथताप्रतिवेधेन क्लेशपरिकल्पितमलद्वयशान्तिरिति मलशान्ति-[६], स्तथतेत्युच्यते, **द्वयनिरोधः प्रकृतिनिरोधश्चे***ति वचनात्* । *प्रकृतिरिति तथता प्रकृति-*प्रभास्वरत्वाच्चित्तस्येति । अतस्तथतालम्बनाद्यो निरोधः स प्रकृतिनिरोध इत्युच्यते । निरुद्धमात्रं प्रतिसंख्यानिरोधः । निरोध्यतेऽस्यामिति निरोधस्तथतेत्य**परे** । *निरोधस्य पुनरनुत्पादात्म*[७]*कत्वात् सर्वं स्वभावानुत्पत्त्यादिकं संक्षिप्य* निरोधसत्यमित्युच्यते । उक्तो निरोधसत्यस्य मूलतत्त्वेऽन्तर्भावः ।

तदनन्तरं तु मार्गसत्यमन्तर्भावयितव्यमित्यतः पृच्छति—**मार्गसत्यं त्रिविध-मूलतत्त्वे**[८] **कथं व्यवस्थाप्यत**[९] *इत्यतः*—

परिज्ञायां प्रहाणे च[१०]

इत्यादि[११] । **परिकल्पितस्य परिज्ञान** *इति* । परिकल्पितोऽत्यन्तमसन्नेवेति तस्य परिज्ञानमेव न प्रहाणम् । न ह्यसतः प्रहाणं युज्यते । **परतन्त्रस्य परिज्ञाने प्रहाणे च** । परतन्त्रो हि यथा ख्याति *तथाऽसत्त्वं विज्ञेयं न तु सर्वात्मत्वेनासत्त्वं कल्पितवत्* । *कर्मक्लेशयोर्भावात्मत्वात्* प्रहातव्यश्च । **परिनिष्पन्नस्य परिज्ञाने प्राप्तिसाक्षात्करणे चे**ति । परिनिष्पन्नो हि भावाभावविनिर्मुक्तलक्षणम[१२]तः परिज्ञेयः, आश्रयपरावृत्ति-*तायाश्च* । *आश्रयपरावृत्तिता विनिर्मुक्तधर्मकायत्वेन साक्षात्कर्तव्येति शून्यता परि-*ज्ञेया । निरोधः साक्षात्कर्तव्यः प्राप्तिसाक्षात्क्रियया ।

उभयं चोभयथेत्य**न्ये** । द्विविधा हि परिज्ञा—ज्ञानपरिज्ञा, प्रहाणपरिज्ञा च । तत्र ज्ञानपरिज्ञा*परिज्ञेयं प्रथमं तृतीयञ्च* । *द्वितीयं तूभयपरिज्ञेयम्* । *साक्षात्क्रि-*यापि द्विधा—ज्ञानसाक्षात्क्रिया, प्राप्तिसाक्षात्क्रिया चेति । तत्र ज्ञानसाक्षात्क्रियया त्रयमपि साक्षात्कर्तव्यम् । प्राप्तिसाक्षात्क्रियया तु तृतीयमेव ।

एवमत्र *मूलतत्त्वे* **परिज्ञा**[१३]**प्रहाणसाक्षात्क्रियायां**[१४] **मार्गसत्य**[१५]**व्यवस्था-नं**[१६] **वेदितव्यम्**, न तु तत्रान्तर्भावात् । अत्र च सत्यचतुष्टयेन यः सङ्क्लेशो यतश्च तयोश्च विशुद्धिर्या यतश्च तत् परिदीपितम् । अनुक्रमस्त्वेषां यथाऽभिसमयमिति ।

६. Y. omits °रिति मलशान्ति against Ms.

७. Y. °त्पादात्मिकत्वा°.

८. Bhāṣya. त्रिविधे मूलतत्त्वे.

९. Y's reconstruction : प्रत्यवस्थाप्यते. Reading here after the Bhāṣya.

१०. Y's reconstruction : परिज्ञानं [प्रहाणं च].

११. Y. reads वचनम् after इत्यादि which is not necessary.

१२. Y. लक्षणतः against Ms.

१३. Y's reconstruction : परिज्ञान°.

१४. Y's reconstruction : करणैर्मार्ग°.

१५. Y's reconstruction : सत्यं.

१६. Y's reconstruction : व्यवस्थापितं.

[५. औदारिकसूक्ष्मतत्त्वम्]

औदारिकसूक्ष्मतत्त्वम्पुनः संवृतिपरमार्थसत्यम् । तन्मूलतत्त्वे कथं वेदितव्यम् ?

प्रज्ञप्तिप्रतिपत्तितः ।

तथोद्भावनयौदारम्

त्रिविधा हि संवृतिः—प्रज्ञप्तिसंवृतिः, प्रतिपत्तिसंवृतिः, उद्भावनासंवृतिश्च । तया संवृतिसत्यत्वं मूलतत्त्वे यथाक्रमं वेदितव्यम् ।

औदारिकसूक्ष्मतत्त्वञ्चेति[1] । *औदारिकतत्त्वं संवृति*[2]**सत्यं** *सूक्ष्मतत्त्वं तु* **परमार्थसत्यम्** । *यत* आदावौदारिकेण सत्त्वान् परिपाचयति परिपक्वांस्तु सूक्ष्मेण विमोचयति, अतः पूर्वमौदारिकं पश्चात् सूक्ष्मम् । **कारिका**ऽनुगुण्याद्विपर्ययोक्तिः । तत्राऽसमाहितज्ञान*विषयत्वात् संवृति*[3]*सत्यमौदारिकतत्त्वम्* । *समाहितज्ञान-विषयत्वात्* **परमार्थ**सत्यं सूक्ष्मतत्त्वम् । अथवा विज्ञानविषयत्वादौदारिकम् । ज्ञान-विषयत्वात्सूक्ष्मम् । सर्वतत्त्वानां मूलतत्त्वेऽन्तर्भावः प्रतिज्ञात इत्यतः पृच्छति—**तन्मूल-तत्त्वे कथं वेदितव्यम्** ? इत्यत आह—

प्रज्ञप्तिप्रतिपत्तितः[4] ।

तथोद्भावनयौदारम्[5]

इति । प्रज्ञप्तिः प्रतिपत्तिरुद्भावना चौदारिकतत्त्वं मूलतत्त्वे वेदितव्यम् । एतदेव प्रतिपादयन्नाह—**त्रिविधा हि संवृति**[6]रिति विस्तरः । असतोऽर्थस्य रूपं घटः पट-श्चेति *व्यवस्थानं प्रज्ञप्तिसंवृतिः*[7] ।

रूपवेदनासंज्ञादिस्वभावविशेषेण नामाभिलापः प्रज्ञप्तिसंवृति[8]रित्**यन्ये** ।

अभिलापापेक्षया यद् व्यवह्रियते रूपं वेदनेति वा तत् प्रज्ञप्तिसंवृति[9]रिति **केचित्** । तच्चैतदसत्त्वात्[10] परिकल्पितः *स्वभावः* ।

प्रतिपत्तिसंवृति[11]*र्विकल्पेन येन रूपादयो घटादयश्च* विज्ञाननिर्भासाद-

१. Y's reconstruction : औदारिकं तत्त्वं सूक्ष्मं चेति. Reading here after the Bhāṣya.

२. Y. संवृत्ति invariably.

३. Y. संवृत्ति,

४. Y's reconstruction : प्रज्ञप्तिः प्रतिपत्तिता.

५. Y's reconstruction : उदारमुद्भावनैवम्.

६. Y. संवृत्ति.

७. Y. संवृत्ति.

८. Y. संवृत्ति.

९. Y. संवृत्ति.

१०. Y. चित्तचैत्तवदसत्त्वात् against Ms.

११. Y. संवृत्ति.

बहिर्भूतमपि बहिर्भूतमिव वस्तुरूपेण यथा व्यवस्थानमभिनिविशते स विकल्पः प्रति-पत्तिसंवृतिः[१२] ।

उद्भावनासंवृति[१३]**श्चेति** । *चशब्दः समुच्चयार्थः । विकल्पाऽभिलापाति-क्रान्तस्यापि परिनिष्पन्नस्य* शून्यता तथता समला निर्मलेत्येवमादिभिः[१४]पर्यायैः सन्दर्शनमुद्भावनासंवृतिः ।

तया त्रिविधया संवृत्त्या **संवृतिसत्यत्वं मूलतत्त्वे यथाक्रमं वेदितव्यम्** । *संवृतिर्व्यवहारः । प्रज्ञप्तिरित्यभिधानम् । अर्थाभावेऽभिधानमात्रेण* व्यवहारः प्रज्ञप्तिसंवृतिः । अत एवार्थाभावात् प्रज्ञप्तिसंवृत्या परिकल्पितः संवृतिसत्यम् । अविद्यमानेऽर्थेऽर्थाभिनिवेशः प्रतिपत्तिस्तया व्यवहारः प्रतिपत्तिसं*वृतिः । सा पुनरभि-निवेशविकल्पः । तस्मात्प्रतिपत्तिसंवृत्या संवृ*त्तिसत्यं परतन्त्रः । तथतादिशब्दैर्निर-भिलाप्यस्य धर्मधातोर्या संसूचना सोद्भावना । तया धर्मधातोर्व्यवहार उद्भावना-संवृतिः । अतश्चोद्भावनासंवृत्या परिनिष्पन्नः *संवृतिसत्यम्* ।

तत्र प्रज्ञप्त्युद्भावनासंवृत्योर[१५]*वसरसङ्ग्रहव्यवस्थानं* वेदितव्यम्, न तु स्वभावत इति । उक्तं संवृतिसत्यम् ।

परमार्थन्तु एकतः ॥१०॥

परमार्थसत्यमेकस्मात् परिनिष्पन्नादेव स्वभावाद् वेदितव्यम् । स पुनः कथं परमार्थः ?

अर्थप्राप्तिप्रपत्त्या हि परमार्थस्त्रिधा मतः ।

अर्थपरमार्थस्तथता, परमस्य ज्ञानस्याऽर्थ इति कृत्वा । प्राप्तिपरमार्थो निर्वाणम्, परमोऽर्थ इति कृत्वा । प्रतिपत्तिपरमार्थो [१३ अ] मार्गः,[१] **परमोऽस्याऽर्थ इति कृत्वा ।**

कथमसंस्कृतञ्च संस्कृतञ्च परिनिष्पन्नः स्वभाव उच्यते ?

निर्विकाराऽविपर्यासपरिनिष्पत्तितो द्वयम् ॥११॥

असंस्कृतमविकारपरिनिष्पत्त्या परिनिष्पन्नम् । संस्कृतं मार्गसत्यसंगृहीतमविपर्यास-परिनिष्पत्त्या, पुनर्ज्ञेयवस्तुन्यविपर्यासात् ॥११॥

इदानीं परमार्थसत्यं वक्तव्यमित्यत आह

परमार्थन्तु एकतः ॥

इति । कल्पितपरतन्त्रयोः *परमार्थतोऽसम्भवत्वम्*[२] *।* **सत्यं पुनरेकस्मात्**[३] **परि-**

१२. Y. संवृत्ति.

१३. Y. संवृत्ति.

१४. Y. समलनिर्मलादिभिः against Ms.

१५. Y. संवृत्तित्वमवसर.

१. N. मार्गः against Ms.

२. Y. असम्भाव्यम्.

३. Y. एकतः. Reading here after the Bhāṣya.

निष्पन्नादेव स्वभावाद्[४] **वेदितव्यम्। स पुनः** परिनिष्पन्नः केन कारणेन **परमार्थ** उच्यते ? इत्यत आह

अर्थप्राप्तिप्रपत्त्या[५] **हि परमार्थस्त्रिधा मतः।**

इति। त्रिविधो हि परमार्थः—अर्थपरमार्थः, *प्राप्तिपरमार्थः, प्रयतिपरमार्थश्च। तत्राऽर्थपरमार्थस्तथता। परमो हि लोकोत्तरं* ज्ञानम्, तस्यार्थो विषय इति कृत्वा तथता परमार्थ इत्युच्यते इन्द्रियार्थवत्। तदेव प्रदर्शयन्नाह—**परमस्य ज्ञानस्यार्थ इति कृत्वे**ति। आलम्बनभावेन *व्यवस्थानादित्यर्थः। ज्ञानाऽपृथक्त्वात्तस्मिन् काल आलम्बनं न वर्तते, विज्ञ*प्तिमात्रप्रतिभासवत्। तद्यथा येषां विज्ञप्तिमात्रं क्षमते न तेषां रूपादिविज्ञप्तिमात्रं मुक्त्वा रूपादिप्रतिभासा विद्यन्ते।

प्राप्तिपरमार्थो निर्वाणम्, *एकान्तनिर्मलतथताश्रयपरावृत्तिलक्षणम्।* कथं परमार्थ इत्यत आह—**परमोऽर्थ**[६] **इति कृत्वा।** परमश्चासावर्थश्चेति कृत्वा परमार्थः। तत्र संस्कृतासंस्कृतधर्माग्रत्वात् परमः, मार्गप्रयोजनत्वादर्थः। तथा हि मार्गो निर्वाणप्राप्ति*प्रयोजनः। निर्वाणन्त्वर्थः सर्वप्रकारदोषरहितत्वात्। यस्माद्दोषसहितो*[७]*ऽनर्थ* इत्युच्यते।

प्रतिपत्ति[८]**परमार्थो मार्गः।** किं कारणम् ? **परमोऽस्यार्थ इति कृत्वा।** विषयः प्रयोजनं वार्थः। विषयस्तथता, प्रयोजनं निर्वाणम्। विषयद्वारेण *परम उच्यमाने*[९] *कथमन्योऽन्यसमर्थनं न स्यात् ? अन्योऽन्यसमर्थनं चेत्*[१०] *को दोष इति ? निश्चया*भावः। नैवं भविष्यत्यन्योन्यसमर्थनात्सिंहवनवत्।

कथमसंस्कृतं निर्वाणाख्यं **संस्कृतं च** मार्गाख्यं **परिनिष्पन्न**[११]**स्वभाव उच्यते?** परमार्थसत्यं हि परिनिष्पन्न*स्वभावो निर्दिष्टम्। मार्गस्तु परिनिष्पन्नो न युज्यते*[१२]*। न पूर्वापरभागाभाव इति कृत्वा।* तस्मान्न मार्गः परमार्थसत्यं न चाऽपरिनिष्पन्ने परमार्थसत्यसंग्रह इति। अत आह

निर्विकाराऽ[१३]**विपर्यासपरिनिष्पत्तितो द्वयम्॥**

इति। अथवा कथमसंस्कृतं निर्वाणाख्यं संस्कृतञ्च *मार्गाख्यं परिनिष्पन्नस्वभाव*

४. Y's reconstruction : परिनिष्पन्नस्वभावो.

५. Bhāṣya प्रपत्त्या but Y. प्रयत्या. Ṭikā seems to prefer प्रपत्या. s. note 8.

६. Y's reconstruct on : अर्थस्य परम.

७. Y. दोषसहिते.

८. Here Ṭikā has प्रतिपत्ति. which suggests the reading अर्थप्राप्तिप्रपत्त्या n the kārikā. see note 5 above.

९. Y. उच्यमानः.

१०. Y. सत्.

११. Bhāṣya परिनिष्पन्नः स्वभाव.

१२. Y. अयोग्यः for न युज्यते.

१३. Ms. broken. Y's reconstruction : अनन्यथाविपर्यास.

उच्यते ? परिनिष्पन्नो हि तथता । एषा च द्वयलक्षणरहितत्वं परतन्त्रस्येति न निर्वाणमार्गयोः परिनिष्पन्नता युज्यते । तदिदमवाच्यं[१४] यतस्तत्र द्वयाभावः परिनिष्पन्न एव । न तु द्वयाभाव एव परिनिष्पन्न इति तदन्यप्रतिषेधः । अतस्तदन्यच्च । निर्विकाराऽ[१५]विपर्यासपरिनिष्पत्तितो[१६] द्वयमपि परिनिष्पन्न इति सम्बद्ध्यते, असंस्कृतं निर्वाणं तथता च । **असंस्कृतमनन्यथाभावादविकारपरिनिष्पत्त्या परिनिष्पन्नम् । संस्कृतं मार्गसंगृहीतम्**[१७], नान्यत्र । **अविपर्यासपरिनिष्पत्त्या** परिनिष्पन्नमिति सम्बध्यते । कथमित्यतोऽब्रवीत्—**पुनर्ज्ञेयवस्तुन्यविपर्यासादिति** । यस्मान्न पुनर्ज्ञेये विपर्यासमापद्यते तस्मान्न मार्गोऽपि परिनिष्पन्न इत्यतश्च द्वयोरपि संस्कृतासंस्कृतयोः परिनिष्पन्नत्वं[१८] पृथगभिप्रायादित्यविरोधः ॥११॥

[६. प्रसिद्धतत्त्वम्]

प्रसिद्धतत्त्वं मूलतत्त्वे कथं व्यवस्थाप्यते ? द्विविधं हि प्रसिद्धतत्त्वम्—लोकप्रसिद्धं युक्तिप्रसिद्धञ्च । तत्र

लोकप्रसिद्धमेकस्मात्

परिकल्पितस्वभावात् । यस्मिन्वस्तुनि सङ्केतसंस्तवाऽनुप्रविष्टया बुद्धया सर्वेषां लौकिकानां दर्शनतुल्यता भवति—पृथिव्येवेयम् नाऽग्नी रूपमेवेदं न शब्द इत्येवमादि ।

त्रयाद् युक्तिप्रसिद्धकम् ।

यत्सतां युक्तार्थपण्डितानां तार्किकाणां[1] प्रमाणत्रयं निश्चित्योपपत्तिसाधनयुक्त्या प्रसिद्धं वस्तु ।

तत्र

लोकप्रसिद्धमेकस्मात्[2]

इति । यथाभिधानमसम्भवात्**परिकल्पितादेव** तत् नान्यस्मात्, तस्य तु स्वरूपं न ज्ञायत इत्यत आह—**यस्मिन्वस्तुनीति** विस्तरः । **संकेतः** संज्ञासंज्ञिसम्बन्धज्ञानम् । **संस्तवस्तस्य**[3] वारम्वारम्प्रयोगदर्शनम् । तत्राऽ**नुप्रविष्टया**[4] **बुद्ध्येति** । कः पुनर्बुद्धेः संकेतसंस्तवानुप्रवेशः ? तत्स्मरणम् । एतदुक्तं भवति—संकेतसंस्तवानुस्मरणानुगतया बुद्ध्या **सर्वेषां लौकिकानां** शास्त्रविदां तदविदां च व्यवहृति[5]भावे क्वचित्

१४. Y's reconstruction : मनुपालम्भयोग्यम्. Ms. broken.

१५. Y. अनन्यथाऽविपर्यास. Reading here following the Bhāṣya.

१६. Y. परिनिष्प नद्वयमपि.

१७. Bhāṣya मार्गसत्यसंगृहीतम्.

१८. Y. परिनिष्पन्नः.

१. Tib. adds मीमांसकानाम् after तार्किकाणाम्. Ṭīkā suggests both the readings : with and without मीमांसकानाम्. see note 9 below.

२. Y. एकस्यात् which is clearly incorrect. Bhāṣya एकस्मात्.

३. Y. तद्वारं वारं.

४. Y. reconstructs तत्रानुप्रवेशया.

५. Y. व्यवहृत°.

पृथिव्येवेयमि[६]*त्यादिदर्शनतुल्यतेति*[७] । *एतल्लोकप्रसिद्धं तत्त्वम्* । **लोकप्रसिद्ध्या तत्तथैवेति कृत्वा** ।

त्रयाद्युक्तिप्रसिद्धकम् ।

इति । त्रिविधमपि हि स्वभावमधिकृत्य युक्तिः क्रियत इति । अतः स्वभावत्र*येण युक्तिप्रसिद्धतत्त्वं व्यवस्थाप्यते । तच्च न विज्ञायत इत्यतः प्रदर्शयन्नाह*—**यत्सतां युक्तार्थपण्डितानामि**त्यादि । तत्र सन्तो ये युक्तार्थपण्डिताः । **तार्किका** ये मीमांसकाः । पूर्वस्य व्याख्यानाश*यस्य पश्चान्निर्देशोक्तिः*[८] । *अथवा सन्तोऽन्वेषकाः किं कुशलमिति* । *युक्ता*ऽर्थपण्डिता अपेक्षाकार्यकारणोपपत्तिधर्मतायुक्तिचतुष्टयाऽविरुद्धार्थकृतकौशलाः । तार्किकास्तूहापोहसमर्थास्तथागतप्रवचनसमाश्रयेणाऽविपरीत*शास्त्रप्रणेतारः । मीमांसकाः स्वपरशास्त्रपण्डिताः श्रेयोदोषपरीक्षकाः । केचित्तु* मीमांसका इति न पठन्ति[९] । त एव माहुः—सतामित्युक्ते के पुनः सन्त इत्यत आह—युक्तार्थपण्डिता इति । ते च तर्कभूमौ भावनाभूमौ च व्यवस्थितत्वाद् *द्विविधाः । तस्मात्तार्किका इत्युच्यन्त इति । तेषां च कश्चिल्लोकप्रसिद्धानुसारी*[१०]त्यत आह **प्रमाणत्रयं निश्रित्येति** प्रमाणत्रयाविरोधेन ।[११] प्रमाणत्रयं पुनः प्रत्यक्षमनुमानमागमश्च । तत्र प्रत्यक्षं पञ्चेद्रियजं मानसं च सुखदुःखादिसम्वेदनम् *। त्रिरूपलिङ्गेनानुमेयार्थज्ञानमनुमानम् । आप्तवागागम*ः । आप्ताः पुनरनृतहेतुविमुक्ताः । अथवा प्रत्यक्षानुमानागमप्रसिद्धेन हेतुना दृष्टान्तेन च तत्प्रसिद्धस्यैव साध्यस्य परम्प्रति साध्यत्वात् प्रमाणत्रयं *निश्रित्येति* । **उपपत्तिसाधनयुक्त्या प्रसिद्धं वस्तु**[१२] *इति । उपपत्तिस्त्रिरूपं लिङ्गं*[१३] *साध्य*प्रतिपादनोपायत्वात् । उपपत्तेः साधनमुपपत्तिसाधनं त्रिरूपलिङ्गाख्यानम्, तेन तत्प्रतिपादनात् । युक्तिरुपायो येन प्रयोगनियमेन लिङ्गस्य *त्रैरूप्यमाख्यायते । अथवोपपत्तिरनन्यथासम्भवः । साधनयुक्तिरवयवसम्बन्धः । उपपत्तेः साधन*[१४]युक्तिरिति विग्रहः । अथवोपपत्तिरेव साधनयुक्तिरिति विग्रहः । अन्यसाधनयुक्तिभ्यो व्यवच्छेदार्थमुपपत्तिग्रहणम् । एवं प्रमाणत्रयं निश्रित्योपपत्तिसाधनयुक्त्या *यत् प्रसिद्धं वस्तु*[१५]*त्रयाणां भावानामन्यतमत् तद्*[१६] *युक्तिप्रसिद्धमुच्यते*[१७] *। उक्तं प्रसिद्धतत्त्वम्* ।

६. Y. क्वचिदियं भूमिरित्यादि. Reading here after the Bhāṣya.

७. Y. दर्शनं समानमिति. Reading here after the Bhāṣya.

८. Y. पश्चाद् वचनमुक्तम्.

९. E g. the Ms. of the Bhāṣya omits मीमांसकाः

१०. Y. ऽनुसरण इत्यत.

११. Y. adds इत्यर्थः on the basis of Tib. but against Ms.

१२. Y's reconstruction : प्रसिद्धभावः.

१३. Y. त्रिरूपलिङ्ग.

१४. Y. उपपत्तिसाधनयुक्तिरिति.

१५. Y. यः प्रसिद्धभावः.

१६. Y. अन्यतमो युक्तिप्रसिद्ध°.

१७. Y. युक्तिप्रसिद्ध उच्यते.

[७. विशुद्धिगोचरतत्त्वम्]

विशुद्धिगोचरतत्त्वं द्विविधम्—क्लेशावरणविशुद्धिज्ञानगोचरम्, ज्ञेयावरणविशुद्धिज्ञानगोचरञ्च । तदेतत्

विशुद्धिगोचरं द्वेधा एकस्मादेव कीर्तितम् ॥१२॥

परिनिष्पन्नादेव स्वभावात् । न ह्यन्यस्वभावो विशुद्धिज्ञानद्वयगोचरो भवति ॥१२॥

तदनन्तरं तु विशुद्धिविषयं वक्तव्यमित्यत आह—**विशुद्धिगोचरतत्त्वं द्विवधमिति** । तत्तु यथा द्विविधं तत्प्रदर्शयन्नाह—**क्लेशावरणविशुद्धिज्ञानगोचरं ज्ञेयावरणविशुद्धिज्ञानगोचरञ्चेति** । *क्लेशावरणविशुद्धिः क्लेशावरणप्रहाणम्* । क्लेशावरणविशुद्धये क्लेशावरणविशुद्धौ वा ज्ञानं क्लेशावरणविशुद्धिज्ञानम् । क्लेशावरणविशुद्धिप्रयोजनं तन्निमित्तं वेत्यर्थः । तस्य क्लेशावरणविशुद्धिज्ञानस्य *गोचरमिति विषय इत्यर्थः । एवं ज्ञेयावरणविशुद्धिज्ञानस्य गोचरमपि वक्तव्यम्* ।

तत्र क्लेशावरणं सर्वे दर्शनभावनामार्गप्रहातव्याः क्लेशोपक्लेशा इत्यतो दर्शनभावनातदुपचारज्ञानविषयं श्रावकप्रत्येकबुद्धानां यत्तत्त्वं दुःख*समुदयनिरोधमार्गस*[1]*त्यमुच्यते तत्क्लेशावरणविशुद्धिज्ञानस्य गोचरम्* । ज्ञातव्यं ज्ञेयम् । तच्च सर्वात्मना पञ्च विद्यास्थानानि । तानि पुनरध्यात्मव्याकरणहेतुचिकित्सासर्वशिल्पकर्मस्थानाख्यानि । तत्र ज्ञानविबन्धभूतमक्लिष्टमज्ञानं *ज्ञेयावरणम्* । *तद्विशोधनं लोकोत्तरज्ञानानुलोमाधिमुक्तिचर्याभूमिसङ्गृहीतं* तत्पृष्ठलब्धञ्च ज्ञानम् । तत्पुनर्बोधिसत्त्वतथागतसन्तानवर्ति । तस्य च तथता सर्वत्रगाद्यर्थमुखेनालम्बनमित्यतो *ज्ञेयावरणविशुद्धिज्ञानगोचरस्य तत्त्वं तथता* ।

फलहेतुतत्त्वोक्त्या सूक्ष्मतत्त्वोक्त्या च विशुद्धिगोचरं द्विविधमपि निर्दिष्टमेवेति पुनरस्य विधानं व्यर्थम् । न व्यर्थम् । यतस्तत्फलहेतुतत्त्वं सूक्ष्मं च वस्तु व्यवस्थानत उक्तम् । *अत्र त्वावरणं यथा विशुद्ध्यते तथै*[2]*तन्निर्दिष्टम्* ।

इदं *द्विविधं विशुद्धिगोचरमेकस्मात्***परिनिष्पन्नादेव स्वभावात्** कीर्तितम् । अत्रैव कारणमाह—**न ह्यन्यः**[3] **स्वभावो विशुद्धिज्ञानगोचरो**[4] **भवतीति** । किं कारणम् ? अभूतपरिकल्पस्य दौष्ठुल्य*मलद्वयेन समलभूतत्वात्परिकल्पितस्य चासत्त्वात् । द्विविधज्ञानविषयस्य तु धर्मताया विशुद्धि*विषयतत्त्वं परिनिष्पन्नादेव व्यवस्थाप्यत इति । उक्तं विशुद्धिगोचरतत्त्वम् ॥१२॥

[८. सङ्ग्रहतत्त्वम्]

कथं त्रिविधे मूलतत्त्वे सङ्ग्रहतत्त्वं वेदितव्यम् ?

निमित्तस्य विकल्पस्य नाम्नश्च द्वयसङ्ग्रहः ।

१. Y. मार्गाणां सत्यमु°

२. Y. तत एतन्नि°.

३. Bhāṣya अन्यस्वभावो.

४. Bhāṣya विशुद्धिज्ञानद्वयगोचरो. Tib. also supports it. But Ṭīkā has no द्वय.

यथायोगं पञ्च वस्तून्यारभ्य निमित्तविकल्पयोः परतन्त्रेण स [७३ब]ङ्ग्रहः, नाम्नः परिकल्पितेन ।

सम्यग्ज्ञानसत[1]त्त्वस्य एकेनैव च सङ्ग्रहः ।।१३।।

तथतासम्यग्ज्ञानयोः परिनिष्पन्नेन स्वभावेन सङ्ग्रहः ।।१३।।

तदनन्तरं तु सङ्ग्रहतत्त्वं वक्तव्यमित्यतः पृच्छति—**कथं त्रिविधे[2] मूलतत्त्वे सङ्ग्रहतत्त्वं वेदितव्यमिति ।** *संग्रहतत्त्वं त्रिविधे मूलतत्त्वे संगृहीतं प्रदर्शयन्नाह*

निमित्तस्य विकल्पस्य नाम्नश्च द्वयसङ्ग्रहः ।

इति विस्तरः । द्वये परतन्त्रे परिकल्पिते च सङ्ग्रहः । तत्र संग्रहतत्त्वं पञ्च वस्तूनीत्यत आह—**यथायोगं पञ्च वस्तून्यारभ्येति** । यथायोगं *मूलतत्त्वे पञ्च वस्तूनि सङ्गृहीतानि वेदितव्यानि, न तु यथाक्रमम् ।* पञ्च पुनर्वस्तूनि निमित्तं नाम विकल्पस्तथता सम्यग्ज्ञानं चेति । सर्वस्य ज्ञेयस्यास्मिन् पञ्चविधे वस्तुनि सङ्ग्रहादेतत्पञ्चविधं वस्तु संग्रहतत्त्वमित्युच्यते ।

तत्र निमित्तमालयविज्ञानं *क्लिष्टमनःप्रवृत्तिविज्ञानानि* च । *अन्योऽन्यनिमित्तभावान्निमित्तम् ।* नाम यत्तस्यैव निमित्तस्याऽनभिलाप्यस्यापि सतोऽक्षिनिकोचवद् सूचकमभिधानम् । यथोक्तनिमित्तस्वभावविशेषविकल्पकास्त्रैधातुकप्रतिसंयुक्ताश्चित्तचैत्ता *विकल्पः । शून्यता तथता । सम्यग्ज्ञानं लोकोत्तरं तथतालम्बनम् । क्रमः* पुनरेषां तत्र सङ्क्लेशप्रज्ञप्तिवस्तुत्वान्निमित्तमादौ । सङ्क्लेशप्रज्ञप्तित्वात्तदनन्तरं नाम । यथा नाम तथा सङ्क्लेशप्रज्ञप्तिवस्तुविकल्पकत्वात्तदनन्तरं विकल्पः । *स च सङ्क्लेशस्तथतासम्यग्ज्ञानेन निरुध्यत इति तदनन्तरं तथता सम्यग्ज्ञानञ्चेति* **केचित् ।**

भ्रान्तिनिमित्तं भ्रान्तिर्दौष्ठुल्यं तन्निमित्तमिति ।
तस्माद् भ्रान्तिस्तस्य निमित्तं प्रकृतिशमस्तत्र ज्ञानम् ।।

इत्यनया गाथयाऽस्य पञ्चविधस्य *वस्तुनोऽर्थ* **इत्यन्ये ।** *तत्राध्यात्मिकचक्षुरादिविज्ञानसंगृहीताया* भ्रान्तेर्निमित्तं बाह्याध्यात्मिका रूपादिचक्षुरादिसंगृहीता भ्रान्तिः । तस्या बाह्याध्यात्मिकाया भ्रान्तेर्निमित्तं दौष्ठुल्यम् । तत्पुनरालयविज्ञानवासना । तस्या वासनाया *निमित्तं सैव बाह्याध्यात्मिकभ्रान्तिः । तस्मात्तत्राभिलापप्रवृत्तिः ।* अभिलापवशाच्च वासनाया अवस्थानमालयविज्ञाने । प्रकृतिशम इति तथता । प्रकृत्या क्लिष्टत्वाद्धर्मधातोः । तत्र च ज्ञानमिति तथतालम्बनं मार्गसङ्गृहीतं *यज्ज्ञानम् ।*

तत्र **निमित्तविकल्पयोः[3] परतन्त्रेण सङ्ग्रहः[4]**, *हेतुप्रत्ययोत्पादितत्वात् ।*

१. Ms. मनत्वस्य.

२. Tib. trans. of fhe Bhāṣya omits त्रिविधे. Ms. of the Ṭīkā विविधे. Tib. trans. of the Ṭīkā : rnam-pa gsum-du.

३. Y's reconstruction : निमित्तविकल्पद्वयस्य.

४. Y's reconstruction : संगृहीतानाम्.

नाम्नः परिकल्पितेनेति। यथानामार्थाभावान्नाम्नः परिकल्पितेन सङ्ग्रहः। एवमधिकारसङ्ग्रहः परिकल्पितेन नाम्नो न स्वभावसङ्ग्रह इति यदुक्तं निःस्वभावसिद्धत्वात्परिकल्पितः स्वभावो निमित्तादिपञ्चवस्तुभिर्न सङ्गृहीत इति तन्न विरुध्यते, तत्र स्वभावसङ्ग्रहस्य विवक्षितत्वात्।

सम्यग्ज्ञानसतत्त्वस्य

इति। सदा शोभनं वा तत्त्वं सतत्त्वं तथता, शून्यतालम्बनाद्वयज्ञानं तत्पृष्ठलब्धशुद्धलौकिकं च सम्यग्ज्ञानम्। **तथतासम्यग्ज्ञानयोरविकाराऽविपर्यासपरिनिष्पत्त्या** यथाक्रमं परिनिष्पन्नत्वादेकेनैव **परिनिष्पन्नेन स्वभावेन सङ्ग्रह** इति। तदुक्तं सङ्ग्रहतत्त्वम् ॥१३॥

[६. प्रभेदतत्त्वम्]

प्रभेदतत्त्वं मूलतत्त्वे कथं वेदितव्यम्? सप्तविधं प्रभेदतत्त्वम्—प्रवृत्तितत्त्वम्, लक्षणतत्त्वम्, विज्ञप्तितत्त्वम्, सन्निवेशतत्त्वम्, मिथ्याप्रतिपत्तितत्त्वम्, विशुद्धितत्त्वम्, सम्यक्प्रतिपत्तितत्त्वञ्च[1]। **यंव च सन्धिनिर्मोचनसूत्रे सप्तविधा तथता निर्दिष्टा। तत्र**

प्रवृत्तितत्त्वं द्विविधम्

मूलतत्त्वं वेदितव्यं परिकल्पितपरतन्त्रलक्षणम्। यथा प्रवृत्तितत्त्वन्तथा

सन्निवेशकुपन्नता।

सन्निवेशमिथ्याप्रतिपत्तितत्त्वे अपि तथैव द्विविधं मूलतत्त्वम्।

एकं लक्षणविज्ञप्तिशुद्धिसम्यक्प्रपन्नता ॥१४॥

लक्षणतत्त्वादीनि चत्वार्येकं मूलतत्त्वम्परिनिष्पन्नलक्षणम् ॥१४॥

इदानीं प्रभेदतत्त्वं[2] कतिविधं कथञ्च तन्मूलतत्त्वे सङ्गृहीतमिति[3] न विज्ञायत इत्यतः पृच्छति—**प्रभेदतत्त्वं मूलतत्त्वे कथं वेदितव्यमिति**। अत आह—**सप्तविधं प्रभेदतत्त्वम्**। कथमित्यत आह—**प्रवृत्तितत्त्वं लक्षणतत्त्वमिति** विस्तरः। **यंव च सन्धिनिर्मोचनसूत्रे सप्तविधा तथता निर्दिष्टा**[4] प्रवृत्तितथता यावत् सम्यक्प्रतिपत्तितथतेति सैवाऽत्र सप्तविधं प्रभेदतत्त्वमित्युक्ता प्रवृत्तितत्त्वं यावत्सम्यक्प्रतिपत्तितत्त्वमिति। तत्र **प्रवृत्तितत्त्वं** या संसाराऽनवराग्रता सैव च प्रवृत्तितथता, यस्मान्न जातु तस्याग्रतायोगो भवति। **लक्षणतत्त्वं** पुद्गलधर्मनैरात्म्यम्। अनन्य[5]त्वाच्च-

1. Here Ms. reads a meaningless sentence : तत्र प्रवृत्तितत्त्वादि त्रिविधमनवराग्रे ऽप्वेति संसारः तथताचित्तसङ्क्लेशात् स्वतः सङ्क्लिश्यन्त इति सर्वं दुःखादिसत्यञ्च यथासंख्यम्, which has no relevance here.

2. Y. प्रभेदतत्त्वे which is wrong.

3. Y. omits इति.

4. Y's reconstruction : या सन्धिनिर्मोचन उक्ता सप्तविधा तथता. Reading here after the Bhāṣya.

5. Y. अनन्यथात्वात् against Ms.

तुर्विधलक्षणतथता । **विज्ञप्तितत्त्वं** विज्ञप्तिमात्रता धर्माणाम् । निर्विकल्पं ज्ञानं विज्ञप्त्याश्रयभावाद्विज्ञप्तितत्त्वमित्य**परे** । *अनन्यथाभावत्वाद्विज्ञप्तितत्त्वस्य विज्ञप्तितथतोच्यते* । **सन्निवेशतत्त्वं** *दुःखसत्यम्, संस्काराणां दुःखसन्निविष्टत्वात्*[६] । सैव च तथता नित्यं तथैवेति कृत्वा । **मिथ्याप्रतिपत्तितत्त्वं** समुदयसत्यम् । सा पुनर्या तेषु संस्कारेषु गुणदर्शनेन प्रवृत्तिः । **विशुद्धितत्त्वं** क्लेशज्ञेया[७]*वरणविशुद्धिः । सा पुनस्तथता निरोधसत्यञ्च । आश्रयपरावृत्त्यात्मता निरोधात्मता निरोधसत्यमेवेत्य*परे । **सम्यक्प्रतिपत्तितत्त्वं** मार्गसत्यम् । विज्ञप्तितत्त्वं योनिशः प्रयोगः । सम्यक्प्रतिपत्तितत्त्वं विज्ञप्तितत्त्वं च मार्गसत्यमेवेत्य**न्ये** । एतान्यपि त्रीणि तत्त्वानि नित्यं तथैवेति *तथतावचनम्भवति* ।

तत्र

प्रवृत्तितत्त्वं द्विविधम्

मूलतत्त्वं[८] **वेदितव्यं परिकल्पितपरतन्त्रलक्षणम्** । तत्र प्रवृत्तिर्जन्मिनामनादिमान्प्रबन्धः । सा चाऽविद्यमानत्वात्परिकल्पितः स्वभावः । येषां तु स प्रबन्धस्ते हेतुप्रभावितत्वात् *परतन्त्रः स्वभावः । एवं येषां या च प्रवृत्तिस्तत् प्रवृत्तितत्त्वमिति निर्दिष्टं भवति* । अथवा क्लेशकर्मजन्मनामनादिमानुत्पादः संसारप्रवृत्तिरित्युच्यते । सा च परिकल्पितस्वभावाभिनिवेशप्रभावितेत्याह

प्रवृत्तितत्त्वं *द्विविधं*

मूलतत्त्वमित्युक्तम् ।

तथा[९]

सन्निवेशकुपन्नता ।[१०]

इति । मिथ्याप्रतिपत्तिः कुपन्नता । **तथैव द्विविधं मूलतत्त्वमिति** दुःखसमुदययोर्हेतुप्रत्ययप्रभावितत्वात्परिकल्पितविषयत्वाच्च सन्निवेशमिथ्याप्रतिपत्तितत्त्वं *द्विविधे संगृहीतम्* ।

एकं लक्षणविज्ञप्तिशुद्धिसम्यक्प्रपन्नता[११] ॥

लक्षणतत्त्वं विज्ञप्तितत्त्वं विशुद्धितत्त्वं सम्यक्प्रतिपत्तितत्त्वम् एतानि **चत्वारि तत्वान्येकमेव मूलतत्त्वं** यदुत परिनिष्पन्नः स्वभावः । *तत्र लक्षणतत्त्वविशुद्धितत्त्वयोरनन्यथापरिनिष्पन्नत्वात्परिनिष्पन्नः । विज्ञप्तितत्त्वं* सम्यक्प्रतिपत्तितत्त्वं चाऽविपर्यासपरिनिष्पत्त्या परिनिष्पन्नः ।

६. Ms. °विष्टता.

७ Y. क्लेशावरण but Ms. as here.

८. Y's reconstruction : मूलतत्त्वे.

९. Y. एवं. Reading here after the Bāṣya.

१०. Y's reconstruction : सन्निवेश : कुपन्नता.

११. Y's reconstruction : एकं लक्षणविज्ञप्तौ शुद्धिः सम्प्रतिपन्नता. Reading here after the Bhāṣya.

अत्र प्रवृत्तिसन्निवेशमिथ्याप्रतिपत्तितत्त्वैस्त्रिभिः सत्त्वसाम्यं दर्शितम्। *लक्षणविज्ञप्तितत्त्वाभ्यां धर्मसाम्यम्। विशुद्धितत्त्वेन बोधिसाम्यम्। सम्यक्प्रतिपत्तितत्त्वेन* प्रज्ञासाम्यं प्रदर्शितमिति। आह च

सत्त्वसाम्यं त्रिभिः प्रोक्तं धर्मसाम्यं द्वयेन तु।
बोधिप्रज्ञासाम्यमेवमेकैकेन[१२] प्रदर्शितम् ॥ इति ॥१४॥

[१०. कौशल्यतत्त्वम्]

कौशल्यतत्त्वं दर्शनप्रतिपक्षेणेत्युक्तम्।[१] कथमेषु स्कन्धादिषु दशविधमात्मदर्शनम्?

एकहेतुत्वभोक्तृत्वकर्तृत्ववशवर्तने।
आधिपत्यार्थनित्यत्वे क्लेशशुद्ध्याश्रयेऽपि च ॥१५॥
योगित्वाऽमुक्तमुक्तत्वे आत्मदर्शनमेषु हि।

एष दशविध आत्माऽसद्ग्राहः स्कन्धादिषु प्रवर्तते, यस्य प्रति[१६ अ]पक्षेण दशविधं कौशल्यम्। यदुत—एकत्वग्राहः, हेतुत्वग्राहः, भोक्तृत्वग्राहः, कर्तृत्वग्राहः, स्वतन्त्रग्राहः, अधिपतित्वग्राहः, नित्यत्वग्राहः, सङ्क्लिष्टव्यवदानत्वग्राहः, योगित्वग्राहः, अमुक्तमुक्तत्वग्राहश्च।

प्रभेदतत्त्वानन्तरं कौशल्यतत्त्वमुद्दिष्टम्[२]। **कौशल्यतत्त्वं दर्शनप्रतिपक्षेणेत्युक्तम्।** तत्पुनः स्कन्धादिषु कथं दशविधमात्मदर्शनमिति न ज्ञायत इत्यतः पृच्छति—**कथमेषु स्कन्धादिषु[३]** दशविधमात्मदर्शनमिति? अत आह

**एकहेतुत्वभोक्तृत्वे[४] कर्तृत्ववशवर्तने।
आधिपत्यार्थनित्यत्वे क्लेशशुद्ध्याश्रयेऽपि च ॥[५]
योगित्वाऽमुक्तमुक्तत्वे आत्मदर्शनमेषु हि।[६]**

इति। स्कन्धादिष्विति सम्बध्यते। **एष तु दशविध आत्माऽसद्ग्राह[७]** इत्या-

१२. Ms. एकैकशः but एकैकेन is metrically appropriate.

१. This refers to Kārikā 3.2 कौशल्यतत्त्वं दशधा आत्मदृष्टिविपक्षतः. Tib. reads this part of the Kārikā here and Y. mistakenly takes this to be a part of the Kārikā 3.15.

२. Y. hereafter reconstructs : अतस्तत्प्रदर्शयन्नाह दशधा कौशल्यतत्त्वमात्मदृष्टिप्रतिपक्षता on the basis of Tib.

३. Ms. broken. Y's reconstruction : कथमेतद्दश° Reading here after the Bhāsya.

४. Bhāsya भोक्तृत्वकर्तृत्व°.

५. Y's reconstruction : अधिपत्यर्थनित्यत्वे क्लेशविशुद्धिनिश्रये.

६ Y's reconstruction : योग्यमुक्तविमुक्तत्वे एतेषु ह्यात्मदर्शनम्.

७. Ṭīkā as read by Y. एष तु दशविधात्मासंग्राहः. Reading here after the Bhāsya.

त्मनोऽसत्त्वादसद्ग्राह[८] इत्याह । यद्यात्मा नास्ति कथं ग्राह्यपरतन्त्रः सन्निर्विषयो ग्राहः प्रवर्तेत इति ? नत्वेष निर्विषयः **स्कन्धादिषु प्रवर्तते** । तस्मात्तेषां **प्रतिपक्षेण**[९] **दशविधं** स्कन्धादि**कौशल्य**मुक्तम् । कथं पुनः स्कन्धादिष्वेवायमात्मग्राहो नान्यत्र सन्निश्चीयते ? यतः स्कन्धादिव्यतिरिक्त आत्मा युक्त्या परीक्ष्यमाणो नोपलभ्यते । *यदात्मवादीनामात्मक्रियास्वरूपं तत्सर्वमपि प्रवर्तते स्कन्धादिष्वेवेत्यतः* स्कन्धादय एवात्मग्राहनिबन्धनमिति प्रतीयते । एभिर्दशविधै[१०]रात्माभिनिवेशो[११]नामात्मग्राहः प्रवर्तते नान्यैरित्यतः स्कन्धा*दिकौशल्यं सर्वात्मग्राहस्य प्रतिपक्षत्वेन वेदितव्यम्* । **यदुत**[१२] **एकत्वग्राह** इति पञ्चोपादानस्कन्धेषु पिण्डात्मग्राहतः, तत्प्रतिपक्षेण स्कन्धकौशल्यम् । **हेतुत्वग्राह** इति चक्षुरादीनां प्रयोजकत्वादात्मनि हेतुत्वग्राहः, तत्प्रतिपक्षेण धातुकौशल्यम् । *एवमन्येष्वपि विपक्षप्रतिपक्षं वक्तव्यम् । अथवात्मत्वात्सर्वं प्रवर्तत इत्ययं हेतुत्वग्राहः* । यस्य वे[१३]ष्टमनिष्टञ्चेह जन्मनि फलं तस्य शुभाशुभस्य कर्मण[१४] आत्मा हेतुरिति चेतना[१५] हेतुत्वग्राहः । **भोक्तृत्वग्राह** इति आत्मा भोक्ता चेतनत्वात् । *व्यक्ताव्यक्तं तु भोजनमचेतनत्वात् । अथवा यस्य शुभमशुभं*[१६] *कर्मभिरुत्पद्यते स एव तत्फलानां* भोक्तेति भोक्तृत्वग्राहः । **कर्तृत्वग्राह** इति आत्मैव सुकृतदुष्कृतानां कर्मणां कर्त्ते[१७]ति यो ग्राहः, यो वा करणाद्युपेतस्तास्ताः क्रियाः करोति स आत्मेति *कर्तृत्वग्राहः* । **स्वतन्त्रग्राह**[१८] *इति यत्स्वैरं वशित्वं स आत्मा, योऽधिकारः स*[१९] *आत्मेति यो* ग्राहः । हेत्वनुरूपस्यैव वा फलस्योत्पत्तौ वशित्वमस्येति स्वतन्त्रग्राहः[२०] । **अधिपतित्वग्राह** इति योऽधिपतिः प्रभुरीश्वरः स आत्मेति । *फलस्यैव वाऽनुरूपेणाचरणं तदधिपतित्वादा*[२१]*त्मेत्यधिपतित्वग्राहः* । **नित्यत्वग्राह**[२२] *इति हेत्वादिवस्तुना* पञ्चविधेनाऽविशुद्धोऽप्यात्मा नित्य एव । अन्यथा त्वकृता-

८. Y. असंग्राहः.

९. Y's reconstruction : प्रतिपक्षत्वेन. Reading here after the Bhāsya.

१०. Y's reconstruction : एभिर्विधैर्दशभिः.

११. Y. °भिनिवेशानाम् against Ms.

१२. Y's reconstruction : तथा हि. Reading here after the Bhāṣya.

१३. Y. यस्येष्टमनिष्टं against Ms.

१४. Ms. धर्मणः.

१५. Ms. आत्माहेतुग्राहः but Tib. rgyu bdag yin-par sems-pa-ni rgyur ḥdsin-paḥo.

१६. Y. अथवा यः शुभाशुभैः कर्मभिरुत्पद्यते स एव तत्फलानां भोक्ता.

१७. Y. and Ms. कर्त्रेति.

१८. Y's reconstruction : स्वतन्त्रत्वग्राहः Reading here after the Bhāṣya.

१९. Y. सात्मेति which is grammatically incorrect.

२०. Y's reconstruction : स्वतन्त्रत्वग्राहः see n. 18 above.

२१. Y. फलानुरूपस्यैव वा तच्चरणस्याधिपतित्वमात्मे°.

२२. Y's reconstruction : शाश्वतत्वग्राहः. Reading here after the Bhāṣya.

भ्यागमः,[२३] कृतस्य नाशश्च। तथा स्मृतेः प्रत्यभिज्ञानस्य चाभावः प्रसज्यते। **सङ्क्लिष्टव्यवदानत्वग्राह** *इति सङ्क्लेशव्यवदानाश्रयत्वात्* । **योगित्वग्राह** *इति आत्मनि मनसो* धारणं योगः, प्राणमनसोर्वा निग्रहः । आत्मनो मनसा संयोगविशेषो योगः, सोऽस्यास्तीति योगी। **अमुक्तमुक्तत्वग्राहश्चे**ति आत्मनो बन्धाद्विमुक्ति[२४]रिति यो विकल्पः।

कथमिदन्दशविधं कौशल्यतत्त्वम्मूलतत्त्वेऽन्तर्भवति ? यतस्त्रिषु स्वभावेषु ते स्कन्धादयोऽन्तर्भूताः। कथमन्तर्भूताः ?

परिकल्पविकल्पाऽर्थधर्मताऽर्थेन तेषु ते ॥१६॥

त्रिविधं रूपम्—परिकल्पितं रूपम्, यो रूपस्य परिकल्पितः स्वभावः; विकल्पितं रूपम्, यो रूपस्य परतन्त्रः स्वभावः—तत्र हि रूपविकल्पः क्रियते; धर्मतारूपम्, यो रूपस्य परिनिष्पन्नः स्वभावः। यथा रूपमेवं वेदनादयः स्कन्धाः, धात्वायतनादयश्च योज्याः। एवं त्रिषु स्वभावेषु स्कन्धादीनामन्तर्भावाद् दशविधं कौशल्यतत्त्वं मूलतत्त्वे एव द्रष्टव्यम्।

उक्तमिदं यथा दशविधात्मदर्शनप्रतिपक्षेण स्कन्धादिकौशल्यम् । स्कन्धाद्यर्थस्तु नोक्तः। स इदानीमुच्यते ॥१६॥

कथमिदं दशविधं कौशल्यतत्त्वं मूलतत्त्वेऽन्तर्भवती[१]ति । कौशल्य हि स्कन्धादिषु वैचक्षण्यम्। तत्कथं त्रिषु स्वभावेष्वन्तर्भवति ? असम्भावयतः प्रश्नः। **यतस्त्रिषु स्वभावेषु ते स्कन्धादयोऽन्तर्भूता** इति कौशल्य*विषया एते कौशल्यशब्देनोद्भाविताः*[२] *। न तु तस्मिन्नेव कौशल्य इति । अतः कौशल्यतत्त्वस्या*[३]प्यधिकारतस्तत्रान्तर्भावो न तु स्वरूपत इति वेदितव्यम्, तद्यथा फलहेतुतत्त्वमार्गसत्यं त्रिष्वन्तर्भूतमुक्तमिति। नन्वेवमपि नैव विज्ञायन्ते यथाऽन्तर्भूता इति *पृच्छति*[४] **कथमन्तर्भूता** इति[५] अतश्चाह

परिकल्पविकल्पार्थधर्मताऽर्थेन तेषु ते ॥[६]

इति। तेषु त्रिषु स्वभावेषु ते स्कन्धादयोऽन्तर्भूता इत्यधिकृतम्। तत्र धात्वादिभ्यः पूर्वं स्कन्धानामन्तर्भूतत्वं प्रकाशयितव्यं प्रथमं निर्दिष्टत्वा[७]त्, तत्रापि रूपस्येति।

२३. Ms. broken. Y. अन्यथा त्वकृतमभ्यागमः.

२४. Y's reconstruction : आत्मनः पूर्वबन्धाद्विमुक्त इति.

१. Y's reconstruction : एतद्दशविधं कौशल्यं कथं मूलतत्त्वेऽन्तर्भवतीति. Reading here after the Bhāṣya.

२. Y. कौशल्यविषय एतत्कौशल्यमितिशब्देनोद्भावितम्.

३. Y. कौशल्यतत्त्वमपि.

४. Y. पृष्टम्.

५. Y's reconstruction : कथमन्तर्भवन्तीति.

६. Y's reconstruction : विकल्पकल्पितार्थेन धर्मतार्थेन तत्र ते. Reading here after the Bhāṣya.

७. Ms. broken. Y. स्कन्धानां प्रथमान्तर्भूतत्वं प्रकाशयितव्यं निर्दिष्टत्वात्.

अत आह—**त्रिविधं रूपम्** । कथम् ? *परिकल्पितं रूपं विकल्पितं रूपं धर्मतारूपञ्च* । तत्र किं **परिकल्पितं रूपम् ? यो रूपस्य परिकल्पितः स्वभाव** इति । *तच्च याऽन्यत्र नाम्नोपलब्धिस्तत्र*[८] *विषयस्व*भावः परिकल्प्यते । सोऽत्यन्तमसत्त्वात्परिकल्पित इत्युच्यते । **विकल्पितं रूपं यो रूपस्य परतन्त्रः स्वभाव** इति हेतुप्रत्ययप्रतिबद्ध इत्यर्थः । किमर्थं पुन*रिदं*[९] *विकल्पितं रूपमुच्यत इत्यत आह*—**तत्र हि**[१०] **रूपविकल्पः क्रियत** *इति । यस्माद्रूपख्यान*विज्ञानेऽदृष्टतत्त्वैरपरिज्ञातरू[११]पसंज्ञत्वाद्रूपाभिनिवेशः क्रियते, यथा स्कन्धेष्वात्मग्राहः । तस्मात्परतन्त्रे विकल्पितं रूपमित्युच्यते । **धर्मतारूपं यो रूपस्य परिनिष्पन्नः स्वभाव** *इति । तद्विकल्पितरूपपरिकल्पितरूपविगता*[१२]*त्मिका* शून्यता । **यथा रूपमिति** । यथा रूपं त्रिधा भित्त्वा त्रिषु स्वभावेष्वन्तर्भावितमेवं **वेदनादयः स्कन्ध**[१३]**धात्वादयश्च योज्या** इति वेदनासंज्ञासंस्कारविज्ञान*स्कन्धा धात्वायतनानि प्रतीत्यसमुत्पादाङ्गान्यायतनानायतनानी*[१४]न्द्रियाणि अध्व[१५]त्रयं सत्यचतुष्टयं यानत्रयं संस्कृतासंस्कृतञ्चेत्येतदपि वेदनादिकं धात्वादिकञ्च प्रत्येकं परिकल्पितविकल्पितधर्मतास्वभावभेदत*स्त्रिधा भित्त्वा* **त्रिषु स्वभावेष्व***न्तर्भावयितव्यम्*[१६] ।

तत्र प्रतिभासेषु वेदनादिषु योऽत्यन्तमसद्भूतो ग्राह्यग्राहकभावो रूपप्रतिभासेषु यथा ग्राह्यभावः परिकल्प्यते सा परिकल्पिता वेदना यावत्परि*कल्पितं विज्ञानम्* । यस्मिन् ग्राह्यग्राहकेण विकल्पः क्रियते सा विकल्पिता वेदना यावद् विकल्पितं विज्ञानम् । धर्मतावेदना यो वेदनायाः परिनिष्पन्नः स्वभावः । एवं यावद् धर्मताविज्ञानं वेदितव्यम् । एवं धात्वायतनादिष्वपि यथासम्भवं विस्तरेण *वक्तव्यम्* ।

रूप*वेदने यावत्संस्कृतासंस्कृतमिति यो नामाभिधेयो भावः* सोऽपि परिकल्पितपरतन्त्रपरिनिष्पन्नस्वभावो वेदितव्यः । कथम् ? तत्र रूपादिस्वभावप्रज्ञप्तत्वात्परिकल्पितः, प्रज्ञप्त्यधिष्ठानभावात् परतन्त्रः, प्रत्ययपरतन्त्रत्वात्त*स्यैव रूपादिभावात्यन्तविगतत्वं परिनिष्पन्नः* ।

ननु परतन्त्र एव मनुष्या[१७]दिभावेन नाम्नोच्यते न परिकल्पित इत्यनर्थक

८. Y. स च योऽन्यत्र नामोपलब्धेस्तत्र.

९. Y पुनरयं.

१०. Y. omits हि in reconstruction.

११. Y. अपरिज्ञाय रूप° on the basis of Tib. but against Ms.

१२. Y. °त्मका.

१३. Bhāṣya स्कन्धा धात्वा°

१४. Y. °नायतनान्यीन्द्रि° which is grammatically wrong.

१५. Ms. अर्थत्रयं. Y. कालत्रयं. Tib. dus gsum.

१६. Y. अन्तर्भावितव्यम् which is wrong.

१७. Y. रूपादिभावेन against Ms. Tib. gzugs la-sogs-paḥi.

एव परिकल्पितविकल्पः। नानर्थकः। तत्र मनुष्या[१८]दिस्वभावस्याध्यारोपितत्वात्। यथा हि नामार्थे प्रवर्तते तथा तथैव नास्ति। बालास्तु तत्स्वभावमभिनिवि-[१९]शन्ति, तच्च मिथ्याऽध्यवसितं न तु[२०] भूतार्थेनेति। कुत एतत्? नामार्थयोः सारूप्ये वैरूप्ये च वाच्यवाचकभावव्यावृत्तितः। यदि वृक्षादिशब्दानां तदर्थानां चाभिन्नरूपता, एवं नाम्नस्तदर्थरूपाऽव्यतिरेकाद्वाचकत्वं व्यावर्तेतेऽर्थवत्। अर्थस्यापि नामस्वरूपाऽव्यतिरेकाद्वाच्यत्वं विहीयते नियमहेत्वभावात्। नाम्नोऽपि वान्यत् वाचकमर्थस्य च वाच्यं प्रसज्यत इत्यनवस्थाप्रसङ्गाव[२१]। एकस्य चार्थस्य नामबहुत्वे नाम्नश्चार्थबहुत्वेऽनेकरूपता प्रसज्यते। एकस्य तु बहुस्वरूपत्वं न युज्यते।[२२] अभाववाचकानामर्थवतामसत्त्वम्[२३], तदर्थस्याभावरूपत्वात्, तदर्थस्यापि वा सत्त्वं नाम्नोऽस्तित्वादिति। वैरूप्येऽपि शब्दानुरूप्येणार्थप्रत्ययाभावः। शब्द एव हि तत्र वृक्षो नार्थः। अर्थस्तु न वृक्षो नाप्यवृक्षः। तस्माद् वृक्षशब्दार्थस्य न वृक्षज्ञानविषयत्वम्, तदर्थस्याऽवृक्षात्मकत्वात्। तद्विधञ्च शब्दार्थयोर्वाच्यवाचकभावव्यावृत्तिः। वैलक्षण्ये च वाच्यवाचकनियमो न स्यात्, नियम[२४]कारणाभावात्।

नाम चार्थमुत्पादयेदभिव्यञ्जयेद्वा। तत्र नोत्पादयति, उत्पन्नेऽर्थे नामकरणात्। उत्पन्नोऽपि पुनः पुनरुत्पादयितव्य इति प्रसङ्गः, पुनः पुनर्नामकरणात्। नाप्यभिव्यञ्जयति, यस्मादर्थं गृहीत्वा नाम क्रियते, न च[२५] गृहीतस्याभिव्यञ्जकं युक्तम्। तेनैव नाम्ना तमेवार्थमन्यो न गृह्णाति यस्तन्न जानाति। तदेव तस्यैवार्थस्याभिव्यञ्जकं चानभिव्यञ्जकञ्चेति न युक्तम्। नाभिव्यञ्जकप्रदीपादयो व्यङ्ग्य-[२६]मर्थं व्युत्पत्त्यपेक्षा[२७] व्यञ्जयन्ति। न च व्यङ्ग्येषु[२८] घटपटादिषु व्यञ्जकनियमो दृष्ट इति सर्वोऽर्थः सर्वेण नाम्नाऽभिव्यज्येत। न च गन्धादिषु[२९] नियमाभावः। यस्मात् कुथार(?)जलादीनां[३०] गन्धाद्युत्पादयितृत्वमिष्टम्, न तु व्यञ्जकत्वम्।

१८. Ms. broken. Y. रूपादि°

१९. Y. अभिनिवेशन्ति which is grammatically wrong.

२०. Y. नत्वपि भूतार्थेन.

२१. Ms. broken. Y. अनवस्थात्वात्.

२२. Y. अयोग्यम्.

२३. Y. अभाववाचकानां चा सत्त्वमर्थवत्.

२४. Ms. विषम°.

२५. Ms. चागृहीतस्य.

२६. Y. व्यङ्गमर्थ.

२७. Y. अपेक्षया against Ms.

२८. Y. व्यङ्गेषु.

२९. Ms. broken. Y. गन्धादितो.

३०. Y. जलादयो.

तस्माद्वाच्यवाचकाभिनिवेशो ग्राह्यग्राहकाभिनिवेशवदसदर्थ एवेति प्रतीयते ।

एवं त्रिषु स्वभावेषु स्कन्धादीनामनन्तर्भावाद्दशविधं कौशल्यतत्त्वं मूलतत्त्व एव द्रष्टव्यम् । स्कन्धादिकौशल्यमिदमात्मदर्शनप्रतिपक्षत्वेनोक्तम् । यस्मिंस्त्वर्थे स्कन्धादिकौशल्यं विपक्षात्मदृष्टिप्रतिपक्षः **स्कन्धाद्यर्थो नोक्त** इत्यतः **स इदानीमुच्यते ॥१६॥**

[अ. स्कन्धार्थः]

अनेकत्वाऽभिसंक्षेपपरिच्छेदार्थ आदितः ।

आदितस्तावत् स्कन्धाः, ते त्रिविधेनाऽर्थेन वेदितव्याः—अनेकत्वाऽर्थेन, यत् किंचिद् रूपमतीताऽनागतप्रत्युत्पन्नमिति विस्तरः, अभिसंक्षेपार्थेन, तत् सर्वमैकध्यमभिसंक्षिप्येति; परिच्छेदार्थेन [१४ ब] च, रूपादिलक्षणस्य पृथक्त्वव्यवस्थानात् । राश्यर्थो हि स्कन्धाः[१], एवञ्च लोके राश्यर्थो दृष्ट इति ।

अनेकत्वाभिसङ्क्षेपपरिच्छेदार्थ आदितः ।

आदित इत्यादावुच्यत इति सम्बध्यते । **आदितस्तावत्स्कन्धा** उच्यन्ते । **ते च त्रिविधेनार्थेन वेदितव्याः । अनेकत्वार्थेन यत् किञ्चिद् रूप**[२]**मतीतानागतप्रत्युत्पन्न**माध्यात्मिकं वा बाह्यं वा, औदारिकं वा सूक्ष्मं वा, हीनं वा प्रणीतं वा, यद्वा दूरे यद्वाऽन्तिके इत्येवमनेकार्थेन बहूनामतीतानागतादीनां द्रव्याणां स्कन्धशब्देनोक्तत्वात्[3] । अभिसङ्क्षिप्येतिवचनादभिसंक्षेपार्थेन स्कन्ध इति । **अभिसंक्षिप्येत्ये**कीकृत्य[४] । **परिच्छेदार्थेन च** स्कन्ध इति सम्बध्यते । चशब्दः समुच्चयार्थः अनेकार्थाभिसंक्षेपार्थद्वयस्यापि । अत्र कारणमाह—**स्कन्धानां रूपादिलक्षणस्य**[५] वेदनादिलक्षणेभ्यः **पृथग् व्यवस्थापना**[६]**दिति** । पृथक्परिच्छिन्न इति पर्यायः । किमत्र कारणमेभिस्त्रिभिरङ्गैः स्कन्धार्थो व्यवस्थाप्यते ? **राश्यर्थो हि स्कन्धा**[७]**र्थ** इत्यत एवं व्यवस्थाप्यते[८] । **एवञ्च लोके राश्यर्थो दृष्टः**[९] । योऽनेकोऽभिसंक्षिप्तः परिच्छिन्नः स रा[१०]शिरित्युच्यते । यथा रूपस्कन्ध एवं वेदनादयोऽपि स्कन्धा वेदितव्याः । तत्र योऽयमेककात्मग्राहो यथा पुरुष एवेदं सर्वं यद् भूतं यच्च भाव्यमित्यादि तस्य प्रति-

१. N. स्कन्धार्थ: against Ms. but Ṭīkā and Tib. स्कन्धार्थः.

२. Y's reconstruction : अनेकार्थो यत् किञ्च रूपम्. Reading here after the Bhāṣya.

३. Y. स्कन्धशब्दोक्तत्वात्.

४. Y. एकीकृत्यम् which is a mistake.

५. Y's reconstruction : रूपलक्षणेन. Reading here after the Bhāṣya.

६. Bhāṣya : पृथक्त्वव्यवस्थानात्.

७. Bhāṣya स्कन्धाः, see n. 1 above.

८. Y. स्थापनम्.

९. Y's reconstruction : लोकेऽपि दृष्टम् । एवं लोकेऽपि दृष्टं.

१०. Y. यदनेकाभिसंक्षेपपरिच्छेदस्तद्राशि°.

पक्षेण यथा स्कन्धार्थे कौशल्यं कार्यं तथोक्तम् ।[11] कथमिति ? अतीतादिभिन्नरूपादिष्वैकध्यमभिसंक्षिप्तेषु रूपादिस्कन्धप्रज्ञापनात् ।

एतच्च त्रिविधसम्मोहप्रतिपक्षेण त्रिविधस्कन्धव्यवस्थापनम् । त्रिविधः सम्मोह एकत्वसम्मोहः संवृति[12]सम्मोहो लक्षणसङ्कीर्णसम्मोहश्च ।

[ब. धात्वर्थः]

ग्राहकग्राह्यतद्ग्राहबीजार्थश्चाऽपरो मतः ॥१७॥

कतमोऽपरः ? धातुः । तत्र ग्राहकबीजार्थश्चक्षुर्धात्वादयः । ग्राह्यबीजार्थो रूपधात्वादयः । तद्ग्राहबीजार्थश्चक्षुर्विज्ञानधात्वादयः ॥१७॥

स्कन्धार्थानन्तरं धातव उद्दिष्टाः । तस्मात्स्कन्धार्थानन्तरं धात्वर्थमाह—

ग्राहकग्राह्यतद्ग्राहबीजार्थश्चापरो मतः ॥

इति । अपरशब्दोऽत्र धातावेव सम्बध्यते, स्कन्धानन्तरमुद्दिष्टत्वात् । अत एव भाष्यकारोऽप्याह **कतमोऽपरः । धातुरिति**[1] । बीजार्थो धात्वर्थः, तद्यथा स्वर्णे सति स्वर्णधातुरुच्यते स्वर्णबीजमिति गम्यते । स च फलभेदात्त्रिधा भिद्यते–ग्राहकधातुः, ग्राह्यधातुः, तद्ग्राहधातुश्च । **तत्र ग्राहकबीजार्थश्चक्षुर्धात्वादयः** । चक्षुर्धातुरादिर्येषां मनःपर्यन्तास्ते चक्षुर्धात्वादयः । ते[2] च रूपादिविषयग्राहाश्रयभूतत्वाद् ग्राहकाः । सजातीयानां चक्षुरादीनां हेतुत्वाद्धातव उच्यन्ते । **ग्राह्यबीजार्थो रूपधात्वादयो** धर्मधातुपर्यन्ताः । चक्षुरादिविज्ञानविषयत्वाद् ग्राह्याः । तेऽप्येवं सभागानां रूपादीनां हेतुभावाद् धातव उच्यन्ते । **तद्ग्राहबीजार्थश्चक्षुर्विज्ञानधात्वादयः** । रूपादिप्रतिपत्तिस्वभावत्वाद्रूपादिग्राहाश्चक्षुर्विज्ञानादयो मनोविज्ञानपर्यन्ताः । तेऽपि सभागानामेव चक्षुरादिविज्ञानानां हेतुभूतत्वाद्धातव उच्यन्ते चक्षुर्विज्ञानधात्वादयो मनोविज्ञानधातुपर्यन्ताः ।

अन्ये त्वाहुः—चक्षुराद्यभिनिवेशकर्मवासितमालयविज्ञानं यथाक्रमं चक्षुरादीनां बीजम् । तथा रूपाद्यभिनिवेशकर्मवासितमालयविज्ञानं यथाक्रमं रूपादीनां बीजम् । तथा चक्षुरादिविज्ञानाभिनिवेशकर्मवासितमालयविज्ञानमेव चक्षुरादिविज्ञानानां यथाक्रमं बीजमिति ।

एवं त्वालयविज्ञानमेव धातुशब्दवाच्यं न चक्षुरादय इति चिन्त्यमेतत् । कर्तृक्रियाकर्मसम्मोहव्यावर्तनार्थं त्रिविधे बीजार्थे धातुर्व्यवस्थापितः । अत्र पूर्वचक्षुरादय उत्तरचक्षुरादीनामेव हेतवो भवन्ति न तत्रान्यः कश्चिदात्माऽन्यो वा हेतुर्विद्यत इत्येवं धातुकौशल्यादात्मनि हेतुग्राहव्यावृत्तिः ॥१७॥

११. Y. कौशल्यकृत्यमुक्तम्.

१२. Y. संवृत्ति°.

१. Y's reconstruction : धातव इति. Reading here after the Bhāṣya.

२. Y. तेषां.

[स. आयतनार्थः]

वेदितार्थपरिच्छेदभोगायद्वारतोऽपरम् ।

किमपरम् ? आयतनम् । तत्र वेदितोपभोगाऽऽयद्वाराऽर्थेन षड् आध्यात्मिकान्यायतनानि । अर्थपरिच्छेदोपभोगाऽऽयद्वाराऽर्थेन षड् बाह्यानि ।

धात्वर्थानन्तरमायतनानामर्थो वक्तव्यः । अत आह

वेदितार्थपरिच्छेदभोगायद्वारतोऽपरम् ।[1]

इति । धातोरपराणां[2] ह्यायतनप्रतीत्यसमुत्पादादीनां बहुत्वादपरशब्दस्य च सामान्यत्वात् प्रश्नः **किमपरमिति** । धातुभ्योऽनन्तरमुद्दिष्टत्वादर्थत आयतनेष्वेवायमपरशब्दोऽवतिष्ठत इति ज्ञापनार्थमाह—**आयतनमिति । तत्र वेदितोपभोगायद्वारार्थेन षडाध्यात्मिकान्यायतनानि**[3] । **अर्थपरिच्छेदोपभोगायद्वारार्थेन षड् बाह्यानीति** । आयद्वारार्थ आयतनार्थः । आय आगमः । तं वेदितार्थपरिच्छेदोपभोगयोस्तन्वन्तीत्यायतनानि । वेदितसंज्ञोपभोगायद्वारभेदेनाध्यात्मिकबाह्यप्रभेदः । वेदितं हि सुखदुःखाऽदुःखाऽसुखम् । तदेवोपभुज्यत इत्युपभोगः । अनुभूयत इत्यर्थः । तस्य वेदनोपभोगस्यायद्वारमाध्यात्मिकान्येवायतनान्युक्तानि । सत्यपि विषयाणां तदायद्वारभावे[4] चक्षुरादीनामाश्रयाणामनुग्रहोपघातत्वेन तत्प्रवीणा[प्रवीण]त्वेन चासाधारणत्वेनाश्रयत्वात् सति चक्षुरादौ तद्द्वारेण वेदनोपभोगान्नास्तीति । अर्थपरिच्छेदः संज्ञा, अर्थनिमित्तोद्ग्रहणात्मकत्वात् । सैवार्थप्रतिपत्त्यात्मकत्वाद्विषयमुपभुङ्क्ते । तदायद्वारभावेन बाह्यान्यायतनान्युक्तानि, न त्वाध्यात्मिकानि सत्यपि तदायद्वारभावे यस्माद्विषयाभावेऽर्थपरिच्छेदोपभोगाभावः सत्यप्याध्यात्मिके चक्षुराद्यायतने । वेदितार्थपरिच्छेदयोः ससम्प्रयोगयोरायद्वारभावत्वादेतान्यायतनानि वेदितव्यानि ।

प्रधानं[5] हि द्वयग्रहणम् । ग्रहण[6]प्राधान्यं पुनः कर्मफलोपभोगादर्थपरिच्छेदात्मकत्वाच्च । वेदितार्थपरिच्छेदोपभोगमुखेन भोक्तृविकल्पः प्रवर्तत इत्यतो द्विविधेनार्थेनायतने व्यवस्थानं कृतम् । एवमायतनकौशल्यं भोक्ताऽऽध्यात्मिकान्यायतनानि भोजनमायतनानि बाह्यानि । नान्यो भोक्तेत्यात्मनि भोक्तृत्वग्राहो व्यावर्तते ।

यदुक्तं चक्षुराद्यायतनानामनुग्रहोपघातात्तदधिष्ठान एव भोक्तृत्वव्यवहार इति तदयुक्तम् । रूपप्रतिषेधेन[7] चक्षुरादीनामायतनानामप्यसत्त्वादात्मवदिति नैष

१. Y's reconstruction : वेदनार्थपरिच्छेदे भोगायद्वारतापरम्. Reading here after the Bhāṣya.

२. Y. धात्वपरस्य.

३. Y's reconstruction : तत्र षडाध्यात्मिकान्यायतनानि वेदनोपभोगायद्वारार्थेन. Reading here aftet the Bhāṣya.

४. Y. द्वारे.

५. Y. प्राधान्यं.

६. Y. reads ग्रहणं प्राधान्यं.

७. Y. प्रतिषेधार्थं.

उपालम्भः । यस्मात्परिकल्पितरूपस्यैवात्र प्रतिषेधः क्रियते न विकल्पितरूपस्य । तत्र चक्षुरादिप्रपञ्चपरिभावितकर्माक्षिप्तत्वेनालयविज्ञानं परिणामविशेषप्राप्तमाध्यात्मिकमायतनम् । तन्निमित्तस्य *प्रवृत्तिविज्ञानस्य रूपादिप्रतिभासं बाह्यायतनम् । य आलयविज्ञानस्य साधारणार्थप्रति*भासो यश्च सत्त्वप्रतिभासः सोऽपि ग्राह्यग्राहकप्रतिभासस्य प्रवृत्तिविज्ञानस्योत्पत्तावधिपतिप्रत्ययत्वाद् बाह्यमायतनमुच्यते, न तु तद्विषयत्वादिति ।

नन्वेवं द्वयमाश्रित्य *चक्षुर्विज्ञानादय उत्पद्यन्त इति* **सूत्र**वचनेन *विरुध्यते*[८] । *रूपादिप्रतिभासो* विज्ञानाद्भिन्नः । न च तदेव तस्यैवोत्पत्तिप्रत्ययो युक्तः । उत्पन्नानुत्पन्नावस्थयोर्भावाद[९]भावाच्च स्वात्मनि वृत्तिविरोधात् । तस्मादवश्यं विज्ञाननिर्भा*साद् भिन्ना रूपादयोऽभ्युपगन्तव्या इति । नैषोऽप्युपालम्भः । यस्माद्रू*पादिनिर्भासविज्ञानं सभागविज्ञानोत्पत्तये प्रत्ययविज्ञाने वासनामाधत्ते । वासनापरिणामाच्च रूपाद्याभासं पुनर्विज्ञानं जायते । एवं विज्ञान[१०]निर्भा*सात्मकत्वेन वासनाहितो*[११] *विज्ञानप्रत्यय उक्त इति* न **सूत्र**विरोधः । एवं रूपादिनिर्भासस्यालम्बनार्थोऽप्युपपन्नः स्वनिर्भासाकारस्य विज्ञानस्य प्रत्ययत्वात् । अथवा यथा बाह्यार्थवादिभिर्विज्ञानेन सहज आलम्बन*प्रत्ययो व्यवस्थाप्यते जन्यजनकवदभावेऽपि तद्भावाभावाभ्यां विज्ञान*भावाभावावधिकृत्य, एवमिहापि रूपादिनिर्भासस्य विज्ञानस्य वाऽ[१२]सत्यपि जन्यजनकभावे तद्भावाभावयोर्विज्ञानभावाभावाव्यभिचारात् प्रत्ययप्रत्ययित्वं *व्यवस्थाप्यते ।*

रूपनिर्भासविज्ञानयोरभिन्नत्वाद् दृष्टान्तेन मुख्यतोऽसादृश्यमिति, न भेदोपचारात् । तद्यथा ग्राह्यग्राहकविकल्पाधिष्ठानत्वात् स्वप्नमायागन्धर्वनगरादिविज्ञानं परमार्थतोऽभिन्नमपि ग्राह्यग्राहकाकारेण[१३] भिन्नमिव व्यवस्थाप्यत *आलम्ब्यालम्बकभावत्वेन, तथाऽन्यत्रापि नास्ति विरोधः* । अपि चालम्ब्यालम्बकभावः सर्वत्रोपचर्यत एव न मुख्यो[१४]ऽस्ति । नहि विज्ञानमुत्पन्नमनुत्पन्नं वा विषयमालम्बते । उत्पत्त्यनन्तरविनाशित्वात्[१५] क्रियाकालेऽनवस्थानादसत्त्वाच्च । *विषयश्चोत्पन्नोऽनुत्पन्नो वोभयथा*[१६]*ऽप्यालम्बनत्वेनायोग्यः । उत्पन्नस्याऽनवस्थानादनुत्पन्नस्य* चासत्त्वात् । नहि निराधारालम्बनक्रिया युज्यते । यस्यापि सत्तामात्रेण कार्यकारणभाव एवालम्ब्यालम्बकभाव[१७]स्तस्यापि वर्तमानस्य विज्ञानस्यालम्बनं *निरर्थकं*

८. Y. विरुद्धम्.
९. Ms. समत्वादभावाच्च.
१०. Y. विज्ञानं रूपादिनिर्भासा° against Ms.
११. Y. वासनाधत्तं.
१२. Y. विज्ञानस्यासत्यपि against Ms.
१३. Y. adds व्यवहार.
१४. Y. मुख्यतो against Ms.
१५. Y. आलम्बक्रियाकाले against Ms.
१६. Y. उभयतो.
१७. Y. व्यवस्थाप्यते तस्या° against Ms.

भवति, तदात्मत्वेन सिद्धेः[१८] *। उत्पद्यमानस्यापि निरर्थकमसत्त्वात् ।* नोत्पद्यमानस्य निरर्थकम्, यस्माद्विषयसद्भावे विज्ञानं तन्निर्भासमात्मानं प्रतिलभते । यदि विषयनिर्भासो विज्ञानस्य बाह्यार्थनिमित्तः, एवमतीतानागतस्वप्नादिविज्ञानस्य *निराकारत्वं वर्तते । तदर्थाभावाद्धासत्त्वम् ।* न विकलैः प्रत्ययैः कार्यमुत्पद्यते, अतिप्रसङ्गात् । न चासतः प्रत्ययत्वं युज्यते । न च बाह्यार्थ आलम्बनप्रत्ययो विज्ञानस्य, तेन विनापि भावात् । तस्मात्सर्वमेव विज्ञानं *तैमिरिकादीनामिव*[१९] *बाह्यार्थालम्बननिरपेक्षमेवाभ्युपगन्तव्यम् ।*

[ङ. *प्रतीत्यसमुत्पादार्थः*]

प्रतीत्यसमुत्पादार्थः

पुनर्हेतुफलायासाऽनारोपाऽनपवादतः ॥१८॥

हेतुफलक्रियाणामसमारोपाऽनपवादाऽर्थः प्रतीत्यसमुत्पादार्थः । तत्र हेतुसमारोपः संस्कारादीनां विषम[१]हेतुकल्पनात् । हेत्वपवादो निर्हेतुकत्वकल्पनात् । फलसमारोपः सात्म[२]कानां संस्कारादीनामविद्यादिप्रत्ययप्रवृत्तिकल्पनात् । फलाऽपवादो न सन्त्यविद्यादिप्रत्ययाः संस्कारादय इति कल्पनात् । क्रियासमारोपोऽविद्यादीनां संस्काराद्युत्पत्तौ[३] व्यापारकल्पनात् । क्रियाऽपवादो निस्सामर्थ्यकल्पनात् । तदभावादसमारोपाऽनपवादो वेदितव्यः ॥१८॥

आयतनाऽर्थाऽनन्तरं प्रतीत्यसमुत्पादार्थो वक्तव्य इत्यत आह—**प्रतीत्यसमुत्पादार्थः ।**

पुनर्हेतुफलायासाऽनारोपाऽनपवादतः ॥

निरीहानित्यसमर्थ*प्रत्ययोत्पादनार्थः ।* यथोक्तं **सूत्रे**ऽपि—एतदस्मिन् सतीदम्भवति । अस्योत्पादादिदमुत्पद्यते यदुताविद्याप्रत्ययाः संस्कारा इति विस्तरः । अयं च प्रतीत्यसमुत्पादो हेतुफलक्रियाणां समारोपापवादप्रतिषेधेनेष्यत इति प्रतिपाद*यन्नाह*—**हेतुफलक्रियाणामस[४]मारोपानपवादार्थः प्रतीत्यसमुत्पादार्थ** इति । आयासशब्देन तु क्रियोक्ता ।

तत्र हेतुसमारोपः, अविद्यादीन् हित्वा पुरुषेश्वराणुप्रधानादीनां हेतुत्वकल्पनात् । एतदेव प्रतिपादयन्नाह—**संस्कारादीनां** *जरामरणपर्यन्तानां* **विषमहेतुकल्पनादिति** । *संस्कारादीनां ह्यनित्यानां नित्यः पुरुषादि*को हेतुर्विषमो विसदृश इत्यर्थः । अथवा हेतुः स्वरूपविक्रियाऽपेक्षो बीजादिकोऽङ्कुरादीनां दृष्टः । न च नित्यस्य स्वरूपविक्रियाऽस्तीति[५] विषमहेतौ हेतुत्वकल्पना*द्धेतुसमारोपः ।*

१८. Y. सिद्धात्.

१९. Y. no इव.

१. Ms. विषहेतु°.

२. Ms omits. सात्म

३. Ms. संस्कारात्मनोत्पत्तौ. Reading here after the Ṭīkā.

४. Y's reconstruction : °क्रियाणामनारोपा°.

५. Y. क्रियास्ति.

हेत्वपवादो निर्हेतुकत्व[६] कल्पनादिति संस्कारादीनां नि[७] र्हेतुकोत्पादाभ्युपगमादविद्यादीनां संस्कारादिहेतुत्वमपोढं भवति।

फलसमारोपः सात्मकानां संस्कारादीनामविद्यादिप्रत्ययप्रवृत्तिकल्पनादिति। सत्यात्मनि संस्कारादीनामविद्यादिप्रत्ययप्रवृत्तित्वं न त्वस्तीति संस्कारादिफलेष्वात्मसमारोप इत्**येके।** आत्मद्रव्य[८] समवायित्वेन तदनुग्रहोपघा[९] तकर्तृत्वेन वा सात्मकानां संस्कारादीनामविद्यादिप्रत्ययप्रवृत्तिकल्पनात् फलसमारोप इत्**यपरे।**

फलापवादो न सन्त्यविद्यादिप्रत्ययाः संस्कारादय इति[१०] कल्पनादिति। तद्यथा—सुचरितदुश्चरितपरलोकापवादिनां नास्ति सुचरितं नास्ति दुश्चरितं नास्ति परलोक इति।

क्रियासमारोपोऽविद्यादीनां संस्काराद्युत्पत्तौ व्यापारकल्पनादिति। यदि वस्तुरूपमर्थान्तरभूतं संस्काराद्युत्पत्तावविद्यादयः कुर्वन्तीति कल्प्येत एवं क्रियासमारोपः।

क्रियापवादो निस्सामर्थ्यकल्पनादिति। अविद्यादीनां सत्तामात्रेण संस्काराणां ह्युत्पादनसमर्थानामपि निःसामर्थ्यकल्पनात्क्रियापवादः।

तदभावादसमारोपानपवादो वेदितव्य इति। तस्य हेतुफलक्रियाणां समारोपापवादस्याभावादसमारोपानपवादो वेदितव्यः। एवमिदं प्रतीत्यसमुत्पादकौशल्यमविद्यादिव्यतिरेकेणात्मन्यन्यस्मिन् वा यः कर्तृत्वग्राहस्तस्य प्रतिपक्षेण वेदितव्यम्। न ह्यत्रात्मान्यो वाऽविद्याव्यतिरेकेण शुभाशुभानां कर्मणां कर्ता। अन्यः संस्कारव्यतिरेकेण विज्ञानस्य कर्ता नास्ति। एवं[११] सर्वत्रापि यथायोगं वक्तव्यम्, निरीहेभ्योऽनित्येभ्यः समर्थेभ्य[१२] श्चाविद्यादिभ्यः संस्काराद्युत्पत्तितः॥१८॥

[स. स्थानाऽस्थानार्थः]

अनिष्टेष्टविशुद्धीनां समोत्पत्त्याधिपत्ययोः।
सम्प्राप्तिसमुदाचा[१५ अ]रपारतन्त्र्याऽर्थतोऽपरम्॥१९॥

स्थानाऽस्थानं सप्तविधपारतन्त्र्यार्थेन वेदितव्यम्। तत्राऽनिष्टे पारतन्त्र्यम्, दुश्चरितेनाऽनिच्छतोऽपि दुर्गतिगमनात्। इष्टे पारतन्त्र्यम्, सुचरितेन सुगतिगमनात्। विशुद्धौ पारतन्त्र्यम्, पञ्च निवरणान्यप्रहाय यावत् सप्त बोध्यङ्गान्यभावयित्वा दुःखस्यान्ताऽकरणात्। समोत्पत्तौ पारतन्त्र्यम्, द्वयोरपूर्वाऽचरमयोस्तथागतयोश्चक्रवर्तिनोश्चैकस्मिन् लोकधातावनुत्पादात्। आधिपत्ये पारतन्त्र्यम्, स्त्रियाश्चक्रवर्तित्वाद्यकरणात्। सम्प्राप्तौ पारतन्त्र्यम्, स्त्रियाः प्रत्येकाऽनुत्तरबोध्यनभिसम्बोधात्।

६. Y's reconstruction : अहैतुककल्पनात्.

७. Y. अहेतुको.

८. Ms. °द्वय°.

९. Ms. °होपपात.

१०. Y's reconstruction : फलापवादः संस्कारादीनामविद्यादिप्रत्ययप्रवृत्तिकल्पनात्. Reading here after the Bhāṣya.

११. Y. no एवं.

१२. Y. समर्थभ्यः perhaps misprint.

समुदाचारे पारतन्त्र्यम्, दृष्टिसम्पन्नस्य वधाद्युपक्रमाऽसमुदाचारात् पृथग्जनस्य च समदाचारात्। विस्तरेण बहुधातुकसूत्राऽनुसारादनुगन्तव्यम् ॥१६॥

प्रतीत्यसमुत्पादार्थानन्तरं स्थानाऽस्थानार्थो वक्तव्य इत्यत आह

अनिष्टेष्टविशुद्धीनाम्

इति विस्तरः। **स्थानास्थानं सप्तविधपारतन्त्र्यार्थेन वेदितमिति**। तत्र स्थानं हेतुः, अस्थानमहेतुः। यथोक्तं **गाथायाम्**

सत्यं वदेन्न च क्रुद्धे[1] द्द्यादल्पो[2]ऽपि याचितः।
एभिस्त्रिभिरिह स्थानैर्देवानां समितिं व्रजेत्॥

हेतुभिरिति गम्यते। अथवा स्थानं[3] सम्भवः, अस्थानं पुनरसम्भवः। तत्कौशल्यं स्थानास्थानकौशल्यम्। परतन्त्रस्य भावः पारतन्त्र्यम्। परायत्ततेत्यर्थः। तच्च सप्तविधमपि त्रिष्वन्तर्भवति कर्मक्लेशजन्मपारतन्त्र्येषु।

तत्रानिष्टे पारतन्त्र्यमिति। अनिष्टा दुर्गतयः। तत्र गमनं दुश्चरितायत्तत्वं पारतन्त्र्यञ्चेति प्रदर्शयन्नाह—**दुश्चरितेन** प्राणातिपातादिना कायवाङ्मनःकर्मसङ्गृहीतेन सप्रयोगपृष्ठेनाऽनिच्छतोऽपि **दुर्गतिगमा[4]दिति**। दुर्गतयो नरकाः प्रेतास्तिर्यञ्चश्च। तेषामेकान्तेन दुःखत्वान्न कस्यचित्तत्र गमनेच्छा भवति। कर्मणां बलवत्त्वाद् दुर्गतिहेतुत्वाच्च दुश्चरितस्यानिच्छतोऽपि तत्र कर्मवशादेव गमनं भवति।

इष्टे पारतन्त्र्यं सुचरितेन सुगतिगमनादिति। इष्टं सुगतिगमनम्। सुगतिर्देवा मनुष्याश्च। सुचरितं सप्रयोगपृष्ठेभ्यः प्राणातिपातादिभ्यो विरतिः, दानमानसत्कारादिक्रिया शास्तृगुरुगुणान्वितादिषु, मैत्रीकरुणादयश्च गुणविशेषाः। पारतन्त्र्यं सुचरितमन्तरेणान्यथा प्रार्थयतामपि सुगतिगमनाभावात्। सुचरितप्रतिबद्धतैव[5] सुगत्युत्पत्तेः।

विशुद्धौ पारतन्त्र्यमिति विस्तरः। विशुद्धिः क्लेशप्रहाणम्। **पञ्च निवरणानि**—कामच्छन्दो व्यापादः स्त्यानमिद्धमौद्धत्यकौकृत्यं विचिकित्सा च। स्त्यानमिद्धमेकीकृत्य औद्धत्यकौकृत्यञ्च पञ्च भवति। अभेदेन कुशलपक्षं निवृण्वन्तीति निवरणानि, भेदेन पुनर्यथाक्रमं प्रव्रज्याभिरतिम्, तदनुरूपे कायवाक्कर्मणि सब्रह्मचारिभिः सम्यक्चोदितस्य सम्यक्प्रतिपत्तिम्, शमथकालेऽलीनताम्, प्रग्रहकालेऽविक्षेपम्, शमथविपश्य[6]नाकाले स्वरसवाहितां छादयन्तीति निवरणानि। **तान्यप्रहायात्यक्त्वा यावत्सप्त बोध्यङ्गान्यभावयित्वेति**। यावदिति पर्यन्तोपदेशात् स्मृत्युपस्थानसम्यक्प्रहाण[7]र्द्धिपादेन्द्रियबलानामपि ग्रहणम्। **दुःखस्यान्ताऽकरणादिति**। दुःखस्यान्तो

१. It should be क्रुद्धयेत्.
२. Ms अल्पार्थं.
३. Ms. अवस्थानं.
४. Bhāṣya : दुर्गतिगमनात्.
५. It should be प्रतिबद्धतयैव.
६. Y. श्या°.
७. Y. प्रहानर्द्धि°.

यत्र दुःखं नास्ति, तच्च निर्वाणं तस्याकरणमप्राप्तिर्निर्वाणं न प्राप्नोतीत्यर्थः। अथवा दुःखस्यान्तो यस्माद् दुःखाद्न्यदुःखं न सन्धीयते तत्तादृशं दुःखं न करोतीत्य[८] प्रतिसन्धिकं दुःखं न करोतीत्यर्थः। पञ्च निवरणप्रहाणप्रतिबद्धता विशुद्धो पारतन्त्र्यम्।

समोत्पत्तौ पारतन्त्र्यं[९] **द्वयोरपूर्वाचरमयो**[१०]रिति सहितयोरित्यर्थः। **तथागतयोश्चक्रवर्तिनोश्चैकस्मिंल्लोकधातावनुत्पादादिति** । तथागतयोस्त्रिसाहस्रमहासाहस्रो लोकधातुरभिप्रेतः। चक्रवर्तिनोस्तु चातुर्द्वीपक इति **केचित्**। तथागतयोरपि चातुर्द्वीपक एवेत्य**परे**। बुद्धा हि भगवन्तो धर्मकायाधिपत्यात्त्रिसाहस्रमहासाहस्रे लोकधातौ प्रत्येकं चातुर्द्वीपकेषु निर्मा[११]णकायेनाभिसम्बोधिं परिनिर्वाणं च दर्शयन्ति। तथा हि यदेकस्मिञ्चातुर्महाद्वीपके तुषितेषु मनुष्येषु च च्युतिजन्मपरिग्रहो बोधिसत्त्वानाम्प्रयोजनम्। तदितरेष्वपि चातुर्द्वीपकेषु समानम्। तस्मादकनिष्ठभवन एवाभिसम्बुद्धो भगवान् निर्माणकायेन त्रिसाहस्रमहासाहस्रे (लोकधाता)वन्तर्गतेषु सर्वचातुर्द्वीपकेषु तुषितेषूपपत्तिं मनुष्येषु च जन्मपरिग्रहादिकं सर्वं दर्शयतीति मन्यन्ते। तत्र च समसंवर्तनीयकर्मायत्तता बुद्धचक्रवर्त्युत्पत्तेः सहभावे पारतन्त्र्यम्।

आधिपत्ये पारतन्त्र्यं स्त्रिया[१२]**चक्रवर्तित्वाद्यकरणादिति** चक्रवर्तिसंवर्तनीयस्य कर्मणः पुमात्मभाव[१३] एव विपाकदानसामर्थ्यात्। न हि स्त्रीः स्त्र्यादिरत्नोपभोगसमर्था। आदिशब्देन शक्रत्वादिर्गृह्यते।

सम्प्राप्तौ पारतन्त्र्यं स्त्र्या[१४] **प्रत्येकानुत्तरबोध्यनभिसम्बोधात्**। प्राप्तिर्बुद्धप्रत्येकबुद्धत्वाधिगमः। तत्र पारतन्त्र्यं पुरुषस्य प्राप्तिर्न तु स्त्रियः। तस्या हि *संसर्गाभावात् खड्गवत्त्रिभूमिशास्त्रीत्वा*[१५] *सम्भवाद्यथाक्रमम्। सा पुनः* सर्वधूर्तजनगम्या, अल्पप्रज्ञत्वादनाचार्यकाभिसम्बोधायोग्या चेति।

समुदाचारे पारतन्त्र्यं दृष्टिसम्पन्नस्य वधाद्यसमुदाचारात्[१६] **पृथग्जनस्य च समुदाचारादिति**। दृष्टिसम्पन्नो दृष्टसत्यः। व[१७]धः *प्राणातिपातः। आदिशब्दे-*

८. Y. करोतीति प्रतिसन्धिकं against Ms.

९. Y. adds तथागतचक्रवर्तिनोः before द्वयोः on the basis of Tib.

१०. Y. अपूर्वापरयोः against Ms. Tib. sna-phyi med-par which can be rendered by अचरम also as अपर=अचरम.

११. Ms. निर्वाण°.

१२. Bhāṣya स्त्रियाश्चक्र°.

१३. Ms. पुंत्रात्मजीव°.

१४. Bhāṣya स्त्रियाः.

१५. Y. त्रिभूमिशास्त्रि चासम्भवात्.

१६. Y. बाधाद्यसमुदाचारात् against Ms. बधाद्यसमुदाचारात्. Bhāṣya वधाद्युपक्रमाऽसमुदाचारात्.

१७. Y. बाधः. Ms. बधः see n. १६.

नादत्तादानादयः संगृह्यन्ते । ते व[१६]धादयः कायवाक्क्रियास्वभावा दृष्टिसम्पन्नस्य न समुदाचरन्ति, दर्शनमार्गेण व[१६]धादिदुश्चरितसमुत्थापकक्लेशप्रहाणात्; पृथग्जनस्य समुदाचरन्ति, तदप्रहाणात् । तदप्रहाणं पुनस्तत्प्रतिपक्षेण मार्गानुत्पन्नत्वात् ।

एवमनिष्टादिपारतन्त्र्यानुगतमस्थानकौशल्यं पुरुषेश्वरादौ स्वातन्त्र्यग्राहप्रतिपक्षः । यदि हि स्वतन्त्रः कश्चित् स्यान्न दुश्चरितेन दुर्गतिं गच्छेत् । एवमन्यत्रापि वाच्यम् ॥१६॥

[फ. इन्द्रियार्थः]

इन्द्रियम्पुनर्द्वाविंशतिविधम्

ग्रहणस्थानसन्धानभोगशुद्धिद्वयाऽर्थतः ।

ग्रहणाऽर्थेन यावद् विशुद्धिद्वयाऽर्थेन तेषु तदाधिपत्यात् । रूपादिविषयग्रहणे हि चक्षुरादीनां षण्णामाधिपत्यम् । स्थाने जीवितेन्द्रियस्य तदाधिपत्येनाऽमरणात् । कुलसन्धाने स्त्रीपुरुषेन्द्रिययोरपत्यप्रसवाधिपत्यात् । उपभोगे वेदनेन्द्रियाणां कुशलाऽकुशलकर्मफलोपभोगात् । लौकिकविशुद्धौ श्रद्धा[१५ ब]दीनाम् । लोकोत्तरविशुद्धावनाज्ञातमाज्ञास्यामीन्द्रियादीनाम् ।

स्थानास्थानार्थनिर्देशानन्तरमिन्द्रियार्थो वक्तव्य इत्यत आह—**इन्द्रियं द्वाविंशतिविधमिति** चक्षुरिन्द्रियं यावदाज्ञाताावीन्द्रियावसानम् । अत्र पुनराधिपत्यार्थ इन्द्रियार्थः । कस्य पुनः क्वाधिपत्यमित्यत आह

ग्रहणस्थानसन्धानभोग[१]शुद्धिद्वयार्थतः ।

इति । अत्र च द्वयाधिपत्यार्थत इति युक्तौ कारिकानुकूलार्थमाधिपत्यशब्दो लुप्तो द्रष्टव्यः । तस्माद्भाष्यकार आह—**तेषु तदाधिपत्यादिति** । **ग्रहणार्थेनेति** । अर्थशब्दोऽत्र प्रयोजनवाची । ग्रहणप्रयोजनं निमित्तं तत्रेन्द्रियमिति दर्शयति । एवमन्यत्रापि यथायोगं वक्तव्यम् । **तेष्वित्यर्थ**ग्रहणादिषु । आधिपत्यमित्यधिकप्रभुत्वमित्याधिपत्यं हेतुत्वमित्यर्थः । रूपादयो धर्मपर्यन्ता **रूपादिविषयाः** । तेषां **ग्रहणं** चक्षुरादिविज्ञानम् । तत्र **चक्षुरादीनां षण्णामाधिपत्यम्** । चक्षुषो निरवशेषरूपप्रभेदविज्ञानाश्रयत्वाद्रूपादीनामधिकप्रभुत्वमितीन्द्रियमुच्यते । न तु नीलरूपं पीतरूपादिविज्ञानस्यालम्बनं भवति । एवं श्रोत्रादिष्वपि यथासम्भवं विस्तरेण वाच्यम् ।

स्थाने जीवितेन्द्रियस्येति । जीवितेन्द्रियं पुनः [२]कर्मवासनाविधं विपाकसन्तानेऽसति विच्छित्तिप्रत्यये पूर्वपूर्वक्षणसरूपेषू[३]त्तरोत्तरक्षणेषु प्रतिसन्धिसामर्थ्यम् । **स्थाने** जीवितेन्द्रियस्याधिपत्यमित्यत्रैव कारणमाह—**तदाधिपत्येनाऽमरणादिति** । अमरणं पूर्वकर्माक्षिप्तनिकायसभागानुवृत्तिः । सत्यपि सत्त्वस्थितिकारणत्वे नाहारादीनामिन्द्रियत्वम् । तत्सद्भावेऽप्यायुषः क्षयेऽवस्थानाऽसद्भावात् । रूपारूप्य-

१. Ṭīkā °भोगे but Bhāṣya as here.
२. Y. adds पूर्व before कर्म on the basis of Tib.
३. Y. °सरूपेष्वुत्तर° which is grammatically wrong.

धातावसत्यपि कवड़ीकाराहारे[४] जीवितेन्द्रियादेवाऽवस्थानसद्भावात्। न च तत्र स्पर्शादीनामत्रस्थान आधिपत्यं युज्यते। निरोधाऽसंज्ञिसमापत्त्यवस्थायामासंज्ञिके च स्पर्शाद्यभावेऽपि सत्त्वानां स्थितिसम्भ[५]वादिति।

कुलसन्धाने स्त्रीपुरुषेन्द्रिययोराधिपत्यमिति। पुत्रोत्पत्तौ कुलाव्युपरतता वर्तत इति पुत्रोत्पत्तिः कुलसन्धानम्। एतदेव दर्शयन्नाह—[६]**प्रसवाधिपत्यादिति**। कायेन्द्रियप्रदेश एव कश्चिदाधिपत्यविशेषात् स्त्रीपुरुषेन्द्रियाख्यां प्रतिलभते। यत्र स्त्रीन्द्रियं पुरुषेन्द्रियञ्च स्तस्तत्र कुलव्यवस्थानमस्ति। तद्वशेन कुलो न व्युपरमते। कामावचरेष्वपि च देवेषु स्त्रीन्द्रिये पुरुषेन्द्रिये च सति कुलव्यवस्थानं नाऽसतीति। नहि गन्धर्वादीनां तत्राधिपत्यम्, सत्यपि गन्धर्वादौ पण्डकादिषु स्त्रीपुरुषेन्द्रिययोरसद्भावे[७] पुत्रप्रसवसामर्थ्या[८]भावात्। आहारादीनां पुनः सत्त्वेऽसंख्यातत्वात्सत्यप्याधिपत्ये नेन्द्रियत्वम्।

उपभोगे वेदनेन्द्रियाणाम्। आधिपत्यमित्यधिकृतम्। कथमित्यत आह—**कुशलाकुशलकर्मफलोपभोगादिति**। वेदनेन्द्रियाणि[९] पञ्च—सुखं दुःखं सौमनस्यं दौर्मनस्यमुपेक्षा च। तैर्हि[१०] कुशलाकुशलकर्मफलमुपभुज्यते, अनुभवात्मकत्वात्। न नामरूपस्य तदाधिपत्यं वेदनासम्भारभावात्। तत्सम्भारभावश्च वेदनाप्रधानत्वाद्विपाकस्येति।

लौकिकविशुद्धिः प्रहाणं लौकिकक्लेशानाम्। तत्र **श्रद्धादीनामिति** श्रद्धावीर्यस्मृतिसमाधिप्रज्ञापञ्चेन्द्रियाणाम्। आधिपत्यमिति वर्तते। तेषामश्रद्धादि—प्रतिपक्षत्वेन लौकिकमार्गप्रभावितत्वात्। मोक्षभागीयप्रभावितत्वादित्य**परे**।

लोकोत्तरविशुद्धावनाज्ञातमाज्ञास्यामीन्द्रियादीनामित्याधिपत्यमिति वर्तते। लोकोत्तरमार्गेण क्लेशानां प्रहाणं लोकोत्तरविशुद्धिः। तत्रानाज्ञातमाज्ञास्यामीन्द्रियाज्ञेन्द्रियाज्ञातावीन्द्रियाणां त्रयाणामाधिपत्यम्। तेषां दर्शनभावनाऽशैक्षमार्गेषु यथाक्रमं संगृहीतत्वात्। तत्र श्रद्धादीनि पञ्च मनःसुखसौमनस्योपेक्षाणि चानागम्याद्याश्रितविशेषेण सम्भवमधिकृत्यैतानि नवेन्द्रियाणि दर्शनमार्गेऽनाज्ञातमाज्ञास्यामीन्द्रियम्। भावनामार्ग आज्ञेन्द्रियम्। अशैक्षमार्ग आज्ञाता[११]वीन्द्रियमित्युच्यते।

योगाचाराणां त्वन्यथा व्यवस्थानम्। अनाज्ञातमाज्ञास्यामीन्द्रियाज्ञे-

४. Y. कवडिङ्काहारे.

५. Y. सम्भावात् which is perhaps misprint.

६. Bhāṣya अपत्यप्रसवाधिपत्यात्. Ṭīkā seems to omit अपत्य.

७. Y. स्त्रीपुरुषेन्द्रियासत्सु.

८. Y. समर्थाभावात्.

९. Y. °न्द्रियं.

१०. Y. तेषां हि.

११. Y. आज्ञाभावीन्द्रियं which is a mistake.

न्द्रिये द्वये दशेन्द्रियाणि। पूर्वोक्तेषु नवसु दौर्मनस्यमधिकं प्रक्षिप्य दश भवन्ति। आज्ञातावीन्द्रि[12]यन्तु नवैव। तत्र प्रयोगमार्गे निर्वेधभागीयात्मके पञ्चदशसु च दर्शनमार्गक्षणेषु मनइन्द्रियं पञ्च श्रद्धादीन्यनागम्याद्याश्रितविशेषेण यथासम्भवं सुखसौमनस्यदौर्मनस्योपेक्षेन्द्रियाणां चान्यतमाद्दौर्मनस्येन्द्रियं पुनः प्रयोगकाले निर्वेधभागीयपृष्ठेनोत्तरविमोक्षस्पृहासङ्गृहीतं वेदितव्यम्। तदेतत्सम्भवतो दशविधमिन्द्रियम्। अनाज्ञातमेवाज्ञातुं प्रवृत्तत्वा[13]दनाज्ञातमाज्ञास्यामीन्द्रियमुच्यते। तदेव दशविधमिन्द्रियं षोडशदर्शनमार्गक्षणा[14]द्यावद्वज्रोपमः समाधिरित्येतस्मिन् शैक्षमार्ग आज्ञेन्द्रियमित्युच्यते, अपूर्वाज्ञाताज्ञेया[15]भावात्। अशैक्षमार्गे दौर्मनस्येन्द्रियव्यतिरिक्तानि शिष्टान्याज्ञातावीन्द्रियाख्यां प्रतिलभन्ते। आज्ञाता[16]वीन्द्रियमिति आज्ञातावीन्द्रियमुच्यते।

एवमिन्द्रियकौशलस्य यः पुरुषनारायणेश्वरादिष्वधिपतिग्राहः स व्यावर्तते।

[ज. अध्वाऽर्थः]

फलहेतूपयोगार्थनोपयोगात्तथाऽपरम् ॥२०॥

किमपरम्? अध्वत्रयम्। यथायोगं[1] फलहेतूपयोगार्थेनाऽतीतोऽध्वा, फलहेत्वनुपयोगार्थेनाऽनागतोऽध्वा, हेतू[2]पयोगफलाऽनुपयोगाऽर्थेन प्रत्युत्पन्नोऽध्वा वेदितव्यः ॥२०॥

इन्द्रियार्थानन्तरमध्वत्रयो[3] वक्तव्य इत्यत आह

फलहेतूपयोगार्थनोपयोगात्तथाऽपरम्[4] ॥

इति। तत्र जन्मकारणं हेतुः। फलं जन्मसंगृहीतम्। फलदानं हेतोरुपयोगः। फलस्योपयोगोऽनुभूतस्य परिक्षयः। एवम्प्रकारश्चातीतो हेतुस्तत्फलं चेत्यतः **फलस्य तद्धेतोश्चोपयोगार्थेनातीतोऽध्वा।** तेनैव प्रकारेण **फलस्य हेतोश्चाऽनुपयोगार्थेनाऽनागतोऽध्वा।** वर्तमानः पुनरध्वा वर्तमानं जन्म। हेतोर्दत्तफलत्वाद्धे**तूपयोगार्थेन** तत्फलञ्च वर्तमानं जन्माऽनुवर्तत एवेति **फलाऽनुपयोगार्थेन च वेदितव्यः।** भावानाञ्च प्रतिक्षणं हेतुफलभावत्वेन क्षणत्वमधिकृत्याऽध्वव्यवस्थानं वेदितव्यम्। तत्र हेतूपयोगः स्वफलस्योत्पादनात्। फलोपयोगः फलस्य जन्मानन्तरविनाशात्। एवं **फलहेतूपयोगार्थेनातीतोऽध्वा, फलहेत्वोरनुपयोगार्थेनानागतोऽध्वेति** प्रकृतम्। कार्यानुत्पादादनुत्पन्नस्य च विनाशाभावात् फलहेत्वोरनुपयोगो वेदितव्यः। **हेतूपयोग-**

१२. Ms. आज्ञाताभावीन्द्रियं see also n. 11 above.

१३. Y. प्रवृत्तात्

१४. Ms. षोडशादर्शनक्षणाद्.

१५. Ms. अपूर्वज्ञेयाभावात्.

१६. see n. 11.

१. Ms. यथायोगाऽपि.

२. Ms. हेतु.

३. Y. अध्वत्रयार्थो against Ms.

४. Y's reconstruction : फलहेतूपयोगत्वादनाभो°.

फलानुपयोगार्थेनेति कार्योत्पादनाद्धेतूपयोगः । कार्याऽविनाशात्फलाऽनुपयोगः ।

एवमध्वकुशलस्य नित्यात्मेति ग्राहो व्यावर्तते । अध्वव्यतिरिक्तस्यान्यस्याऽनुपलब्धत्वात् ॥२०॥

[ह. चतुस्सत्यार्थः]

वेदनासनिमित्ताऽर्थतन्निमित्तप्रपत्तितः ।
तच्छमप्रतिपक्षाऽर्थयोगादपरमिष्यते ॥२१॥

किमपरम् ? सत्यचतुष्टयम् । तत्र दुःखसत्यं वेदनासनिमित्ताऽर्थेन, यत्किञ्चिद् वेदितमिदमत्र दुःखस्येति कृत्वा । वेदनानिमित्तं पुनर्वेदनास्थानीया धर्मा वेदितव्याः । तन्निमित्तप्रतिपत्तितः समुदयसत्यम्[1]**, दुःखसत्यनिमित्तं या प्रतिपत्तिः । तयोः शमार्थेन निरोधसत्यम् । प्रतिपक्षाऽर्थेन मार्गसत्यम् ॥२१॥**

अध्वत्रयार्थानन्तरं चतुःसत्यार्थो वक्तव्य इत्यत आह

वेदनासनिमित्तार्थतन्निमित्तप्रपत्तितः[2] **।**

इति विस्तरः । वेदना दुःखार्थ इति लोके रूढम् । **शास्त्रे** च यत्किञ्चिद्वेदितमिदमत्र दुःखस्येति वचनात् । सत्यव्यवस्थायां *सर्वा सास्रवा सनिमित्ता सुखा दुःखाऽसुखादुःखा च वेदना दुःखसत्यार्थ* इति प्रदर्शयन् **भाष्यकार** आह—**तत्र दुःखसत्यं वेदनासनिमित्तार्थेनेति** । सर्वा वेदना दुःखमिति कुत एतत् ? अत आह—**यत्किञ्चिद्वेदितमिदमत्र दुःखस्येति कृत्वेति**[3] । *सा च वेदना दुःखदुःखताविपरिणामदुःखतासंस्कारदुःखताभिर्यथासम्भवं* दुःखा । संस्कारदुःखतयैव वा दुःखा । **वेदनानिमित्तं पुनर्वेदनास्थानीया धर्मा वेदितव्या** इति । सुखदुःखाऽदुःखासुखवेदनीया धर्मा वेद*नास्थानानि । एवं पञ्चस्कन्धा दुःखसत्यं निर्दिष्टम्*[4] *।* **तन्निमित्त**[5]**प्रतिपत्तितः समुदयसत्यमि**ति । तच्छब्देन दुःखसत्यमभिसम्बध्यते । दुःखं यया प्रतिपत्त्या जन्यते सा प्रतिपत्तिः समुदयसत्यम् । सा पुनर्वेदनायां वेदनास्थानीयेषु च धर्मेषु *तृष्णाहेतुपूर्विका कायवाङ्मनःप्रचलनस्वरूपा । संक्षेपतश्च भवसमुद्भविकं* कर्म[6] समुदयसत्यमित्युक्तम्भवति । **तयोः शमार्थेन निरोधसत्य**मिति । तयोरिति दुःखसमुदयसत्ययोः । शमार्थेनेत्यनुत्पादार्थेन । एवञ्च सहेतुकदुःखानुत्पादलक्ष*णत्वान्निरोधो द्विविध उक्तः*[7] *समुदयशमार्थेन सोपधिशेषः, दुःखो*पशमार्थेन निरुपाधिशेष इति—तयोरेवाधिकृतयोर्दुःखसमुदययोः **प्रतिपक्षार्थेन** दुःखसमुदयनिरोधगामिनी प्रतिपन्**मार्गसत्यम् ।**

तदेवं सत्यकुशलस्य *सङ्क्लेशव्यवदानमात्रावगतत्वात्तदन्यः सङ्क्लेशव्यवदानग्रहो व्यावर्तते,* तस्याभावादिति ॥२१॥

१. Tib. takes this to be a part of the Kārikā text.

२. Ṭīkā प्रतिपत्तितः. Reading here after the Bhāṣya.

३. Y's reconstruction : वचनादिति.

४. Y. निर्दिष्टाः.

५. Y's reconstruction : तन्निमित्तं.

६. Ms. धर्म.

७. Y's.reconstruction : द्विविधेनोक्तः.

[ई. यानत्रयार्थः]

गुणदोषाऽविकल्पेन ज्ञानेन परतः स्वयम् ।
निर्याणादपरं ज्ञेयम्

यानत्रयं यथायोगम् । तत्र निर्वाणसंसारयोर्गुणदोषज्ञानेन परतः श्रुत्वा निर्याणाऽर्थेन श्रावकयानम् । तेनैव स्वयमश्रुत्वा परतो निर्याणार्थेन प्रत्येकबुद्धयानम् । अविकल्पेन ज्ञानेन स्वयं निर्याणाऽर्थेन महायानं वेदितव्यम् ।

सत्यार्थानन्तरं यानत्रयार्थं प्रतिपाद्यत इत्यत आह

गुणदोषाऽवि[1]कल्पेन ज्ञानेन

इति विस्तरः । ज्ञानशब्द उभयत्र सम्बध्यते । गुणदोषज्ञानेनाऽविकल्पज्ञानेन चेति । अथवाऽन्तरे विकल्पशब्दो लुप्तो द्रष्टव्यः । तत्र गुणदोषज्ञानेन परतः स्वयञ्चेति अत एवाह—**वृत्तौ यथायोगमिति** । **तत्र निर्वाणसंसारयोर्गुणदोषज्ञानेनेति** । निर्वाणशब्देनात्र मार्गनिरोधौ सङ्गृहीतौ, यथा प्रशान्तशब्दः । तत्र निरोधे शान्ताद्याकारैः मार्गे नैर्याणिकाद्याकारैर्ज्ञानं निर्वाणे गुणज्ञानम् । संसारोऽपि दुःख-समुदयात्मकः । तत्राऽप्यनित्यदुःखाद्याकारैः समुदयप्रत्ययाद्याकारैश्च ज्ञानं संसारे दोषज्ञानम् । **परतः श्रुत्वेति** बुद्धबोधिसत्त्वादिभ्यो निर्वाणसंसारयोर्गुणान्यथोक्ता-न्दोषांश्च श्रुत्वेति । **निर्याणार्थेनेति** संसारनिर्गमार्थेन । **श्रावकयानमिति** परघोष-सन्निश्रयेण निर्याणात् श्रावकयानमिति प्रत्येकबुद्धयानाद्विशेषं[2] दर्शयति । **तेनैवेति** निर्वाणसंसारयोर्गुणदोषज्ञानेन **स्वयमश्रुत्वा परतो** बुद्धबोधिसत्त्वेभ्यो[3] **निर्याणा-र्थेन प्रत्येकबुद्धयानम्** । स्वयमश्रुत्वे[4]ति श्रावकयानाद्विशेषणम् । **अविकल्पेन ज्ञाने-नेति** संसारनिर्वाणयोरनभिलाप्यधर्मताप्रतिवेधादविकल्पं ज्ञानम् । **स्वयमेव परतो-ऽश्रुत्वा निर्याणार्थेन महायानम्** । अत्र हि ज्ञानेनेति[5] प्रत्येकबुद्धयानाद्विशेषः ।

अन्ये त्वाहुः—पुद्गलनैरात्म्यविषयेण गुणदोषाऽविकल्पेन ज्ञानेन परतः श्रुत्वा निर्याणं श्रावकयानम् । श्रवणनिरपेक्षस्य[6] स्वयं निर्याणं प्रत्येकबुद्धयानम् । धर्मनैरात्म्यविषयेणाऽप्रतिष्ठितनिर्वाणप्रापकेनाऽविकल्पेन ज्ञानेन स्वयं निर्याणं महायानमुच्यते । एतद् व्या[7]ख्यानं **भाष्येण** विरुध्यते ।

एवं यानत्रयकुशलस्य योगमात्रदर्शनादात्मा योगीति ग्राहो व्यावर्तते ।

१. Ms. गुणदोषाऽधिकल्पेन.

२. Y. विशेषणं against Ms.

३. Y. स्वयं परेभ्यो बुद्धबोधिसत्त्वेभ्योऽश्रुत्वा. Reading here according to the Bhāṣya.

४. Y. स्वयं (परतो)ऽश्रुत्वा against Ms.

५. Y. ज्ञानेन प्रत्येक°.

६. Y. निरपेक्षस्या स्वयं against Ms. Tib. ma-bltos-par.

७. Y. एतदाख्यानं.

[जे. संस्कृताऽसंस्कृतार्थः]

सप्रज्ञप्तिसहेतुकात् । [१६ अ]

निमित्तात् प्रशमात् सार्थात् पश्चिमं समुदाहृतम् ।।२२।।

संस्कृताऽसंस्कृतम् । तत्र सप्रज्ञप्तिर्नामकायादयः । हेतुर्बीजसंगृहीतमालयविज्ञानम् । निमित्तं प्रतिष्ठादेहभोगसङ्गृहीतम्, प्रवृत्तिविज्ञानसङ्गृहीतश्च मनउद्ग्रहविकल्पः । एतत् सप्रज्ञप्ति सहेतुकं निमित्तं ससम्प्रयोगं संस्कृतं वेदितव्यम् । तत्र मनो यन्नित्यं मन्यनाकारम् । उद्ग्रहः पञ्च विज्ञानकायाः । विकल्पो मनोविज्ञानम्, तस्य विकल्पकत्वात् । असंस्कृतं पुनः—प्रशमश्च निरोधः, प्रशमार्थश्च तथता । तत्र प्रशमो निरोधो मार्गश्च, यश्च प्रशमो येन चेति कृत्वा । प्रशमार्थस्तथता, प्रशमस्यार्थ इति कृत्वा । तथतायाः[1] मार्गालम्बनत्वात् मार्गस्य प्रशमत्वम्, तेन प्रशमनात् ।

इत्येतेनाऽर्थेन स्कन्धादिषु ज्ञानं स्कन्धादिकौशल्यं वेदितव्यम् ।।२२।।

इदानीं संस्कृतासंस्कृतार्थं प्रतिपादयन्नाह

सप्रज्ञप्तिसहेतुकात्[2] ।

निमित्तात्प्रशमात् सार्थात् पश्चिमं समुदाहृतम्[3] ।।

इति । किमिदं पश्चिमं समुदाहृतम्[4] ? इत्यत आह—**संस्कृताऽसंस्कृत**मिति सर्वपश्चादुद्दिष्टत्वात् । तत्र संस्कृतं सप्रज्ञप्तिकात्सहेतुकाच्च निमित्तात्, असंस्कृतं पुनः सार्थात् प्रशमाद् व्यवस्थापितम् । प्रज्ञप्तिहेतुनि*मित्तं पुनरज्ञानात् । तत्प्रदर्शयन्नाह*— **तत्र सप्रज्ञप्ति[5]र्नामकायादय** इति । प्रज्ञप्येते स्वभावविशेषौ भावानां नामपदकायाभ्यामिति नामपदकायौ प्रज्ञप्तिः । व्यञ्जनकायस्तु तदुभयाभिव्यञ्जकत्वात्प्रज्ञप्तिः । **हेतुः** पुन**र्बीजसङ्गृहीतमालयविज्ञान**मिति । *तच्च सर्वसास्रवधर्मवासनान्वितम्*[6] दत्तफलं समुदयसत्यसङ्गृहीतम् । अत एव दत्तफलाद् व्यवच्छेदार्थं बीजसङ्गृहीतमित्याह । **निमित्तं प्रतिष्ठादेहभोगसङ्गृहीत**मित्यालयविज्ञानमिति प्रकृतम् । **प्रवृत्तिविज्ञानसङ्गृहीतश्च मनउद्ग्रहविकल्प**[7] *इति । तत्र प्रतिष्ठा भाजनलोकः ।* तदाभासमालयविज्ञानम् । प्रतिष्ठात्मना सङ्गृहीतमिति प्रतिष्ठासङ्गृहीतम् । देहः सेन्द्रियं शरीरं तदाभासमालयविज्ञानम्, देहसङ्गृहीतं देहात्मनोपगतमित्यर्थः । भोगसङ्गृहीत-

१. तत्र प्रशमो··· ·तथतायाः is not found in Tib. translation but Ṭīkā comments on it.

२. Y's reconstruction : सहेतुकम्. Reading here after the Bhāṣya.

३. Y's reconstruction : निमित्तं प्रशमः सार्थः पश्चादेव प्रकाशितम्. Reading here after the Bhāṣya.

४. Y. कोऽयं पश्चादुद्देशः.

५. Y. प्रज्ञप्तिः.

६. Y. वासनान्वितं न दत्तफलं.

७. Y. सगृहीतं मनउद्ग्रहविकल्पमिति.

तमेदेवोत्तरमुक्तम् । *तद् द्वयं शेषाणि विज्ञानान्यधिपतिवस्तुत्वेन भुञ्जत इति भोगः* । अथवा अन्नपानादिकोऽर्थो भुज्यत इति भोगः । तन्निर्भासं विज्ञानं भोगसङ्गृहीतम् । **एतत्सप्रज्ञप्ति सहेतुकं निमित्तं ससम्प्रयोगं** परतन्त्रस्वभावसङ्गृहीतत्वात्**संस्कृतं वेदितव्यम्** । *सम्प्रयोगश्चैत्ताः* । *तत्संस्कृतं न केवलं तदेवेति* दर्शयति । कस्य पुनस्तन्निमित्तम् ? नामकायादीनाम् । तेषां तत्स्वभावविशेषसंसूचकत्वात्तदनुसारेण च स्वभावविशेषाभिनिवेशिनां चित्तचैत्तानां मनउद्ग्रहविकल्पाख्यानां *निमित्तम्* ।

मनउद्ग्रहविकल्पश्चा[८]*लयविज्ञानस्य निमित्तम्* । *तस्मिन्वासनापोषण*-[९]*त्वादित्ये***के** ।

अन्ये तु मन्यन्ते—स्वभावविशेषप्रज्ञपनात्प्रज्ञप्तेर्निमित्तं संज्ञा निमित्तोद्ग्रहणात्मिकेति वचनात् । प्रतिष्ठादेहभोगसंगृहीतमालयविज्ञानं निदान*निमित्तं वासनापोषणत्वात्* । *आलम्बननिमित्तञ्च मनउद्ग्रहविकल्पा आलम्बनन*िमित्तीकरणार्थेन । आलम्बनालम्बन[१०]निमित्तं चोभयथा निमित्तीकरणादिति ।

तत्र मनो यन्नित्यं मन्य[११]**नाकारमिति** । अहं ममेति[१२] यन्नित्यं मन्यते तन्मन *उच्यते* । *तच्च सम्प्रयुक्तमात्ममोहात्मदृष्ट्यात्मस्नेहात्ममानैः पञ्चभिश्च सर्वत्रगैर्वे*दनासंज्ञाचेतनास्पर्शमनस्कारैरिति । **उद्ग्रहः पञ्च विज्ञानकाया** इति, विषयस्वरूपग्रहणलक्षणत्वात्, स्वसंवेद्या इत्याख्यातुमशक्यत्वादुद्ग्रह *उच्यते* । **विकल्पो मनोविज्ञानम्** । **तस्य** *धर्मस्वसामान्यलक्षणविकल्पक*[१३]त्वादिति । एतत्सर्वं सप्रज्ञप्तिसहेतुकं निमित्तं कर्मक्लेशाभ्यामभिसंस्कृतत्वात्संस्कृतम् ।

असंस्कृतं पुनः प्रशमश्च निरोधः प्रशमार्थश्च तथतेति युक्तं निरोधस्य *प्रशमस्वरूपत्वं सन्निमित्तदुःखप्रशमलक्षणात्* । *कथं तथता प्रशमार्थ उच्यत इति* ? **प्रशमस्यार्थ इति कृत्वा** । ननु च निरोधेन तथतया न कश्चित्सम्बन्धोऽस्ति कथं प्रशमार्थत्वम् ? **तथताया मार्गालम्बनत्वात्** । मार्गस्य पुनः कथं प्रशमत्वम् ? **तेन प्रशमनात्**[१४] । *निर्वाणं प्रशमः प्रशमनात्*[१४] । अनेन च प्रशमना[१४]**त्प्रशमो मार्गः** । एवं विग्रहभेदादेकाभिधानेन निर्वाणमार्गयोर्ग्रहणं प्रशम इति । मार्गसत्यं पुनः किं संस्कृतमसंस्कृतम् ? संस्कृतम्, उत्पाद्यत्वात् । यदि *कर्मक्लेशाभ्यामनभिसंस्कृतादसंस्कृतेन* च *प्रभावितादसं*स्कृतमिति ब्रूयान्न दोषः स्यादिति ।

इत्येते[१५]**नार्थेन स्कन्धादिषु ज्ञानं स्कन्धादिकौशल्यं वेदितव्यमिति** ।

८. Y. विकल्पञ्च but विकल्प is masculine.

९. Y. पोषकत्वात्.

१०. Y. आलम्बनालम्बक° against Ms.

११. Ṭikā मननाकारम्. Reading here after the Bhāṣya.

१२. Y. अह ममवेति against Ms.

१३. Y's reconstruction : विकल्पित्वात्. Reading here after the Bhāṣya.

१४. Y's reconstruction : प्रशमकरण ; Reading here after the Bhāṣya.

१५. Y. [एवं] अनेनार्थेन. Reading here after the Bhāṣya.

अनेकत्वाभिसंक्षेपपरिच्छेदार्थ आदितः। (का० ३.१७)
इति विस्तरेण सर्वत्र वाच्यम् ॥२२॥

[*तत्त्वपिण्डार्थः*]

तत्त्वस्य पिण्डार्थः। समासतो द्विविधं तत्त्वम्—आदर्शतत्त्वम्, दृश्यतत्त्वञ्च। तत्राऽऽदर्शतत्त्वं मूलतत्त्वम्, तत्र शेषाणां दर्शनात्। दृश्यतत्त्वं नवविधम्—निरभिमानदृश्यतत्त्वम्, अविपर्यासदृश्यतत्त्वम्, श्रावकयाननिर्याणदृश्यतत्त्वम्, महायाननिर्याणदृश्यतत्त्वम्—औदारिकेण परिपाचनात् सूक्ष्मेण च विमोचनात्, परवादिनिग्रहदृश्यतत्त्वम्—दृष्टान्तसन्निश्रयेण यु[१६ ब]क्त्या निग्रहात्, महायानाऽभिद्योतनदृश्यतत्त्वम्, सर्वाकारज्ञेयप्रवेशदृश्यतत्त्वम्, अवितथतथताऽभिद्योतनदृश्यतत्त्वम्, आत्मग्राहवस्तुसर्वाऽभिसन्धिप्रवेशदृश्यतत्त्वञ्च।

॥मध्यान्तविभागशास्त्रे[१]तत्त्वपरिच्छेदस्तृतीयः॥

तत्त्वस्य पिण्डार्थः।[२] **समासतो द्विविधं तत्त्वम्**[३]। *विस्तरेण दशविधमुक्तम्*। अतः समासतो द्विविधमित्याह—**आदर्शतत्त्वं दृश्यतत्त्वञ्च। तत्र मूलतत्त्वमादर्शतत्त्वम्**[४]। तत्पुनस्त्रयः स्वभावाः। किमर्थं पुनस्तदादर्शतत्त्वमित्युच्यते ? **शेषाणां** लक्षणतत्त्वादीनां **तत्र दर्शनात्**[५]। **दृश्यतत्त्वं** *यत् लक्षणतत्त्वादिकं पूर्वनिर्दिष्टं* **नवविधम्**। किमर्थं तद् दृश्यतत्त्वमित्युच्यते ? तस्य मूलतत्त्वे दर्शनात् **निरभिमानदृश्यतत्त्वं** लक्षणतत्त्वम्। तेन हि निरभिमानो भवति। पुद्गलधर्मयोर्ग्राह्यग्राहकयोर्भावाभावयोश्चाऽसमारोपानपवादविपर्यास[६] **दृश्यतत्त्वमविपर्यासलक्षणम्**। तद्धि नित्यादिविपर्यासप्रतिपक्षभूतम्। **श्रावकयाननिर्याणदृश्यतत्त्वं** फलहेतुमयं तत्त्वम्। चतुरार्यसत्य प्रतिवेधभावनया *श्रावकनिर्याणम्*। **महायाननिर्याणदृश्यतत्त्वं** *सूक्ष्मौदारिकतत्त्वम्*। **औदारिकेन** संवृति[७]सत्येन सत्त्व**परिपाचनात्सूक्ष्मेण** परमार्थसत्येन **विमोचनात्** महायानेन निर्याति। **परवादिनिग्रहदृश्यतत्त्वं** *प्रसिद्धतत्त्वम्*। कथमित्यत आह—**दृष्टान्तसन्निश्रयेण**[८] **युक्त्या निग्रहादिति**। *निग्रहे* लोकप्रसिद्धो दृष्टान्तः। युक्तिप्रसिद्धशब्दाश्रयाद्युक्तिः। **महायानाभिद्योतनदृश्यतत्त्वं** विशुद्धिज्ञानगोचरतत्त्वम्।

१. भाष्ये in the margin.

२. Y's reconstruction : तत्त्वपिण्डार्थः.

३. Y's reconstruction : समासतः तत्त्वं द्विविधम्. Reading here after the Bhāṣya.

४. Bhāṣya तत्रादर्शतत्त्वं मूलतत्त्वम्.

५. Y's reconstruction : तद्दर्शनात.

६. Y's reconstruction : विपर्यायप्रतिपक्षदृश्य°. Reading here after the Bhāṣya.

७. Y. संवृत्ति°.

८. Y's reconstruction : दृष्टान्तं निश्रित्य.

तद्धि क्लेशा[९]वरणविशुद्धि*ज्ञानगोचरादन्यस्याभिद्योतक आगमः* ।[१०] तत्पुनर्महायानम् । **सर्वाकारज्ञेय[११]प्रवेशदृश्यतत्त्वं** संग्रहतत्त्वम् । तच्च पञ्च वस्तूनि तत्र सर्वज्ञेयानुप्रवेशात् । **अवितथतथताऽ[१२]भिद्योतनदृश्यतत्त्वं** प्रभेदतत्त्वम् । तेन हि *भावानामवितथतथताऽनन्यतथतयो[१३]रभिद्योतनात्* । **आत्मग्राहवस्तुसर्वाभिसन्धि[१४]प्रवेशदृश्यतत्त्वञ्चेति** कौशल्यतत्त्वम् । तेन ह्यात्मग्राहवस्तु सर्वाभिप्रायमुखेन प्रविशतीति यथा पूर्वमुक्तं दशभिरभिप्रायैः स्कन्धादिष्वात्मग्राहप्रवृत्तित्वम् ।

तत्त्वपिण्डार्थवचनं सुखधारणार्थमर्थाद् ग्रन्थमाकर्षतीति । असम्मोहापरिखेदार्थञ्च परिदृष्टाधिकार[१५]पर्यन्तस्य हि न परिखेद उपजायते, नापि सम्मोहो यथोद्देशनिर्देशा*धिगमादुत्पद्यते । उक्तं तत्त्वम् ।*

।।आगमानुसारिण्यां मध्यान्तविभागटीकायामाचार्यभदन्तस्थिरमत्युपरचितायां तत्त्वपरिच्छेदस्तृतीयः समाप्तः ।।

९. Y. क्लेशज्ञेयावरणविशुद्धि on the basis of Tib. but against Ms.

१०. Y. ज्ञानगोचरस्य । अन्यागमाभिद्योतनम् ।

११. Y. no आकार°. Reading here after the Bhāṣya.

१२. Y. तथता अभिद्योतन°.

१३. Y. तथतायोः which is grammatically wrong.

१४. Y's reconstruction : सर्वाभिप्राय°.

१५. Y. धिकारादि° against Ms.

प्रतिपक्षभावनाऽवस्थाफलपरिच्छेदश्चतुर्थः

[१. प्रतिपक्षभावना]

प्रतिपक्षभावना बोधिपक्ष्यभावना । सेदानीं वक्तव्या ।

[अ. चत्वारि स्मृत्युपस्थानानि]

तत्र तावदादौ

दौष्ठुल्यात् तर्षहेतुत्वाद् वस्तुत्वादविमोहतः ।
चतुस्सत्याऽवताराय स्मृत्युपस्थानभावना ॥१॥

कायेन हि दौष्ठुल्यं प्रभाव्यते, तत्परीक्षया दुःखसत्यमवतरति तस्य सदौष्ठुल्यसंस्कारलक्षणत्वात् । दौष्ठुल्यं हि संस्कारदुःखता, तया सर्वं सास्रवं वस्तु आर्या दुःखतः पश्यन्ति । तृष्णाहेतुर्वेदना, तत्परीक्षया समुदयसत्यमवतरति । आत्माऽभिनिवेशवस्तु चित्तम्, तत्परीक्षया निरोधसत्यमवतरति; आत्मोच्छेदभयाऽपगमात् । धर्मपरीक्षया सांक्लेशिकवैयवदानिकधर्माऽसम्मोहान्मार्गसत्यमवतरति । अत आदौ चतुस्सत्याऽवताराय स्मृत्युपस्थानभावना व्यवस्थाप्यते ॥१॥

तत्त्वप्रतिपादनानन्तरं प्रतिपक्षभावना वक्तव्या, तत्राऽवस्था फलप्राप्तिश्च । अतस्तत्प्रतिपादनार्थं चतुर्थपरिच्छेदारम्भः । तत्त्वानन्तरमुद्दिष्टत्वात्प्रतिपक्षभावनाप्रतिबद्धत्वाच्च तदवस्थाफलप्राप्त्योरुद्देशः ।

सूत्रे प्रतिपक्षत्वेन बोधिपक्षोऽनुमत इति प्रदर्शनार्थमाह—**प्रतिपक्षभावना बोधिपक्ष्य**[1]**भावने**ति । ते हि यथोक्तावरणविपक्षप्रहाणाय भाव्यमानाः प्रभवन्तीति प्रतिपक्षा उच्यन्ते । ते पुनः सप्तत्रिंशत्—चत्वारि स्मृत्युपस्थानानि यावदार्याष्टाङ्गमार्गाः । तद्भावना बृंहणारोपणा अभ्यासो बहुला क्रियेति पर्यायाः । **सेदानीं वक्तव्या** तत्त्वानन्तरमुद्दिष्टत्वात् ।

किं कारणं स्मृत्युपस्थानभावनैव पूर्वमुच्यते नान्या बोधिपक्षभावना ? आह—**तत्र तावदादौ**

दौष्ठुल्यात् तर्षहेतुत्वात्[2]

इति विस्तरः । तत्रेति बोधिपक्षभावनायाम् । तावच्छब्दार्थः क्रमार्थः । आदौ तावत्स्मृत्युपस्थानभावनोच्यते । पश्चादन्येषामपीति । निर्वाणसंसारयोर्गुणदोषाऽनवबोधात् संस्कारेषु सुखशुचिनित्यात्माभिनिवेशेन बालानां भवभोगेऽभिवचनं[3]

१. Y. बोधिपक्षभावना against Ms.

२. Y's reconstruction : दौष्ठुल्यतृष्णाहेतुत्वात्. Reading here after the Bhāṣya.

३. Y. अभिमण्डनं against Ms.

निर्वाणार्थे त्रासः । स च गुणदोषानवबोधः सुखाद्यभिनिवेशश्च सत्यदर्शनाद्विनिवर्तत इत्यतः संसारादुद्वेजनार्थं निर्वाणे चाभिमुखीकरणार्थं चतुःसत्यावताराय स्मृत्युपस्थानभावनैवादावुक्ता ।

कायेन हि[४] **दौष्ठुल्यं प्रभाव्यत** इति । दौष्ठुल्यं दुःस्थितता । तथा हि प्रतिदिनमभिसंस्क्रियमाणो विक्रियत एव काय इति कायेन दौष्ठुल्यं प्रभाव्यते । ततश्च कायपरीक्षया **दुःखसत्यमवतरति** । किमर्थमेतदित्याह—**तस्य सदौष्ठुल्यसंस्कारलक्षणत्वादिति** ।[५] *यस्माद् दुःखसत्यस्य* सदौष्ठुल्याः संस्कारा लक्षणं स्वभावः, कायेन च दौष्ठुल्यं प्रभाव्यते तस्मात् कायपरीक्षया दुःखसत्यमवतरति । दौष्ठुल्यं न विज्ञायत इत्यत आह—**दौष्ठुल्यं हि संस्कारदुःखतेति** । *संस्कारो भावानामुत्पत्तिः । स च सर्वविप्लवस्त्विति* दौष्ठुल्यमार्याणां प्रतिकूलत्वाच्च दुःखता । यथोक्तम्

> अनर्थो जन्मेदं सति हि जनने सन्ति रिपवो
> जरामृत्युव्याधिव्यसनवधबन्धप्रभृतयः ।
> अनर्थास्ते न *स्युर्यदि न भवतो नाशविभवा-*
> *वजाते वृक्षे स्यान्न हि दहनदववायुच्युतिरपि* ।[६]

तयेति संस्कारदुःखतया न विपरिणामदुःखतादुःखदुःखताभ्याम्, तयोरव्यापित्वात् संस्कारदुःखतानिमित्तत्वाच्च । **सर्वं सास्रवं वस्त्वार्या दुःखतः पश्यन्ति**[७] नाऽनास्रवम्, मार्गसत्यस्य *जन्मोत्पत्तिप्रतिपक्षत्वात् न तु पृथग्जना विपर्यासस्थानाश्रयत्वात्* ।[८] **सूत्रे**ऽप्युक्तम्—समासतः पञ्चोपादानस्कन्धा दुःखमिति ।

संस्कारदुःखताऽकर्मण्यतेत्य**न्ये** ।

न दौष्ठुल्यमकर्मण्यतेत्य**परे** । किं कारणम् ? *अकर्मण्यतायाः*[९] *सास्रवत्वादवश्यं सास्रवता बीजकारणोत्पन्नाऽभ्युपगन्तव्या । सा त्वबीजा*प्यर्थसन्ताने कदाचिदाहाराद्युपचाराद्भवति । न चासौ दौष्ठुल्यं भवितुमर्हत्य नास्रवत्वादिति ।

अतश्च सास्रवधर्मबीजमालयविज्ञानसन्निविष्टं *दौष्ठुल्येनात्रेष्यते । अयं सुखदुःखाऽसुखाऽदुःखसहितः कायस्तत्फलम् । तस्मात्सुखाद्यवकाशस*हितेन कायेन प्रतिक्षणभाविना तद्दौष्ठुल्यं प्रभाव्यते प्रतीयत इत्यर्थः । तद्यथा खलविलान्तर्गतं बीजमङ्कुरेणेति । तस्मात्कायपरीक्षया दुःखसत्यमवतरति । *अत्र कारणमाह*—

४. Y. omits हि in his reconstruction.

५. Y's reconstruction : तल्लक्षणस्य हि सदौष्ठुल्यसंस्कारत्वात्. Reading here after the Bhāṣya.

६. Y. reads this verse as prose.

७. Y. and broken Ms. support आर्यैर्दुःखत्वेनालोकितम्. Reading here after the Bhāṣya.

८. Y. न तु पृथग्जनैर्विपर्यासबिहिनाशयत्वात्.

९. Y. अकर्मण्यतासास्रवत्वात्.

तस्य सदौष्ठुल्यसंस्कारलक्षणत्वादिति[10] सबीजसंस्कारात्मकत्वादित्यर्थः। संस्कारदुःखता हि विपरिणामदुःखतादुःखदुःखतादौष्ठुल्याभ्यामनुगतत्वा (त्त)त्कारणत्वाच्च दौष्ठुल्यमित्युक्ता। अत एव संस्कारदुःखतया सर्वसास्रवं वस्त्वार्यैः दुःखत्वेनालोकित। एवं कायस्मृत्युपस्थानेन दुःखसत्यमवतरतीति।

तृष्णाहेतुर्वेदना—अविद्यासंस्पर्शजेत्यभिप्रायात्, अनास्रवाया अतद्धेतुत्वात्। तत्र सुखा वेदना तत्संयोगावियोगतृष्णाया हेतुः। दुःखा तदसंयोगवियोगतृष्णाया हेतुः। अदःखासुखा तदवस्थाभिरतितृष्णायास्तत्संयोगावियोगतृष्णायाश्च कस्यांचित्समाप्तौ हेतुरिति। स दुःखवेदनया स्पृष्टः कामसुखमभिनन्दतीति **वचनात्** दुःखापि वेदना सुखायाः तृष्णाया हेतुर्भवति। **तत्परीक्षया समुदयसत्यमवतरति**। स हि वेदनां स्वरूपतः कारणतः कार्यतोऽनित्यतो दुःखतश्चोपपरीक्षमाणः समुदयसत्यमवतरति तृष्णां तत्कार्यत्वेनावगच्छतीत्यर्थः। तृष्णा हि **सूत्रे** समुदयसत्यमित्युक्ता। को दुःखसमुदयः? पठ्यते—तृष्णा पौनर्भविकानन्दा रागसहगतेति विस्तरः। एवं वेदनास्मृत्युपस्थानेन समुदयसत्यमवतरति।

आत्माभिनिवेशवस्तु चित्तमिति। अन्यस्य नित्यादिगुणविशिष्टस्यात्मनोऽभावादात्माभिनिवेशालम्बनं चित्तमेव। तस्मा**त्तत्परीक्षया निरोधसत्यमवत**रति शान्तत्वेन। अत्रैव कारणमाह—**आत्मोच्छेदभयापगमादिति**। चित्ते ह्यनित्यत्वादिपरीक्षयाऽत्माभिनिवेशो व्यावर्तते दुःखसंज्ञा प्रवर्तते। अतश्चात्मोच्छेदभयापगमाद् दुःखमात्रस्योच्छेदान्निरोधसत्यं शान्तत्वेनावतरतीति। एवं चित्तस्मृत्युपस्थानेन निरोधसत्यमवतरतीति।

धर्मपरीक्षया साङ्क्लेशिकव्यावदानि[11]कधर्मासंमोहान् मार्गसत्यमवतरतीति। तत्र साङ्क्लेशिका धर्माः क्लेशोपक्लेशाः। व्यावदानिकास्तु क्लेशोपक्लेशप्रतिपक्षभूताः प्रेममैत्र्यादयः। तेषां साङ्क्लेशिकानां व्यावदानिकानाञ्च विपक्षप्रतिपक्षभावं बुद्ध्वा सर्वोपद्रवात्यन्तप्रहाणोपाये मार्गसत्येऽभिमुखीभवति। एवं धर्मस्मृत्युपस्थानेन मार्गसत्यमवतरतीति।

अवतारोऽत्र प्रत्येकं सत्ये सत्यलक्षणावबोधः। तत्र कायस्मृत्युपस्थानभावना अनित्यतो दुःखतः शून्यतोऽनात्मतोऽपि, अनेकाऽशुचिद्रव्यस्वभावतोऽपि, अशुचिबीजतोऽपि, अशुचिनिष्यन्दतोऽपि, अशुचिस्थितिहेतुतोऽपि, अशुचिविकारतोऽपि, फेनभङ्ग इवासारतोऽपि, गतितोऽपि, योनितोऽपि। वेदनाचित्तधर्मस्मृत्युपस्थानभावना पुनरनित्यदुःखशून्यानात्मतोऽपि, स्वलक्षणतोऽपि, हेतुतोऽपि, फलतोऽपि, धातुभूमिगतितोऽपि कुशलाकुशलाव्याकृततोऽपि, विपक्षप्रतिपक्षतोऽपि। बोधिसत्त्वानां पुनः स्मृत्युपस्थानभावना एवञ्चानुपलम्भाकारेण च विकल्पप्रहाणार्थम्। स्मृत्युपस्थानानां तु प्रज्ञास्वाभाव्येऽपि स्मृत्युपस्थानवचनं स्मृतिबलेनोपस्थानादेतासां प्रज्ञानां स्मृत्युपस्थानमुच्यते ॥१॥

१०. Y. तल्लक्षणस्य हि सदौष्ठुल्यसंस्कारत्वादिति. see n. 5.

११. Bhāṣya वैयवदानिक which is grammatically a better form.

[ब. चत्वारि सम्यक्प्रहाणानि]

ततः सम्यक्प्रहाणभावना । यस्मात्

परिज्ञाते विपक्षे च प्रतिपक्षे च सर्वथा ।
तदपायाय वीर्यं हि चतुर्धा सम्प्रवर्तते ।।२।।

स्मृत्यु[१७ अ]पस्थानभावनया विपक्षे प्रतिपक्षे च सर्वप्रकारम्परिज्ञाते विपक्षाऽपगमाय प्रतिपक्षोपगमाय च वीर्यं चतुर्धा सम्प्रवर्तते, उत्पन्नानाम्पापकानामकुशलानां धर्माणां प्रहाणायेति विस्तरः ।।२।।

स्मृत्युपस्थानभावनानन्तरं **सम्यक्प्रहाणभावनोक्ता** । किं कारणमत आह **यस्मात्**

परिज्ञाते विपक्षे च

इति विस्तरः । **स्मृत्युपस्थानभावनयेति** । अविशेषाभिधानेऽपि *धर्मस्मृत्युपस्थानभावनयैवेति वेदितव्यम् । धातुभूम्यवकाशैः सामान्यलक्षणाद्याकारैस्तथा सास्रवानास्रवधातुभूमिशैक्षाशैक्षाद्या*कारैस्तथा सास्रवानास्रवधातुभूमिशैक्षाशैक्षादिभेदेन **च विपक्षे प्रतिपक्षे च सर्वप्रकार**[१]**परिज्ञाते । विपक्षापगमायेति ।** विपक्षापगमोऽत्रो*त्पन्नानां प्रबन्धच्छेदोऽनुत्पन्नानां चानुत्पादः ।* **प्रतिपक्षोप**[२]**गमाय चेति** । प्रतिपक्षागम उत्पन्नानां प्रबन्धानुवृत्तिरनुत्पन्नानाञ्चोत्पादः । **वीर्यं**[3] **चतुर्धा प्रवर्तत**[४] इति विपक्षप्रतिपक्षयोरुत्पन्नानुत्पन्नभेदेन चतुर्धा वीर्यस्य प्रवृत्तिः । **उत्पन्नानां पापकानामकुशलानां धर्माणां प्रहाणायेति विस्तर** *इतीदमागमेन वीर्यस्यैव* चतुर्धा प्रवृत्तिं दर्शयति । विस्तरवचनेन शेष**ग्रन्था**भिसम्बन्धः । तत्रायं शेषो **ग्रन्थः**—प्रहाणाय छन्दं जनयति व्यायच्छते वीर्यमारभते चित्तं प्रगृह्णाति सम्यक्प्रदधातीति *। एवमनुत्पन्नानां पापकानामकुशलानां धर्माणामनु*त्पादाय छन्दञ्जनयतीति विस्तरः । एवमनुत्पन्नानां कुशलानां धर्माणामुत्पादाय छन्दञ्जनयतीति विस्तरः । उत्पन्नानां कुशलानां धर्माणां स्थितये *भूयोभावतायै असम्प्रमोषाय परिपूरणाय छन्दञ्जनयति व्यायच्छते वीर्य*मारभते चित्तं प्रगृह्णाति । सम्यक्प्रदधाति । उत्पन्नानां स्थितिरपरिहाणिः[५] । भूयोभावः प्रबन्धेनोत्पादः । परिपूरिः प्रकर्षगमनम् । छन्दञ्जनयतीति *सगौरवोद्यक्तवीर्यसमृद्धिं दर्शयति । व्यायच्छत इति कौसीद्य*प्रहाणाय कायचित्तेऽभिमुखीकरोतीत्यर्थः । वीर्यमारभत इति लयौद्धत्यापकर्षणार्थम् । कथमारभेत ? लीनं चित्तं प्रगृह्णाति सम्वेज[६]नीयप्रमोदनी*यधर्ममनस्कारैः । उद्धतं चित्तं तस्मिन्नेवालम्बने* सम्यक्प्रदधाति सम्वेज[६]नीयप्रमोदनीयधर्ममनस्कारैर्धारयतीत्यर्थः । एवञ्च सम्यक्प्र-

१. Bhāṣya सर्वप्रकारं.

२. Y's reconstruction : प्रतिपक्षागमाय. Reading here after the Bhāṣya.

३. Y. वीर्यंचतुर्धा.

४. Bhāṣya सम्प्रवर्तते.

५. Y. अपरिहारिणिः which is wrong.

६. Y. सम्वेदनीय on the basis of Tib. yaṅ-dag.par śes-par bya-ba. Ms. as here,

धानानि[७] वीर्यात्मकानीति ज्ञापितम्भवति । सम्यगेभिः कायवाङ्मनांसि धारयन्तीति *सम्यक्प्रधानानि ।*

[स. चत्वार ऋद्धिपादाः]

कर्मण्यता स्थितेस्तत्र सर्वार्थानां समृद्धये ।
पञ्चदोषप्रहाणाऽष्टसंस्काराऽऽसेवनाऽन्वया ।।३।।

तस्यां तदपायायवीर्यभावनायां चित्तस्थितेः कर्मण्यता चत्वार ऋद्धिपादाः, सर्वार्थसमृद्धिहेतुत्वात् । स्थितिरत्र चित्तस्थितिः समाधिर्वेदितव्यः । अतः सम्यक्प्रहाणाऽनन्तरमृद्धिपादाः । सा पुनः कर्मण्यता पञ्चदोषप्रहाणायाऽष्ट[१]संस्कारभावनाऽन्वया वेदितव्या ।।३।।

कर्मण्यता स्थितेस्तत्र[२]

इति विस्तरः । तत्रेति **तस्यां** विपक्षप्रतिपक्षायायापगम[३]**वीर्यभावनायाम् । कर्मण्यता चित्तस्थितेः** सर्वार्थसमृद्धियोग्यता । सा च कर्मण्यता छन्दवीर्यचित्तमीमांसाधिपत्यप्रभवेत्यत *आह*—**कर्मण्यता चत्वार ऋद्धिपादा** *इति ।* सर्वस्याभिज्ञादिकस्यार्थस्य समृद्धि ऋद्धिः । तस्याः प्रतिष्ठार्थेन ऋद्धिपादा ऋद्धिहेतव इत्यर्थः । अत एवाह—**सर्वार्थसमृद्धिहेतुत्वादिति** । ते पुनश्छन्दसमाधिः प्रहाणसंस्कारसमन्*वागत ऋद्धिपादः, वीर्यसमाधिः प्रहाणसंस्कार*समन्वागत ऋद्धिपादः, चित्तसमाधिः प्रहाणसंस्कारसमन्वागत ऋद्धिपादः, मीमांसासमाधिः प्रहाणसंस्कारसमन्वागत ऋद्धिपाद इति । तत्र च्छन्दसमाधिर्यदा छन्दाधिपत्याद्[४] *वीर्यभावनायां सगौरवं प्रवर्तमानः स्पृशति* चित्तस्यैकाग्रताम् । वीर्यसमाधिर्यदा वीर्यमारभमाणः सातत्यप्रयोगात्स्पृशति चित्तस्यैकाग्रताम् । चित्तसमाधिर्यदा पूर्वसमाधिबीजमागम्य चित्त एव चित्तं धारयन् *स्पृशति चित्तस्यैकाग्रताम् । मीमांसासमाधिर्यदालम्बन*प्रविचितोऽनुस्पृशति चित्तस्यैकाग्रतामिति । **स्थितिरत्र चित्तस्थितिः समाधिर्वेदितव्य** इति समाधिग्रहणं संस्कृतलक्षणाद् व्यवच्छेदार्थम् । यत आरब्धवीर्यस्य चित्तकर्*मण्यता चत्वार ऋद्धिपादा भवन्ति* **अतः**[५] **सम्यक्प्रहाणानन्तरं ऋद्धिपादा** *निर्दिष्टाः ।* **सा पुनः कर्मण्यता**

७. Y. सम्यक्प्रहाणचि° on the basis of Tib. ya -dag-par spoṅ- Ms. as here.

१. N. Ṭīkā and Tib अष्टप्रहाणसंस्कार but no Ms. support.

२. Y's reconstruction : स्थितिकर्मण्यता. Reading here after the Bhāṣya,

३. Ms. विपक्षप्रतिपक्षायापागम, Y. विपक्षापगम on the basis of Tib. mi-mthun.paḥi phyogs bsal-baḥi. विपक्षप्रतिपक्षायापगम. is the explanation. of the Bhāṣya text तदपायाय which means आय of विपक्ष and अपगम of प्रतिपक्ष. Tib. is misleading.

४. Y. छन्दाधिपत्या.

५. Y. reconstructs ततः.

किम्प्रयोजना[६] किंहेतुका चेत्यत आह—**पञ्चदोषप्रहाणायाष्टप्रहाण[७]संस्कारभावनान्वया वेदितव्येति** । अन्वयो हेतुः ॥३॥

[पञ्च दोषाः]

कतमे पञ्च दोषा इत्याह

कौसीद्यमववादस्य सम्मोषो लय उद्धवः[१] ।
असंस्कारोऽथ संस्कारः पञ्च दोषा इमे मताः ॥४॥

तत्र लयौद्धत्यमेको दोषः क्रियते । अनभिसंस्कारो लयौद्धत्यप्रशमनकाले दोषः, अभिसंस्कारः प्रशान्तौ ॥४॥

ते च पञ्चदोषा न विज्ञायन्त इत्यतः *पृच्छति*[२] **कतमे पञ्च दोषा**[३] इति । तत्प्रदर्शयन्नाह

कौसीद्यमववादस्य सम्मोषो लय उद्भवः[४] ।

इति विस्तरः । एते हि षड्दोषा इत्यत आह—**तत्र लयौद्धत्यमेको दोषः क्रियत** इति *पञ्च भवन्ति । तत्र कौसीद्यं प्रयोगकाले दोषस्तेनाप्रयोगात् ।* उद्युक्तस्याववादसम्मोषो दोषस्तेन चित्तसमाधानाभावात् । समाहितस्य लयौद्धत्यं दोषस्तेन चित्तकर्मण्यताऽभावात् । **अनभिसंस्कारो लयौद्धत्यप्रशमनकाले दोषः** ।[५] *अनभिसंस्कार उपेक्षा तया तद्द्वयाशमनात् ।* **अभिसंस्कारः प्रशान्तौ** दोष इति । अभिसंस्कारश्चेतना । लयौद्धत्यविगमाद्धि समताप्राप्तत्वात् प्रशान्तमित्युच्यते ॥४॥

[अष्टौ प्रहाणसंस्काराः]

एषां प्रहाणाय कथमष्टौ प्रहाणसंस्कारा व्यवस्थाप्यन्ते ? चत्वारः कौसीद्यप्रहाणाय च्छन्दव्यायामश्रद्धाप्रस्रब्धयः, ते पुनर्यथाक्रमं वेदितव्याः ।

आश्र[१७ ब]योऽथाश्रितस्तस्य निमित्तं फलमेव च ।

आश्रयश्छन्दो व्यायामस्य, आश्रितो व्यायामः । तस्याश्रयस्य च्छन्दस्य निमित्तं श्रद्धा, सम्प्रत्यये सत्यभिलाषात् । तस्याश्रितस्य व्यायामस्य फलं प्रस्रब्धिः, आरब्धवीर्यस्य समाधिविशेषाऽधिगमात् ।

शेषाश्चत्वारः प्रहाणसंस्काराः स्मृतिसम्प्रजन्यचेतनोपेक्षाश्चतुर्णां दोषाणां यथासंख्यं प्रतिपक्षाः । ते पुनः स्मृत्यादयो वेदितव्या यथाक्रमम् ।

६. Ṭīkā किम्प्रयोजनम्.

७. Bhāṣya omits प्रहाण.

१. N. उद्धत: Y. उद्भव. Ms. as here. No support for N's reading.

२. Y. पृष्टम्.

३. Y's reconstruction : क एते पञ्च दोषाः. Reading here after the Bhāṣya.

४. Bhāṣya उद्धवः.

५. Y. लयौद्धत्य[प्रशान्त्य]वस्थायामनभिसंस्कारो दोषः. Reading here after the Bhāṣya.

आलम्बनेऽसम्मोषो लयौद्धत्याऽनुबुद्धचना ॥५॥
तदपायाऽभिसंस्कारः शान्तौ प्रशठवाहिता ।[1]

स्मृतिरालम्बनेऽसम्प्रमोषः । सम्प्रजन्यं स्मृत्यसम्प्रमोषे सति लयौद्धत्याऽनुबोधः । अनुबुद्धच तदपगमायाऽभिसंस्कारश्चेतना । तस्य लयौद्धत्यस्योपशान्तौ सत्यां प्रशठवाहिता चित्तस्योपेक्षा ।

प्रहाणसंस्काराः प्रहाणाय संस्काराः । कस्य प्रहाणाय ? अनन्तरोक्तानां पञ्चानां दोषा*णां प्रहाणाय । यद्येवं तेन वक्तव्यमे*[2]**षां** प्रहाणाय **कथमष्टौ**[3]**प्रहाणसंस्कारा व्यवस्थाप्यन्त** इति । तत्र **कौसीद्यप्रहाणाय चत्वार**[4]**श्छन्दव्यायामश्रद्धाप्रस्रब्धयः** । तत्र च्छन्दोऽभिलाषः । व्यायामो वीर्यम् । श्रद्धाऽभिसम्प्रत्ययः । प्रस्रब्धिः कर्मण्यता । कथं पुनरेते *कौसीद्यप्रहाणाय व्यवस्थाप्यन्त इत्यत आह*—**ते पुनर्यथाक्रमं वेदितव्याः**[5] ।

आश्रयोऽथाश्रितस्तस्य निमित्तं फलमेव च ।

इति । अतोऽन्योन्यप्रभावितत्वादेते कौसीद्यप्रहाणाय सम्वर्तन्त इति दर्शयति—**आश्रयश्छन्दो व्यायामस्य, आश्रितो व्यायामः** । *अभिलाषस्य व्यायामपूर्वकत्वात् ।* **तस्याश्रयस्य**[6] **छन्दस्य निमित्तं श्रद्धा** । कथमित्यतो ब्रवीति—**सम्प्रत्यये सत्यभिलाषा**दिति । श्रद्दधानस्य हि हेतुफले क्रियाभिलाषो भवति । **तस्याश्रितस्य व्यायामस्य फलं प्रस्रब्धिः** । कथमित्यत आह—**आरब्धवीर्यस्य समाधिविशेषाऽधिगमा**[7]*दिति ।* समाधिविशेषगमनं हि प्रस्रब्धिनिमित्तम् । अत आरब्धवीर्यस्य समाधिविशेषगमनात् प्रस्रब्धिर्व्यायामफलमित्युक्तम् । तथा ह्यारब्धवीर्यस्य दौष्ठुल्यवितर्काद्यपक्षालविगमात्[8] *प्रमोद उत्पद्यते । मनःप्रमोदात् कायचित्तयोः प्रस्रब्धिः* कर्मण्यतालक्षणा । ततः समाधिविशेषगमनमिति । अत्र च वीर्यं सहेतुकं सफलं च कौसीद्यप्रतिपक्षेणोक्तम् ।

चतुर्णां दोषाणां यथासंख्यं प्रतिपक्ष[9] इति । तत्र स्मृतिरववाद*सम्मोषस्य प्रतिपक्षः । सम्प्रजन्यं लयौद्धत्यस्य ।* चेतनाऽनभिसंस्कारस्य । अभिसंस्कारस्योपेक्षेति संस्कारोपेक्षाऽत्र वेदितव्या । स्मृत्यादीनां पुनर्लक्षणविवक्षयेदमाह—**ते पुनः स्मृत्यादयो वेदितव्या यथाक्रममिति । स्मृतिरालम्बनेऽसम्मोष**[10] इति । *विस्तरीकृतमा*[11]*लम्ब*-

१. N. takes three lines forming the Kārikā 5.
२. Y's reconstruction : तेषां. Reading here after the Bhāṣya.
३. Y's reconstruction : अष्टप्रहाण. Reading here after the Bhāṣya.
४. Bhāṣya चत्वारः before कौसीद्य°.
५. Y's reconstruction : ते च वेदितव्या यथाक्रमम्.
६. Y. omits स्य in reconstruction.
७. Y. विशेषगमनात् in reconstruction. Reading here after the Bhāṣya.
८. Y. विकल्पं दोषविगमात् against Ms.
९. Bhāṣya प्रतिपक्षाः.
१०. Bhāsya असम्प्रमोषः.
११. Y. °कृत आलम्ब°.

*नमिति चित्तस्थापनीयम*ववादवस्त्वभिलपनमित्यर्थः । **सम्प्रजन्यं स्मृत्यसम्प्रमोषे सति लयौद्धत्या**[१२]**वबोध** इति । उपस्थितस्मृतिर्हि सम्प्रजन्यवान् भवत्येवेत्यत आह— स्मृत्यसम्प्रमोषे सतीति । **अनुबुद्ध्य** लयौद्धत्यं शमथ*विपश्यने युगनद्धादप्रयत्नेन प्रवर्ते*तेत्यर्थः । **उपेक्षे**ति विषयान्तरानभिसंस्कार इत्यर्थः । एतदुक्तं भवति—सूप-स्थितस्मृतिरववादे लीनं चित्तमुद्धतं वा यथाभूतं प्रजानाति । लयौद्धत्यविगमाय च तदभिसंस्करोति लयौद्धत्य*विगमाच्चोपेक्षां करोतीति । एवं तस्य चित्तप्रशठता कर्मण्यता* । अत्र च कर्मण्यतास्थितिरिति स्वार्थे भावप्रत्ययः, स्वपेटत्वादिवत् ।

[द. पञ्चेन्द्रियाणि]

ऋद्धिपादानामनन्तरं पञ्चेन्द्रियाणि श्रद्धादीनि । तेषां कथं व्यवस्थानम् ?

रोपिते मोक्षभागीये छन्दयोगाऽऽधिपत्यतः ॥६॥
आलम्बनेऽसम्मोषाऽविसारविचयस्य च ।

आधिपत्यत इति वर्तते । ऋद्धिपादैः कर्मण्यचित्तस्यारोपिते मोक्षभागीये कुशलमूले छन्दाधिपत्यतः, प्रयोगाधिपत्यतः, आलम्बनाऽसम्प्र[१८ अ]मोषाधिपत्यतः, अविसारा-धिपत्यतः, प्रविचयाधिपत्यतश्च यथाक्रमं पञ्च श्रद्धादीनीन्द्रियाणि वेदितव्यानि ।

ऋद्धिपादानन्तरं पञ्चेन्द्रियाणि श्रद्धादीन्युक्तानीति सम्बध्यते । **तेषां कथं व्यवस्थानमि**ति केनार्थेनेत्यभिप्रायः । अत आह

रोपिते मोक्षभागीये छन्दयोगाधिपत्यतः ।

इति विस्तरः । **आधिपत्यत इति वर्तत** इत्यनेन च्छन्दयोगाधिपत्यत इत्यत्राधिपत्य-शब्दः प्रयुक्त उत्तरत्राप्यनुवर्तत इति दर्शयति । **ऋद्धिपादैः कर्मण्यचित्तस्यारोपिते मोक्षभागीये कुशलमूले**[१] इति । *कर्मण्यचित्तस्य* विमोक्षभागीयं कुशलमूलं चित्तसन्धाने प्रतिष्ठां प्रतिलभते **छन्दाधिपत्यतो** यावत् **प्रविचयाधिपत्यतः**, न त्वकर्मण्यचित्तस्य । सा च चित्तकर्मण्यता ऋद्धिपादैर्भवति । *तस्मादृद्धिपादानन्तरं विमोक्षभागीय-कुशलमूलरोपणाधिपत्यतः* **पञ्च श्रद्धादीनीन्द्रियाणी**ति व्यवस्थाप्यन्ते । **छन्दाधि-पत्यत** इति कारणे कार्योपचाराच्छ्रद्धैवात्र छन्दशब्देनोक्ता । तद्यथा दधित्रपुषं सद्यो ज्वर इति । अथवास्तित्वगुण*शक्तिषु यथाक्रममभिसम्प्रत्ययप्रसादाभिलाषाः* श्रद्धाया लक्षणम् । अतश्छन्दग्रहणेनात्राभिलाषलक्षणा श्रद्धैव गृह्यते न तु च्छन्द इति । **प्रयोगाधिपत्यत** इति प्रयुज्यतेऽनेनेति प्रयोगः । प्रयोगशब्देन वीर्यमभिप्रेतम् । **आल-म्बनासम्प्रमो**[२]**षाधिपत्यत** *इति स्मृतीन्द्रियाधिपत्यतः । आल*म्बनाभिलपनलक्षणं स्मृतीन्द्रियम् । **अविसाराधिपत्यत** इति समाधीन्द्रियाधिपत्यतः । अविसारो हि समाधीन्द्रियं चित्तैकाग्रतालक्षणत्वात् । **प्रविचयाधिपत्यतश्चे**ति प्रज्ञेन्द्रिया*धिपत्यतः । प्रज्ञेन्द्रियस्य धर्मप्रविचयात्मकत्वात्* । चशब्दो *वि*मोक्षभागीयकुशलमूलरोपणाधि-

१२. Bhāṣya अनुबोधः.

१. Y's reconstruction : कर्मण्यचित्तस्य मोक्षभागीयकुशलमूलरोपणस्येति. Reading here after the Bhāṣya.

२. Y. असम्मोषा in reconstruction. Reading here after the Bhāṣya.

पत्यात्। **यथाक्रमं पञ्च श्रद्धादीनीन्द्रियाणि वेदितव्यानीति** दर्शयति। श्रद्दधानो हि संसारचारकान्निःसरणार्थं वीर्यमारभते। आरब्धवीर्यस्य *त्रिशिक्षानिष्पत्तिः स्मृतिसमाधिप्रज्ञेन्द्रियाणि यथाक्रमम्।* एवं दर्शनमार्गप्रयोगभूमाविन्द्रियाणां प्राधान्यमिष्यते।

अन्ये त्वाहुः—न मोक्षभागीयकुशलमूलरोपणाधिपत्यतः श्रद्धादीनामिन्द्रियत्वम्। किं तर्हि रोपिते *मोक्षभागीयकुशलमूले छन्दादीनामाधिपत्यत एतानीन्द्रियाण्युच्यन्ते।* एतदेव प्रदर्शयन्नाह—छन्दाधिपत्यतः श्रद्धाया इन्द्रियत्वमिति सम्बध्यते। प्रयोगो व्यापारः। असम्मोष आलम्बनविप्रणाशः। अविसरणमविसारः। प्रविचयनं *प्रविचयः। तेषां प्रयोगसम्मोषाविसारप्रविचयानामाधिपत्याद्वीर्यस्मृतिसमाधिप्रज्ञाख्याश्चैत्ता इन्द्रियाख्या भवन्तीति।*

अत्र त्वेतद्वक्तव्यम्—रोपिते मोक्षभागीये कुशलमूले रोपितावस्थातश्छन्दाद्याधिपत्यस्य श्रद्धादीनाञ्च *कश्चिद् विशिष्टस्वभावो नास्ति, यस्मात्तदवस्थायां* तदाधिपत्यात्तेषामिन्द्रियत्वमवस्थाप्यत इति।

[८. पञ्च बलानि]

तान्येव श्रद्धादीनि बलवन्ति बलानीत्युच्यन्ते। तेषाम्पुनर्बलवत्त्वम्

विपक्षस्य (हि) संलेखात्

यदा तान्यश्रद्धादिभिर्विपक्षैर्न व्यवकीर्यन्ते। कस्माच्छ्रद्धादीनां पूर्वोत्तरनिर्देशः? यस्मात्

पूर्वस्य फलमुत्तरम्[1] ॥७॥

श्रद्दधानो हि हेतुफलं वीर्यमारभते। आरब्धवीर्यस्य स्मृतिरुपतिष्ठते। उपस्थितस्मृतेश्चित्तं समाधीयते। समाहितचित्तो यथाभूतं प्रजानाति ॥७॥

अवरोपितमोक्षभागीयस्येन्द्रियाण्युक्तानि। अथ निर्वेधभागीयानि किमिन्द्रियावस्थायां वेदितव्यानि, आहोस्वित् बलावस्थायाम्?

द्वौ द्वौ निर्वेधभागीयाविन्द्रियाणि बलानि च।

उष्मगतं मूर्धानश्चेन्द्रियाणि, क्षान्तयो लौकिकाश्चाऽग्रधर्मा बलानि।

तान्येव श्रद्धादीनि बलवन्ति बलान्युच्यन्ते इन्द्रियानन्तरमुक्तानीति। तेषां पुनर्बलवत्त्वं कुत इत्यत आह

विपक्षस्य(हि)संलेखात्

इति। *विपक्षस्य संलिखितत्वात्। एतदेव प्रदर्शयन्नाह*—**यदा तानीति** श्रद्धादीन्द्रियाणि। **आश्रद्धयादिभि[2] विपक्षैरिति।** आश्रद्ध्यकौसीद्यविस्मृतिविक्षेपासम्प्रजन्यैः श्रद्धादिविपक्षैर्न **व्यवकीर्यन्ते** अत्यर्थं तनुत्वादन्तरान्तरा समुदाचाराभावान्न व्यामि*श्यन्त इत्यर्थः तदा बलान्युच्यन्ते। तानीन्द्रियाणि* विपक्षैर्व्यवकीर्यन्ते तदा तद्विपक्षस्यानिर्लिखितत्वात्।

१. Ms. पूर्वफलमुत्तरम्.

२. Bhāṣya अश्रद्धादि°.

यद्यनिर्जितविपक्षाणीन्द्रियाणि तत्कथं कौशल्यतत्त्वे लौकिकविशुद्ध्याधिपत्येन श्रद्धादीनामिन्द्रियत्वमुक्तम् ? तत्र ह्यभेदेनेन्द्रियाण्यभिप्रेतानि[3] अत्र तु *निर्वेधभागीयस्य कुशलमूलस्य भेदप्रदर्शनार्थम्* । तस्मान्नास्ति विरोधः । अत्र एवात्राह एतान्येवेन्द्रियाणि बलान्युच्यन्त इति ।

श्रद्दधानो हि हेतुफले[4] **वीर्यमारभते** । अयं हेतुरस्यैव फलस्य, इदञ्च फलमस्यैव हेतोरित्येवं *श्रद्दधानः फलश्रद्धया*[5] *तद्धेतौ वीर्यमारभते* । **आरब्धवीर्यस्य** तत्परत्वात् **स्मृतिरुपतिष्ठते** । **उपस्थितस्मृते**र्विक्षेपाभावाच्चित्तं **समाधीयते** एकाग्रं भवति । **समाहितचित्तो यथाभूतं प्रजानातीति** समाध्यनु*गृहीता प्रज्ञा स्फुटा*[6] *भवति* ।

अव[7] **रोपितमोक्ष**[8] **भागीयस्येन्द्रियाण्युक्तानि** । मोक्षभागीयानन्तरं निर्वेधभागीयानीति इन्द्रियानन्तरञ्च बलान्यतो वक्तव्यं **निर्वेधभागीयानि किमिन्द्रियावस्थायां वेदितव्यान्याहोस्विद् बलावस्थायाम्** ? *तथा किं निर्वेधभागीयानीन्द्रियाणि*[9] *बलस्वभावान्याहोस्वित्तद्व्यतिरिक्तस्व*भावानीत्यत आह

द्वौ द्वौ निर्वेधभागीयाविन्द्रियाणि बलानि च ।

इति ।

अथवा यथा मोक्षभागीयानि प्रतिपक्षभावनाप्रभावितानि श्रद्धादिप्रभावि*तानि वा भवन्ति तथा निर्वेधभागीयान्यपि । अत आह—रोपितमोक्षभा*गीयस्येन्द्रियाण्युक्तानीति विस्तरः । अत आह

द्वौ द्वौ निर्वेधभागीयौ

इति सर्वम् ।

उष्मगतानि[10] **मूर्धानश्चेन्द्रियाणीति** । मृदुत्वादयुक्तत्वादेषां कुशलानामेषु बलानामिन्द्रियाण्येव । **क्षान्तयो लौकिकाश्चाग्रधर्मा बलानीति** । अधिमात्रत्वादेषामिन्द्रियाणामसम्भवात् क्षान्तयोऽग्रधर्माश्च बलान्येव । मृदुमध्याधिमात्रभेदेन हि त्रिविधानि श्रद्धादीनि । तत्र मृदूनि मध्यानि चेन्द्रियाणि । अधि*मात्राणि बलानि । यानि मृदूनि तान्युष्मगतानि । मध्यानि मूर्धानः ।* अधिमात्राणि पुनश्चतुर्धा क्रियन्ते । तत्र मृदुमध्याधिमात्राणि यथाक्रमं मृदुमध्याधिमात्राः क्षान्तयः । अधिमात्राधिमात्राणि लौकिका अग्रधर्मा इति । एतानि च निर्वेधभागीयानि सर्वाणि

३. Y. इन्द्रियाणामभिप्रेतम्.
४. Bhāṣya हेतुफलं.
५. Y. फलश्रद्धायास्तद्धेतौ.
६. Y. समाध्यनुगृहीतप्रज्ञा स्फुटत्वं.
७. Y. omits अव in reconstruction.
८. Y. विमोक्ष in reconstruction.
९. Y. इन्द्रियबलस्वभावा.°.
१०. Bhāṣya उष्मगत°.

समाधिप्रज्ञास्वभावानि ससंप्रयोगाणि। तत्रोष्मप्रकार उष्मगतम्। यथाऽरणिनिर्मथनात्तद्दहनसमर्थस्याग्नेरुत्पत्तिचिह्नं पूर्वमूष्मोत्पद्यते एवं सर्वक्लेशेन्धनदहनसमर्थस्यार्यमार्गाग्नेः पूर्वरूपत्वात्तदुष्मगतमित्युच्यते। चलकुशलमूलेभ्यो मूर्धोपगमनत्वान्मूर्धा। क्षान्तिः सत्यार्थे क्षमावत्त्वात्। तदन्यसास्रवधर्मश्रेष्ठत्वाच्च लौकिका अग्रधर्मा इत्युच्यन्ते। तेषां त्वग्रता तदनन्तरं दर्शनमार्गोत्पत्तेः। ते च क्षणिकाः शेषाणि निर्वेधभागीयानि सन्तानवन्ति।

तत्र मोक्षभागीयं कुशलमूलं संसारप्रभावनशक्तिघातयोगेन वेदितव्यम्। निर्वेधभागीयमनास्रवधर्मोत्पत्तिशक्त्याधानयोगेनेति।

[फ. सप्त बोध्यङ्गानि]

बलानन्तरं बोध्यङ्गानि। तेषां कथं व्यवस्थानम्?

आश्रयाङ्गं स्वभावाङ्गं निर्याणाङ्गं तृतीयकम्॥८॥
चतुर्थमनुशंसाङ्गं निःक्लेशाङ्गं त्रिधा मतम्।

दर्शनमार्गे बोधावङ्गानि बोध्यङ्गानि। तत्र बोधेराश्रयाङ्गं स्मृतिः, स्वभावाङ्गं धर्म[१८ ब]विचयः, निर्याणाङ्गं वीर्यम्, अनुशंसाङ्गं प्रीतिः, असंक्लेशाङ्गं त्रिधा—प्रस्रब्धिसमाध्युपेक्षाः। किमर्थम्पुनरसंक्लेशाङ्गं त्रिधा देशितम्?

निदानेनाश्रयेणेह स्वभावेन च देशितम्॥९॥

असंक्लेशस्य निदानं प्रस्रब्धिः, दौष्ठुल्यहेतुत्वात् संक्लेशस्य तस्याश्च तत्प्रतिपक्षत्वात्। आश्रयः समाधिः, स्वभाव उपेक्षा॥९॥

अग्रधर्मानन्तरं दर्शनमार्गोत्पत्तेस्तस्य (च) बोध्यङ्गप्रभावितत्वादाह—**बलानन्तरं बोध्यङ्गानीति। तेषां कथं व्यवस्थानमिति।**[1] किमर्थं व्यवस्थानमित्यभिप्रायः। अत आह

आश्रयाङ्गं स्वभावाङ्गम्

इति विस्तरः। **दर्शनमार्गे बोधावङ्गानि बोध्यङ्गानीति।** अदृष्टपूर्वस्य तत्त्वस्य तत्प्रथमत आलोचनाद्दर्शनम्, आर्यभूमिप्रापकत्वान्मार्ग इत्यतो दर्शनमार्ग इत्युच्यते। निर्वेधभागीयावस्थायां हि पेलववस्त्रान्तरितानीवोपलक्ष्यन्ते सत्यानि। दर्शनमार्गावस्थायां तदपनीत इवेति। तत्र तत्त्वाभिसम्बोधो बोधिर्निर्विकल्पं ज्ञानम्, तत्र षट् स्मृत्यादीनि बोध्यनुकूलात्तदङ्गानि। धर्मप्रविचयस्तत्त्वावबोधात्मकत्वाद् बोधिः इतरेषां च सहायभावादङ्गत्वम्।

अन्यः पुनराह—आनन्तर्यमार्गगृहीतो धर्मप्रविचयो बोध्यङ्गम्, विमुक्तिमार्गसङ्गृहीतस्तु बोधिरिति।

तत्र बोधेराश्रयाङ्गं स्मृतिः, स्मृतिबलेन तस्मिन्नालम्बनेऽविक्षेपणात्। **स्वभावाङ्गं धर्मप्रविचयः**[2], ज्ञानस्वभावत्वाद्बोधेः। **निर्याणाङ्गं वीर्यम्**, वीर्येण पृथग्जन-

1. Y's reconstruction : कथमेतानि व्यवस्थाप्यन्त इति. Reading here after the Bhāṣya.

2. Bhāṣya धर्मविचयः.

भूमिसमतिक्रमात् । **अनुशंसाङ्गं प्रीतिः**, तथा कायचित्तानुग्रहात् । **असङ्क्लेशाङ्गं त्रिधा—प्रस्रब्धिसमाध्युपेक्षाः**, *तासां सङ्क्लेशप्रतिपक्षभूतत्वात् ।* अथवाऽ सङ्क्लेशनिदानाश्रयस्वभावभेदात् ।

किमर्थं पुनरसङ्क्लेशाङ्गं त्रिधा देशितमिति । केनार्थेन त्रिधा देशितमित्यभिप्रायः । अत आह

निदानेनाश्रयेणेह स्वभावेन च देशितम् ॥

इति । **असंक्लेशस्य निदानं प्रस्रब्धिः**[3] । *असङ्क्लेशो विशुद्धः ।* निदानं कारणम् । कथं निदानमित्यतो ब्रवीति—**दौष्ठुल्यहेतुकत्वा**[4]**त्सङ्क्लेशस्य तस्याश्च तत्प्रतिपक्षत्वादिति** । एतदुक्तं भवति—सङ्क्लेशनिदानप्रतिपक्षभूतत्वा*दसङ्क्लेशनिदानमिति । कायचित्ताकर्मण्यता* दौष्ठुल्यम् । तस्मिन् सति चित्तैकाग्रताऽसम्भवाच्चित्तविक्षेपः । विक्षिप्तचित्तस्य च रागादिसङ्क्लेशः प्रवर्तते । एवं दौष्ठुल्यं सङ्क्लेशस्य हेतुः । *तस्य दौष्ठुल्यस्य प्रतिपक्षः प्रस्रब्धिः । कथमिति ? प्रस्रब्ध्या कायचित्तयोः* कर्मण्यतापादनात् । एवं प्रस्रब्धिरसङ्क्लेशनिदानं व्यवस्थाप्यते । **आश्रयः समाधिः** प्रस्रब्ध्यनुगृहीतकायचित्तस्य चित्तं समाधीयते । समाहिते *चित्ते यथाभूतं प्रजानाति । यथाभूतदर्शनात्क्लेशाः प्रहीयन्ते* । एवमसङ्क्लेशस्य समाधिराश्रयः । **स्वभाव उपेक्षेति** सङ्क्लिष्टविहारानुकूलायाश्चित्तासमतायाश्चित्ताप्रशठतायाश्चित्ताभोगावस्थिततायाश्च प्रतिपक्षत्वात् *। एवमुपेक्षाऽसङ्क्लेशस्वभावः ।*

अन्ये त्वाहु—प्रहाणैर्मार्गैर्दर्शनहेये संक्लेशे प्रहीणे तत्सङ्क्लेशानुबन्धविमुक्ता स्वभावविशुद्धा विमुक्तिमार्गसंगृहीता ज्ञेये सुनिश्चिता या प्रज्ञा प्रजायते सात्र प्रज्ञोपेक्षेत्युच्यते, *कृतकृत्यत्वात् क्षये क्षय इत्युपेक्षाकरणादिति ॥९॥*

[ज. अष्टौ मार्गाङ्गानि]

बोध्यङ्गानन्तरं मार्गाङ्गानि । तेषां कथं व्यवस्थानम् ?

परिच्छेदोऽथ सम्प्राप्तिः परसम्भावना त्रिधा ।
विपक्षप्रतिपक्षश्च मार्गस्याङ्गं तदष्टधा ॥१०॥

भावनामार्गेऽस्य परिच्छेदाङ्गं सम्यग्दृष्टिर्लौकिकी लोकोत्तरपृष्ठलब्धा, यया स्वाधिगमं परिच्छिनत्ति । परसम्प्रापणाङ्गं सम्यक्सङ्कल्पः सम्यग्वाक्च, ससमुत्थानया वाचा तत्प्रापणात् ।

परसम्भावनाङ्गं त्रिधा—सम्यग्वाक्कर्मान्ताजीवाः, तैर्हि यथाक्रमम्

दृष्टौ शीलेऽथ संलेखे परविज्ञप्तिरिष्यते ।

तस्य सम्यग्वाचा कथासांकथ्यविनिश्चयेन प्रज्ञायां सम्भावना भवति; सम्यक्कर्मान्तेन शीले, अकृत्याऽकरणात्; सम्यगाजीवेन संलेखे, धर्मेण मात्रया च चीवराद्यन्वेषणात् ।

३. Y s reconstruction : प्रस्रब्धिरसंक्लेशनिदानम्. Reading here after the Bhāṣya.

४. Bhāṣya हेतुत्वात्.

विपक्षप्रतिपक्षाङ्गं त्रिधैव—सम्यग्व्यायामस्मृतिसमा[१९ अ]**धयः । एषां हि यथाक्रमम्**

क्लेशोपक्लेशवैभुत्वविपक्षप्रतिपक्षता ॥११॥

त्रिविधो हि विपक्षः—क्लेशो भावनाहेयः, उपक्लेशो लयौद्धत्यम्, विभुत्वविपक्षश्च वैशेषिकगुणाभिनिर्हारविबन्धः । तत्र प्रथमस्य सम्यग्व्यायामः प्रतिपक्षः, तेन मार्गभावनात् । द्वितीयस्य सम्यक्स्मृतिः, शमथादिनिमित्तेषु सूपस्थितस्मृतेर्लयौद्धत्याभावात् । तृतीयस्य सम्यक्समाधिः, ध्यानसन्निश्रयेणाऽज्ञादिगुणाभिनिर्हारात् ॥११॥

बोध्यङ्गानन्तरं मार्गाङ्गानि । तेषां कथं व्यवस्थानमिति । दर्शनमार्गानन्तरं भावनामार्गस्तत्र च मार्गाङ्गानीत्यतो बोध्यङ्गानन्तरं मार्गाङ्गानीत्युच्यन्ते । तेषां केनार्थेन व्यवस्थानमतो ब्रवीति

परिच्छेदोऽथ सम्प्राप्तिः[1]

*इति विस्तरः । मिथ्यादृष्टिविपक्षेण यावन्मिथ्या*समाधिविपक्षेण सम्यग्दृष्ट्यादीनामष्टानां मार्गाङ्गानां यथाक्रमं व्यवस्थानम् । क्रमः पुनरेषां कारित्राऽ[2]नुक्रमेण भावनामार्ग इति विस्तरः । निषेवणभावनया भाव्यत इति भावना*मार्गः । तस्मिन्*भावना**मार्गे** *दर्शनमार्गस्य प्राप्तिभावना*भावितस्य **परिच्छेदाङ्गं सम्यग्दृष्टिः । लौकिकीति** सविकल्पत्वाल्लौकिकी । तदुत्पत्तिसामर्थ्यलाभान्मार्गसमापन्नस्यापि सा व्यवस्थाप्यते । लोकोत्तरात्तु *निर्विकल्पात् निर्विकल्पस्य सतोऽपि सम्यग्दृष्ट्याश्रयभूतत्वात्सम्यग्दृष्टिरुच्यते* । अत एवाह—**लोकोत्तरपृष्ठलब्धेति** । लोकोत्तरस्य दर्शनमार्गस्य पृष्ठेन बलेन लब्धोत्पन्नेत्यर्थः । सा पुनः किंविषयेत्यत आह—**यया स्वाधिगममिति** । दर्शन*मार्गाधिगमं* **परिच्छिनत्त्येवं** *मयाधिगतमिति । दर्शनमार्गस्य* विषयत्वात्सम्यग्दृष्टिरित्युच्यते ।

परसम्प्रापणाङ्गमिति विस्तरः । तया सम्यग्दृष्ट्या परिच्छिन्नस्य तत्त्वस्य सम्यग्वाचा सम्यक्सङ्कल्पेन च परत्र *प्रापणात्* **सम्यक्सङ्कल्पः सम्यग्वाक् च** *परसम्प्रापणाङ्गम् । अत एवाह*—**ससमुत्थानया वाचा तत्प्रापणादिति** । सम्यक्संकल्पो हि वाचः समुत्थानम्, नावितर्क्य नाविचार्य वाचं भाषत इति **सूत्रे** वचनात् । समाहितोऽपि ताभ्यां समन्वागतो *वेदितव्यस्तदुत्पत्तिलाभात्*, न तु समाहितः सङ्कल्पयति भाषते वा ।

परसम्भावनाङ्गं त्रिधा—सम्यग्वाक्कर्मान्ताजीवाः ।

कथमित्यत आह—**तैर्हि** सम्यग्वाक्कर्मान्ताजीवै**र्यथाक्रमम्**

दृष्टौ शीलेऽथ संलेखे परविज्ञप्तिरिष्यते[3] ।

१. **Y's reconstruction** : परिच्छेदः प्रापणञ्च. Reading here after the Bhāṣya.

२. **Y.** कारिकाऽनुक्रमेण against Ms.

३. **Y's reconstruction** विज्ञप्तिका मता. Reading here after the Bhāṣya.

इति। **तस्य**[४]**सम्यग्वाचेति** *विस्तरः*। **कथेति** धर्मदेशना। **सांकथ्यविनिश्चयः** परैः सहाभिसमयमारभ्य चोद्यपरिहारक्रिया। अनेन **कथासाङ्कथ्यविनिश्चयेन प्रज्ञायां सम्भावना भवति** परेषां नियोगादनेन तत्त्वमधिगतं तथा ह्युपशमसंसक्तं सुविनिश्चिताऽविरुद्धार्थं स्फुटार्थं *वचनमिदमिति*। **सम्यक्कर्मान्तेन शीलस्य** इति। सम्भावना भवतीति वर्तते। कथमित्यत आह—**अकृत्याकरणादिति**। सम्यक्कर्मान्तो हि दुश्चरितविरोधीत्यतस्तेन सम्बन्धागतो जीवितहेतोरप्यकृत्यं न करोतीत्यत आर्यकान्तशीलवानयमिति *सम्भावना भवति*। **सम्यगाजीवेन संलेख** (इति) सम्भावना भवतीति सम्बध्यते। कथमित्यत आह—**धर्मेण मात्रया च चीवराद्येषणा**[५]**दिति** कुहनादिदोषरहितो जीवितोपकरणार्थः कायवाक्समाचारः *सम्यगाजीवः*। *तेन संलेखे सम्भावना* भवति निश्चयेनास्योपकरणतृष्णा प्रहीणा, तथा ह्यसौ केवलमाश्रयस्थित्यर्थमेव न्यायेन मात्रया च चीवरादीन् पर्येषते।

तत्र सम्यग्दृष्ट्या आभिमानिको न भवति, *यथाभूतं स्वाधिगमपरिज्ञानात्*। *सम्यक्सङ्कल्पेन* समुत्थापितवाचा सिंहनादं नदति सम्यग्वाक्कर्मान्ताजीवैः स्वां प्रतिज्ञां समुद्भावयति।

तत्र **विपक्षप्रतिपक्षाङ्गं त्रिधैव**[६]। तत्तु न ज्ञायत इत्याह—**सम्यग्व्यायामस्मृतिसमाधय** इति। *ते च कस्य विपक्षस्य प्रतिपक्षा इत्यत* आह—**एषां पुनर्यथाक्रमम्**[७]

क्लेशोपक्लेशवैभुत्वविपक्षप्रतिपक्षता॥

इति। **तत्र प्रथमस्य सम्यग्व्यायाम** इति। **भावनाहेयो हि क्लेशः** प्रथमो विपक्षः। तस्य सम्यग्व्यायामः **प्रतिपक्षः**। *कथमित्यत आह—तेनेति सम्यग्व्यायामेन* **मार्गभावनात्**। सम्यग्दृष्टिपरिगृहीतं लयौद्धत्यविगतं समाध्यवस्थायां वीर्यं सम्यग्व्यायामः। तेन भावनाप्रहातव्यानां क्लेशानां प्रहाणाय तत्प्रतिपक्षं मार्गं भावयतीति *सम्यक्समाधिप्रतिपादनात्सम्यग्व्यायामः प्रथमस्य* प्रतिपक्ष उच्यते। तस्यामेव मार्गभावनायां लयौद्धत्यलक्षणस्य **द्वितीयस्योपक्लेशस्य सम्यक्स्मृतिरिति**। प्रतिपक्ष इति प्रकृतम्। कथमित्यतो ब्रवीति—**शमथादिनिमित्तेषु सूपस्थितस्मृतेर्लयौद्धत्याभावादिति**।[८] *आदिशब्देन*[९] *प्रग्रह*निमित्तमुपेक्षानिमित्तञ्च वेदितव्यम्। तत्र विक्षेपनिमित्तोपशमनाच्छमथः। शमथादिनिमित्तं शमथादिकारणम्। तत्रोद्धते चित्त औद्धत्याभिशङ्किनि वा सम्वेजनीयवस्तुमनस्कारः शमथ*निमित्तम्*। *लीने चित्ते लयाभिशङ्किनि वाभि*नन्दनीयवस्तुमनस्कारः प्रग्रहनिमित्तम्। शमथैकान्तिके विपश्य[१०]नैका-

४. Tib. and Y omit तस्य but the Bhāṣya has it.

५. Bhāṣya चीवराद्यन्वेषणात्.

६. Ms. त्रिवैव, Y. त्रिविधा, Bhāṣya त्रिधैव.

७. Ms. येषां पुन°, Y. तेषां पुन° Bhāṣya एषां हि यथाक्रमम्.

८. Y's reconstruction : लयौद्धत्यविगमादिति. Reading here after the Bhāṣya.

९. Y. आदिशब्दः.

१०. Y. विपश्यानैका°.

न्तिके वा मार्गे युगनद्धवाहिनि वा तदुभयोपक्लेशानुपक्लिष्टेऽनाभोगमनस्कार उपेक्षा-*निमित्तम्।* *अभिज्ञादिगुणस्वभावस्य* विभुत्वस्य यद्विपक्षः समापत्त्यावरणात्मकम-क्लिष्टमज्ञानं तस्य **तृतीयस्य सम्यक्समाधिः** प्रतिपक्ष इति प्रकृतम्। कथमित्यत आह—**ध्यानसन्निश्रयेणाभिज्ञादिगुणाभिनिर्हारादिति**[11]। *ध्यानं हि सर्वविशिष्ट-गुणाभिनिर्हा*राश्रय इत्यभिज्ञादिगुणाभिनिर्हारविपक्षभूतस्य समाध्यावरणस्य प्रति-पक्षः। तदेवं सम्यग्व्यायामेन क्लेशावरणविसंयोगं ख्यापयति, सम्यक्स्मृत्या समाधि-*परिशुद्धिम्, सम्यक्समाधिना*[12] *समापत्त्यावरणेन* विषममिति ॥११॥

[ह. *प्रतिपक्षभावनाप्रभेदः*]

सैषा प्रतिपक्षभावना समासेन त्रिविधा वेदितव्या।

अनुकूला विपर्यस्ता साऽनुबन्धा विपर्यया।
अविपर्यस्तविपर्यासाऽननुबन्धा च भावना ॥१२॥

विपर्यस्ताऽपि अविपर्यासाऽनुकूला, अविपर्यस्ता विपर्यासाऽनुबन्धा, अविपर्यस्ता विप-र्यासनिरनुबन्धा च यथाक्रमं पृथग्जनशैक्षाऽशैक्षाऽवस्थासु। बोधिसत्त्वानान्तु

आलम्बनमनस्कारप्राप्तितस्तद्विशिष्टता।

श्रावकप्रत्येकबुद्धानां हि स्वसान्तानिकाः[1] **कायादय आलम्बनम्, बोधिसत्त्वानां स्वपरसान्तानिकाः। श्रावकप्रत्येकबुद्धा अनित्यादिभिराकारैः कायादीन् मनसिकुर्वन्ति, बोधिसत्त्वास्त्वनुपलम्भयोगेन। श्रावकप्रत्येकबुद्धाः स्मृत्युपस्थानादी[१९ ब]नि भावयन्ति यावदेव कायादीनां विसंयोगाय, बोधिसत्त्वा न विसंयोगाय नाऽविसंयोगाय यावदेवाऽप्रतिष्ठितनिर्वाणाय। उक्ता प्रतिपक्षभावना।**

सैषा प्रतिपक्षभावना समासेन त्रिविधा वेदितव्या—आरम्भप्रतिलम्भनिष्पत्ति-भेदेन। व्यासतस्त्वनेकविधा। कथम्?

अनुकूला विपर्यस्ता

इति विस्तरः। तत्राऽविपर्यासानुकूला विपर्यस्ता। अविपर्या*सो दर्शनमार्गः तत्त्व-विषयत्वात्।* तदनुकूलत्वादविपर्यासानुकूला। इयञ्च **पृथग्जन**भावनेत्यतत्त्वविषय-त्वाद्विपर्यस्ता, पृथग्जनस्य निरवशेषा प्रहीणक्लेशत्वात्। कथं विपर्यस्ता सती अवि-पर्यासानुकूला भवति? सुविशुद्धधर्म*धातुनिष्यन्दायाः श्रुतवासनाया उत्पादात्*[2]। *सा* च स्मृत्युपस्थानभावनामारभ्य यावद् बलभावनेति। **अविपर्यस्ता विपर्यासानुबन्धेति।** इयं हि **शैक्षाणां** बोध्यङ्गभावना मार्गभावना च। तत्त्वविषयत्वादविपर्यस्ता भावना-प्रहातव्यक्लेशसद्भावाच्च विपर्यासानुबन्धा। **अविपर्यस्ता विपर्यासनिरनुबन्धेति।** इय**मशैक्ष**मार्गभावना तत्त्वविषयत्वादविपर्यस्ता निरवशेषमलप्रहाणादर्हतां विपर्यास-निरनुबन्धा।

११ Y's reconstruction निर्हरणादिति.

१२. Y. समाध्या which is grammatically wrong.

१. Ms. स्वासन्तानिका: Ṭikā स्वासान्तानिकाः. Grammatically it should be either स्वासन्तानिका or स्वसान्तानिका.

२. Y. उत्पन्नात्.

इदानीं श्रावकादिभ्यो बोधिसत्त्वानां प्रतिपक्षभावनाया विशेषप्रदर्शनार्थमाह— **बोधिसत्त्वानां तु—**

आलम्बनमनस्कारप्राप्तितस्तद्विशिष्टता ।[3]

इति । तत्रालम्बनतो विशिष्टता **श्रावकप्रत्येकबुद्धानां हि स्वासान्तानिकाः**[1] **कायादयः ।** कायवेदनाचित्तधर्मा **आलम्बनम् । बोधिसत्त्वानां** पुनः **स्वपरसान्तानिकाः** कायवेद*ना-चित्तधर्मा आलम्बनम् । किमर्थमालम्बनं भिन्नम् ? यस्माच्छ्रावका*दीनां स्वार्थमेवाधिकृत्य प्रतिपक्षभावनाप्रवृत्तिः, बोधिसत्त्वानां पुनः स्वपरार्थमधिकृत्येति ।

अनित्यादिभिराकारैरिति अनित्यदुःखशून्यानात्माकारैः । *कस्माच्छ्रावक-प्रत्येकबुद्धानामनित्यादिभिरेव मनस्कारः ?* तेभ्य उद्वेगार्थम् । न ह्यनुद्विग्नस्तै-र्विसंयुज्यते । **बोधिसत्त्वा अ**[4]**नुपलम्भयोगेनेति** कल्पितस्वभावानुपलम्भप्रकारेणे-त्यर्थः । किमर्थमेवं मनसि कुर्वन्ति ? सर्वविकल्प*प्रहाणार्थम् । एष हि तेषु विशेष उच्यते न केवलम*नुपलम्भयोगेनैव मनसि कुर्वन्ति किं तर्ह्यनित्यादिभिरप्याकारैः । एवं मनसिकारविशेषाद्विशिष्टता ।

यावदेव कायादीनां विसंयोगायेति । कायादीनां विसंयोगो निरुपधिशेष-*निर्वाणं तदालम्बनक्लेशप्रहाणञ्च ।* **बोधिसत्त्वा न विसंयोगाय नाऽविसंयोगाय ।** किं कारणम् ? एकान्तेन हि कायादिभिर्विसंयुक्ताश्चाऽविसंयुक्ताश्च सत्त्वार्थकरणसमर्था *न स्युः*, क्षीणक्लेशेतरसत्त्ववत् । यदि न विसंयोगाय किमर्थं तर्हि प्रतिपक्षं भावयती*-त्यत आह—***यावदेवाऽप्रतिष्ठितनिर्वाणाय** *भावयतीति । किं* तदप्रतिष्ठितं निर्वाणम् ? बोधिसत्त्वावस्थायां तावत्कर्मोपपत्तिवशितासन्निश्रयेण कारुणिकत्वात् संसारोपपत्तिः प्रज्ञाबलेन तत्रासङ्क्लेशः । तदिदं बोधिसत्त्वानामप्रतिष्ठितं निर्वाणं विधीयते । *संसारावस्थितोऽपि पृथग्जनवत् संक्लिष्टो न वर्तते ।* न श्रावकादिवन्निरुपादानो निर्वाण इति । तथागतावस्थायामपि क्लेशज्ञेयावरणप्रहाणान्न संसारे प्रतिष्ठितः, निरुपधिशेषे निर्वाणे नैव प्रतिष्ठितो धर्मकायस्यानुच्छेदात्साम्भोगिकनै*र्माणिकका-ययोर्यावल्लोकस्तावत्परार्थकरणात् ।*

एवमेषा प्रतिपक्षभावना बोधिसत्त्वानां श्रावकादिभ्य **आलम्बनमनस्कारफल-**विशेषै**र्विशिष्टेति** **उक्ता प्रतिपक्षभावना ।**

[२. तत्राऽवस्था]

तत्राऽवस्था कतमा ?

हेत्ववस्थाऽवताराख्या प्रयोगफलसंज्ञिता ॥१३॥
कार्याऽकार्यविशिष्टा च उत्तराऽनुत्तरा च सा ।
अधिमुक्तौ प्रवेशे च निर्याणे व्याकृतावपि ॥१४॥
कथिकत्वेऽभिषेके च सम्प्राप्तावनुशासने ।
कृत्याऽनुष्ठान उद्दिष्टा

३. Y's reconstruction : आलम्बनाद् शिष्टा सा मनस्काराच्च प्राप्तितः.

४. Bhāṣya बोधिसत्त्वास्त्वनुप°.

तत्र हेत्ववस्था या गोत्रस्थस्य पुद्गलस्य; अवताराऽवस्था उत्पादितबोधिचित्तस्य; प्रयोगाऽवस्था चित्तोत्पादादूर्ध्व[1]मप्राप्ते फले; फलाऽवस्था प्राप्ते; सकरणीयाऽवस्था शैक्षस्य; अकरणीयाऽवस्थाऽशैक्षस्य; विशेषाऽवस्थाऽभिज्ञादिगुणविशेषसमन्वागतस्य; उत्तराऽवस्था श्रावकादिभ्यो भूमिप्रविष्टस्य बोधिसत्त्वस्य; अनुत्तराऽवस्था बुद्धस्य, तत ऊर्ध्व[1]मवस्थाऽभावात्; अधिमुक्त्यवस्था बोधिसत्त्वानां सर्वस्यामधिमुक्तिचर्या-भूमौ; प्रवेशाऽवस्था प्रथमायां भूमौ; निर्याणाऽवस्था तदुत्तरासु षट्सु भूमिषु; व्याकरणाऽवस्थाऽष्टम्यां भूमौ; कथिकत्वाऽवस्था नवम्याम्; अभिषेकाऽवस्था दशम्याम्; प्राप्त्यवस्था बुद्धा[२० अ]नां धर्मकायः; अनुशंसाऽवस्था साम्भोगिकः कायः; कृत्या-ऽनुष्ठानाऽवस्था निर्माणकायः ।

सर्वाऽप्येषा बहुविधाऽवस्थाऽभिसमस्य वेदितव्या ।

धर्मधातौ त्रिधा पुनः ॥१५॥

अशुद्धाऽशुद्धशुद्धा[2] च विशुद्धा च यथाऽर्हतः ।

तत्राऽशुद्धाऽवस्था हेत्ववस्थामुपादाय यावत् प्रयोगात्; अशुद्धशुद्धाऽवस्था शैक्षाणाम्; विशुद्धाऽवस्थाऽशैक्षाणाम् ।

पुद्गलानां व्यवस्थानं यथायोगमतो मतम् ॥१६॥

अतोऽवस्थाप्रभेदाद् यथायोगं पुद्गलानां व्यवस्थानं वेदितव्यम्—अयं गोत्रस्थोऽयमवतीर्ण इत्येवमादि । उक्ताऽवस्था ॥१६॥

प्रतिपक्षभावनानन्तरं तत्रावस्थोक्तेत्यतः पृच्छति—**तत्राऽवस्था कतमे**[3]*ति । तत्रेति तस्यां प्रतिपक्षभावनायाम् । अत आह*

हेत्ववस्थावताराख्या

इति विस्तरः । **तत्र हेत्ववस्था गो[4]त्रस्थस्य पुद्गलस्ये**ति । गोत्रं हेतुर्बीजमित्यर्थः । तत्र यो गोत्र एव वर्तते न चित्तोत्पादादिषु स गोत्रस्थ इहाभिप्रेतः । *स पुनरुत्तरावस्था-स्वनुवर्तते न निवर्तते ।*

केचित्तच्च *गोत्रं* कुशलमूलस्वभावमिति वर्णयन्ति । कुशलमूलान्येव हि कानिचिच्छ्रावकगोत्रमित्युच्यन्ते । एवं यावत्कानिचिद् बोधिसत्त्वगोत्रमिति ।

पृथग्जनावस्थामारभ्येन्द्रियभेदो गोत्रमुच्यते । *चित्तबीजशक्तिर्गोत्रमित्येत-दप्येक आहुः । तस्मिन्* सति पृथग्जनावस्थायां शैक्षावस्थायाञ्च श्रावकगोत्र इत्युच्यते यावद् बोधिसत्त्वगोत्र इति ।

अशैक्षावस्थायां तु श्रावक इत्युच्यते प्रत्येकबुद्ध इति वा । न तद् गोत्रं तस्य

१. Ms. ऊर्धम.
२. Ms. one अशुद्धा.
३. Y's reconstruction का इति.
४. Bhāṣya या गोत्रस्थस्य.

प्रकर्षावस्थानात्।[५] । तच्च श्रावकादिभेदेन त्रिधा[६] भिद्यते । नियतानियतप्रभेदे[७] न षड्विधं भवति ।

अवतारावस्था उत्पादितबोधिचित्तस्येति । सा[८] च श्रावकप्रत्येकबुद्धतथागतगोत्राणां यथाक्रमं श्रावकप्रत्येकबुद्धसम्यक्सम्बुद्धबोधिषु चित्तोत्पादात्त्रिविधा भवति । तस्य प्रयोगमूलभूतत्वात्तस्मिन्नुत्पन्ने प्रयोगावतार इति तदुत्पादः प्रयोगावतारावस्थेत्युच्यते । **प्रयोगावस्था चित्तोत्पादादूर्ध्वमप्राप्ते फल** इति । उत्पादितबोधिचित्तस्य दानशीलादिको बलभावनापर्यवसानकुशल[मूल]समारम्भः प्रथमफलप्रापक उपाय इति स प्रयोग उच्यते । कथं हेत्ववतारावस्था बोधिपक्षभावनावस्थेत्युच्यते ? तद्धेतुत्वात् । अत एवोक्तम्—उत्तरोत्तरफलं गोत्राच्चित्तोत्पाद इत्येवमादि । **फलावस्था प्राप्ते** प्रथमफले । फलार्थं हि प्रयुज्यते । अतः प्रयोगानन्तरं फलावस्था । **सकरणीयावस्था हि[९] शैक्षस्य** । तस्य फलानामपरिसमाप्तत्वात्फलानन्तरप्राप्तिप्रतिकरणीयसद्भावात् । **अकरणीयावस्थाऽशैक्षस्येति** । अशैक्षो हि त्रिधातुकवीतरागात् । तस्य फलानां परिसमाप्तत्वात् फलान्तरप्राप्तिकरणीयासद्भावादकरणीयावस्था । **विशेषावस्थाऽभिज्ञादिगुणविशेषसमन्वागतस्येति** । समानेऽर्थत्वेऽभिज्ञादिभिर्गुणविशेषैः समन्वागत इतरस्माद्विशिष्टाऽभिज्ञादिगुणविशेषनिष्पन्नावस्था विशेषावस्थेत्युच्यते । **उत्तरावस्था श्रावकप्रत्येकबुद्धेभ्यो[१०] भूमिप्रविष्टस्य बोधिसत्त्वस्य** । स्वपरार्थाधिकारिकस्य लोकोत्तरस्य मार्गस्योभयनैरात्म्यप्रतिवेधस्य लाभेन तदन्ययानोत्तरभूतात्तदवस्थोत्तरावस्थेत्युच्यते । **अनुत्तरावस्था बुद्धस्य** । किमर्थम् ? अत आह—**तत ऊर्ध्वमवस्थाऽभावादिति** । सर्वगुणदोषप्रकर्षापकर्षनिष्ठाधिष्ठानत्वाद् बुद्धस्य तत ऊर्ध्वमन्या विशिष्टावस्था न विद्यत इति सैवानुत्तरेत्युच्यते ।

इयदुक्तं परिसमाप्तापि निरवशेषावस्था बोधिसत्त्वानामेका[११] दशभूमिप्रभेदसन्दर्शनार्थमधिमुक्तिचर्याद्यवस्थाभिषेकाद्यवस्थावसानाः पुनरुक्ता । बुद्धानां तु कायत्रयप्रभेदप्रदर्शनार्थं प्राप्त्यवस्थादिकाः पुनस्तिस्रो निर्दिष्टाः । तत्र हेत्ववतारावस्था बोधिसत्त्वेतरसाधारणा[१२] वेदितव्या ।

तत्राऽधिमुक्त्यवस्था बोधिसत्त्वानां सर्वस्यामधिमुक्तिचर्याभूमाविति । चित्तोत्पादादूर्ध्वं यावन्न भूमिप्रवेशोऽत्रान्तरेऽदृष्टतत्त्वोऽपि दृष्टतत्त्व इव बुद्धबोधिसत्त्वेष्व-

५. Y. °स्थायाः.

६. Y. त्रिविधा.

७. Ms. गुणाऽभिनि······देन. Reading here after Tib. Can it be गुणाभिनिर्हारेण ?

८. Y. स च which is perhaps a mistake.

९. Bhāṣya omits हि.

१०. Bhāṣya and Tib. श्रावकादिभ्यो.

११. Y. एकदश.

१२. Y. °सत्त्वस्या·येन साधारणत्वं वेदितव्या.

धिमुक्त्या स्वभावत्रयमुखेन धर्मान् प्रतिपद्यते। तदन्यसत्त्वानां दुष्करदानशीलादिषु बुद्धत्वनिष्पादसम्भारेषु प्रवर्तत इत्यत इयमवस्थाधिमुक्तिप्रभावितत्त्वादधि[13]मुक्तिचर्येत्युच्यते। सा च कल्पासंख्येयमधिकं वा। **प्रवेशावस्था प्रथमायां भूमाविति।** स्वभावत्रयस्याविकल्पेन ज्ञानेन तत्प्रथमत एव तत्त्वस्वसम्वेदनप्रतिवेध इति[14] प्रवेशावस्थोच्यते। एषैव बोधिसत्त्वस्य दर्शनमार्गः। **निर्याणावस्था तदुत्तरासु षट्सु भूमिषु** इति। भावनाप्रहातव्यस्य निमित्तनानात्वाभिनिवेशस्य प्रहाणनिष्ठागमनात्साभोगप्रयोगनिष्ठागमनाच्चैता भूमयो निर्याणावस्थेत्युच्यते। **व्याकरणावस्थाऽष्टम्यां भूमाविति।** सर्वथा सर्वनिमित्ताभोगसंज्ञाविगमादष्टम्यां भूमौ नियतिपतितो भवति बुद्धत्व इति बुद्धैर्भगवद्भिः सम्मुखव्याकरणेन व्याक्रियते। **कथिकत्वा[15]वस्था नवम्यामिति।** नवम्यां भूमौ श्रावकप्रत्येकबुद्धेभ्यः प्रतिविशिष्टाश्चतस्रः प्रतिसम्विदः प्रतिलभत इत्यनुत्तरो महाधार्मकथिको भवति। **अभिषेकावस्था दशम्यां भूमाविति।** दशम्यां हि भूमौ बोधिसत्त्वो मार्गनिष्ठागतो दशदिग्लोकधातुव्यवस्थितानां बुद्धानां भ[16]गवतां रश्मीणाम[17]भिषेकेणाभिषिच्यते।

प्राप्त्यवस्था बुद्धानां धर्मकाय इति। सर्वावरणप्रहाणात् तत्प्रतिपक्षानास्रवधर्मबीजप्रचयाच्चाश्रयपरावृत्त्यात्मकः सर्वधर्मवशवर्त्यनालय इति बुद्धानां धर्मकायः। तेन धर्मप्रतिवेधनिष्ठाधिगमनात्प्राप्त्यवस्थेत्युच्यते। **अन्ये तु** निःशेषागन्तुकमलापगमात्सुविशुद्धो धर्मधातुरेव धर्मताकायो धर्मकाय इति वर्णयन्ति। सर्वस्मिन्नपि ज्ञेयेऽसक्ताप्रतिहतप्रवृत्तिविशिष्टं ज्ञानं धर्मकाय इत्यपरे। **अनुशंसाऽवस्था साम्भोगिकः काय** इति। स्वाभाविको यस्मिन् काये व्यवस्थितेऽभिसम्बुध्यते येन कायेन निष्ठागतैर्बोधिसत्त्वैः सह पर्षन्मण्डलेन[18] धर्मसंगीतिमनुभवति स साम्भोगिकः कायः। **कृत्यानुष्ठानावस्था निर्माण[19]काय इति।** स्वाभाविककायाश्रितः सत्त्वाशयालोचनो विनेयार्थं प्रक्रियाप्रवृत्तावनन्तप्रभेदो नैर्माणिकः कायः।

सर्वाप्येषा बहुविधाऽवस्थाऽभिसमस्य वेदितव्या
धर्मधातौ त्रिधा पुनः॥

इति। कथमित्यत आह

अशुद्धशुद्धशुद्धा च विशुद्धा च यथार्हतः।[20]

इति। **तत्राशुद्धावस्था हेत्ववस्थामुपादाय यावत्[21] प्रयोगादिति** हेत्ववतारप्रयोगा-

१३. Y. अभिमुक्ति which is a mistake.
१४. Y. ity praveśā°.
१५. Y's reconstruction : कथिकावस्था.
१६. Y. बुद्धभगवतां.
१७. Y. रश्मिभ्यो.
१८. Y. पर्षन्मण्डलो against Ms.
१९. Y's reconstruction : नैर्माणिकः काय. Reading here after the Bhāṣya.
२०. Y's reconstruction : यथोचितम्. Reading here after the Bhāṣya.
२१. Y's reconstruction : आ प्रयोगादिति. Reading here after the Bhāṣya.

धिमुक्त्यवस्था गृह्यन्ते । आस्रवावस्थासु धर्मधातोरप्रहीणनिरवशेषमलत्वादशुद्धावस्थेत्युच्यते । **अशुद्धशुद्धावस्था शैक्षाणामिति** । अत्र च *फलसकरणीयविशेषोत्तरप्रवेशनिर्याण*व्याकरणकथिकाभिषेकावस्था गृह्यन्ते । एतास्वप्यवस्थासु धर्मधातोः प्रहीणाप्रहीणक्लेशतामुपादायाशुद्धशुद्धावस्थेत्युच्यते । **विशुद्धावस्थाऽशैक्षाणामित्य***करणीयविशेषानुत्तरप्राप्त्यनुशंसाकृत्यानुष्ठा*नावस्था विशुद्धावस्थेत्युच्यते, अशैक्षाणां निरवशेषक्लेशप्रहाणात् ।

एताश्चावस्थाः पृथग्जनशैक्षाणां व्यवस्थाप्यन्ते । तेषां च बहुधा व्यवस्थानं *कथं विज्ञापनीयमित्यत आह*

पुद्गलानां[22] व्यवस्थानं यथायोगमतो मतम् ।

इति । यथायोगमिति यथासम्भवम् । **अत** इत्यतोऽ**वस्थाप्रभेदा**दित्यर्थः । **अयं गोत्रस्थोऽयमवतीर्ण इत्येवमादि** । आदिग्रहणादयं प्रयुक्तः—*स्रोतआपन्नः सकृदागामी, अनागामी, अर्हन्*, सालङ्कारः, बोधिसत्त्वः, तथागतः, अधिमुक्तिचारी, शुद्ध्याध्याशयचारी, निर्यायी, व्याकृतः, धार्मकथिकः, अभिषिक्तः, बोधिप्राप्तः, भोगी, परार्थकृदिति । **उक्ता अवस्थाः ॥१६॥**

[३. फलप्राप्तिः]

फलप्राप्तिः कतमा ?

भाजनत्वं विपाकाख्यं बलन्तस्याऽऽधिपत्यतः ।
रुचिर्वृद्धिर्विशुद्धिश्च फलमेतद् यथाक्रमम् ॥१७॥

भाजनत्वं यः कुशलाऽनुकूलो विपाकः । बलं या भाजनत्वाधिपत्यात् कुशलस्याऽधिमात्रता । रुचिर्या पूर्वाऽभ्यासात् कुशले[1] रुचिः । वृद्धिर्या प्रत्युत्पन्ने कुशलधर्माऽभ्यासात् कुशलमूलपरिपुष्टिः । विशुद्धिर्यदाऽऽवरणप्रहाणम् : एतद् यथाक्रमं फलं पञ्चविधं वेदितव्यम्—विपाकफलम्, अधिपतिफलम्, निष्यन्दफलम्, **पुरुषकारफलम्, विसंयोगफलञ्च ॥१७॥**

उत्तरोत्तरमाद्यञ्च तदभ्यासात् समाप्तितः ।
आनूकूल्याद्विपक्षाच्च विसंयोगाद्विशेषतः ॥१८॥
उत्तराऽनु[२० ब]त्तरत्वाच्च फलमन्यत्समासतः ।

उत्तरोत्तरफलं गोत्राच्चित्तोत्पाद इत्येवमादिपरम्परया वेदितव्यम् । आदिफलम्प्रथम(तो) लोकोत्तरधर्मप्रतिलम्भः । अभ्यासफलं तस्मात् परेण शैक्षाऽवस्थायाम् । समाप्तिफलमशैक्षा धर्माः । आनुकूल्यफलमुपनिषद्भावेनोत्तरोत्तरफलमेव वेदितव्यम् । विपक्षफलं प्रहाणमार्गः, यदेवाऽऽदिफलम् । प्रतिपक्षोऽभिप्रेतः । **विसंयोगफलं निरोधसाक्षात्क्रिया । अभ्यासफलं समाप्तिफलञ्च क्लेशविसंयोगः शैक्षाऽशैक्षाणां यथाक्रमम् । विशेषफलमभिज्ञादिको गुणविशेषः । उत्तरफलं बोधिसत्त्वभूमयः, तद-**

२२. Y's reconstruction : पुद्गलस्य.
१. N कुशलरुचिः against Ms.

न्यायानोत्तरत्वात् । अनुत्तरफलं बुद्धभूमिः । एतानि चत्वारि अभ्याससमाप्तिफल-प्रभेद एव । एतदन्यत् फलं समासनिर्देशतः, व्यासतस्त्वपरिमाणम् ।

अवस्थायाः फलपूर्वकत्वादवस्थानन्तरं फलभाषणार्थं पृच्छति फलप्राप्तिः कतमेत्यत आह

भाजनत्वं विपाकाख्यम्

इति विस्तरः । तदिदं समासेन पञ्चविधं फलम्—भाजनत्वं बलं रुचिर्वृद्धिर्विशुद्धिश्चेति । तत्र **भाजनत्वं यः कुशलानुकूलो विपाक** इति । स पुनरष्टाक्षणप्रहाणः सास्रवविशिष्टषडायतनो बोधिपक्षधर्मविपाकः सर्वकुशलधर्मोत्पत्त्याश्रयत्वाद्भाजनमुच्यते । **बलं या भाजनत्वाधिपत्यादिति** । आश्रयक्लेशोपपत्तिमन्दतामुपादाय **कुशलमूलस्याधिमात्रता** पुष्टतेत्यर्थः । इदमुच्यते बलम् । **रुचिर्या पूर्वाभ्यासात् कुशले रुचि**[2]*रित्यतीतेषु जन्मसु कुशलधर्माभ्यासा*[3]द्वर्तमाने जन्मनि कुशलधर्माभिप्रायो नदीस्रोतोन्यायेन सा रुचिः । **वृद्धिर्या प्रत्युत्पन्न**[4]**कुशलमूल**[5]धर्माभ्यासादपूर्वविशिष्टकुशलधर्मोत्पत्तिः **कुशलमूलपरिपुष्टि**[6]*रित्यभिप्रायः । अयं बलवृद्ध्यो*[7]*र्विशेषः —बलं हि मन्दकुशल*विपाकापेक्ष्यं दार्ढ्यम्, वृद्धिः पुनः कुशलस्योत्तरोत्तरविशेषः । **अन्ये** पुनः कुशलमूलपुष्टिरिति विशिष्टकुशलधर्मवासनापुष्टिरिहाभिप्रेतेति मन्यन्ते । **विशुद्धिर्यदावरणप्रहाणमिति** । तत्र *श्रावकबुद्धगोत्राणां*[8] क्लेशावरणप्रहाणं विशुद्धिः । सम्बुद्ध[9]गोत्राणां क्लेशज्ञेयावरणप्रहाणं विशुद्धिः ।

एतद्यथाक्रमं पञ्चविधं फल[10]**मिति** । **विपाकफलं** यः कुशलधर्मानुकूलो विपाकः । **अधिपतिफलं** *या भाजनत्वाधिपत्यात् कुशलस्याधिमात्रता* । **निष्यन्दफलं** या पूर्वाभ्यासात्कुशले रुचिः । **पुरुषकारफलं** या प्रत्युत्पन्नकुशलधर्माभ्यासात् कुशलमूलपुष्टिः । **विसंयोगफलं** यदावरणप्रहाणम् ।

अस्यैव पञ्चविधस्य फलस्य समासोक्तस्य *प्रभेदः समासेन निर्दिष्टः*

उत्तरोत्तरमाद्यञ्च[11]

इति विस्तरः । **उत्तरोत्तरफलं गोत्राच्चित्तोत्पादश्चित्तोत्पादात्** प्रयोग इत्येवमादि यथोक्तयाऽवस्थापरम्परया **वेदितव्यम् । आदिफलं प्रथमतो लोकोत्तरधर्मप्रतिलम्भ**

२. Y's reconstruction : कुशलरुचिः.

३. Y. कर्माभ्यस्ताद्.

४. Bhāṣya. प्रत्युत्पन्ने.

५. Bhāṣya कुशलधर्मा⁰.

६. Ms. कुशलपु··· Y. कुशलमूलपुष्टि. Bhāṣya as here.

७. Y. बलवृद्धिविशेषः.

८. Y. विशुद्धिः hereafter.

९. Y बोधिसत्त्वगोत्राणां against Ms.

१०. Bhāṣya फलं पञ्चविधम्.

११. Y's reconstruction : ⁰मादिश्च. Reading here after the Bhāṣya.

इति दर्शनमार्गप्राप्तिः । **अभ्यासफलं परेण शैक्षावस्थायामिति**।[१२] दर्शनमार्गात्परेण शिक्षावस्थायां पञ्चपुद्गलप्रभावितायां सकृदागामिफलमनागामिफलञ्च सप्रयोगपृष्ठभावनामार्गात्मकत्वादभ्यासफलम् । **समाप्तिफलमशैक्षा धर्मा** इति । तें पुनः सम्यग्दृष्टिसङ्कल्पवाक्कर्मान्ताजीवव्यायामस्मृतिसमाधिविमुक्तिविमुक्तिज्ञानदर्शनाख्याः सर्वफलपर्यन्तावस्थितत्वात्समाप्तिफलमित्युच्यते । **आनुकूल्यफलमुपनिषद्भावेनोत्तरोत्तरफलमेव वेदितव्यमिति** । उपनिषद्भावो हेतुः । तत्र चित्तोत्पादो गोत्रानुकूलत्वाच्चित्तोत्पादः फलमिति । उत्तरोत्तरफलादीनामानुकूल्यफलादीनाञ्च पृथगुपदेशो यथाक्रममुद्देशनिर्देशतो वेदितव्य इति । **विपक्षफलं प्रहाणमार्गः, यदेवा:दिफलम्**[१३] । विपक्ष एव फलमिति विपक्षफलम्, प्रहाणमार्गो येन क्लेशेभ्यो विसंयुज्यते । आदिफलं यत्पूर्वमुक्तं प्रथमतो लोकोत्तरधर्मप्रतिलम्भ इति । विपक्षशब्दो यद्यपि प्रतिपक्षविबन्धनार्थेनावरणमुच्यते अत्र तु विपक्षः **प्रतिपक्षोऽभिप्रेत** इति, आवरणनिर्वासपक्षो विपक्ष इति विग्रहात् । **त्रिसंयोगफलम**[१४]**भ्यासफलं समाप्तिफलं च क्लेशविसंयोगः शैक्षाशैक्षाणां यथाक्रम**मिति । अभ्यासफलं विसंयोगः सकृदागामिफलप्रतिपन्नादीनां पञ्चानां शैक्षाणाम्, शिष्टक्लेश[१५]त्वात् । समाप्तिफलं विसंयोगः।अशैक्षाणां परिहाणिधर्मादीनां षण्णामपि त्रैधातुकाशेषक्लेशप्रहीणत्वात् । पूर्वं भेदेनोक्तमिदानीमभेदेनेति विशेषः । **विशेषफलमभिज्ञादिको**[१६]**गुणविशेष** इति । एतदप्यभ्याससमाप्तिफलविशेष एव वेदितव्यम् । किं कारणम् ? अनागामिनामर्हतां प्रत्येकबुद्धानां बोधिसत्त्वानां तथागतानाञ्च वैशेषिकगुणलाभस्य विवक्षितत्वात् । **उत्तरफलं बोधिसत्त्वभूमयः** । अत्र कारणमाह—**तदन्यया**[१७]**नोत्तरत्त्वादिति**। बोधिसत्त्वभूमयो हि यद्यपि दर्शनभावनामार्गात्मकत्वादादिफलमभ्यासफलञ्च तथापि श्रावकप्रत्येकबुद्धयानापेक्षया बोधिसत्त्वभूमीनामुत्तरफलत्वं निर्विकल्पत्वाद् बुद्धगोत्रकत्वान् महाबोधिफलत्वाच्च वेदितव्यम् । **अनुत्तरफलं बुद्धभूमिरिति** । एतदपि समाप्तिफलमेव यतः सर्वसवासनाक्लेशोपक्लेशप्रहाणादक्लिष्टाज्ञानप्रहाणाच्च तदुत्तरभूम्यन्तराभावादनुत्तरफलमित्युच्यते ।

एतदन्यत्फलं समासनिर्देशतः, व्यासतस्त्व[१८] **परिमाणमिति** । व्यासतः श्रावकप्रत्येकबुद्धबोधिसत्त्वसम्बुद्धफलानि प्रतिपाद्यमानान्यपरिमाणानि भवन्तीति ।

१२. Y's reconstruction : तत्परशैक्षावस्थेति. Reading here after the Bhāṣya.

१३. Y's reconstruction : यदादिफलं तदेव.

१४. Bhāṣya विसंयोगफलं निरोधसाक्षात्क्रिया । अभ्यास°.

१५. Y. क्लेशसशेषत्वात्.

१६. Y's reconstruction : अभिज्ञादिगुण° Reading here after the Bhāṣya.

१७. Y's reconstruction : अतद्यानो° Reading here after the Bhāṣya.

१८. Y's reconstruction : व्यासतोऽपरिमाणम्. Reading here after the Bhāṣya.

[प्रतिपक्षभावनापिण्डार्थः]

तत्र प्रतिपक्षभावनायाः पिण्डार्थः । व्युत्पत्तिभावना; निर्लेखभावना, परिकर्मभावना; उत्तरोत्तर[1]समारम्भभावना; श्लिष्टभावना, दर्शनमार्गश्लेषात्; प्रविष्टभावना; उत्कृष्टभावना; आदिभावना; मध्यभावना; पर्यवसानभावना; सोत्तरा भावना; निरुत्तरा च भावना, याऽऽलम्बनमनस्कारप्राप्तिविशिष्टा ।

प्रतिपक्षभावनायाः पिण्डार्थः । व्युत्पत्तिभावना स्मृत्युपस्थानभावना, चतुरार्यसत्यव्युत्पत्तित्वात् । **निर्लेखभावना** *सम्यक्प्रहाणभावना, अकुशलधर्माणां* निर्लेखात् । **परिकर्मभावना** ऋद्धिपादभावना, तत्र समाधिपरिकर्मकरणात्पञ्चदोषप्रहाणायाष्टप्रहाणसंस्कारासेवनात् । **उत्तर[2]समारम्भभावना** *इन्द्रियभावना, तस्य विमोक्षभागीयकुशलमूलोत्पादकत्वात् ।* **श्लिष्ट[3]भावना** बलाऽ[4]बलभावना, **दर्शनमार्गश्लेषात् । प्रविष्टभावना** बोध्यङ्गभावना, तत्र तत्त्वप्रवेशात्, लोकोत्तरधर्मप्रवेशादार्यभूमि[5]प्रवेशाद्वा । **उत्कृष्टभावना** *मार्गभावना, दर्शनमार्गाद्भावनामार्गस्योत्कृष्टत्वात् ।* **आदि[6]भावना** पृथग्जनावस्थायामनुकूलाविपर्यस्ता वा । **मध्यभावना** शैक्ष्यावस्थायामविपर्यस्ता विपर्यासिसा[7]नुबन्धा वा **पर्यवसानभावना**ऽशैक्षावस्थायामविपर्यस्ता विपर्यासनिरनुबन्धा । **सोत्तरा भावना**[8] *श्रावकादीनाम् ।* **निरुत्तरा च भावना**[9] बोधिसत्त्वानां **या आलम्बनमनस्कारप्राप्तिविशिष्टे**ति । अवसितो[10] भावनायाः पिण्डार्थः ।

[अवस्थानाम्पिण्डार्थः]

अवस्थानां [२१ अ]पिण्डार्थः । भव्यताऽवस्था गोत्रस्थस्य; आरम्भाऽवस्था यावत् प्रयोगात्; अशुद्धशुद्धाऽवस्था; विशुद्धाऽवस्था; सालङ्काराऽवस्था; व्याप्त्यवस्था, दशभूमिव्यापनात्; अनुत्तराऽवस्था च ।

अवस्थानां पिण्डार्थः । भव्यतावस्था हेत्ववस्था । **आरम्भावस्था** सह चित्तोत्पादेन **प्रयोगात्**[1] । **अशुद्धशुद्धावस्था** *द्वे अवस्थे,*[2] फलावस्था *सकरणीयावस्था* च ।

१. N. उत्तरसमारम्भ against Ms.
२. Bhāṣya : उत्तरोत्तरसमारम्भ°.
३. Y's reconstruction. श्लेष°.
४. Y. बलभावना against Ms.
५. Y. आर्यमार्ग against Ms. on the basis of Tib.
६. Y's reconstruction : प्रथम°.
७. Y. विपर्यासानु° against Ms.
८. Y's reconstruction : सोत्तरभाव°.
९. Y's reconstruction : अनुत्तरभावना.
१०. Ms. अविहितो. Y. अ (यं) विहितो.

१. Y. प्रयोगः.
२. Ṭīkā omits अशुद्धावस्था.

विशुद्धावस्थाऽकरणीयावस्था । सालङ्कारावस्था विशेषावस्था । **व्याप्त्यवस्था** उत्तरावस्था । बोधिसत्त्वानां **दशभूमिव्यापनाद्** व्याप्त्यवस्थेत्युच्यते । **अनुत्तरावस्था च** बुद्धानां भगवतां *तदुत्तरावस्थान्तराभावात् । सा च प्राप्त्यवस्था* **अनुशंसावस्था** *कृत्यानुष्ठानावस्था* च याः पूर्वमुक्ताः ।

[फलानाम्पिण्डार्थः]

फलानाम्पिण्डार्थः । **संग्रहतः, तद्विशेषतः, पूर्वाऽभ्यासतः, उत्तरोत्तरनिर्हारतः, उद्देशतः निर्देशतश्च । तत्र संग्रहतः पञ्च फलानि, तद्विशेषतः शेषाणि । पूर्वाऽभ्यासतो विपाकः फलम् । उत्तरोत्तरनिर्हारतस्तदन्यानि चत्वारि । उद्देशत उत्तरोत्तरफलादीनि चत्वारि । निर्देशत आनुकूल्यफलादीनि षट्, तेषामेव चतुर्णां निर्देशात् ।**

॥मध्यान्तविभागे प्रतिपक्षभावनाऽवस्थाफलपरिच्छेदश्चतुर्थः ॥

फलानां पिण्डार्थः संग्रहतस्तद्विशेषतः पूर्वाभ्यासतः उत्तरोत्तरनिर्हारत उद्देशतो निर्देशतश्चेति । एषां **भाष्यकार** एव व्याख्यां करोति । तत्र **संग्रहतो** *विपाकफलादीनि* **पञ्च फलानि,** *तेषु सर्वफलसंगृहीतत्वात्* । **तद्विशेषतः शेषाणीति** । तेषामेव पञ्चानां प्रभेदः शेषाण्युत्तरोत्तरफलानि वेदितव्यानि । **पूर्वाभ्यासतो विपाकफलमिति** । पूर्वजन्मोपचितात् *कुशलात्प्रत्युत्पन्नजन्मनि विपाकः कुशलानुकूलोत्पत्तिरित्यत उक्तं* पूर्वाभ्यासत इति । **उत्तरोत्तरनिर्हारतस्तदन्यानि चत्वारीति** । अधिपतिफलं निष्यन्दफलं पुरुषकारफलं विसंयोगफलञ्च । तत्र विपाकनिर्हृतं बलम् । बलनिर्हृता *रुचिः । रुचिनिर्हृता वृद्धिः । वृद्धिनिर्हृता विशुद्धिः ।* **केचिदाहुः**—*उत्तरोत्तराख्यानप्र*भावितत्वादुत्तरोत्तरनिर्हृतत्वमित्युच्यते । **उद्देशत उत्तरोत्तरफलादीनि चत्वारीति** । उत्तरोत्तरफलमादिफलमभ्यासफलं समाप्तिफलञ्चेति । **निर्देशत आनुकूल्यफलादीनि षट्**[1] । **तेषामेव चतुर्णां निर्देशा**[2]*दिति । तत्रा*नुकूल्यफलमुत्तरोत्तरफलस्य निर्देशः, विपक्षफलमादिफलस्य निर्देशः, विसंयोगफलमभ्यासफलस्य समाप्तिफलस्य च निर्देशः, विशेषफलमुत्तरफलमनुत्तरफलञ्च *समाप्तिफलस्यैव निर्देशः, तत्रैव सालङ्कारस्य विवक्षितत्वात् ।* **अन्ये** त्वाहुः—विशेषफलमभ्याससमाप्तिफलयोरेव निर्देशोऽनागामिनोऽप्यभिज्ञादिगुणसम्भवात् । अनुत्तरफलन्तु *समाप्तिफलस्य निर्देश* इति ।

॥आगमानुसारिण्यां मध्यान्तविभागटीकायामार्यस्थिरमत्युपरचितायां फल[3] (निर्देशो) नाम चतुर्थः परिच्छेदः समाप्तः ॥

१. Y's reconstruction : षडानुकूल्यफलादीनि. Reading here after the Bhāṣya.

२. Y's reconstruction : निर्देशकत्वात्.

३. Y. प्रतिपक्षभावनानिर्देशो. against Ms.

यानाऽऽनुत्तर्यपरिच्छेदः पञ्चमः

[१. त्रिविधाऽऽनुत्तर्यम्]

यानाऽऽनुत्तर्यमिदानीं वक्तव्यम् । तदुच्यते

आनुत्तर्यं प्रपत्तौ हि पुनरालम्बने मतम् ।

समुदागम उद्दिष्टम्

त्रिविधमानुत्तर्यं महायाने, येनैतदुत्तरं यानम्—प्रतिपत्त्यानुत्तर्यम्, आलम्बनानुत्तर्यम्, समुदागमानुत्तर्यञ्च ।

लक्षणावरणादिषट्पदार्थोद्देशानन्तरं यानानुत्तर्यमुद्दिष्टमतस्तन्निर्देशात् परं *यानानुत्तर्यनिर्देशः प्रकृतः । अत आह*—**यानानुत्तर्यमिदानीं वक्तव्यम् । तदुच्यत इति ।** इदानीमिति लक्षणादिषट्कनिर्देशनानन्तरमित्यर्थः, तदनन्तरमुद्दिष्टत्वादित्यभिप्रायः ।

अथ वा प्रतिपक्षभावनावस्थाफलप्राप्तयः *श्रावकादीनां बोधिसत्त्वैः साधारणा*[1] *निर्दिष्टाः । असाधारण*प्रसङ्गेन यानानुत्तर्यन्तु बोधिसत्त्वानां श्रावकादिभिरसाधारणमिह च प्राधान्येनोच्यत इति प्रदर्शयन्नाह—यानानुत्तर्यमिदानीं वक्तव्यं तदुच्यत इति । नास्मादुत्त*रमस्तीत्यानुत्तर्यशब्दो विशिष्टत्वपर्यायः । किं पुनरेतत् ? महायानम् ।* तथाहि श्रावकप्रत्येकबुद्धयानाभ्यां महायानं विशिष्टम् । नैव महायानादन्यद्विशिष्टतरमस्ति । तत्र हेतुफलयोस्तरतमभेदात् । अनुत्तरस्य भाव आनुत्तर्यम् । किं पुनस्तदित्यत *आह*

आनुत्तर्यं प्रपत्तौ हि[2] **।**

इति विस्तरः । **त्रिविधमानुत्तर्यं महायान** इति[3] । किं पुनस्तन्महायानम् ? एतदेव त्रितयं प्रतिपत्तिरालम्बनं समुदागमश्च । तत्र प्रतिपत्तेरानुत्तर्यं दशपारमितानिष्पादकत्वात् । पारमितानिष्पादकत्वे *बोधिसत्त्वप्रतिपत्तिरानुत्तर्यमुच्यते । आलम्बनस्य पुनः* पारमितादयो धर्मा धर्मधातुश्च । अनेन ह्यालम्बनेन बोधिसत्त्वानामशेषपरार्थकरणसमर्था भवन्तीत्यतः परार्थकरणसामर्थ्यहेतुत्वमालम्बनानुत्तर्यम् । किं कारणम् *? तद्वत्त्वात्तदालम्बनं बोधिसत्त्वानामानुत्तर्यमुच्यते ।* समुदागमो गोत्राधिमुक्तिचित्तोत्पादादीनां फलम् । समुदागच्छन्ति प्राप्नुवन्ति गोत्रादिभ्यस्तदिति

१. **Y.** साधारणं.

२. **Y's reconstruction** : प्रतिपत्तेरानुत्तर्यम्. Reading here after the Bhāṣya.

३. **Y's reconstruction** : महायानस्य हि त्रिविधमानुत्तर्यमिति. Reading here after the Bhāṣya.

समुदागमः । स च ततोऽन्यविशिष्टसमुदागमाभावादनुत्तर इत्युच्यते । *ततोऽत्र तस्मात् समुदागमादन्यविशिष्टाभाववस्तुत्वमानुत्तर्यम्* । *अत्र पुनः* प्रतिपत्तिबोधिसत्त्वानां साधारा सफला च महायानमित्युक्तं भवति । एतच्च त्रिविधेनानुत्तर्येणानन्तरोक्ते नानुत्तर्यमित्युच्यते ।

अथ वा महायानं सर्वविकल्पप्रपञ्चविगतं ज्ञानं *ससम्प्रयोगं ससम्भारं सप्रयोगं सपृष्ठलब्धज्ञानं सविशिष्टगुणं* सालम्बनं सफलञ्च । तत्रालम्बनं तथता । फलमप्रतिष्ठितं निर्वाणमिति । अस्य च महायानस्याभिधायिका या सूत्रादिदेशनापि महायानं भवतीति ग्रन्थोऽप्यधिकार इवोपचर्यते । *यथा* **कंसवधा मणिहरणञ्च**[४] । तच्च *सप्तविधमहत्त्व*योगान्महत् । यान्त्यनेन प्राप्नुवन्त्यप्रतिष्ठितं निर्वाणमिति यानम् । सप्तविधं पुनर्महत्त्वमालम्वनप्रतिपत्तिज्ञानवीर्योपायप्राप्तिकर्ममहत्त्वम् । तत्रालम्बनमहत्त्वं **शतसाहस्रिका**द्यनन्त**सूत्र***धर्मालम्बनाद्* बोधिसत्त्वमार्गस्य । प्रतिपत्तिमहत्त्वं सकलस्वपरार्थप्रतिपत्तितः । ज्ञानमहत्त्वं पुद्गलधर्मनैरात्म्यज्ञानात् । वीर्यमहत्त्वं त्रिषु कल्पासंख्येयेष्वनेकदुष्करशत*सहस्रप्रयोगात्* । *उपायकौशल्यमहत्त्वं संसारनिर्वाणा*प्रतिष्ठानात् । प्राप्तिमहत्त्वं बलवैशारद्यावेणिकबुद्धधर्माद्यप्रमेयासंख्येयगुणाधिगमात् । कर्ममहत्त्वं यावत् संसारस्तावद् बोध्यभिसन्दर्शनेन बुद्धकार्यानुष्ठानात् । *एतदेव महायानमनुत्तरम्, तदन्यस्य विशिष्ट*यानस्याभावात् । तद्भाव[५] आनुत्तर्यम् । तत्पुनः प्रतिपत्त्यालम्बनसमुदागमाः । तथाहि तद्योगान्महायानमनुत्तरमुच्यते । प्रतिपत्तिरेवानुत्तर्यं **प्रतिपत्त्यानुत्तर्यम्**। एव**मालम्बनानुत्तर्यं समुदागमानुत्तर्यञ्च** *वेदितव्यम् । एतदानुत्तर्यं* यथाक्रमं बोधिसत्त्वमार्गं तदधिष्ठानं तत्फलञ्चाधिकृत्य व्यवस्थाप्यते । एतावच्च **बुद्धवचने**नोच्यते—यदुत प्रतिपत्तिरालम्बनं तत्फलञ्चेति ।

[२. प्रतिपन्त्यानुत्तर्यम्]

तत्र प्रतिपत्त्यानुत्तर्यं दशपारमिताप्रतिपत्तितो[१] वेदितव्यम् ।

प्रतिपत्तिस्तु षड्विधा ॥१॥

तासु पारमितासु

परमाऽथ मनस्कारे अनुधर्मेऽन्तवर्जने ।
विशिष्टा चाऽविशिष्टा च

इत्येषा षड्विधा प्रतिपत्तिर्यदुत—परमा प्रतिपत्तिः, मनस्कारप्रतिपत्तिः, अनुधर्मप्रतिपत्तिः, अन्तद्वयवर्जिता प्रतिपत्तिः, विशिष्टा प्रतिपत्तिः, अविशिष्टा च प्रतिपत्तिः ।

आलम्बनपूर्विका प्रतिपत्तिरित्यालम्बनपूर्व*निर्देशनयेन*[२] *प्रतिपत्तिः पूर्वमुक्ता,* बोधिसत्त्वानां प्रतिपत्तिसारतासन्दर्शनार्थम् । **तत्र** कथं प्रतिपत्त्यानुत्तर्यमित्यत आह—**प्रतिपत्त्यानुत्तर्यं दशपारमिताप्रतिपत्तितो वेदितव्यमिति** । पारमिताप्रतिपत्तिः पार-

४. Y. रत्नापहारश्च.
५. Y. °स्याभावात्तद्भाव··· ·
१. Ms. प्रतिवेतो.
२. Y's. reconstruction : निर्देशयुक्तौ.

मितानुष्ठानम् । सा च पारमिताप्रतिपत्तिर्महायान एव निर्दिष्टा नान्यत्र यान इति महायानमेवानुत्तरमिति दर्शयति । सा च प्रतिपत्तिर्यैः प्रकारैः पारमितासु प्रयुज्यमानस्यानुत्तरा भवति तान्प्रकारान् दर्शयन्नाह—

प्रतिपत्तिस्तु षड्विधा

इति ।[3]

[अ. परमा प्रतिपत्तिः]

तत्र

परमा द्वादशात्मिका[1] ॥२॥

औदार्यमायतत्वञ्च अधिकारोऽक्षयात्मता ।
नैरन्तर्यमकृच्छ्रत्वं वित्तत्वञ्च परिग्रहः ॥३॥
आरम्भप्राप्तिनिष्यन्दनिष्पत्तिः परमा मता ।

इत्येषा द्वादशविधा परमा मता यदुत—औदार्यपरमता, आयतत्वपरमता, अधिकारपरमता, अक्षयत्वपरमता, नैरन्तर्यपरमता, अकृच्छ्रत्वपरमता, वित्तत्वपरमता, परिग्रहपरमता, आरम्भपरमता, प्रतिलम्भपरमता, निष्यन्दपरमता, निष्पत्तिपरमता च । तत्रौदार्यपरमता सर्वलौकिकसम्पत्त्यनर्थित्वेनोत्कृष्टतया च वेदितव्या । आयतत्वपरमता त्रिकल्पाऽसंख्येयपरिभावनात् । अधिकारपरमता सर्वसत्त्वार्थक्रियाऽधिकारात् । अक्षयत्वपरमता महाबोधिपरिणामनयाऽत्यन्तमपर्यादानात् । नैरन्तर्यपरमताऽऽत्मपरसमताऽधिमोक्षात् सर्वसत्त्वदानादिभिः पारमितापरिपूरणात् । अकृच्छ्रत्वपरमताऽनुमोदनामात्रेण परदानादीनाम्पारमितापरिपूरणात् । वित्तत्वपरमता गगनगञ्जसमाध्यादिभिर्यानादिपरिपूरणात् । परिग्रहपरमता निर्विकल्पज्ञानपरिगृहीतत्वात् । आरम्भपरमताऽधिमुक्तिचर्याभूमावधिमात्रायां क्षान्तौ । प्रतिलम्भपरमता प्रथमायां भूमौ । निष्यन्दपरमता तदन्यास्वष्टासु भूमिषु । निष्पत्तिपरमता दशम्यां भूमौ ताथा[2]गत्याञ्च, बोधिसत्त्वनिष्पत्त्या बुद्धनिष्पत्त्या च ।

ततश्च परमार्थेन दश पारमिता मताः[3] ॥४॥

यत एषा द्वादशविधा परमता एतासु संविद्यते, ततः परमेत्यनेनाऽर्थेन दश पारमिताः ॥४॥

सा च पारमिताप्रतिपत्तिर्न विज्ञायते कथं परमा यावत् कथमविशिष्टेत्यत आह—**तत्र**

परमा द्वादशात्मिका ॥

इति । द्वादशप्रकारा परमा महती निरुत्तरेत्यर्थः । तत्प्रकारप्रदर्शनार्थमाह

औदार्यमायतत्त्वञ्च

३. Ṭīkā does not comment on the Bhāṣya-text beginning with तासु पारमितासु and ending with अविशिष्टा च प्रतिपत्तिः.

१. Ms. द्वाशात्मिका.

२. N. तथागत्याञ्च. Ms. as here.

३ Ms. मता.

इति विस्तरः । **औदार्यपरमता** यावन्निष्पत्तिपरमतेत्येषा **द्वादशविधा**[४] परमता । **तत्रौदार्यपरमता सर्वलौकिक**[५]**सम्पत्त्यनर्थकत्वेनो**[६]**त्कृष्टतया च वेदितव्या** । सम्पत्तिरभ्युदयः, स च द्विधाकारः—प्राप्तश्चाप्राप्तश्च । तत्र प्राप्ते न सज्जते, अप्राप्तं न प्रार्थयति स्वसुखनिरपेक्षपरदुःखापनयप्रयुक्तत्वात् । यथोक्तम्

पुण्यं हि यत् पुण्यफलञ्च[७] साधोः
सर्वं परार्थं तव नात्महेतोः ।।[८]

इति । प्रहाणज्ञानप्रभावसम्पन्नबुद्धत्वफलत्वादुत्कृष्टत्वम् । अथवा लोके हि द्विविध एवोदार उच्यते—यः स्थूललक्षः प्रत्युपकाराप्रार्थनश्च । तस्माद् बोधिसत्त्वः सर्वलोकसम्पत्त्यप्रार्थकोऽप्यधिमात्राऽधिमात्रासु च दानादिपारमितासु प्रयुज्यत इति तत्प्रतिपत्तेरौदार्यमुच्यते ।

आयतत्वपरमता आयतत्वेनोत्कृष्टता । आयतत्वं पुनर्दानपारमितादिष्वायताभ्यासः । तच्च न ज्ञायते कियच्चिरमित्यत आह—**त्रिकल्पासंख्येयपरिभावनादिति** । बोधिसत्त्वानां हि दानपारमितादिभावना कल्पासंख्येयत्रयपर्यवसानत्वादत्यन्तमायता ।

अधिकारपरमता[९] **सर्वसत्त्वार्थक्रियाधिकारा**[१०]**दिति** । बोधिसत्त्वानां स्वसुखनिरपेक्षाणां दानादिषु प्रवृत्तिः सर्वसत्त्वानां हितसुखक्रियामधिकृत्येत्यतोऽधिकारतः परमेत्युच्यते ।

अक्षयत्वपरमता[११] अक्षयत्वेन परमता । अक्षयत्वं पुनः कुत इत्यत आह—**महाबोधिपरिणामनयाऽत्यन्तमपर्यादानादिति** । महाबोधिपरिणामिता हि दानादयः सर्वोपपत्त्यायतनेषु विपाकफलं दत्त्वापि नात्यन्तं समुच्छिद्यन्ते, आश्रयपरावृत्तिलक्षणस्य धर्मकायस्य निष्पादनात्तस्य चाक्षयत्वन्निरुपधिशेषेऽपि निर्वाणे न पर्यादीयन्ते, श्रावकादिबोधिपरिणामनया तु निरुपधिशेषे निर्वाणधातौ सर्वथाऽऽश्रयस्य समुच्छेदात्समुच्छिद्यन्ते ।

महाबोधिपरिणामनया वा दानादीन्यक्षयाणि भवन्ति प्रभूतविपाकत्वात् । प्रभूतमप्यक्षयमुच्यते, विपाकदानेनाऽत्यन्तमपर्यादानात्, न त्वेवं श्रावकादिपरिणामनायामक्षयत्व[१२]म् ।

४. Y's reconstruction : द्वादशप्रकारा.

५. Y's reconstruction : सर्वलोक.

६. Bhāṣya. अनर्थित्वेन.

७. Y's reconstruction : यत् पुण्यं पुण्यफलञ्च.

८. Y. does not read this as a verse.

९. Ṭīkā Ms. अविकार°. Tib. ched-du bya-ba.

१०. Y's reconstruction : क्रियोद्देशादिति. Reading here after the Bhāṣya.

११. Y. अक्षयपरमता on the basis Tib.

१२. Y's reconstruction : °अक्षयम्.

अथवा सत्त्वार्थं महाबोधिपरिणामितानि कुशलमूलानि बोधिसत्त्वानां सत्त्वधातुवदक्षयाणि भवन्तीत्यतश्च सत्त्वधातुवन्नात्यन्तं पर्यादीयन्त इति ।

नैरन्तर्य परमता आत्मपरसमताधिमोक्षात् सर्वसत्त्वदानादिभिः पारमिता[13]**परिपूरणा**दिति । *प्रमुदितायां* हि भूमौ धर्मधातोः सर्वत्रगार्थावबोधाद् बोधिसत्त्व आत्मपरसमतामधिमुच्यते । स स्वपरसमताधिमोक्षात् प्रहीणस्वपरविकल्पः स्वदानादिभिरिव *परदानादिभिरपि सुमुदितचित्तं लभते । ततः* प्रतिक्षणं प्रतिमुहूर्त्तं प्रतिदिवसं च निरन्तरं दानादिपारमिताः परिपूर्यन्त इति ।

अकृच्छ्रत्वपरमता अनुमोदनामात्रेण परदानादीनां पारमितापरिपूरणादिति । *तथा बोधिसत्त्वाः सत्त्वानां दानादिकुशलमूलानि* समुदितेन मनसाऽनुमोदयन्ति यथैषामनुमोदनामात्रेण दानादिपारमिताः परिपूर्यन्त इति ।

विभुत्वपरमता गगनगञ्जसमाध्यादिभिर्दानादिपरिपूरणादिति । बोधिसत्त्वा *धर्मधातुप्रतिवेधभावनया गगनगञ्जसंज्ञकं* समाधिं प्रतिलभन्ते । तस्य प्रतिलम्भात्सत्त्वानां सर्वाभिप्रायपरिपूरणाद्दानपारमितां परिपूरयन्ति । तदाधिपत्येन हि गगनमेव गञ्जो भवतीति समाधिर्गगनगञ्ज इत्यभिधीयते *यस्मात्तदृद्ध्या*[14] सर्वोपकरणानि गगनाज्जायन्ते । आदिशब्देन **प्रज्ञापारमितादिसूत्र**पठितानां ग्रहणम् ।

परिग्रहपरमता निर्विकल्पज्ञानपरिगृहीतत्वादिति । बोधिसत्त्वानां हि दायकदेयप्रतिग्राहकत्रयानुपलम्भान्निर्विकल्पं *ज्ञानम् । एवं यावज्ज्ञातृज्ञेयज्ञानत्रयानुपलम्भा*न्निर्विकल्पं ज्ञानम् । तेन परमेण निर्विकल्पेन ज्ञानेन परिगृहीता दानादिप्रतिपत्तिः कथम् ? तदनुपरिवर्तितत्वात्तदालम्बनत्वाच्चेत्यतः परमेत्युच्यते ।

आरम्भपरमता अधिमुक्तिचर्याभूमावधिमात्रायां क्षान्ताविति । *प्रथमकल्पासंख्ये*[15]*याना*मधिमुक्तिचर्याभूमिरित्युच्यते । गोत्रमित्रबलेन चोत्पादितबोधिचित्तस्य स्वभावत्रयमुखेनात्यर्थं सर्वधर्मनैरात्म्याधिमोक्षोऽधिमात्रा क्षान्तिराश्रद्ध्यादिविपक्षैरपराजय इति ।[16] *सा हि बोधिसत्त्वस्यारम्भावस्था । ततो*ऽधिमात्रायां क्षान्तावारम्भपरमतेत्युच्यते ।

प्रतिलम्भपरमता प्रथमायां भूमाविति । प्रथमायां हि भूमौ धर्मधातोः सर्वत्रगत्वावबोधाल्लोकोत्तराः पारमि*ताः प्रतिलभते पूर्वन्तु प्रथमभूमिप्रयोगसङ्गृहीता लौकिका* एवेत्यतः प्रथमायां भूमौ प्रतिलम्भपरमतेत्युच्यते ।

निष्यन्दपरमता तदन्यास्वष्टास्विति । प्रथमभूमिप्रतिलब्धानां तदन्यास्वष्टासु **भूमिषु** *उ*[17]*त्तरोत्तरविशिष्ट*प्रतिलम्भो निष्यन्द इति निष्यन्दपरमता ।

अथवाऽधिमुक्तिचर्याभूमौ पारमिताभावनाबलेन प्रथमभूमिप्रतिलम्भः प्रतिलम्भपरमता । प्रथमा हि भूमिर्बोधिसत्त्वानां दर्शनमार्गसङ्गृहीता तत्प्रवेशाच्च जातो

१३. Y's reconstruction : सर्वसत्त्वेषु दानादिपार°. Reading here after the Bhāṣya.

१४. Y. तत्समाधिशक्त्या.

१५. Y. reconstructs °कल्पासंख्येयमधि°. Ms. ...... नामधिमुक्ति°.

१६. Y. reconstructs : विपक्षापराजिता.

१७. Y. भूमिषु°.

तथागतस्योत्पन्नः, तदनुकूलतदात्मकधर्मप्रतिलम्भादिति **सूत्र**पाठः। पारमिताभावनाबलेन प्रतिलब्धायाः प्रथमाया भूमेरवशिष्टा भूमयो निष्यन्दत्वान्निष्यन्दपरमता।

अथवा प्रथमभूमिप्रतिलब्धानां पारमितानामष्टौ भूमयो निष्यन्दभूत*त्वान्निष्यन्दपरमता*।

निष्पत्तिपरमता दशम्यां भूमौ ताथागत्याञ्च बोधिसत्त्वनिष्पत्त्या बुद्धनिष्पत्त्या च। दशम्यां हि भूमौ बोधिसत्त्वः सर्वबोधिसत्त्वचर्यानिर्यात इति तत्र तथागतैर्यौवराज्येऽभिषिच्यते। अचिन्त्यपुण्यज्ञानसम्भारपरिपूर्णत्वात् सर्वधर्मविकल्*पविगतत्वा*[१८]*त्सर्वथा स्वपरार्थ*सम्पादकत्वाच्च बोधिसत्त्वानां निष्पत्तिपरमता। ताथागत्याञ्च भूमौ प्रहाणज्ञानप्रभावातिशयलाभाद्भगवान् सर्वस्य जगतः शास्ता भवतीत्यतो बुद्धपरिनिष्पत्त्या निष्पत्तिः। का पुनरियं निष्पत्तिः? *बोधिसत्त्वधर्माणां बुद्धधर्माणाञ्च सर्व*प्रकाराभिनिर्हारः।

अथवा पारमितानां शैक्षभूमिसङ्गृहीतानां प्रकर्षो दशमी भूमिः। अतस्तस्यां बोधिसत्त्वपरिनिष्पत्तिः। अशैक्षभूमिसङ्गृहीतानां काष्ठा बुद्धभूमिः। तस्यां *भूमौ पारमितानां शैक्षाभावाद् बुद्धपरिनिष्पत्त्या* परिनिष्पत्तिरित्येवं बोधिसत्त्वपरिनिष्पत्त्या दशम्यां भूमौ ताथागत्याञ्च बुद्धपरिनिष्पत्तिपरमता वेदितव्या।

ततश्च परमार्थेन दश पारमिता मताः॥

इति। **यत एवा**[१९] **द्वादशविधा परमता** *बोधिसत्त्वानां दानादिषु* **संविद्यते** न श्रावकादीनां दानादिषु ततः **परमेत्यनेनार्थेन** बोधिसत्त्वानामेव दानादयो ज्ञानपर्यन्ता **दश पारमिता मता** इति निरुक्तिन्यायेनेति। दश*पारमितानां या प्रतिपत्तिः सा पुनः परमते*त्युच्यते॥४॥

कतमा दशेत्येकेषां तन्नामव्युत्पादनार्थमुच्यते

दानं शीलं क्षमा वीर्यं ध्यानम्प्रज्ञा उपायता।
प्रणिधानम्बलं ज्ञानमेताः पारमिता दश॥५॥

इति। किमासाम्प्रत्येकं कर्म ?

अनुग्रहोऽविघातश्च कर्म तस्य च मर्षणम्।[१]
गुणवृद्धिश्च साम[२]र्थ्यमवतारविमोचने॥६॥
अक्षयत्वं सदा वृत्तिर्नियतं भोगपाचने।

इत्येतदासां कर्म यथाक्रमम्। दानेन हि बोधिसत्त्वः सत्त्वाननुगृह्णाति। शीलेनोपघातम्परेषां न करोति। क्षान्त्या परैः कृतमुपघातं मर्षयति। वीर्येण गुणान्वर्धयति। ध्यानेन ऋद्ध्यादिभिरावर्ज्याऽवतारयति। प्रज्ञया सम्यगववाददानाद् विमोचयति। उपायकौ[२२ ब]शल्यपारमितया महाबोधिपरिणामनाद् दानादीनक्षयान् करोति।

१८. Y. विगतात्.

१९. Y. इयं. Reading here after the Bhāṣya.

१. Ms. मर्षणा.

२. सामर्थ्यम् omitted in Ms.

प्रणिधानपारमितयाऽनुकूलोपपत्तिपरिग्रहात् सर्वजन्मसु बुद्धोत्पादारागणतो दानादिषु सदा प्रवर्तते। बलपारमितया प्रतिसंख्यानभावनाबलाभ्यां नियतं दानादिषु प्रवर्तते, विपक्षाऽनभिभवात्। ज्ञानपारमितया यथारुतधर्मसम्मोहाऽपगमाद् दानाद्याधिपतेय-धर्मसम्भोगञ्च प्रत्यनुभवति, सत्त्वांश्च परिपाचयति। उक्ता परमा प्रतिपत्तिः।

एकेषामिति येषां पारमितानां नाममात्रमपि न व्युत्पन्नं तेषां **तन्नामव्युत्पादनार्थमुच्यते**

दानं शीलं क्षमा वीर्यं ध्यानं प्रज्ञ उपायता।
प्रणिधानं बलं ज्ञानमेताः पारमिता दश॥

इति। *अधिकारपरमता सर्वसत्त्वार्थक्रियोद्देशादि*त्युक्तमतोऽयं प्रश्नः—**किमासां प्रत्येकं कर्मेति**। अत आह

अनुग्रहोऽविघातश्च कर्म तस्य च मर्षणम्।

इति विस्तरः। **दानेन हि बोधिसत्त्वः सत्त्वाननुगृह्णातीति**। तत्र पूजानुग्रहकाङ्क्षया *बाह्याध्यात्मिकवस्तुनि अवद्यत्वा*[3]*त्प्रत्युप*कारविपाकादिनिरपेक्षो यया चेतनया परित्यजति कायवाक्कर्मणा च प्रतिपादयतीदं बोधिसत्त्वस्यामिषदानम्। अनेन क्षुत्पिपासादिदुःखापनयनात् सत्त्वाननुगृह्णाति। सत्त्वानुपघातकानामाजीव*शास्त्रकलानिपुणानां करुणापूर्वकमुपदेशः*[4] *सुगति*मोक्षमार्गोपदेशश्च धर्मदानम्। अनेनाऽप्यजीविकादुर्गतिसंसारदुःखापनयनात् सत्त्वाननुगृह्णाति। राजचौरदायादव्यालादिभिराघ्रातानां तेभ्यो विमोक्षणमभयदानम्। अनेनापि *जीवभोगपुत्रदारादिविपद्भयापनयनात्* सत्त्वाननुगृह्णातीति।

शीलेनोपघातमेषां[5] **न करोति**। सर्वकायवाग्दुश्चरितविरतिर्लोकानुवृत्त्या च प्रतिषिद्धाद्विहितस्य च कायवाक्कर्मणो विरतिरनुष्ठानञ्च शीलम्। **अस्मिन्** *शीले व्यवस्थानात् सत्त्वेष्वपकारं*[6] दुष्टोपसंहारं जीवितहेतोरपि स्वयं न करोति नापि कारयतीति।

क्षान्त्या परैः कृतमुपघातं मर्षयतीति। करुणापुरःसरेण चेतसा सर्वाकारदुःखमर्षणाधिवासनात्मिका क्षान्तिः। *तेनान्यैर्हिंसा*[7]*बन्धनताडनादिकृतमुपघातं* मर्षयति प्रत्यपकारासमीहनात्।

वीर्येण गुणान् वर्धयति। दानादीनधिकृत्योत्साहो वीर्यम्। तेन दानादिगुणाभ्यासाद्विशिष्टगुणनिष्पत्तिर्वृद्धिः।

ध्यानेन ऋद्ध्यादिभिरावर्ज्यावतारयती*ति* । *आदिशब्देन चित्तपर्यायज्ञानं*

३. Y's reconstruction : °वस्तु निरवद्यात्.
४. Y's reconstruction : करुणापूर्वकाणाम्.
५. Bhāṣya : परेषां.
६. Y. अपकारदुष्टो°.
७. Y. हिंसबन्धन°.

परिगृह्यते । ध्यानं समाधिश्चित्तस्यैकाग्रता । ऋद्धिराकाशगमनादिका । अवतारणं शासनधर्मताप्रतिपादनम् । ध्यानफलाभ्यां हि ऋद्धयादेशनाप्रातिहार्याभ्यामावर्जितः शक्यन्ते शासन अवतर्तुम् ।[८]

प्रज्ञया सम्यगववाददानाद्विमोचनाद्विमोचयति । सर्वाकारधर्मप्रविचयलक्षणा प्रज्ञा । तस्याश्च कर्म सम्यगववाददानं क्लेशप्रहाणं चाविपरीतानुशासनप्रतिबद्धमतः प्रज्ञया सम्यगववाददानाद्विमोचयति ।

उपायकौशल्यपारमितया महाबोधिपरिणामनाद्दानादीनक्षयान् करोति । यस्य धर्मस्य निष्पत्तये विवृद्धये प्राप्तये प्रहाणाय वा या युक्तिः स तत्रोपायस्तत्र कौशल्यं वैचक्षण्यमुपायकौशल्यम् । तस्य कृतोपचितानां[९] दानादीनां महाबोधिपरिणामनयाऽक्षयकरणम्[१०] । महाबोधिपरिणामनया[११] कुशलमूलानि महाबोधिवदक्षयानि भवन्तीति ।

प्रणिधानपारमितयाऽनुकूलोपपत्तिपरिग्रहात् सर्वजन्मसु बुद्धोत्पादारागणतो दानादिषु सदा प्रवर्तते । प्रणिधानमनेकविधं प्रार्थनात्मकत्वात् । कुशलानुकूलोपपत्तिप्रार्थनमत्र प्रणिधानमभिप्रेतं तस्य जन्मनि जन्मनि बुद्धोत्पादारागणतो दानादिषु सदा प्रवर्तनं कर्म ।

बलपारमितया प्रतिसंख्यानभावनाबलाभ्यां नियतं दानादिषु प्रवर्तते, विपक्षानभिभवादिति । प्रतिसंख्यानं प्रज्ञा । भावना तु कुशलधर्माभ्यासः । तद्द्वयं विपक्षेणानभिभूतं बलपारमितेत्युच्यते । तस्याः क्षणनैयम्येन दानादिषु प्रवृत्तिः कर्म । नियतशब्दस्य सततपर्यायत्वात् । न हि प्रतिसंख्यानभावनाबलाद्दानादिकुशलं विपक्षेणाभिभूयते[१२] ।

ज्ञानपारमितया यथारुतधर्मसम्मोहापगमाद्दानाद्याधिपतेयधर्मसम्भोगञ्च प्रत्यनुभवति सत्त्वांश्च परिपाचयतीति । सर्वस्मिन्महायानदेशनाधर्मे यथारुतसम्मोहविगतज्ञानं ज्ञानपारमिता । अयं पुनर्यथारुतसम्मोहः कः ? येनाभिप्रायिकमर्थं त्यक्त्वा यथारुतमेव कल्पयत्ययं यथारुतसम्मोहः । दानमधिकृत्य दानमालम्ब्य यः सूत्रादिको धर्मो देशितः स दानाधिपतेयः । एवं शीलक्षान्तिवीर्याद्याधिपतेयो द्रष्टव्यः । महायानमारभ्य बुद्धबोधिसत्त्वेनाविपरीतसांकथ्यविनिश्चयकरणात् सत्त्वानां चाविपरीतया धर्मदेशनया परिपाचनाद्धर्मसम्भोगानुभवनं सत्त्वपरिपाचनञ्च ज्ञानपारमितायाः कर्म । सूत्रादिधर्मोपदेशस्य ज्ञानपारमिताप्रभावितत्वात् ।

८. Y. recon tructs अवतरितुम्.

९. Ms. कृतोपचितायां.

१०. Y's. reconstruction : °णामनयाक्षयकरणं कर्म.

११. Y. reconstructs परिणामनानि.

१२. Y. अभिभूतम्.

[ब. मनसिकारप्रतिपत्तिः]

मनसिकारप्रतिपत्तिः कतमा ?

यथाप्रज्ञप्तितो धर्ममहायानमनस्क्रिया ॥७॥
बोधिसत्त्वस्य सततम्प्रज्ञया त्रिप्रकारया ।

दानादीन्यधिकृत्य यथाप्रज्ञप्तानां सूत्रादिधर्माणां महायाने मनसिकरणमभीक्ष्णं श्रुतचिन्ताभावनामय्या प्रज्ञया मनसिकारप्रतिपत्तिः । सा त्रिप्रकारया प्रज्ञया मनसिक्रिया कं गुणं करोति ?

धातुपुष्टयै प्रवेशाय चाऽर्थसिद्धयै भवत्यसौ ॥८॥

श्रुतमय्या प्रज्ञया मनसिकुर्वतो धातुपुष्टिर्भवति । चिन्तामय्या तस्य श्रुतस्याऽर्थम्भावेन प्रविशति । भावनामय्याऽर्थसिद्धिम्प्राप्नोति, भूमिप्रवेशपरिशोधनात् ॥८॥

संयुक्ता धर्मचरितैः सा ज्ञेया दशभिः [२३ अ] पुनः ।

सा पुनर्मनसिकारप्रतिपत्तिर्दशभिर्धर्मचरितैः परिगृहीता वेदितव्या । कतमद् दशधा धर्मचरितम् ?

लेखना पूजना दानं श्रवणं वाचनोद्ग्रहः ॥९॥
प्रकाशनाऽथ स्वाध्यायश्चिन्तना भावना च तत् ।

महायानस्य लेखनम्, पूजनम्, परेभ्यो दानम्, परेण वाच्यमानस्य श्रवणम्, स्वयञ्च वाचनम्, उद्ग्रहणम्, परेभ्यो देशनं ग्रन्थस्याऽर्थस्य वा, स्वाध्यायनम्, चिन्तनम्, भावनञ्च ।

अमेयपुण्यस्कन्धं हि चरितं तद् दशात्मकम् ॥१०॥

कस्मान्महायान एव धर्मचरितमत्यर्थं महाफलन्देश्यते सूत्रेषु[1], न पुनः श्रावकयाने ? द्वाभ्यां कारणाभ्याम् ।

विशेषादक्षयात्वाच्च

कथं विशेषात्, कथमक्षयत्वात् ?

पराऽनुग्रहतोऽशमात् ।

पराऽनुग्रहवृत्तित्वाद् विशिष्टत्वम् । परिनिर्वाणेऽप्यशमात् अनुपरमादक्षयत्वं वेदितव्यम् । उक्ता मनसिकारप्रतिपत्तिः ।

प्रमाप्रतिपत्तिनिर्देशनानन्तरं मनसिकारप्रतिपत्तिर्वक्तव्या ततः पृच्छति— मनसिकारप्रतिपत्तिः कतमेत्यत आह

यथाप्रज्ञप्तितो धर्म[2] महायानमनस्क्रिया ॥

इति विस्तरः । दानादीन्यधिकृत्येति दानशीलक्षान्तिवीर्यादीन्युद्दिश्य । यथाप्रज्ञप्तानां सूत्रादिधर्माणा[3]मिति । अत्र सूत्रगेयव्याकरणादिधर्मा येन प्रकारेण दानादीन्यधि-

1. Ms. omits सूत्रे.
2. Y. धर्मो agai s: Ṭīkā Ms.
3. Y's reconstruction : सूत्रादीनां यथाप्रज्ञप्तधर्माणाम्.

कृत्य भगवता देशितास्तेषां तथैवार्थतो व्यञ्जनतश्चाध्यारोपापवादरहितानां **मनसिकरणं मनसिकारप्रतिपत्तिर्ज्ञेयेति**। **महायान** इति[४] न श्रावकयाने[५]। तत्र हि स्वार्था एव दानादयो देशिता न स्वपरार्था यथा महायाने। तस्मान्महायान एव दानादीन्यधिकृत्य यथाप्रज्ञप्तानां सूत्रादिधर्माणां बोधिसत्त्वैर्मनसिकरणं मनसिकार प्रतिपत्तिः। श्रावक*याने दानादीन्यधिकृत्य भाषितानां सूत्रादीनां मनसिकरणं मिथ्या* मनसिकारप्रतिपत्तिः, स्वार्थमात्राश्रयत्व दिति ज्ञापितम्भवति। ते च प्रायेण चित्तसमतामसक्तिमनुन्नतिमनुपलम्भञ्चाधिकृत्य प्रज्ञप्ता इति। तत्रेयं चित्तसमता या गुण्य*गुणिनां सममुपकारप्रार्थना। तत्रेयमसक्तिर्यो भव*भोगप्रार्थनाविगतस्य परार्थमेव दानादिषु प्रयोगः। तत्रेयमनुन्नतिर्यद्दानादिभिर्नात्मानं मन्यते न परान् परिभवति। तत्रायमनुपलम्भो या त्रिमण्डलपरि*शुद्धिर्दानदायकप्रतिग्राहकानामनुपलम्भन्याये*नेति। **अभीक्ष्णमिति** पुनः पुनः। **श्रुतचिन्ताभावनामय्या प्रज्ञयेति** तत्राप्तवचनप्रामाण्यजो निश्चयः श्रुतमयी। युक्तिनिध्यानजश्चिन्तामयी। भावनाजो भावनामयीति।

सर्वा हि प्रवृत्तिः फलार्थमतः पृच्छति—**सा[६] त्रिप्रकारया प्रज्ञया मनसिक्रिया कं गुणमावहती**[७]त्यत आह

धातुपुष्टयै प्रवेशाय चार्थसिद्ध्यै भवत्यसौ ॥

धातुर्गोत्रं बीजम्। तस्य पुष्टिर्वृद्धिः। धातुपुष्ट्या चायत्यां विशदमहाप्रज्ञो भवति। **तस्य श्रुतस्यार्थं भावेन प्रविशतीति**। *तस्य सूत्रादिकस्य श्रुतधर्मस्यार्थे युक्तिबलोत्पादितया चिन्ता*[८]मय्या प्रज्ञयाऽर्थसद्भावमाशयतः प्रविशतीति। **भावनामय्यार्थसिद्धिं प्राप्नोति**। अर्थसिद्धिस्तत्त्वाधिगमः। कथमित्यत आह—**भूमिप्रवेशपरिशोधनादिति**। स्मृत्युपस्थानादिपरिशुद्ध्या हि भूमिं प्रविशतीत्यतः *स्मृत्युपस्थानादिभिरेव भूमिं प्रविशतीति निर्दिष्टम्। ततः* स्मृत्युपस्थानादीनां भूमिप्रवेशभूतानां भावनामय्या प्रज्ञया परिशोधनादर्थसिद्धिं प्राप्नोतीति भूमिं प्रविशतीत्यर्थः।

सा पुनरियं मनसिकारप्रतिपत्तिः सपरिवारा विज्ञेया न केवला। कस्तत्परिवारः? आह

संयुक्ता धर्मचरितैः सा ज्ञेया दशभिः पुनः।

इति। **परिगृहीता वेदितव्येति** परिवारितेत्यर्थः। धर्मात्मकानि धर्माधिकारिकाणि

४. Y's reconstruction : महायानमिति.

५. Y. यानम्.

६. Y. तया. Ms. not clear.

७ Bhāṣya करोति in place of आवहति.

८. Y's reconstruction : °त्पादिताच्चिन्ता°.

वा चरितानि धर्मचरितानि। तानि पुनर्न ज्ञायन्त इत्यत आह[9]—**कतमद् दशधा धर्मचरितमिति।**[10] अत आह

लेखना पूजना[11] दानम्

इति विस्तरः। तत्र **महायानस्य** स्वयं परेण वा **लेखनं** चिरस्थित्यर्थं श्रवणवाचनार्थं वा। **पूजनं** पुष्पधूपगन्धादिभिः। महायानस्येति प्रकृतम्। महायानप्रविष्टस्य लिखितपुस्तकादीनां **परेभ्यः**[12] सत्कृत्य **दानम्**। **परेण वाच्यमानस्य** सत्कृत्य **श्रवणम्।** महता गौरवेण **स्वयं वाचनम्। उद्ग्रहणं** महता प्रसादेनात्मसात्करणम्। महता यत्नेन योग्येभ्यो **ग्रन्थस्यार्थस्य वा** आविष्करणं **प्रकाशनम्। स्वाध्यायनमुद्धतस्य** पुनः पुनरभ्यसनम्। **चिन्तनं** युक्तिद्वारेण तदर्थनिरूपणम्[13]। **भावनमभ्यसनं** समाहितया प्रज्ञया। **चशब्दः** समुच्चयार्थः। तत्र लेखना, पूजना दानं श्रावणमित्येभिश्चतुर्भिः पदैः कायकर्म प्रदर्शितम्। वाचनमुद्ग्रहणं प्रकाशना स्वाध्यायनमित्येभिश्चतुर्भिः पदैर्वाक्कर्म प्रदर्शितम्। चिन्तना भावना चेत्याभ्यामपि मनःकर्म प्रदर्शितम्।

अमेयपुण्यस्कन्धं हि चरितं तद्दशात्मकम्।

यदेतद्दशप्रकारं धर्मचरितमुक्तं तत एकैकस्माद्धर्मचरिताद्यः पुण्यस्कन्धोद्भवो न स पुनः स्वयं परेण वा प्रमातुं शक्यते, अतिबहुत्वादिति। **कस्मात्पुनर्दानशील-ध्यानादिधर्मनिर्देशे** तुल्ये **महायान एव धर्मचरितमत्यर्थं महाफलं देश्यते सूत्रेषु न पुनः श्रावकयाने ?** सूत्रेषु धर्मचरितं महाफलं देश्यत इति सम्बध्यते। **द्वाभ्यां कारणाभ्यामिति** महायाने धर्मचरितमत्यर्थं महाफलं देश्यत इति सम्बध्यते। कतमाभ्यामित्यत आह

विशेषादक्षयत्वाच्च

इति। एतदपि न ज्ञायत इत्यतः पृच्छति—**कथं विशेषात् कथमक्षयत्वादित्यत** आह—

परानुग्रहतोऽशमात्।

इति। महायाने हि बोधिसत्त्वानां दानादिप्रतिपत्तिः सर्वसत्त्वार्थकरणैकं देश्यते। श्रावकयाने त्वात्मार्थप्रधानेत्यतः श्रावकयानान्महायानं **परानुग्रहप्रवृत्तत्वा**[14]**द्विशिष्यते।** एवं तावद्धेतुसमाख्यानतः श्रावकयानान्महायानस्य **विशिष्टत्वम्।** अचिन्त्यपुण्यज्ञानसम्भारफलस्य त्रिकायसंगृहीतस्य यावल्लोकस्तावत्सत्त्वहितक्रियाप्रवृत्तस्य निरुपधिशेषेऽपि निर्वाणधातावनुपरतस्याश्रयपरावृत्तिलक्षणस्य द्योतनाद**क्षयत्वम्।** न त्वेवं श्रावकयाने। श्रावकसम्भारफलं हि क्षयत्वमाख्यातं निरुपधिशेषनिर्वृतानां सर्वात्मना समुच्छेदात्। एवं निर्वाणेऽप्यनुपरतं फलं द्योतनाच्छ्रावकयानान्महायानं विशिष्यते।

९. Y. पृच्छति against Ms.

१०. Y's reconstruction : कानि दशविधानि धर्मचरितानि. Reading here after the Bhāṣya.

११. Y. reconstructs लेखनं पूजनं दानम्. Reading here after the Bhāṣya.

१२. Y's reconstruction : परेषु.

१३. Y. and Ms. तदर्थं निरूपणम्.

१४. Bhāṣya : °वृत्तित्वाद् विशिष्टत्वम्.

अथवा महायानस्यार्थो दानादिकः सर्वसत्त्वानुग्रहप्रवृत्तः नत्वेवं *श्रावकया-नार्थः । श्रावकाणां स्वार्थ*परत्वात् । दानादयश्च बोधिसत्त्वानां धर्मा अनास्रवकाय-त्वेन परिवृत्ताः परिनिर्वाणेऽपि न विच्छिद्यन्ते । श्रावकाणान्तु मार्गस्य कौलोप-[१५] मत्वात्परिनिर्वाणे समुच्छिद्यन्त इति न तेषामक्षयत्वम् । तस्माद्युक्तं *महायानस्यैव धर्मचरितं महा*फलम्, न श्रावकयान इति ।

[स. अनुधर्मप्रतिपत्तिः]

अनुधर्मप्रतिपत्तिः कतमा ?

अविक्षिप्ताऽविपर्याससप्रणता चाऽनुधार्मिकी ॥११॥

इत्येषा द्विविधाऽनुधर्मप्रतिपत्तिर्यदुत—अविक्षिप्ता चाऽविपर्याससपरिणता च ॥११॥

मनसिकारप्रतिपत्त्यनन्तरमनुधर्मप्रतिपत्तिर्वक्तव्या, इत्यतः पृच्छति—**अनु-धर्मप्रतिपत्तिः कतमे**त्यत आह

अविक्षिप्ताऽविपर्याससप्रणतावा[१]नुधार्मिकी ॥

इति । *ध्यातव्यज्ञेयधर्मानुगता अनुप्रविष्टशमथ*विपश्यनाभावात्मिका[२] प्रतिपत्ति-रनुधर्मप्रतिपत्तिः । तत्र शमथभावनात्मिकाऽविक्षिप्ता । विपश्यनाभावनात्मिकाऽविप-र्याससपरिणता । इयं द्विविधाऽनुधर्मप्रतिपत्तिः ॥११॥

[अविक्षेपपरिणता]

तत्र षड्विधविक्षेपाऽभावादविक्षिप्ता । तत्र षड्विधो विक्षेपः—प्रकृतिविक्षेपः, [२३ ब] **बहिर्धा विक्षेपः, अध्यात्मविक्षेपः, निमित्तविक्षेपः, दौष्ठुल्यविक्षेपः मनसि-कारविक्षेपश्च ।**

स एष किंलक्षणो वेदितव्य इत्यत आह

व्युत्थानं विषये सारस्तथाऽऽस्वादलयोद्धवः[१] ।
सम्भावनाऽभिसन्धिश्च मनस्कारेऽप्यहंकृतिः ॥१२॥
हीनचित्तञ्च विक्षेपः परिज्ञेयो हि धीमता ।

इत्येवंलक्षणः षड्विधो विक्षेपो यो बोधिसत्त्वेन परिज्ञेयः । तत्र व्युत्थानं समाधितः पञ्चभिर्विज्ञानकायैः प्रकृतिविक्षेपः । विषये विसारो बहिर्धाविक्षेपः । समाधेरा-स्वादना लयौद्धत्यञ्चाऽध्यात्मविक्षेपः । सम्भावनाऽभिसन्धिर्निमित्तविक्षेपः, तन्नि-मित्तं कृत्वा प्रयोगात् । साऽहङ्कारमनस्कारता दौष्ठुल्यविक्षेपः, दौष्ठुल्यवशेनाऽस्मि-मानसमुदाचारात् । हीनचित्तत्वं मनसिकारविक्षेपः, हीनयानमनसिकारसमुदाचारात् ।

अयमकारो बहुष्वर्थेषु वर्तत इति *कथमविक्षिप्तेति न विज्ञायत इत्यत आह*—तत्र षड्विधविक्षेपाभावादविक्षिप्तेति । विक्षेपोऽपि न ज्ञायते कथं षड्विध इत्यत आह—**षड्विधो विक्षेपः,—प्रकृतिविक्षेपः, बहिर्धाविक्षेप** इति विस्तरः ।

१५. Ms. कालो° Tib. gziṅs.
१. Bhāṣya. प्रणता चाऽनुधार्मिकी.
२. Y. भावनात्मिका against Ms.
१. N. लयोद्धतः against Ms.

एवमपि प्रभेदमात्रं दर्शितं न विक्षेपस्वरूपमिति *पृच्छति*— **स एष**[२] षड्विधो विक्षेपः **किंलक्षणो वेदितव्य**[3] इत्यत आह

व्युत्थानं विषये सारः ।

इति विस्तरः ।

धीमता इति धीमान् बोधिसत्त्वः । **तत्र व्युत्थानं समाधितः पञ्चभिर्विज्ञानकायै-रिति** । यदा हि समाहितस्य पुनः पञ्चानां *चक्षुरादिविज्ञानानामन्यतमदेकमुत्पद्यते तदा समाधितो* व्युत्थितो भवति । अयञ्च **प्रकृतिविक्षेपः**, बहिर्मुखप्रवृत्तत्वात् । पञ्चानां विज्ञानकायानां विक्षेपात्मकत्वात् पञ्चभिर्विज्ञानकायैः समाधितो व्युत्थानं प्रकृति-विक्षेप *उच्यते* ।

विषये विसारो[४] **बहिर्धाविक्षेप** *इति* । यदा समाहितस्य समाध्यालम्बनाद-कामकस्यालम्बनान्तरे मनोविज्ञानं प्रवर्तते तदालम्बनान्तरसञ्चाराद्बहिर्धाविक्षेप इत्**येके** । समाहितस्य समाध्यालम्बनं हित्वा मनो*विज्ञानस्य विषयान्तरसञ्चारो बहिर्धा विक्षेप* इत्**यपरे** ।

समाधेरास्वादना लयौद्धत्यं चाध्यात्मविक्षेप इति । यदि समाहितस्तमेव समाधिं तृष्णादिना क्लेशेनास्वादयति ततः शुद्धकात् समाधेर्विक्षेपो भवति, क्लिष्ट-समाधिप्रत्युप*स्थानात् । लयौद्धत्यञ्च शमथविपश्यना*समवाहिनः समाधेर्विक्षेपो भवति । असमाहितत्वाच्चास्वादनालयौद्धत्यानामास्वादनादयोऽध्यात्मविक्षेप इत्यु-च्यन्ते ।

सम्भावनाभिसन्धिर्निमित्तविक्षेपः । ध्याय्ययं महात्मेत्येवं सम्भा*वनात्मनीत्य-नेन निमित्तेन* समाधौ प्रयुक्तस्याशयविलयत्वाल्लब्धादलब्धाद् वा कुशलपक्षाद्विक्षेपो निमित्तविक्षेप इत्युच्यते । अत्रैव कारणमाह—**तन्निमित्तं कृत्वा प्रयोगादिति** । ज्ञातु-कामतया तं सम्भावनाभिसन्धिं निमित्तं कृत्वेति सम्भावनात्मनीति । समाधिप्रयुक्त-त्वादिति ।

साहङ्कारमनस्कारता दौष्ठुल्यविक्षेप इति । आशयेन समाधिगुणार्थिनोऽपि साहङ्कारमनस्कारोऽस्मिमानसम्प्रयुक्तोऽहमस्मि ध्यायीति । ततश्चात्मोत्कर्षमन्यत्रावज्ञां करोतीति । कस्मादेष *दौष्ठुल्यमनस्कारः ? इत्यत आह*—**दौष्ठुल्यवशेनास्मिमान-समुदाचारादिति** । एतदुक्तं भवति—दौष्ठुल्यप्रभावितो विक्षेपो दौष्ठुल्यविक्षेप इति । किं पुनर्दौष्ठुल्यम् ? अस्मिमानवासनापरिपुष्टिस्तया ह्यस्मिमानः *समुदाचरतीतित-द्वशेनास्मिमान*समुदाचारात् । सत्कायदृष्टिर्दौष्ठुल्यमित्**यन्ये** ।

हीनचित्तत्वं मनसिकारविक्षेप इति । अनियतश्रावकादिगोत्रस्य महायान-

२. Y. reconstructs एतत्.

३. Y. reconstructs : एतत् षड्विधलक्षणो विक्षेपः कथं वेदितव्यः. Reading here after the Bhāṣya.

४. Y's reconstruction सारः,

मनसिकारप्रयुक्तस्य संसारदुःखभीरुतया सत्त्व*विप्रतिपन्नत्वेनाकल्याणमित्रनिषेवणेन* च तच्छ्रावकप्रत्येकबुद्धचित्तमुत्पद्यते। तच्चित्तं हीनं स्वार्थमात्रपरायणत्वात्। तच्छ्रावकप्रत्येकबुद्धचित्तं महायानमनसिकारविक्षेपकत्वान् मनसिकारविक्षेपः कथ्यते। अत्रैव कार*णमाह*—**हीनयान[५]मनसिकारसमुदाचारादिति**। हीनयानं श्रावकप्रत्येकबुद्धयानम्। आत्मपरिनिर्वाणाधिकारप्रवृत्तत्वात्तन्मनसिकारसमुदाचारो महायानमनसिकारेभ्यो विक्षिपतीति हीनं चित्तं मनसिकारविक्षेप इत्युच्यते।

एवमियं बोधिसत्त्वस्य षड्विधविक्षेपदोषरहिता शमथभावना वेदितव्या।

[अविपर्यासपरिणता]

तत्राऽविपर्यासो दशविधे वस्तुनि वेदितव्यः, यदुत—

व्यञ्जनाऽर्थमनस्कारेऽविसारे लक्षणद्वये ।।१३।।
अशुद्धशुद्धावागन्तुकत्वेऽत्रासिताऽनुन्नतौ।

तत्र

संयोगात् संस्तवाच्चैव वियोगादप्यसंस्तवात् ।।१४।।
अर्थसत्त्वमसत्त्वञ्च व्यञ्जने सोऽविपर्ययः।

संयोगे सति व्यञ्जनानाम[२४ अ]विच्छिन्नोच्चारणतया "अस्य चेदन्नाम" इति संस्तवात् सार्थकत्वम्, विपर्ययान्निरर्थकत्वमिति। यदेवं दर्शनं सोऽविपर्यासो व्यञ्जने वेदितव्यः। कथमर्थेऽविपर्यासः ?

द्वयेन प्रतिभासत्वं तथा चाऽविद्यमानता ।।१५।।
अर्थे स चाऽविपर्यासः सदसत्त्वेन वर्जितः।

द्वयेन ग्राह्यग्राहकत्वेन प्रतिभासते तदाकारोत्पत्तितः, तथा च न विद्यते यथा प्रतिभासत इत्यर्थे यद्दर्शनं स तत्राऽविपर्यासः। अर्थस्य सत्त्वेन वर्जितो ग्राह्यग्राहकाऽभावात्, असत्त्वेन वर्जितः तत्प्रतिभासभ्रान्तिसद्भावात्।

तज्जल्पभावितो जल्पमनस्कारस्तदाश्रयः ।।१६।।
मनस्कारेऽविपर्यासो द्वयप्रख्यानकारणे।

ग्राह्यग्राहकजल्पपरिभावितो जल्पमनस्कारस्तस्य ग्राह्यग्राहकविकल्पस्याश्रयो भवति, इत्ययं मनस्कारेऽविपर्यासः। कतमस्मिन् मनस्कारे ? ग्राह्यग्राहकसम्प्रख्यानकारणे। स ह्यसौ जल्पमनस्कारोऽभिलापसंज्ञापरिभावितत्वाद् ग्राह्यग्राहकविकल्पाश्रयो वेदितव्यः।

एवमविक्षिप्तेन यथाऽविपर्यासपरिणताऽनुधर्मप्रतिपत्तिर्भावयितव्या तथोच्यते। अविपर्यासात्मना प्रवृत्ताऽविपर्यासपरिणता। **तत्र** *यद्यथा व्यवस्थितं वस्तु तथा तत्र ज्ञान[१]मविपर्यासः। तद्वस्तु पुनर्न* ज्ञायते कतिविधे वस्तुनीत्यत आह—**तत्राविपर्यासो दशविधे वस्तुनि वेदितव्य** इति। अविपर्यासवस्तु प्रदर्शनार्थं ब्रवीति—**यदुत**

५. Y's reconstruction : हीनयानेन तन्मनसि°.

१. Y's reconstruction : यद्यथा व्यवस्थितं तद्वस्तु तथा ज्ञानं.

व्यञ्जनार्थमनस्काराविसारे[2] लक्षणद्वये ।

इति विस्तरः । इदानीं तेषु वस्तुषु यथा *विपर्यासो भवति तत्प्रदर्शनार्थमाह*—**तत्र**

संयोगात् संभवा[3]च्चैव वियोगादप्यसम्भवात्[4] ॥
अर्थसत्त्वमसत्त्वञ्च व्यञ्जने सोऽविपर्ययः ॥

इति । **संयोगे सति व्यञ्जनानामिति** । संयोगो हि परस्परसंश्लेषः । न चासौ व्यञ्जनानां विद्यते, यौगपद्याभावात् । *व्यञ्जनानां युगपदुच्चारणं न युज्यते[5]* । *पूर्व*विकल्पानामुत्तरव्यञ्जनोच्चरणकालेऽनवस्थानमुच्चरणानन्तरमेव विनष्टत्वादित्याशङ्काव्युदासार्थमाह—**अविच्छिन्नोच्चारणतये**ति । एतदुक्तं भवति—**अविपर्यस्ता**विलम्बितोच्चारणमत्र *व्यञ्जनानां संयोग इष्यते न तु व्यञ्जनानां परस्परसंश्लेषण*मिति । **अस्य चेदं नामेति सम्भवादिति ।**[6] यदि चास्य वस्तुन इदं नामेति सङ्केतोऽभ्यस्तो भवति एवमनेन प्रकारद्वयेन **सार्थकत्वं** व्यञ्जनानां प्रत्यायकत्वमित्यर्थः । **विपर्ययान्निरर्थक[7]त्वमि**ति । *उभयाभावोऽन्यतरवैकल्यं वा* विपर्ययः । **यदेवं दर्शनमिति** ज्ञानम् । **सोऽविपर्यासो व्यञ्जने वेदितव्य** इति संवृत्त्या न तु परमार्थतः । परमार्थेनाविपर्यासस्य निर्विकल्पकत्वादित्यनेनाविपर्यासेन *बोधिसत्त्वः शब्दार्थरहितान् सर्वधर्मान् प्रतिविध्यति ।*

इदानीं व्यञ्जनप्रज्ञप्तिनिमित्तेऽर्थे**ऽविपर्यास**प्रदर्शनार्थमाह

द्वयेन प्रतिभासत्वं तथा चाविद्यमानता ।

इति विस्तरः । **द्वयेन ग्राह्यग्राहकत्वेन प्रतिभासते** । कः ? परतन्त्रस्वभावः । *कस्मात् ? ग्राह्यग्राहकबीजयुक्तत्वात् ।* कः पुनरत्र प्रतिभासार्थ इत्यत आह—**तदाकारोत्पत्तित** इति । ग्राह्यग्राहकाकारोत्पत्तितो ग्राह्यग्राहकत्वेन प्रतिभासते न पुनः स्फाटिकवदुपधानोपरागादि*ति ।*

तथा च न विद्यते यथा प्रतिभासते[8] अद्वयप्रकृतित्वात् । **इति**[9] एवं भ्रान्तिविज्ञानोत्पत्तिनिमित्तभूतेऽर्थे **यद्दर्शनं स तत्राविपर्यासः** सदसत्त्ववर्जनादित्यभिप्रायः । **अर्थस्य सत्त्वेन वर्जित** इत्यत्रैव कारणमाह—**ग्राह्यग्राहकाभावादि**ति । *अर्थस्य सत्त्वं*

२. Bhāṣya : मनस्कारेऽविसारे.

३. Bhāṣya : संस्तवात्.

४. Bhāṣya : असंस्तवात्.

५. Y. उच्चरणमयोज्यम्.

६. Bhāṣya संस्तवात्.

७. Y's reconstruction : विपर्ययस्त्वनर्थकत्वम्.

८. In reconstruction Y. reads तथा चाऽविद्यमानता as a part of the Kārikā 15 and follows इति यथा प्रतिभासाकारस्तथा न विद्यते. In fact here, as read, a line of the Bhāṣya is referred.

९. Y. अद्वयप्रकृतित्वादिति. In fact एवं etc. is an elucidation of the meaning of इति in the Bhāṣya sentence.

ग्राह्यग्राहकसद्भावः । तेन वर्जितो ग्राह्यग्राहकाकारेण शून्यत्वादिति । **असत्त्वेन वर्जितः** । किं कारणम् ? **तत्प्रतिभासभ्रान्तिसद्भावादिति** ग्राह्यग्राहकप्रतिभासभ्रान्तिसद्भावादित्यर्थः । अयमपि संवृत्याऽविपर्यास उच्यते न परमार्थतः, सविकल्पत्वात् । *अनेनाविपर्यासज्ञानेन बोधिसत्त्वो ग्राह्यग्राहक*स्वभावरहितान् सर्वधर्मान् प्रतिविध्यतीति ।

इदानीं ग्राह्यग्राहकप्रख्याननिमित्ते आलयविज्ञानेऽविपर्यासप्रदर्शनार्थमाह

तज्जल्पभावितो जल्पमनस्कारस्तदाश्रयः ।

इति विस्तरः । **ग्राह्यग्राहकजल्पपरिभावितो जल्पमनस्कार** इति । तस्मिन् ग्राह्यग्राहकप्रख्यानलक्षणेऽर्थेऽयं ग्राह्योऽयं ग्राहक इति वाङ्मनोभ्यां यदभिलपनं स जल्प इत्युच्यते । अनेन जल्पेन परिभावितोऽनागततज्जातीय*जल्पोत्पादाय बीजपरिपोषणमिति परिभावित* इत्युच्यते । सोऽयं जल्पपरिभावितत्वाज्जल्पमनस्कार इत्याख्यायते, कार्ये कारणोपचारात् । जल्पवासना त्वत्र जल्पः । जल्पोऽत्रास्तीत्याधाराधेययोरभेदं कृत्वा आधार*शब्दस्य वा ग्रहणाज्जल्पमनस्कार इत्युच्यते ।* **तस्य ग्राह्यग्राहकविकल्पस्य** जल्पाख्यस्य बीजाधारत्वात् । पुनश्च जल्पस्य तत्सन्निश्रयेणोत्पत्ते**राश्रयो भवतीत्ययं मनस्कारेऽविपर्यास** इत्यविपरीतं ज्ञानमित्यर्थः । स तु मनस्कारो न विज्ञायते यस्मिन्नविपर्यास *इत्यतः पृच्छति*—**कतमस्मिन्मनस्कारे***ऽविपर्यास इति ।* **अतो** मनस्कारविशेषणार्थमाह—**ग्राह्यग्राहकसम्प्रख्यानकारणे,** आलयविज्ञानविशेषात्मक इत्यर्थः । यथासौ ग्राह्यग्राहकसम्प्रख्यानकारणं भवति तत्प्रदर्शनार्थमाह—**स ह्यसौ जल्पमनस्कारोऽभिलापसंज्ञापरिभावितत्वादि**ति । *ग्राह्यग्राहकप्रख्यान*कारणं भवतीति सम्बध्यते । अथवा जल्पमनस्कार इत्यतोऽभिधानप्रवृत्तिनिमित्तमाह[10] । अभिलापसंज्ञापरिभावितत्वाज्जल्पमनस्कार उच्यत इति । अभिलापसमुत्था अभिलापसमुत्थापिका वा *संज्ञा अभिलापसंज्ञा । तया ससम्प्रयोगया जल्पमनस्कारे* स्वबीजपरिपोषणाज्जल्पमनसिकारः परिभावित उच्यते । अयमपि संवृत्यैवाविपर्यासो न परमार्थतः । अनेन चाविपर्यासेन बोधिसत्त्वो विपर्यासनिदानं ग्राह्यग्राहकाभिनिवेश*लक्षणं परिवर्जयति । एवं तद्दौष्ठुल्यं सुखेन वर्जितं भवतीति ।*

मायादिवदसत्त्वञ्च सत्त्वञ्चाऽर्थस्य तन्मतम् ॥१७॥
सोऽविसारेऽविपर्यासो भावाऽभावाऽविसारतः ।

यत् तदर्थस्याऽसत्त्वं सत्त्वञ्चाऽनन्तरमुक्तम्[२४ ब]तन्मायादिवन्मतम् । यथा माया न हस्त्यादिभावेनाऽस्ति न च नैवाऽस्ति तद्भ्रान्तिमात्राऽस्तित्वात्; **एवमर्थोऽपि न चाऽस्ति यथा सम्प्रख्याति ग्राह्यग्राहकत्वेन, न च नैवाऽस्ति तद्भ्रान्तिमात्राऽस्तित्वात् । आदिशब्देन मरीचिस्वप्नदक[1]चन्द्रादयो दृष्टान्ता यथायोगं वेदितव्याः । इति यन्मायाद्युपमाऽर्थे दर्शनादविसारं चेतसः पश्यति सोऽविसारेऽविपर्यासः, तेन भावाऽभावयोश्चित्तस्याऽविसरणात् ।**

१०. Y. °निमित्तमिति प्रदर्शनार्थमाह against Ms.

१. N. स्वप्नोदक. Ms. as here.

सर्वस्य नाममात्रत्वं सर्वकल्पाऽप्रवृत्तये ॥१८॥
स्वलक्षणेऽविपर्यासः

सर्वमिदं नाममात्रं यदिदं चक्षूरूपं यावन्मनोधर्मा इति यज् ज्ञानं सर्वविकल्पानाम्प्रतिपक्षेण, अयं स्वलक्षणेऽविपर्यासः । कतमस्मिन् स्वलक्षणे ?

परमार्थे स्वलक्षणे ।

संवृत्या तु नेदं नाममात्रमिति गृह्यते ।

धर्मधातुविनिर्मुक्तो यस्माद् धर्मो न विद्यते ॥१९॥
सामान्यलक्षणन्तस्मात् स च तत्राऽविपर्ययः ।

न हि धर्मनैरात्म्येन विना कश्चिद् धर्मो विद्यते । तस्माद् धर्मधातुः सर्वधर्माणां सामान्यं लक्षणमिति यदेवं ज्ञानमयं सामान्यलक्षणेऽविपर्यासः ।

विपर्यस्तमनस्काराऽविहानिपरिहाणितः ॥२०॥
तदशुद्धिर्विशुद्धिश्च स च तत्राऽविपर्ययः ।

विपर्यस्तमनस्काराऽप्रहाणन्तस्य धर्मधातोरविशुद्धिः, तत्प्रहाणं विशुद्धिरिति यदेवं ज्ञानमयमविशुद्धौ विशुद्धौ चाऽविपर्यासो यथाक्रमम् ।

धर्मधातोर्विशुद्धत्वात् प्रकृत्या व्योमवत्पुनः ॥२१॥
द्वयस्यागन्तुकत्वं हि स च तत्रा[२५ अ]ऽविपर्ययः ।

धर्मधातोः पुनराकाशवत् प्रकृतिविशुद्धत्वाद् द्वयमप्येतदागन्तुकम्—अविशुद्धिर्विशुद्धिश्च पश्चादिति यदेवं ज्ञानमयमागन्तुकत्वेऽविपर्यासः ।

इदानीमविसारेऽविपर्यासप्रदर्शनार्थमाह

मायादिवदसत्त्वञ्च सत्त्वञ्चार्थस्य तन्मतम् ॥

इति विस्तरः । **यत्तदर्थस्यासत्त्वं सत्त्वञ्चानन्तरमुक्तमिति** । कथमनन्तरमुक्तमिति ?

द्वयेन प्रतिभासत्वं तथा चाविद्यमानता । (का० ५.१५)
अर्थे स चा[२]ऽविपर्यासः सदसत्त्वेन वर्जितः । (का० ५.१६)

इति **तन्मायादिवन्मतम्** । मायादीनामिव मायादिवत् । एतदेव प्रदर्शयन्नाह—**यथा माया** स्वात्मन्यविद्यमानेन[3] हस्त्याद्यात्मना प्रख्यानान्न **हस्त्यादिभावेनास्ती**[4]ति । हस्त्यादिभावेन नास्तीति सर्वथैव नास्ति । किं तर्हि **न च नैवास्ति तद्भ्रान्ति**[5]**मात्रास्तित्वादिति** । तस्य हस्त्याद्याकारेण प्रख्यायमानस्य भ्रान्तिमात्रस्यास्तित्वान्न सर्वथा नास्ति । **तथार्थोऽपि न चास्ति यथा सम्प्रख्याति ग्राह्यग्राहकत्वेन तथा**[6] नैवास्ति ।

२. Y's reconstruction : अयमर्थेऽविप°.

३. Y. अविद्यमाने न.

४. Y. reconstructs : प्रख्यानाद् हस्त्यादिभावेन नास्ति.

५. Y. reconstructs : नापि नास्ति तस्य भ्रान्ति°. Reading here after the Bhāṣya.

६. Y's reconstruction : तथार्थोऽपि यथा ग्राह्यग्राहकत्वेन प्रभासते तथा. Reading here after the Bhāṣya.

तस्य त्रैधातुकचित्तचैत्तस्वरूपस्य तथाप्रख्यायमानस्य **भ्रान्तिमात्रास्तित्वान्नापि** नास्ति । **आदिशब्देन मरीचिस्वप्नोदक[७]चन्द्रादयो दृष्टान्ता यथायोगं वेदितव्या** इति । नहि मरीचिस्वप्नोदकचन्द्रादयो *यथा स्त्रीपुमात्मना प्रख्यायन्ते* तथा सन्ति न च सन्त्येव भ्रान्तिमात्रास्तित्वात्, एवमर्थोऽपीति विस्तरेण प्रत्येकं योजयितव्यम् । अत्र चादिशब्देन गन्धर्वनगरप्रतिश्रुत्कादयो वेदितव्याः । **एवं[८] यन्मायाद्युपमार्थदर्शनात्** *सत्त्वासत्त्वपक्षयोरविसारं* **चेतसः[९] अविक्षिप्तत्वं पश्यति[१०] सोऽविसारेऽविपर्यासः ।** कः पुनरविसारः ? मध्यमा प्रतिपत्समाधिरित्**यन्ये ।** यद्येवं कथमविसारेऽविपर्यास इत्यत आह—**तेन भावाभावयोश्चित्तस्याविसरणादिति ।** अनेनाविपर्यासेन बोधिसत्त्वो *भावाभावविकल्परहिताच्छून्यताऽलम्बनेऽविक्षेपः । तस्माद*विसारे विपर्यास उच्यते । अयमपि संवृत्त्यैवाविपर्यासो न परमार्थतः, तस्य निर्विकल्पकत्वात् ।

इदानीं स्वलक्षणेऽविपर्यासप्रदर्शनार्थमाह

सर्वस्य नाममात्रत्वं सर्वकल्पाप्रवृत्तये[११] ॥

इति विस्तरः । **सर्वमिदं नाममात्रं यदिदं[१२] चक्षूरूपं यावन्मनोधर्मा** इति । अतो द्वादशायतनात्मकं ज्ञेयं सर्वं नाममात्रम् । तत्र नामस्वभावविशेषप्रज्ञप्तिः । न च प्रज्ञाप्यस्यार्थस्य प्रज्ञप्तेर्वा स्वभावोऽस्ति । तेनात्मना परिकल्पितत्*वात्, परिकल्पितस्य चासत्त्वात् । अन्यथा नामनिरपेक्षया* चक्षुरादित्वेन ग्रहणं स्यात् । न चास्त्यव्युत्पन्नसङ्केतस्य ग्रहणम् । तस्माच्चक्षूरूपमित्याद्यस्यातत्स्वभावत्वान्नाममात्रमेव चक्षूरूपं यावन्मनोधर्मा इत्येवं **यज्ज्ञानं सर्वविकल्पानां प्रतिपक्षेण अयं[१३] स्वलक्षणेऽविपर्यास** *इति परि*कल्पितधर्ममुखेन सर्वधर्मेषु सर्वविकल्पप्रवृत्तिः । अतो नाममात्रप्रतिवेधज्ञानं सर्वविकल्पप्रतिपक्षः **स्वलक्षणेऽविपर्यास** इत्युक्तम् । तत्र न ज्ञायते किं *परमार्थे स्वलक्षणे आहोस्वित्संवृताविव्यतः पृच्छति*—**कतमस्मिन् स्वलक्षण** इति । अत आह

परमार्थे स्वलक्षणे ।

अयम**विपर्यासः** । परमार्थस्य स्वलक्षणस्यानभिलाप्यत्वान्न संवृतेः । किं कारणम् ? **संवृत्या** यतो **नेदं नाममात्रमिति गृह्यते[१४]**, *अभिलापद्वारेण धर्मस्वरूपे सङ्कल्पप्रवृत्तेः*, अयमपि संवृत्त्यैव न परमार्थतो नाममात्रमिति विकल्पनात् । अनेन चाविपर्यासेन बोधिसत्त्वः संवृतिपरमार्थकुशलो भवति ।

७. Bhāṣya स्वप्नदक°,

८. Bhāṣya इति.

९. Y. reconstructs : चित्तस्याविसारत्वेन.

१०. Y. reconstructs : अविसारत्वेनाविक्षेपत्वेन दर्शनं,

११. Y's reconstruction : °कल्पाप्रवर्तनात्.

१२. Y's reconstruction : यदेतत्.

१३. Y's reconstruction : सर्वविकल्पस्य प्रतिपक्ष इत्ययं. Reading here after the Bhāṣya.

१४. Y. reconstructs गृह्णाति.

इदानीं सामान्यलक्षणेऽविपर्यासप्रदर्शनायाह

धर्मधातुविनिर्मुक्तो यस्माद्धर्मो न विद्यते ॥

इति विस्तरः। **न हि धर्मनैरात्म्येन विना कश्चिद्रूप्यरूपी वा धर्मो विद्यते**। सर्वधर्माणामनभिलाप्याद्वयप्रकृतित्वाद् ग्राह्यग्राहकभावेन रहितत्वात्। **तस्माद्धर्मधातुः सर्वधर्माणां सामान्यं लक्षणमिति**। सर्वधर्मेष्वपृथक्त्वेन तत्तत् सामान्यलक्षणमुच्यते। **यदेवं ज्ञानमयं सामान्यलक्षणेऽविपर्यासः** संवृत्त्या न तु परमार्थतः। तस्य निर्विकल्पत्वात्। तदनेन चाविपर्यासेन बोधिसत्त्वो विशुद्ध्यालम्बनकुशलो भवति निर्विकल्पज्ञानविषयत्वात्।

विशेषः सामान्यलक्षणस्वलक्षणयोः को विद्यते ? अभिलापस्वभावसमारोपितत्वस्य प्रतिपक्षेणानभिलाप्यस्वभावता परमार्थलक्षणम्। परिकल्पितस्वभावनैरात्म्यं पुनः सर्वधर्माणां प्रकृतिरिति सामान्यलक्षणम्। एवं दर्शनभेदवशाद्विशेषो भवति न त्वर्थादिति।

इदानीं धर्मधात्वविशुद्धिविशुद्धावविपर्यासप्रदर्शनार्थमाह

विपर्यस्तम[15]नस्काराविहानिपरिहाणितः[16]।

इति विस्तरः। **विपर्यस्त[15]मनस्काराप्रहाणं तस्य धर्मधातोरविशुद्धिः, तत्प्रहाणं विशुद्धिरिति**। तत्र विपर्यस्त[15]मनस्कार आलयविज्ञानहेतुर्विपर्ययविकल्पः। तस्याप्रहाणं धर्मधातोरविशुद्धिः, प्रहाणं विशुद्धिः। **यदेवं ज्ञानमयमविशुद्धौ विशुद्धौ चाविपर्यासो यथाक्रममिति**। विपर्यस्त[15]मनस्काराप्रहाणं तस्य धर्मधातोरविशुद्धिरिति धर्मधातोरविशुद्धावविपर्यासः। तस्य प्रहाणं विशुद्धिरिति विशुद्धावविपर्यासः। किं कारणम् ? धर्मधातोरागन्तुकेनोपक्लेशेनोपक्लिष्टत्वात्। अयमपि संवृत्त्यैवाविपर्यासो न परमार्थतः। अनेन चाविपर्यासेन बोधिसत्त्वोऽप्रहीणावरणं धर्मधातोः प्रहीणञ्च प्रजानाति।

इदानीं धर्मधातोरविशुद्धेर्विशुद्धेश्चागन्तुकत्वेऽविपर्यासप्रदर्शनार्थमाह

धर्मधातोर्विशुद्धत्वात्प्रकृत्या व्योमवत्पुनः।

इति विस्तरः। **धर्मधातोः पुनराकाशवत् प्रकृतिविशुद्धत्वाद् द्वयमप्येतदागन्तुकमविशुद्धिर्विशुद्धिश्च पश्चादिति**। तत्र धर्मधातोरभूतविकल्पोपक्लिष्टत्वादशुद्धिरुक्ता। पश्चाच्च प्रतिपक्षोदयेन तत्प्रहाणाद्विशुद्धिः। एतद् द्वयमपि धर्मधातावागन्तुकम्। किं कारणम् ? आकाशवद् धर्मधातोः प्रकृतिविशुद्धत्वात्। प्रकृतिविशुद्धस्याविशुद्धिरागन्तुकी भवेद्विशुद्धेस्तु नित्यविशुद्धितः कथमागन्तुकीभाव इति ? या मलविगमतात्मतया विशुद्धिः सात्र विवक्षितेति नायं दोषः। अत एवोक्तं विशुद्धिश्च पश्चादिति। **यदेवं** धर्मधातोर्ज्ञानमेतद्धर्मधातोरविशुद्धिविशुद्ध्योरा**गन्तुकत्वेऽविपर्यासः**। अयमपि संवृत्त्या न तु परमार्थतः। अनेन चाविपर्यासेन बोधिसत्त्वो धर्मधातोः सङ्क्लेशव्यवदानावस्थयोः कृत्रिमत्वं प्रजानातीति।

१५. Y. विपर्यस्तु. Ms. विपर्ययस्तु.

१६. Y. and Ms. परिहानितः.

संक्लेशश्च विशुद्धिश्च धर्मपुद्गलयोर्न हि ॥२२॥
असत्त्वात् त्रासतामानौ नाऽतः सोऽत्राऽविपर्ययः ।

न हि पुद्गलस्य संक्लेशो न विशुद्धिर्नाऽपि धर्मस्य, यस्मान्न पुद्गलोऽस्ति न धर्मः । यतश्च न कस्यचित् संक्लेशो न व्यवदानम्, अतो न संक्लेशपक्षे कस्यचिद् धानिर्न व्यवदानपक्षे कस्यचिद् विशेषः, यतस्त्रासो वा स्यादुन्नतिर्वा । इत्ययमत्रासेऽनुन्नतौ चाऽविपर्यासः ।

इदानीमत्रासेऽनुन्नतौ चाविपर्यासप्रदर्शनार्थमाह

सङ्क्लेशश्च विशुद्धिश्च धर्मपुद्गलयोर्न हि ।

इति विस्तरः । **न हि पुद्गलस्य सङ्क्लेशो न विशुद्धिः, नापि धर्मस्य ।** सङ्क्लेशो विशुद्धिश्चेति वर्तते । अत्रैव कारणमाह—यस्मान्न **पुद्गलोऽस्ति न धर्मः ।** अस्तीत्यनुवर्तते । यः सङ्क्लेशव्यवदानव्यतिरेकेण विद्यते यस्य सङ्क्लेशो *व्यवदानं वा परिकल्पयितुं युज्यते यत्पृथक्त्वेन* च संक्लेशविशुद्धी[1] स्याताम्, स तादृशः पुद्गलो नास्ति प्रत्यक्षानुमानाविषयत्वात् । धर्मोऽपि परिकल्पितात्मको नैवास्ति, एकस्मिन्वस्तुन्यनेकपरिकल्पप्रवृत्तेः । न चैकस्यानेकात्मकता युज्यते *अतोऽसत्त्वात्* पुद्गलधर्मयोर्द्वयोर्वन्ध्यापुत्रादिवन्न **सङ्क्लेशो न व्यवदानम् ।** परतन्त्रस्यापि शुद्धलौकिकज्ञान गोचरस्य सङ्क्लेशविशुद्धी नैवेष्येते । किं कारणम् ? तस्य निरभिलाप्याद्वयप्रकृतित्वात् । यदि परतन्त्रस्यापि नेष्यते *कस्य*[2] *ते स्याताम् ? तस्मिन्नसति सङ्क्लेशपरिहारे*[3] व्यवदानप्राप्तियत्नवैयर्थ्यम् । धर्मधातोः सङ्क्लेशविशुद्धी भवत इत्ययमदोषः । धर्मधातोरप्यतन्मयस्यैव ते व्यवस्थाप्येते, धर्मधातौ तयोरागन्तुकत्वाद्धर्मधातोश्चाकाशवदविकार*ात् । ततः* **न संक्लेशपक्षे कस्यचिद् हानिर्न**[4] **व्यवदानपक्षे** वा[5] **कश्चिद्वि**[6]**शेषो यतस्त्रासो वा स्यान्मानो**[7] **वेत्ययमत्रासेऽनुन्नतौ चाविपर्यास** इति ।

अन्ये त्वाहुः—न सङ्क्लेशपक्षे कस्य चिद्धानिर्न व्यवदानपक्षे विशेषोऽस्ति, तदुभयवतः कस्यचिदभा*वात् । यतः पुनस्त एवं भवतस्तत्र किमिति त्रासो भवत्ययं* मे नास्तीति[8] किमिति मानो भवत्ययं मे विशेष इति ।

१. Y हानिवृद्धी against Ms. and on the basis of Tib. de tha-dad-pas hgrib-pa dan hphel-bar yan.

२. Y's reconstruction : कतमस्य.

३. Y. परिहारव्यवदान° against Ms.

४. Y. reconstructs : संक्लेशपक्षे काचिद् हानिर्नास्ति.

५. Bhāṣya has no वा.

६. Bhāṣya : कस्यचिद्.

७. Bhāṣya : उन्नति in the place of मान.

८. Ms. सङ्क्लेशविशुद्ध्योरागन्तुकाति in place of अयं मे नास्तीति. Reading here after Tib.

अपरे तु मन्यते—पुद्गलस्तावन्नैवास्ति। धर्मोऽपि नैवास्ति। अवस्थाद्वयं योऽनुभवति यस्यैतद् द्वयं कल्प्येत। किं तर्हि प्रतीत्यसमुत्पादमात्रमेतत् *सङ्क्लेशव्यवदानमिति।*

अयमपि संवृत्त्या न तु परमार्थतः, तस्य निर्विकल्पकत्वात्। अनेन चाविपर्यासेन क्षयवृद्ध्यसद्भावादविकारित्वं धर्मधातोः प्रतिविध्यतीति।

अनेन चाविपर्यासेन सर्वमावरणं प्रहाय निरावरणो *निर्यातीत्यन्ये।* अथवानेन संवृत्त्यात्मकेन दशाविपर्यासेन परमार्थाविपर्यासोऽत्र सूचितः, तस्यान्यथा निर्देशानुपपत्तेः। **अन्यः** पुनराह—य एते व्यञ्जनेऽर्थे मनस्कारेऽविसारे स्वलक्षणे सामान्यलक्षणेऽशुद्धौ शुद्धावागन्तुकेऽत्रासेऽनुन्नतौ चाविपर्यासाः कल्पिता आश्रयास्ते[१] स्वभावत्रयमधिकृत्येति। तत्र व्यञ्जनार्थाविपर्यासावत्र परिकल्पितं स्वभावमधिकृत्य। संयोगिनो द्वयपतितस्य चार्थस्य कल्पितत्वात्। अतत्त्वविषयत्वे*ऽपि सत्येवं तद् द्वयमविपर्यास एव। अविपर्यास*स्तथैवेति। मनस्कारेऽविपर्यासः परतन्त्रस्वभावमधिकृत्य। जल्पमनस्कारस्य प्रकृत्या आलयविज्ञानात्मकत्वात्। अविसारेऽविपर्यासः परिनिष्पन्नस्वभावमधिकृत्य। कुत एतन्निर्विकल्पस्य ज्ञानस्य *भावाभावयोर्विक्षेपविगतत्वाद*विपर्यासपरिनिष्पत्त्या च परिनिष्पन्नस्वभावसंगृहीतत्वात्। स्वसामान्यलक्षणयोरविपर्यासो धर्मधातावेव, तस्य विकल्पविषयातिक्रान्तस्वरूपत्वात्। अशुद्धौ शुद्धौ चाविपर्यासो धर्म (धातो) *रवस्थाविशेषे। आगन्तुके*ऽविपर्यासो धर्मधातावेव, तस्य ह्याकाशवत् प्रकृतिविशुद्धस्य चित्तसङ्क्लेशाच्चित्तविशुद्ध्या चागन्तुकमेतदुभयं व्यवस्थाप्यते। अत्रासानुन्नभावाविपर्यासो धर्मधातावेव, तस्याकाशवदकृत्रिमत्वाद्धा*निविशेषाभावात्। एवमेते दश विपर्यासाः स्वभाव*त्रये वेदितव्याः।

[दश वज्रपदानि]

एते च दशाऽविपर्यासा दशसु वज्रपदेषु यथाक्रमं योजयितव्याः। दश वज्रपदानि—सदसत्ता, अविपर्यासः, आश्रयः, मायोपमता, अविकल्पनता, प्रकृतिप्रभास्वरता, सङ्क्लेशो, व्यवदानम्, आकाशोपमता, अहीनताऽविशिष्टता च।

वज्रपदानां शरीरव्यवस्थानं स्वभावतः, आलम्बनतः, अविकल्पनतः, चोद्यपरिहारतश्च। तत्र स्वभावतः—त्रयः स्वभावाः परिनिष्पन्नपरिकल्पितपरतन्त्राख्या आद्यैस्त्रिभिः पदैर्यथाक्रमम्। आलम्बनतस्त एव। अविकल्पनतो येन च न विकल्पयति निर्वि[२५ ब]कल्पेन ज्ञानेन यच्च न विकल्पयति प्रकृतिप्रभास्वरताम्। तदनेन ज्ञेयज्ञानव्यवस्थानं यथाक्रमं वेदितव्यं यदुत त्रिभिस्स्वभावैरविकल्पनतया च। चोद्यपरिहारतः शिष्टानि पदानि। तत्रेदं चोद्यम्—"यद्येते परिकल्पितपरतन्त्रलक्षणा धर्मा न संविद्यन्ते कथमुपलभ्यन्ते? अथ संविद्यन्ते धर्माणाम्प्रकृतिप्रभास्वरता न युज्यते।" तन्मायोपमतया परिहरति। यथा मायाकृतं न विद्यते उपलभ्यते च। "यदि प्रकृतिप्रभास्वरता धर्माणां तत् कथं पूर्वं संक्लेशः पश्चाद् व्यवदानम्"? अस्य परिहारः—संक्लेशव्यवदानमाकाशोपमतया वेदितव्यम्। यथाऽऽकाशम्प्रकृतिपरिशुद्धं

१. Ms. अविपर्यासकल्पित आश्रये शास्ते.

संक्लिश्यते व्यवदायते चेति । "यद्यप्रमेयबुद्धोत्पादे सत्यप्रमेयाणां सत्त्वानां क्लेशप्रशमस्तत् कथं न संसारसमुच्छेदो न निर्वाणवृद्धिर्भवति" ? तस्याऽहीनाऽविशिष्टतया परिहारः । अप्रमेयत्वात् सत्त्वधातोर्व्यवदानपक्षस्य च ।

द्वितीयं शरीरव्यवस्थानम्—

यत्र या च यतो भ्रान्तिरभ्रान्तिर्या च यत्र च ।
भ्रान्त्यभ्रान्तिफले चैव पर्यन्तश्च तयोरिति ॥
सदसत्ताऽविपर्यास आश्रयो माययोपमा ।
अकल्पना प्रकृत्या च भास्वरत्वं सदैव हि ॥[२६ अ]
संक्लेशो व्यवदानञ्चाकाशोपमता तथा ।
अहीनाऽनधिकत्वञ्च दश वज्रपदानि हि ॥

उक्ताऽनुधर्मप्रतिपत्तिः ।

एते चानन्तरोक्ता दशाविपर्यासाः सूत्रोक्तेषु दशसु वज्रपदेषु यथाक्रमं योजयितव्याः । दश वज्रपदानि कतमानि ? सदसत्ताऽविपर्यासः, आश्रयः, मायोपमता, अविकल्पनता[1], प्रकृतिप्रभास्वरता, सङ्क्लेशो, व्यवदान[2]म्, आकाशोपमता, अहीनता, अविशिष्टता[3] चेति । तत्र वज्रमिव वज्रं सर्वविपर्यासभेदित्वात्तैश्चाभेद्य-[4] त्वात् । अनन्तरोक्तमविपर्यासज्ञानम्, *तच्च वज्रमेभिः*[5] *प्रतीयते अवगम्यत इति वज्रपदानि । वज्रव्याख्यानमित्यर्थः* । अथ पुनर्व्यञ्जनार्थमनस्कारादय एव पदशब्देनोच्यन्ते ततो वज्रस्य पदान्यालम्बनानीत्यर्थः । अथवा दुर्भेदतया वज्रवदेतान्येव पदानि वज्रपदानीत्*युच्यन्ते । अत्राविपर्यासानां सूत्रयोजनार्थं*[6] वज्रपदोपन्यासः । वज्रपदानां वा दशविधाविपर्यासमुखेनेदं व्याख्यानमिति प्रदर्शनार्थम् । तत्र व्यञ्जनानामर्थसत्त्वमसत्त्वञ्च सदसत्तेत्यतो व्यञ्जनेष्वविपर्यासो *वज्रपदेषु सदसत्तया वेदितव्यः । द्वयप्रभासः* परिकल्पितः स चात्रार्थः । स च तथा न विद्यत इत्ययमत्राविपर्यास इत्यर्थाविपर्यासो वज्रपदेष्वविपर्यासे योजयितव्यः । जल्पमनस्कार एवात्राश्रय इत्यतो मनस्कारेऽविपर्या*सो वज्रपदेष्वाश्रये योजयितव्यः ।* मायाद्युपमया[7] यश्चेतसोऽविसारेऽविपर्यासः स वज्रपदेषु मायोपमतायां योजयितव्यः । धर्मधातुस्वलक्षणमेव कल्पनारहितत्वादविकल्पनता । तेन स्वलक्षणाविपर्यासो *निर्विकल्पत्वेन द्रष्टव्यः । धर्मधातुसामान्यं* प्रकृतिप्रभास्वरत्वम् । तेन सामान्यलक्षणाविपर्यासः प्रकृतिप्रभास्वरतया सङ्गृहीतः । धर्मधातोरविशुद्धिविशेषो विशुद्धिविशेषश्च सङ्क्लेशो व्यवदानञ्चेत्य-

१. Y. reconstructs : निर्विकल्पत्वं.
२. Ms. संक्लेशव्यवदानं.
३. Ms. अहीनाविशिष्टता.
४. Ms. and Y. अभिद्यत्वात्.
५. Y's reconstruction वज्रमेतैः : which is grammatically wrong.
६. Y. reconstructs : योजयितव्यार्थं.
७. Y. °उपमतया against Ms.

तोऽशुद्धौ विशुद्धौ चाविपर्यासः सङ्क्लेशव्यवदानान्तरे सङ्गृह्यते । धर्मधातोः सङ्क्लेशव्यवदानयोरागन्तुकत्वेऽविपर्यासोऽसावप्याकाशोपमतायां योजयितव्यः । सङ्क्लेशव्यवदानावस्थयोर्धर्मधातोः क्षयवृद्ध्यभावादत्रासेऽनुन्नतौ चाविपर्यासो वज्रपदेष्वहीनाविशिष्टतायां योजयितव्यः । एवमेते दशाविपर्यासा दशसु वज्रपदेषु यथाक्रमं योजयितव्याः ।

वज्रपदानां शरीरव्यवस्थानमिति यानर्थानधिकृत्य वज्रपदानां प्रवृत्तिस्तेऽर्थास्तेषां शरीरम् । तेषान्तु चतुर्धा व्यवस्थानं **स्वभावतः, आलम्बनतः, अविकल्पनतः, चोद्यपरिहारतश्च ।**

तत्र त्रयः स्वभावाः परिनिष्पन्नपरिकल्पितपरतन्त्राख्या आद्यैस्त्रिभिः पदैर्यथाक्रममिति । तत्रादौ भवान्याद्यानि, तानि पुनः सदसत्ताऽविपर्यास आश्रयश्चेति । तत्र सदसत्तया परिनिष्पन्न उक्तः । अविपर्यासेन परिकल्पित उक्तः । आश्रयत्वेन परतन्त्र उक्तः । कथमिति ? परिनिष्पन्नस्य सदसत्ताया सदसत्तया निर्देश इति **केचित् ।** कथं सदसल्लक्षणत्वात् परिनिष्पन्नस्य सदसत्तयाऽभिधानमित्**येके ।** संयोगात्संस्तवाच्चाक्षराणां कल्पितेनार्थेन सार्थकत्वं पश्यन् विपर्ययाच्च निरर्थकत्वं परिनिष्पन्नः स्वभावोऽनभिलाप्य इति अवगम्यते । अतस्तत् सदसत्ता परिनिष्पन्नः स्वभाव इत्युक्तमित्**यन्ये ।** महायानदेशनाधर्मः सुविशुद्धधर्मधातुनिष्यन्दत्वाद् विपर्यासप्रतिपक्षालम्बनत्वाच्च परिनिष्पन्नः स्वभाव इत्युच्यते । सोऽर्थः कल्पितस्वभावस्य भवति न तु परिकल्पितः । अतः सदसत्ता परिनिष्पन्न इत्युक्तमित्**यपरे । अन्ये** त्वाहुः—सदसत्ताऽविपर्यस्तत्वात् परिनिष्पन्नः स्वभाव उक्त इति । अविपर्यासेन परिकल्पितस्तस्याविद्यमानेन द्वयरूपेण प्रख्याति लक्षणात् । आश्रयेण परत[८]स्तस्याभिधानम् । हेतुत्वादाश्रय इत्युच्यते फलत्वात् परतन्त्र इति ।

एतदेव[९] **स्वभावत्रयमालम्बनतो ज्ञेयम् ।**

अविकल्पनत इत्यत्र विग्रहभेदादाह—**येन च न विकल्पयति निर्विकल्पेन ज्ञानेन यच्च न विकल्पयति प्रकृतिप्रभास्वरताम् ।** तत्रायं विग्रहभेदः—न विकल्पयत्यनेनेत्यविकल्पनं, न विकल्प्यते तदित्यविकल्पनम् । तद्भावोऽविकल्पनता । एवमविकल्पनता द्वाभ्यां वज्रपदाभ्यां परिदीपितेति दर्शयति । **तदनेन ज्ञेयज्ञानव्यवस्थानं यथाक्रमं वेदितव्यं यदुत**[१०] **त्रिभिः स्वभावैरविकल्पनतया चे**ति । तत्र त्रिभिः स्वभावैर्ज्ञेयव्यवस्थानं ग्राह्यत्वात् । अविकल्पनतया ज्ञानव्यवस्थानं ग्राहकत्वात् ।

चोद्यपरिहारत उपयुक्तेभ्यः **शिष्टानि वज्रपदानि ।** अत्र किञ्चिद्वज्रपदं चोद्यस्य परिहार एव । तद्यथा मायोपमता, आकाशोपमता, अहीनाविशिष्टता चेति ।

८. Y. परतन्त्रस्तस्या⁰ against Ms.

९. Bhāṣya—त एव.

१०. Y. reconstructs तद्यथा.

किञ्चित्पुनश्चोद्यमेव । तद्यथा संक्लेशो व्यवदानमिति । तस्माच्चोद्यपरिहारश्च चोद्यस्य परिहारश्च चोद्यपरिहारौ, असरूपैकशेषं कृत्वा । **तत्र चोद्यं यद्येते परिकल्पितपरतन्त्रलक्षणा धर्मा न संविद्यन्ते,** ग्राह्यग्राहकत्वेनेति वाक्यशेषः । **कथमुपलभ्यन्ते** ग्राह्यग्राहकत्वेनेत्*यभिप्रायः* । **अथ संविद्यन्ते धर्माणां प्रकृतिप्रभास्वरता न युज्यते,** ग्राह्यग्राहकत्वात्मना विद्यमानत्वात् । एतच्चोद्यम् । **तन्मायोपमतया परिहरति । यथा मायाकृतं न संविद्यत उपलभ्यते चे**ति । न हि मायोपलभ्यतया *संविद्यते ततोऽप्येवं संविद्यत इति ज्ञातुं शक्यते* । **यदि प्रकृतिप्र**भास्वरता **धर्माणां तत्कथं पूर्वं संक्लेशः**[११] **पश्चाद् व्यवदानमि**ति चोद्यम् । नहि प्रकृति विशुद्धे कदाचिद् संक्लिष्टतोपपद्यते । **अस्य** परिहारः **सङ्क्लेशव्यवदानमाकाशोपमतया वेदितव्यम् । यथा आकाशं प्रकृतिपरिशुद्ध**मागन्तुके**नोपक्लेशेनसङ्क्लिश्यते,** तदपगमाद् **व्यवदीयते**[१२] चेति । एवं धर्मधातोः प्रकृतिविशुद्धत्वेऽप्यागन्तुकैरुपक्लेशैः सङ्क्लेशः । तदपगमाच्च व्यवदानमिति **यद्यप्रमेयबुद्धोत्पादे सत्यप्रमेयाणां सत्त्वानां क्लेशप्रशम**[१३]**स्तत् कथम***नादिसंसारे प्रत्येकस्यापि बुद्धोत्पादस्या*प्रमेयाणां सत्त्वानां संसारापगमान्निर्वाणप्रवेशाच्च **न संसारसमुच्छेदो न निर्वाणवृद्धिर्वे**ति[१४] चोद्यम् । **अस्या-**[१५]**हीनाविशिष्टतया** परिहारः । **अप्रमेयत्वात्सत्त्वधातोर्व्यवदानपक्षस्य चे**ति । *परिमाणवतो हि वस्तुनो हानिः समुच्छेदो वा प्रज्ञाय*ते, अप्रमेयश्च सत्त्वधातुः । तस्य हानिरपि न प्रज्ञायते कुत एव समुच्छेदः प्रज्ञास्येत आकाशवत् । व्यवदानस्याप्यप्रमेयात्वाद् विशेष एव नास्ति तस्य कथं वृद्धिर्भविष्यति आकाशवत् । *तस्यावरणापगमादावरणाभा*[१६]वाच्चेति ।

द्वितीयं शरीरव्यवस्थानमिति वज्रपदानामित्यधिकृतम् ।

यत्र या च यतो भ्रान्तिरभ्रान्तिर्या च यत्र च ।
भ्रान्त्यभ्रान्तिफले चैव पर्यन्तश्च तयोरिति ॥

वज्रपदैर्भ्रान्तिविषयो भ्रान्तिस्वरूपता *भ्रान्तिहेतुर्भ्रान्तिफलं भ्रान्तिपर्यन्तश्च* निर्दिष्टः । तथाऽभ्रान्तिस्वरूपमभ्रान्तिविषयोऽभ्रान्तिफलं तत्पर्यन्तश्चेति[१७] । तत्र यत्र भ्रान्तिरिति सदसत्तायां व्यञ्जनानां सार्थकत्वनिरर्थकत्वलक्षणायामभिधानाभिधेययोस्तत्*सम्बन्धस्य च भावस्वरूपेण परिकल्पितत्वात्* । या च भ्रान्तिरिति विपर्यासो भ्रान्तिः । स्वात्मन्यविद्यमानेन द्वयाकारेण प्रख्यानात् । यतो भ्रान्तिरित्याश्रयाद् भ्रान्तिराश्रयः पुनर्जल्पपरिभावितो मनस्कार आलयविज्ञानात्मकः । अभ्रान्तिर्या चेति मायादिवद*र्थतः सदसत्ताविसारो*ऽभ्रान्तिः । भावाभावाभिनिवेशभ्रान्तिप्रतिपक्षश्चाभ्रान्तिः । सा यथाक्रमं मायोपमतयाऽविकल्पनता च निर्दिष्टा । यत्र चेति यत्र च

११. Ms. पूर्वसंक्लेशः.

१२. Bhāṣya व्यवदायते.

१३. Y's reconstruction : संक्लेशो निराक्रियते.

१४. Bhāṣya भवति वेति.

१५. Bhāṣya तस्य.

१६. Y's reconstruction आवरणोद्भावा...

१७. Ms. फलपर्यन्त इति. Reading here after Tib.

साऽभ्रान्तिः । सा पुनः प्रकृतिप्रभास्वरतायां परिनिष्पन्नस्वभावलक्षणायाम् । भ्रान्त्यभ्रान्तिफले चैवेति तत्र भ्रान्तिफलं हि सङ्क्लेशः । भ्रान्तिनिष्यन्द इति वाक्यशेषः । अभ्रान्तिनिष्यन्दाया भ्रान्ते[१८]रभ्रान्तिफलत्वात् । अभ्रान्तिफलं व्यवदानं ससम्प्रयोगमिति वाक्यशेषः । एवकारकरणं तत्फले सङ्क्लेशो व्यवदानमित्यनेनैवोक्ते आकाशोपमतया तु पश्यति[१९] धर्मधातोर्यस्य भ्रान्त्यभ्रान्तिफलं तत् सङ्क्लेशव्यवदानात्मकम्[२०] । नेदं तत्प्रकृतिकमिति[२१] प्रदर्शनार्थम् । पर्यन्तश्च तयोरिति सङ्क्लेशव्यवदानयोः पर्यन्तो निर्वाणम् । तच्चाहीनानधिकत्वेन पर्यन्तमुक्तमित्येके । अन्ये त्वाहुः—संसारस्याप्रमेयतयाऽपचयाभावादहीनतायुक्तः सङ्क्लेशपर्यन्तः । निर्वाणस्याप्रमेयतयोपचयाभावादविशिष्टतायुक्तो व्यवदानपर्यन्त इति ।

एतानि दश वज्रपदान्यविपर्यासप्रसङ्गद्वारेणोक्तानि । न तु सूत्रितानीत्यतस्तान्यन्तरश्लोकाभ्यां सङ्गृहीतानि ।

सदसत्ताऽविपर्यास आश्रयो माययोपमा ।[२२]
अकल्पना[२३] प्रकृत्या च भास्वरत्वं सदैव हि ॥
संक्लेशो व्यवदानञ्च आकाशोपमता तथा ।
अहीनत्वाधिकत्व[२४]ञ्च दश वज्रपदानि हि ॥

अत्र च परिनिष्पन्नशब्दार्थसम्बन्धदर्शनं विपर्यासः । यथा प्रत्यवभासते तथाऽर्थानां स्वभावसत्तादर्शनं विपर्यासः । तदर्थप्रवृत्तिकारणदर्शनं विपर्यासः । अर्थसमारोपापवाददर्शनं विपर्यासः । यथानामार्थस्वभावदर्शनं विपर्यासः । भावानां स्वसामान्यलक्षणयोर्वस्तुत्वेन दर्शनं विपर्यासः । स्वस्त्यस्वस्तिसञ्चाराद्विशुद्धिरविशुद्धिश्चेति दर्शनं विपर्यासः । एकस्यैवाशुद्धिविशुद्धिदर्शनं विपर्यासः । सङ्क्लेशव्यवदानप्रहाणप्रतिलम्भयोर्हानिविशेषदर्शनात्त्रासमानप्रवृत्तिर्विपर्यासः । इत्येते दश विपर्यासाः । बोधिसत्त्वस्य तदभावादविपर्यासावस्थितस्य यथोक्तेष्वर्थेष्व रिणता विदर्शना भावना वेदितव्या । **उक्ताऽनुधर्मप्रतिपत्तिः ।**

[ङ. अन्तद्वयवर्जने प्रतिपत्तिः]

अन्तद्वयवर्जने प्रतिपत्तिः कतमा ? या रत्नकूटे मध्यमाप्रतिपत्तिरुपदिष्टा । कस्याऽन्तस्य वर्जनादसौ वेदितव्या ?

पृथक्त्वैकत्वमन्तश्च तीर्थ्यश्रावकयोरपि ॥२३॥
समारोपाऽपवादाऽन्तो द्विधा पुद्गलधर्मयोः ।

१८. Ms. as here. But Y. अभ्रान्तेः. Tib. ma-ḥkhrul-ba ni.
१९. Ms. and Y. पश्यते which is meaningless.
२०. Y. °नात्मकत्वम्.
२१. Y. तत्प्रकृतिकत्वम्.
२२. Y's reconstruction : °विपर्यासो मायोपमत्वमाश्रयः.
२३. Y's reconstruction : निर्विकल्पः.
२४. Bhāṣya अहीनानधिकत्वञ्च.

विपक्षप्रतिपक्षाऽन्तः शाश्वतोच्छेदसंज्ञितः ॥२४॥
ग्राह्यग्राहकसंक्लेशव्यवदाने द्विधा त्रिधा ।
विकल्पद्वयताऽन्तश्च स च सप्तविधो मतः ॥२५॥
भावाऽभावे प्रशाम्येऽथ शमने त्रास्यतद्भये ।
ग्राह्यग्राहेऽथ सम्यक्त्वमिथ्यात्वे व्यापृतौ न च ॥२६॥
अजन्मसमकालत्वे स विकल्पद्वयाऽन्तता ।

तत्र रूपादिभ्यः पृथक्त्वमात्मन इत्यन्तः, एकत्वमित्यन्तः । तत्परिवर्जनार्थं मध्यमा प्रतिपद् या नात्मप्रत्यवेक्षा यावन्न मानवप्रत्यवेक्षा । आत्मदर्शने हि जीवस्तच्छरीरमन्यो जीवोऽन्यच्छरीरमिति भवति दर्शनम् । नित्यं रूपमिति तीर्थिकाऽन्तः, अनित्यमिति श्रावकाऽन्तः । तत्परिवर्जनार्थं मध्यमा प्रतिपद् या रूपादीनां न नित्यप्रत्यवेक्षा नाऽनित्यप्रत्यवेक्षा । आत्मेति पुद्गलसमारोपाऽन्तः, नै [२६ ब]रात्म्यमित्यपवादाऽन्तः, प्रज्ञप्तिसतोऽप्यपवादात् । तत्परिवर्जनार्थं मध्यमा प्रतिपद् यदात्मनैरात्म्ययोर्मध्यं निर्विकल्पं ज्ञानम् । भूतं चित्तमिति धर्मसमारोपाऽन्तः, अभूतमित्यपवादाऽन्तः । तत्परिवर्जनार्थं मध्यमा प्रतिपद् यत्र न चित्तम्, न चेतना, न मनः, न विज्ञानम् । अकुशलादयो धर्माः संक्लेश इति विपक्षाऽन्तः, कुशलादयो व्यवदानमिति प्रतिपक्षान्तः । तत्परिवर्जनार्थं मध्यमा प्रतिपद् योऽस्याऽन्तद्वयस्याऽनुपगमोऽनुदाहारोऽप्रव्याहारः । अस्तीति शाश्वताऽन्तस्तयोरेव पुद्गलधर्मयोः, नास्तीत्युच्छेदाऽन्तः । तत्परिवर्जनार्थं मध्यमा प्रतिपद् यदनयोर्द्वयोरन्तयोर्मध्यम् । अविद्या ग्राह्या ग्राहिका[1] चेत्यन्तः । एवं विद्या संस्कारा असंस्कृतञ्च, तत्प्रतिपक्षः, यावज्जरामरणं ग्राह्यं ग्राहकञ्चेत्यन्तः । तन्निरोधो ग्राह्यो ग्राहको वेत्यन्तो येन मार्गेण तन्निरुध्यते । एवं ग्राह्यग्राहकाऽन्तो द्विधा—कृष्णशुक्लपक्षभेदेन । तत्परिवर्जनार्थं मध्यमा प्रतिपद्—विद्या चाऽविद्या चाऽद्वयमेतदिति विस्तरेण विद्याऽविद्यादीनां ग्राह्यग्राहकत्वाऽभावात् ।

अनुधर्मप्रतिपत्त्यन्तरमन्तद्वयवर्जने प्रतिपत्तिर्वक्तव्येत्यतः पृच्छति—**अन्तद्वयवर्जने प्रतिपत्तिः कतमेत्यत** आह—**या रत्नकूटे** *नामधर्मपर्यायेण*[2] सम्यक्प्रतिपत्तेः स्वभावप्रतिपादनार्थं **मध्यमा प्रतिपदु**[3]**पदिष्टा** । तद्यथा—[4] **काश्यप** इह **महारत्नकूटे** धर्मपर्याये शिक्षितुकामेन बोधिसत्त्वेन योनिशोधर्मप्रयुक्तेन भवितव्यम् । कतमश्च[5] योनिशोधर्मप्रयोगः ? *यदुत*—*सर्व*धर्माणां भूतप्रत्यवेक्षा । या[6] नात्मप्रत्यवेक्षा न सत्त्वनजीवनपोषनपुद्गलनमनुजनमानवप्रत्यवेक्षा । इयमुच्यते **काश्यप** मध्यमा प्रति-

१. N. ग्राहका. Ms. as here.
२. Y's reconstruction : रत्नकूटनामधर्मपर्यायेण.
३. Bhāṣya मध्यमा प्रतिपत्ति°.
४. cf. काश्यपपरिवर्त, p. 82, para 52.
५. काश्यपपरिवर्त reads तत्र काश्यप.
६. काश्यपपरिवर्त reads यत्र काश्यप.

पदिति विस्तरेण यावद् द्वितीयप्रदीपोदाहरणपर्यन्तः पठ्यते । **कस्या**[७]**न्तस्य वर्जनादसौ**[८] **वेदितव्या ?** कतमस्यान्तस्य वर्जनान्मध्यमा प्रतिपत्तिर्ज्ञातव्येत्यर्थः । अत आह

पृथक्त्वैकत्वमन्तश्च तीर्थ्यश्रावकयोरपि ॥

इति विस्तरः । अयं पञ्चदशविधोऽन्तद्वयभेदः । *अस्य वर्जनात्सा वेदितव्या* । **अत्र** *पृथगादिदर्शनमन्तः* । एकैकपक्षाभिनिविष्टत्वात् कार्ये कारणोपचारं कृत्वा । **तत्र रूपादिभ्यः पृथक्त्वमात्मन इत्यन्तः, एकत्वमित्यन्तः** । तत्र ये रूपादीन् स्कन्धानायतनानि धातूंश्च *नित्यात्मन उपभोगवस्तुत्वेन कल्पयन्ति तद्*[९] रूपादिभ्यः पृथक्त्वमात्मन इत्यन्तः । ये पुनराध्यात्मिकान् संस्कारान् रूपादीनात्मत्वेन प्रतिपन्ना, यः पश्यति शृणोति जानाति स आत्मेति बाह्यांश्चात्मीयत्वेन कल्पयन्ति *तद्*[९] *रूपादिभ्य एकत्वमात्मन इत्यन्तः यत्* **सूत्र्यते—स जीवस्तच्छरीरमन्यो जीवोऽन्यच्छरीरमिति** दर्शनम्, तदेवात्रान्तशब्देनोक्तम् । **तत्परिवर्जनार्थमिति** रूपादिभ्यस्तत्त्वान्यत्वान्तपरिवर्जनार्थमात्मनः । **मध्यमा प्रतिपद्यद्** *धर्ममात्रं विषयभूतं ज्ञानम्* । *एतदेव प्रदर्शयन्नाह* **—या नात्मप्रत्यवेक्षा यावन्नमानवप्रत्यवेक्षेति** । धर्ममात्रदर्शनाद्धि वन्ध्यापुत्रवदात्मा नास्तीत्यवगच्छन् नात्मानं प्रत्यवेक्षते नानुसरतीत्यर्थः । कुत एव तस्य रूपादिभ्यस्तत्त्वमन्यत्वं *वा गृह्यत इति ? आत्मशब्देनैव तदर्थेऽवगम्यमाने* किमर्थं सत्त्वादिपर्यायविशेषाभिधानम् ? न सर्वस्य सर्वपर्यायव्युत्पत्तिरित्यतः सर्वेषां तदर्थावबोधार्थं पर्यायान्तरनिर्देशः । तत्कालविक्षिप्तानां वा पर्यायान्तरेण तदर्थप्रापणार्थः । तेनैवाभिधानेनोच्यमानेऽन्येषां *प्रापणात्* ।

नित्यं रूप[१०]**मिति तीर्थिकान्तः** । ते हि परिकल्पितरूपान् वस्तुत्वेनाभिनिवेश्य नित्यत्वेन कल्पयन्ति नित्यविपर्यासोपहतत्वात् । **अनित्यमिति श्रावकान्तः** । तैरपि कल्पितस्वभावानां रूपादीनां वस्तुरूपेणानित्यत्वेन[११] *समारोपणा*[१२]*दन्तत्वम्* । *अत्यन्तसंसारोद्वेगकरान्निर्वाणस्य* चान्तपातनादनित्यदर्शनस्यान्तत्वम् । **तदुभयपरिवर्जनार्थमिति** नित्यानित्यदर्शनपरिवर्जनार्थं **मध्यमा प्रतिपद् या रूपादीनां ननित्यप्रत्यवेक्षा नानित्यप्रत्यवेक्षेति** । *तत्पुनः किम्*[१३] *? निर्विकल्पज्ञानम्* । *यन्न रूपादीन् रूपादिष्वेव नित्यत्वेना*नित्यत्वेन चानुगच्छति । रूपादीनामित्यादिशब्देन वेदनासंज्ञासंस्कारविज्ञानस्कन्धानां पृथिव्यप्तेजोवाय्वाकाशधातूनां चक्षुःश्रोत्रघ्राणजिह्वाकायमन[१४]आयतनानां च ग्रहणम् ।

७. Y's reconstruction कतमस्य.
८. Ṭikā Ms.°·· दिशो. Y. वर्जनात् सा. Reading here after the Bhāṣya.
९. Y. ते.
१०. Y's reconstruction : रूपादयो नित्यमिति.
११. Ms. रूपेण नित्यत्वेन. Tib. mi-rtag-pa.
१२. Y. समारोपिता°.
१३. Y. कतमत्.
१४. Ms. and Y. मान.

आत्मेति[१५]शब्देन **पुद्गलसमारोपान्त** *इति स्कन्धधात्वायतन*[१६] *व्यतिरिक्त*-मव्यतिरिक्तं वा वन्ध्यापुत्रवदसन्तमात्मानं द्रव्यतः पश्यतः पुद्गलस्यात्मनो वस्तुरूप-समारोपणमन्तः । **नैरात्म्यमित्यपवादान्तः** । अपवादो हि सतोऽसत्त्व[१७]परिकल्प इत्युक्तः । *आत्मनस्त्वसत्त्वात् कथं नैरात्म्यमित्यपवादान्त आपद्यत इत्यत आह*— **प्रज्ञप्तिसतोऽप्यपवादात्**, नैरात्म्यमपवादान्त इति सम्बध्यते । स पुनर्धर्माणां सन्तानो यस्मिन् हेतुफलसम्बन्धः प्रज्ञायते । समुदयो वा यत्र देवमनुष्यप्रज्ञप्तिः । **तत्परिवर्जनार्थं मध्यमा प्रतिपदि**त्यात्मनः *सदसत्तादर्शनपरिवर्जनार्थम् । तस्याः पुनर्यस्या मध्यमायाः प्रति*पदो निरूपणार्थमाह—**यदात्मनैरात्म्ययोर्मध्यममि**[१८]ति । किं पुनस्तन्मध्यम् ? **निर्विकल्पं ज्ञानम्**[१९] ।

ग्राह्यार्थविकल्पस्यान्तत्वं दर्शयित्वा ग्राहकार्थविकल्पस्यान्तत्व[२०]प्रदर्शनार्थ-माह—**भूतं चित्तमित्या**दि । अथवा *पुद्गलस्य समारोपापवादान्तत्वं दर्शयित्वा धर्मस्य समारोपा*पवादान्तदर्शनार्थमाह—भूतं चित्तमित्यादि । यथा प्रतिभासते यथा वाऽभिलप्यते चित्तं तथैव भूतं विद्यत इति । अयं **धर्मसमारोपान्तः**, अभूत-स्य चित्तस्वभाव(स्य) भूतत्वेन समारोपात् । **अभूतं** *चित्तमित्यपवादान्तः । तस्य हि ग्राह्यग्राहकरहिता*त्मना निरभिलाप्येन च विद्यमानमप्यभूतमितिपश्यतः सर्वात्मना धर्मस्वभावापवादादपवादान्तः । **तत्परिवर्जनार्थमिति** समारोपापवादरहितस्य धर्म-नैरात्म्यस्य प्रतिवेधार्थं **मध्यमा प्रतिपद्** । *सा यत्र* **नचित्तं न चेतना न मनो न विज्ञान**[२१]मिति । अभिनिवेशा न[२२] प्रवर्तन्त इति वाक्यशेषः । यत्र वा विषये न चित्तं सास्रववासनाभिश्चितात्मकं[२३] प्रवर्तते, न चेतनाऽभिसंस्कारलक्षणा, न मनो मन्यना-*कारं, न विज्ञानञ्च विकल्पनमियं मध्यमा प्रतिपदित्युच्यते* । तत्र चित्तमालयविज्ञानं सर्वस्रावधर्मवासनाभिश्चित[२३]त्वात् । चेतना मनस्कर्म, कुशलाकुशलाव्याकृतेषु चित्त-प्रेरणकर्मिका । मनः क्लिष्टं मनः । विज्ञानं षड्विज्ञानकायाः ।

अकुशलादयो धर्माः संक्लेश इति विपक्षान्तः । **कुशलादयो**[२४] **व्यवदानमिति**

१५. Y's reconstruction : आत्मास्तीति.

१६. Y. °यतनानां.

१७. Ms. °सत्य°.

१८. Bhāṣya मध्यं.

१९. Y. does not regard ज्ञानम् as a part of the Bhāṣya text.

२०. Y. अन्तत्वं प्रदर्शनार्थं.

२१. Y's reconstruction : यत्राचित्तामनोऽविज्ञानं. Ṭikā, at least in Tib. trans. omits न चेतना. Following Ṭikā supports the reading of न चेतना here.

२२. Ṭikā Ms. omits न but Tib. supports.

२३. Ms. चित्तात्मकं but Y. चितात्मकं on the basis of Tib. bsags-pa.

२४. Y's reconstruction कुशलाद्यस्तु.

प्रतिपक्षान्तः। आदिशब्देन सावद्यानवद्यलौकिकलोकोत्तरसास्रवानास्रवसंस्कृतासंस्कृतादयो निर्देशाः सम्बध्यन्ते। तत्र यथैवाकुशलाः कुशलाश्च धर्माः *प्रतिभासन्तेऽभिलप्यन्ते* च *तथैव* संक्लेशो व्यवदानञ्चेति दर्शनं विपक्षान्तः प्रतिपक्षान्तश्च। तत्राऽकुशला अक्षेमार्थत्वात्[२५]। सावद्या दुश्चरितसमुत्थापकत्वात्। लौकिका विपर्यस्तत्वात्। सास्रवा आस्रवानुशयितत्वात्। संस्कृताः *प्रत्ययोत्पादित्वात्। तद्विपरीतास्तु* कुशलादयो वेदितव्याः। **तत्परिवर्जनार्थं मध्यमा प्रतिपदिति**। विपक्षप्रतिपक्षयोस्तच्छब्देनाभिसम्बन्धः। न मध्यमाऽत्र प्रतिपज्ज्ञायत इत्यत आह—**योऽस्यान्तद्वयस्याऽनुपगमोऽनुदाहारोऽप्रव्याहार** इति। तत्राऽनुपगमो विपक्षप्रतिपक्षयोरनभिनिवेशः। अनुदाहारस्तस्मिन् विपक्षप्रतिपक्षान्ते परेषामसमादापनात्। अप्रव्याहारो विपक्षप्रतिपक्षान्तयोरसंवर्णनात्।

तीर्थिकश्रावकान्तप्रतिपक्षेण मध्यमां प्रतिपदं देशयित्वा बोधिसत्त्वान्तप्रतिपक्षेण मध्यमां प्रतिपदं प्रतिपादयन्नाह—**अस्तीति शाश्वतान्तः**[२६], **नास्तीत्युच्छेदान्तः तयोरेव पुद्गलधर्मयोः**। सर्वदा स्वलक्षणसमारोपादस्तीति शाश्वतान्तः। सर्वथा स्वरूपापवादान्नास्तीत्युच्छेदान्तः। **तत्परिवर्जनार्थं मध्यमा प्रतिपद् यदनयोरन्तयो**[२७] **र्मध्यमिति**। उभयान्तविगमोऽत्र मध्यमभिप्रेतमि**त्येके**। उभयलक्षणमत्र द्वयोरन्तयोर्मध्यमि**त्यपरे**। कथं कृत्वा ? योऽह्यभूतपरिकल्पवद्धर्मधातुवद्वा ज्ञेयमभिधेयं च वस्तु द्रव्यतः परमार्थतश्चास्तीत्यभिनिवेशः स शाश्वतान्तः। तस्य तथाऽसत्त्वात्। तद्वा[२८] शशविषाणवन्नास्त्येवेति दर्शनमुच्छेदान्तः। किं कारणम् ? तस्य प्रज्ञप्तितोऽस्तित्वात्। अतस्तन्निराकरणेनोच्छेदान्त उच्यते। अतश्चास्तित्वनास्तित्वयोर्मध्यं द्रव्यतः परमार्थतश्च नास्ति प्रज्ञप्तितोऽस्तीत्युभयलक्षणं भवति।

विपक्षप्रतिपक्षयोः समारोपान्तमधिकृत्याह—**अविद्या ग्राह्या ग्राहका चे**[२९]**त्यन्तः**। एवं **विद्या संस्कारा असंस्कृतञ्च, तत्प्रतिपक्षो**[३०] **ग्राह्यं ग्राहकञ्चेत्यन्तः**। अत्र च **यावज्जरामरणमिति** पर्यन्तग्रहणाद्विज्ञाननामरूपादयोऽप्याक्षिप्यन्ते। विज्ञानं ग्राह्यं ग्राहकञ्चेत्यन्तः। एवं नामरूपं षडायतनं स्पर्शो वेदना तृष्णा उपादानं भवो जातिर्जरामरणं ग्राह्यं ग्राहकञ्चेत्यन्तः। तत्राऽविद्या सत्यरत्नाऽसम्प्रख्यानात्मिका। पुण्यापुण्यानिञ्ज्यस्वभावा सास्रवा चेतना सा पुनर्भवाभिसंस्करणात् संस्काराः। एवं संक्लेशलक्षणव्याख्यानानुसारेण विज्ञानादयोऽपि विस्तरेण वक्तव्याः। विद्याऽनास्रवं ज्ञानम्। संस्काराणां ज्ञानमेवाऽसंस्कृतं प्रतिपक्षः। अथ[३१]वाऽन्यस्मादसंस्कृताद्

२५. Y. reads तत्राकुशलाऽक्षेमार्थत्वात् which is grammatically incorrect.
२६. Bhāṣya reads तयोरेव पुद्गलधर्मयोः after शाश्वतान्तः.
२७. Bhāṣya अनयोर्द्वयोरन्तयो°.
२८. Y. तथा against Ms.
२९. Bhāṣya ग्राहिका which is grammatically better.
३०. यावज्जरामरणं of the Bhāṣya text not mentioned here.
३१. Y. अत एव for अथवा against Ms.

व्यवच्छेदार्थमाह—तत्प्रतिपक्ष इति । **अन्ये** त्वनुत्पत्तिमत्त्वादसंस्कृतमष्टविधमप्यत्र मन्यन्ते । प्रतिपक्षस्त्वनास्रवा चेतना पुनर्भवानभिसंस्करणादिति । **तन्निरोधो ग्राह्यो ग्राहको वेत्यन्तः** । तच्छब्देन विज्ञानादयो जरामरणपर्यवसानाः सम्बध्यन्ते । निरोधो न विज्ञायते किं भावः कारणं वेत्याह—**येन**[32] **तन्नामरूपं निरुध्यत** इति । केन पुनस्तन्नामरूपं निरुध्यते ? नामरूपप्रतिपक्षेणाऽनास्रवेण **मार्गेण** । विद्या चाऽविद्या चाद्वयमेतदद्वैधीकारमित्येतदेवात्र ज्ञानं सपरिवारं मार्गः । अतश्च निरुध्यतेऽनेनेति निरोधः । कः पुनरत्रान्तः ? अयमेव ग्राह्यग्राहकाभिनिवेशः । किं कारणम् ? अद्वयप्रकृतिष्वविद्यादिष्वविद्यमानद्वयाध्यारोपप्रवृत्तत्वात् । **एवं ग्राह्यग्राहकान्तो द्विधा—कृष्णशुक्लपक्षभेदेनेति** । तत्र कृष्णपक्षे द्वादशभवाङ्गानि, अविद्या यावज्जरामरणम् । एवं शुक्लपक्षेऽप्यविद्यादिनिरोधभेदेन द्वादशप्रकार एवाविद्यानिरोधो यावज्जरामरणनिरोध इति । अत्र च निरुध्यन्तेऽनेनाऽविद्यादय इति तत्प्रतिपक्षभूतो मार्ग एव निरोधशब्देनोक्तः । **तत्परिवर्जनार्थमिति** ग्राह्यग्राहकान्तपरिवर्जनार्थं **मध्यमाप्रतिपदुक्तेत्यभिसम्बध्यते** । सा च न विज्ञायत इत्यत आह—**विद्या चऽविद्या चाद्वयमेतदिति** । कथं विद्या चाविद्या च यावज्जरामरणं तन्निरोधश्चाऽद्वयमित्यत आह—**विद्याविद्यादीनां ग्राह्यग्राहकत्वाभावादिति** । तदभावस्त्वविद्यादीनामद्वयप्रकृतित्वात् । अथवा विद्याऽविद्येति परिकल्पितस्वभावोऽतश्च परिकल्पितस्वभावयोर्विद्याऽविद्ययोरभावसमतया विद्या चाऽविद्या चाद्वयमिति । एवं संस्काराणामसंस्कृतस्य च विज्ञानस्य तन्निरोधस्य च यावज्जरामरणस्य तन्निरोधस्य चेति वक्तव्यः । का पुनरत्र मध्यमा प्रतिपत् ? एतदेव ज्ञानं विद्या चाविद्या चाद्वयमेतदद्वैधीकारमिति न विद्योत्पादयितव्या नाऽविद्या निरोधयितव्या । न संस्कारादयः प्रहेयाः । न तन्निरोधः प्राप्तव्य इति यदेवं ज्ञानमेतदद्वैधीकारम् ।

त्रिविधः संक्लेशः—क्लेशसंक्लेशः,[२७ अ] कर्मसंक्लेशः, जन्मसंक्लेशश्च । तत्र क्लेशसंक्लेशस्त्रिविधः—दृष्टिः, रागद्वेषमोहनिमित्तम्, पुनर्भवप्रणिधानञ्च, यस्य प्रतिपक्षो ज्ञानशून्यता, ज्ञानाऽनिमित्तम्, ज्ञानाऽप्रणिहितञ्च । कर्मसंक्लेशः शुभाऽशुभकर्माऽभिसंस्कारः, यस्य प्रतिपक्षो ज्ञानाऽनभिसंस्कारः । जन्मसंक्लेशः पुनर्भवजातिः, जातस्य चित्तचैत्तानाम्प्रतिक्षणोत्पादः, पुनर्भवप्रबन्धश्च । यस्य प्रतिपक्षो ज्ञानाऽजातिः, ज्ञानाऽनुत्पादः, ज्ञानाऽस्वभावता च । एतस्य त्रिविधस्य संक्लेशस्याऽपगमो व्यवदानम् । तत्र ज्ञानशून्यतादिभिर्ज्ञेयशून्यतादयो धर्मा एतेन त्रिविधेन संक्लेशेन यथायोगं यावन्न शून्यतादयः क्रियन्ते, प्रकृत्यैव शून्यतादयः; धर्मधातोः प्रकृत्यसंक्लिष्टत्वात् । तेन यदि धर्मधातुः संक्लिश्यते वा विशुद्ध्यते वेति कल्पयति—अयमन्तः । प्रकृत्यसंक्लिष्टस्य संक्लेशविशुद्ध्यभावात् । एतस्याऽन्तस्य परिवर्जनाऽर्थं मध्यमा प्रतिपत्, यन्न शून्यतया धर्माञ्छून्यान् करोति, अपितु धर्मा एव शून्या इत्येवमादि ।

३२. Ṭīkā omits मार्गेण of the Bhāṣya text.

त्रिविधः सङ्क्लेश इति। तत्र **क्लेशः** कर्मजन्मसंक्लेशनिमित्तत्वात्स्वयञ्च क्लिष्टत्वात्स्वपरात्मनोर्व्याबाधहेतुत्वाद्वा संक्लेश उच्यते[1]। **कर्मा**पि क्लेशाधिपत्यनिर्वृत्तत्वाज्जन्महेतुत्वात् स्वयमपि च कस्यचित् क्लिष्टत्वात्संक्लेश उच्यते। **जन्मा**पि कर्मक्लेशनिमित्तत्वात् सर्वोपद्रवास्पद[2]भूतत्वाच्च संक्लेशः। पुनः क्लेशसङ्क्लेशस्य त्रिधा भेदप्रदर्शनार्थमाह—**क्लेशसङ्क्लेशस्त्रिविध** इति विस्तरः। तत्र **दृष्टयः** पञ्च सत्कायदृष्ट्यादिकाः। **रागद्वेषमोहा** एव **निमित्तं** शोकादिहेतुत्वात्पुनर्भवहेतुत्वाच्च। **अन्ये** त्वाहुः—रागादीनां निमित्तं तदनुकूला इन्द्रियार्थाः, अयोनिशो मनस्कारः, रागादिवासना आलयविज्ञानसन्निविष्टा। एवन्तु वर्णयन्ति—रागादिनिमित्तं तदाभास इति। **पुनर्भवप्रणिधानं** पुनर्भवप्रार्थना। **यस्य प्रतिपक्षो ज्ञानशून्यते**ति विस्तरः। तत्र दृष्टानां ज्ञानशून्यता प्रतिपक्षः। शून्यताविषयं ज्ञानमत्र ज्ञानशून्यता। रागादिनिमित्तप्रतिपक्षो **ज्ञानाऽनिमित्तं** सर्वनिमित्तविगमात्। अनिमित्तविषयं वा ज्ञानं ज्ञानानिमित्तम्। परिकल्पितरागादिशून्यताविषयत्वात् पुनर्भवप्रणिधानप्रतिपक्षो **ज्ञानाप्रणिहितम्**। पुनर्भवप्रणिधानविगतं पुनर्भवशून्यताविषयं वा ज्ञानं ज्ञानाप्रणिहितम्। **कर्मसङ्क्लेशः शुभाशुभकर्माभिसंस्कारः** पुनर्भवाक्षेपकयोः शुभाशुभयोः कर्मणोरुपचयोऽभिनिर्वृत्तिरभिसंस्कारः। **यस्य प्रतिपक्षो ज्ञानाऽनभिसंस्कारः**। येन ज्ञानेन कर्म पुनरभवन्नस्य नाऽभिसंस्करोति तज् ज्ञानं ज्ञानाभिसंस्कारः। तत्पुनस्तथताविषयम्। **जन्मसङ्क्लेशः पुनर्भवजातिः** प्रतिसन्धिचित्तम्। **जातस्य चित्तचैत्तानां प्रतिक्षणोत्पादः** प्रतिसन्धिबन्धादूर्ध्वमामरणात्। **पुनर्भवप्रबन्ध** इति क्लेशसहितो मरणभवः। तस्मादनन्तरमन्तर्भावः। ततश्च पुनरप्युपपत्तिभवः। आरूप्यसमापत्तिलाभिनान्तु मरणभवादेवानन्तरमुपपत्तिभावः। **यस्य प्रतिपक्षो ज्ञानाऽजातिर्ज्ञानानुत्पादो ज्ञानास्वभावता च**। तत्राजाताः सर्वधर्माः परिकल्पितात्मकत्वेनेति यज्ज्ञानं शून्यताविषयं वा तज्ज्ञानाजातिः। परिकल्पितधर्मशून्यताविषयं ज्ञानं ज्ञानानुत्पादः, तेन तदनुत्पादप्रतिवेधात्। वन्ध्यापुत्रवदसत्त्वादस्वभावो भावप्रबन्ध इति यज्ज्ञानं तज्ज्ञानास्वभावता। एतज्ज्ञानशून्यतादिकं सप्तविधज्ञानं यथोक्तस्य सप्तविधस्य दृष्टचादिविपक्षस्य प्रतिपक्षः। **एतस्यैव त्रिविधस्य** क्लेशकर्मजन्म**सङ्क्लेशस्य** सप्तधाभिन्नस्याऽ**पगमो व्यवदानम्**। अपगमः प्रहाणम्। **अन्ये** तु मन्यन्ते तथता मार्गो निर्वाणञ्च व्यवदानम्। अपगच्छत्यस्मिन्ननेवापगतिश्चेत्येवं विग्रहभेदात्तथतादयो व्यवदानमिति। **तत्र ज्ञानशून्यतादिभिरि**ति, आदिशब्दाज्ज्ञानशून्यता ज्ञानानिमित्तं ज्ञानाप्रणिहितं ज्ञानानभिसंस्कारो ज्ञानाजातिर्ज्ञानानुत्पादो ज्ञानास्वभावता च परिगृह्यन्ते। **ज्ञेयशून्यतादयो धर्मा** इति। अत्राप्यादिशब्देन ज्ञेयशून्यता ज्ञेयनिमित्तं ज्ञेयानभिसंस्कारो ज्ञेयाजातिर्ज्ञेयानुत्पादो ज्ञेयास्वभावता च परिनिष्पन्नलक्षणाः परिगृह्यन्ते। **एतेन त्रिविधेन सङ्क्लेशेन यथायोगं यावन्न शून्यतादयः क्रियन्त** इति। अनन्तरोक्तेन

१. Ṭīkā Ms. and Y. संक्लेशा उच्यन्ते. But it should be in singular.

२. Y. आश्रय. Ms. आस्यद.

क्लेशकर्मजन्मसंक्लेशेन पृथग्भूतज्ञेयशून्यतादयो धर्मा ज्ञानशून्यतादिभिर्न क्रियन्ते। किं कारणं न क्रियन्ते ? यस्मात्ते **प्रकृत्यैव शून्यतादय** इति। प्रकृत्यैवाऽदृष्ट्यादिस्वभावा इत्यर्थः। कुत एतत् ? अत आह—**धर्मधातोः प्रकृत्यसंक्लिष्टत्वात्**। अतो ज्ञेयशून्यतादयो धर्माः प्रकृत्यैव शून्यतादय इति ज्ञानशून्यतादिभिर्न क्रियन्ते। यथायोगमित्ययमत्र यथायोगार्थः। ज्ञानशून्यतया ज्ञेयशून्यता दृष्टिसंक्लेशेन विमुक्ता विरहिता न क्रियन्ते, दृष्टिशून्यतायाः स्वयमेवादृष्टिस्वभावत्वात्। एवं ज्ञानानिमित्तेन ज्ञेयानिमित्तं रागादिनिमित्तैर्विरहितं न क्रियते, रागादिनिमित्तैः शून्यतायाः स्वयमेवानिमित्तत्वात्। ज्ञानाप्रणिहितेन ज्ञेयाप्रणिहितं न क्रियते, प्रणिधानशून्यतायाः प्रकृत्यैवाप्रणिधानलक्षणत्वात्। ज्ञानानभिसंस्कारेण ज्ञेयानभिसंस्कारो न क्रियते, अभिसंस्कारशून्यतायाः प्रकृत्यैवानभिसंस्कारलक्षणत्वात्। ज्ञानाजात्या ज्ञेयाजातिर्न क्रियते, जातिशून्यतायाः प्रकृत्यैवाजातिलक्षणत्वात्। ज्ञानानुत्पादेन क्रिया[3]नुत्पादो न क्रियते, चित्तचैत्तप्रतिक्षणोत्पादशून्यतायाः प्रकृत्यैवानुत्पादलक्षणत्वात्। ज्ञानास्वभावतया ज्ञेयास्वभावता न क्रियते, पुनर्भवशून्यतायाः प्रकृत्यैवास्वभावत्वात्। अथवा त्रिविधेन संक्लेशेन **यथायोगमिति** विस्तरः। क्लेशकर्मजन्मसंक्लेशेन सप्तधाभिन्नेन ज्ञेयशून्यतादीनां धर्माणां यस्य धर्मस्य येन संक्लेशभेदेन योगः स धर्मो न ज्ञानशून्यतादिभिः क्रियते किं तर्ह्यधिगम्यते। तत्र दृष्टिसंक्लेशेन ज्ञानशून्यतायोगः एवं यावत्पुनर्भवप्रबन्धेन ज्ञानास्वभावतायोगः। किं कारणं न क्रियते ? यस्मात्ते प्रकृत्यैव शून्यतादयो धर्मा धर्मधातोः प्रकृत्यैवासंक्लिष्टत्वादिति। तत्र दृष्टयो न ज्ञानशून्यतया शून्याः क्रियन्ते, तासां प्रकृत्यैव शून्यतालक्षणत्वात्। रागादिनिमित्तं ज्ञानानिमित्तेन नानिमित्तं क्रियते, धर्मधातोः प्रकृत्यैवानिमित्तत्वात्। एवं यावत्पुनर्भवप्रबन्धो ज्ञानास्वभावतया नास्वभावः क्रियते, यतोऽनुत्पन्नेऽपि प्रतिपक्षे परिकल्पितः स्वभावोऽसन्नेव। यतश्चैतदेवमतो **यदि धर्मधातुः संक्लिश्यते वा विशुध्यते वेति कल्पयत्ययमन्तः**। किं कारणमित्यतो ब्रवीति—**प्रकृत्यसंक्लिष्टस्य संक्लेश**[4]**शुद्ध्यभावादाकाशवदिति**। **एतस्यान्तस्य परिवर्जनार्थं मध्यमाप्रतिपद्यन्न शून्यताया**[5]विद्यात्मिकाया **धर्मान्**ज्ञेय[6]शून्यतादीन् परिनिष्पन्नस्वभावात्मकं तद्विपक्षेण[7] परतन्त्रस्वभावेन दृष्ट्यादिकेन **शून्यान्विरहितान् करोति**। **अपि त्वनुत्पन्नायामपि** विद्यायां परिकल्पितेन स्वभावेन दृष्टिस्वरूपेण **धर्मा एव शून्याः**। एवं यन्नानिमित्तेन धर्माननिमित्तान् करोति, धर्मा एवानिमित्ताः यावद्यन्नास्वभावतया धर्मानस्वभावान् करोति धर्मा एवास्वभावा इति। यैवं प्रत्यवेक्षा इयमुच्यते **काश्यप** धर्माणां भूतप्रत्यवेक्षेति। एवं विद्यास्तित्वं तद्विपक्षास्तित्वं च परिकल्पितस्वभावविगतं परिदीपयन्नध्यारोपापवादान्तप्रतिक्षेपः कृतो भवति।

३. Y. ज्ञेयानुत्पादो. Ms. क्रियानुत्पादो.

४. Bhāṣya विशुद्धि.

५. Bhāṣya शून्यतया.

६. Y. धर्मान् ज्ञेय° against Ms.

७. Ms. शुद्धिपक्षेण.

अपर: सप्तविधो विकल्पद्वयाऽन्त: । तद्यथा—भावेऽपि विकल्पोऽन्त:, अभावेऽपि । पुद्गलोऽस्ति यस्य वि[२७ ब]नाशाय शून्यता नैरात्म्यमपि वा नास्तीति कल्पनात् । तदेतस्य विकल्पद्वयाऽन्तस्य परिवर्जनार्थमियं मध्यमा प्रतिपत् । न खलु पुद्गलविनाशाय शून्यता, अपितु शून्यतैव शून्या, पूर्वान्तशून्यता, अपरान्तशून्यतेत्येवमादिविस्तर: ।

शाम्यऽपि विकल्पोऽन्त:, शमनेऽपि विकल्पोऽन्त:, प्रहेयप्रहाणकल्पनया शून्यतायास्त्रसनात् । एतस्य विकल्पद्वयान्तस्य परिवर्जनार्थमाकाशदृष्टान्त: ।

त्रास्येऽपि विकल्पोऽन्त: ततश्च त्रास्याद् भयेऽपि । परिकल्पितरूपादित्रसनात्, दु:खभीरुतया । एतस्य विकल्पद्वयाऽन्तस्य परिवर्जनार्थं चित्रकरदृष्टान्त: । पूर्वको दृष्टान्त: श्रावकानारभ्य, अयन्तु बोधिसत्त्वान् ।

योऽयमनुक्रान्तो विकल्पप्रभेदस्तस्मादयम**अपर: सप्तविधो विकल्पद्वयान्त:** । विकल्पप्रभेदप्रदर्शनार्थमाह–**तद्यथा भावेऽपि** विकल्पोऽन्त: **अभावेऽपि** विकल्पोऽन्त इति । कथमित्यनो ब्रवीति–**पुद्गलोऽस्ति यस्य विनाशाय शून्यता नैरात्म्यमपि वा नास्तीति वि**[1]**कल्पनात्** । यदि शून्यतया धर्मान् प्रकृतिशून्यत्वान्न शून्यान् करोति तेन तर्हि पुद्गलोऽस्ति यस्य विनाशाय शून्यता । नैरात्म्यमपि वा नास्ति पुद्गलाभावात् । न हि प्रतिपक्षो निर्विपक्षोऽस्ति । तस्मादवश्यं पुद्गलास्तित्वं वा नैरात्म्यं भावो[2] वा प्रतिपत्तव्य इति । तद्भावाभावे विकल्पोऽन्त: । **एतस्य** भावाभाव**विकल्पद्वयान्तस्य परिवर्जनार्थमियं मध्यमा प्रतिपत् । न खलु** पुन: **काश्यप पुद्**गल**विनाशाय शून्यता । अपितु शून्यतैव शून्येति** विस्तरेण **सूत्र**पाठ: । तत्र न सङ्क्लिष्टपुद्गलविनाशाय न व्यवदानपुद्गलोत्पादाय शून्यता । सेनादिवत्प्रज्ञप्तिसत्त्वात् पुद्गलस्योत्पादविनाशाभावादपि तु शून्यतैव शून्या न तु पुद्गलेन सत्कायदृष्टिसमारोपितेन, तस्यात्यन्तमसत्त्वात् । एवञ्च कृत्वा पुद्गलधर्मात्मना न भाव: शून्यता तद्रहितत्वात् । परिनिष्पन्नेन नाभाव:, तच्च शून्यताया: परिनिष्पन्नात्मकत्वं प्रतिपादयन्नाह—**पूर्वान्तशून्यता, अपरान्तशून्यता,** प्रत्युत्पन्नशून्यतेति[3] कालत्रयेऽपि तथैवास्तित्वप्रतिपादनात् । अथवा पृथग्जनाशैक्षशैक्षावस्थासु तथैवास्तित्वप्रतिपादनात् । तत्र पृथग्जनावस्था पूर्वान्त:, अशैक्षावस्थाऽपरान्त:, शैक्षावस्था प्रत्युत्पन्न इति । यस्माच्चैवं भावाभावस्वभावशून्यता तस्मादाह—शून्यतां **काश्यप** प्रतिसरतेति[4] निर्विकल्पज्ञानविषयत्वात्, न पुद्गलमित्यभिधानमात्रत्वादिति[5] ।

१. Bhāṣya कल्पनात्

२. Y. नैरात्म्याभावो वा against Ms. but Tib. bdag-med-par yaṅ med-par.

३. Y. पूर्वान्तशून्या, अपरान्तशून्या प्रत्युत्पन्नशून्या. He also treats प्रत्युत्पन्नशून्या as a part of the Bhāṣya text.

४. काश्यपपरिवर्त reads शून्यता (sic) काश्यप प्रतिसरथ.

५. अभिधानमात्रत्वात् only in Tib; not found in Ms.

शाम्येऽपि विकल्पोऽन्तः शमनेऽपि विकल्पोऽन्त इत्यनुवर्तते[६]। कथमित्यत आह—**प्रहेयप्रहाणकल्पनया शून्यतायास्त्रसनादिति**। तत्र शाम्यं प्रहेयं, प्रशमनं प्रहाणम्। धर्मान् प्रहेयत्वेन शून्यताञ्च प्रहाणत्वेन कल्पयित्वा शून्यतायामुत्त्रासो जायते। कथम्? त्रिविधो हि सङ्क्लेशः प्रहेयः। स यदि प्रकृतिशून्यः ततः पुद्गलवन्न प्रहेयः स्यात्। ततश्च प्रहेयाभावात् प्रहाणाभाव इति शून्यतायामुत्त्रासो जायते। अयमप्यन्त एव। किं कारणम्? रूपवेदनादयो हि धर्मा यथैव विज्ञानात्मनि विपरिवर्तन्ते तथैव ते द्रव्यतः सन्तीत्यभिनिविष्टाः तेषां कल्पितरूपाणां[७] रूपादीनामात्मवत् प्रकृत्यैवासत्त्वमजानानास्त[८]च्छून्यताया बिभ्यति[९]। **तस्मादेतस्य विकल्पद्वयान्तस्य परिवर्जनार्थमाकाशदृष्टान्तः**। तद्यथा—[१०] **काश्यप** कश्चिदेव पुरुष आकाशजो भीतः सोरस्ताडं क्रन्देदेवञ्च वदेदपनयैतदाकाशमिति। तत्किं मन्यसे **काश्यप** शक्यमाकाशमपनेतुम्? आह—नो हीदं **भगवन्। भगवाना**ह—एवमेव **काश्यप** एते श्रमणब्राह्मणाः शून्यतायामुत्त्रसन्ति तानहं महाविक्षेपप्राप्तानिति वदा(मि)। तत्कस्माद्धेतोः? शून्यतायामेव हि ते **काश्यप** विचरन्ति,तस्या एव बिभ्यन्तीति।[११] एतदुक्तं भवति—यथाकाशं सर्वरूपानुगतत्वादपनेतुमशक्यमेवं सर्वधर्मेषु सर्वकालं शून्यता व्यवस्थितेत्यपनेतुं न शक्यते[१२] न च धर्मप्रहाणेन शून्यता व्यवस्थापयितुमतश्चायमस्थानसंत्रास इति दर्शयति।

त्रास्येऽपि कल्पो[१३]**ऽन्तः, ततश्च त्रास्याद्भयेऽपि**। किम्? विकल्पोऽन्त इत्यधिकृतम्। यतस्त्रासः सम्भवति तत्त्रास्यमुच्यते। भीयतेऽस्मादिति भयम्। तस्माद्यदनिष्टफलं तस्मिन् स्त्रास्ये तस्मिंश्च भये यो विकल्पयति सोऽन्तः। कथमित्यतो ब्रवीति—**परिकल्पितरूपादित्रसनाद् दुःखभीरुतयेति**। बाला हि परिकल्पितरूपादीन् वस्तुतः कल्पयित्वा तेभ्यो भयमनिष्टं फलं च कल्पयन्ति। ततश्च दुःखभीरुतया तेभ्यो रूपादिभ्यस्तन्निमित्तेभ्यश्च भयात्त्रसन्तीति। **एतस्य विकल्पद्वयान्तस्य परिवर्जनार्थं**

६. इत्यनुवर्तते not found in Tib. The Bhāṣya text reading शमनेऽपि विकल्पोऽन्तः supports Tib. But according to Ṭīkā Ms. the Bhāṣya text reads only शमनेऽपि and विकल्पोऽन्तः is to be supplied from the previous sentence.

७. Y. परिकल्पितस्वरूपाणाम् against Ms.

८. Y. °सत्त्वमज्ञानास्तच्छून्य°. Ms as here.

९. Ms. बिभाति. Y. बिभेति. The nominative अभिनिविष्टाः being in plural the verb too must be in plural, thus बिभ्यति.

१०. cf. काश्यपपरिवर्त p. 99, para 66.

११. Grammatically correct from would be बिभ्यति.

१२. Y. reads an additional sentence not found in Ms. (न च धर्मैः प्रहाणे शून्यताव्यवस्थितादपनेतुं शक्यते).

१३. Bhāṣya विकल्पो.

चित्रकरदृष्टान्तः। तद्यथा—[14] **काश्यप** चित्रकरः स्वयमेव भीषणं यक्षरूपं कृत्वा तस्मादेव भीतस्त्रस्तोऽधोमुखो निपत्य सम्मोहं निगच्छेत्। एवमेव **काश्यप** सर्वबालपृथग्जनाः *स्वयमेव रूपशब्दगन्धरसस्पर्शान् कृत्वा तेभ्यः* संसारे भ्राम्यन्ति न च तान् धर्मान् यथाभूतं प्रजानन्तीति। यथा च चित्रकरः स्वयंकृते भीषणके यक्षरूपे मिथ्याविकल्पेन भूतयक्षभावमध्यारोप्य तस्माद्भीतः सम्मोहमापद्यते। एवं सर्व एव बाला मिथ्याविकल्पप्रसृताः स्वयं कृतैरिति विकल्पितैः संसारे भ्राम्यन्ते क्षणावस्थानिकायसभागानवस्थितत्वात्। **पूर्वको दृष्टान्तः श्रावकानधिकृत्या**[15]**यन्तु बोधिसत्त्वानिति**। श्रावको हि शून्यतायामकृतपरिचयत्वाच्छून्यतायास्त्रस्यति। बोधिसत्त्वस्तु परिकल्पितधर्मविकल्पेन संक्लिश्यते विकल्पक्लेशत्वादित्**येके**। नानयोरर्थविशेषोऽस्त्यपि तु वर्गद्वयवशाद् द्वयाभिधानमित्**यन्ये**। श्रावकः शून्यतात्रासादधिगन्तव्यं[16]नाधिगच्छति, बोधिसत्त्वः पुनर्विकल्पितधर्मत्रासादित्य**परे**। पूर्वक आत्मग्राहप्रतिपक्षेण, अयं पुनर्धर्मग्राहप्रतिपक्षेणेति **केचित्**।

ग्राह्येऽपि विकल्पोऽन्तः, ग्राहकेऽपि। एतस्य विकल्पद्वयान्तस्य परिवर्जनार्थं मायाकारदृष्टान्तः। विज्ञप्तिमात्रज्ञानकृतं ह्यर्थाऽभावज्ञानम्। तच्चाऽर्थाऽभावज्ञानं तदेव विज्ञप्तिमात्रज्ञानं निवर्तयति, अर्थाऽभावे विज्ञप्त्यसम्भवादित्येतदत्र साधर्म्यम्।

सम्यक्त्वेऽपि विकल्पोऽन्तः, मिथ्यात्वेऽपि; भूतप्रत्यवेक्षां सम्यक्त्वेन कल्पयतो मिथ्यात्वेन वा। एतस्याऽन्तद्वयस्य परिवर्जनार्थं काष्ठद्वयाऽग्निदृष्टान्तः। यथा[२८ अ] **काष्ठद्वयादनग्निलक्षणादग्निर्जायते, जातश्च तदेव काष्ठद्वयं दहति, एवमसम्यक्त्वलक्षणाया यथाभूतप्रत्यवेक्षायाः सम्यक्त्वलक्षणमार्यं प्रज्ञेन्द्रियं जायते। जातञ्च तामेव भूतप्रत्यवेक्षां विभावयति। इत्येतदत्र साधर्म्यम्। न चाऽसम्यक्त्वलक्षणाऽपि भूतप्रत्यवेक्षा मिथ्यात्वलक्षणा, सम्यक्त्वाऽऽनुकूल्यात्।**

व्यापृतावपि विकल्पोऽन्तः, अव्यापृतावपि; ज्ञानस्य बुद्धिपूर्वां क्रियां निस्सामर्थ्यं वा कल्पयतः। एतस्य विकल्पद्वयाऽन्तस्य परिवर्जनार्थं तैलप्रद्योतदृष्टान्तः।

अजन्मत्वेऽपि विकल्पोऽन्तः, समकालत्वेऽपि; यदि प्रतिपक्षस्याऽनुत्पत्तिं वा कल्पयति संक्लेशस्यैव वा दीर्घकालत्वम्। एतस्य विकल्पद्वयाऽन्तस्य परिवर्जनार्थं द्वितीयस्तैलप्रद्योतदृष्टान्तः।

उक्ताऽन्तद्वयपरिवर्जने प्रतिपत्तिः।

ग्राह्येऽपि विकल्पोऽन्तो ग्राहकेऽपि। विकल्पोऽन्त इत्यधिकृतम्। कथमेते ग्राह्यरूपादयस्तद्ग्राहकाश्च विज्ञानकायाः स्वलक्षणतः कार्यतश्च गृह्यमाणा आत्मादिवदध्यारोपितात्मानो[1] भविष्यन्तीत्येवं ग्राह्यग्राहकयोर्वस्तुतः परिकल्पोऽन्तोऽभिप्रेतः। **एतस्य**

१४. cf. काश्यपपरिवर्त p. 100. para 67.

१५. Bhāṣya आरभ्य.

१६. Ms. अनधिगत but Tib. rtogs-par bya-ba.

१. Ms. अनध्यारोपित°.

विकल्पद्वयान्तस्य परिवर्जनार्थं मायाकारदृष्टान्तः।[२] तद्यथा **काश्यप** मायाकारः पुरुषो मायाकृतं निर्मिमीते। अथ स मायानिर्मित[3]स्तमेव मायाकारं खादेत। एवमेव **काश्यप** योगाचारो भिक्षुर्यद्यदेवारम्बणं[४] मनस्करोति तत्सर्वमस्य रिक्तकमेव ख्यातीति विस्तरः। कथमनेनैवं विधं विकल्पद्वयान्तं परिवर्जयन्तीति? अत आह—**विज्ञप्तिमात्रज्ञानकृतं ह्यर्थाभावज्ञानम्। तच्चार्थाभावज्ञानं तदेव विज्ञप्तिमात्रज्ञानं निवर्तयति। अर्थाभावे विज्ञप्त्यसम्भवादित्येतदत्र साधर्म्यमिति**। मायाकारस्थानीयं विज्ञप्तिमात्रताज्ञानम्। निर्मितयक्षस्थानीयमर्थाभावज्ञानम्। विज्ञप्तिमात्रज्ञानप्रभावितत्वादर्थाभावज्ञानस्य। यथा निर्मितो निर्मातारं भक्षयेदेवमर्थाभावज्ञानं तदेव विज्ञप्तिमात्रज्ञानं भक्षयति, असत्यर्थे विज्ञप्तिमात्रस्यासम्भवादर्थोपलब्धिर्विज्ञप्तिरिति कृत्वा।

सम्यक्त्वेऽपि विकल्पोऽन्तो मिथ्यात्वेऽपि विकल्पोऽन्त इत्यधिकृतम्। निर्वेधभागीयावस्थायां **भूतप्रत्यवेक्षां सम्यक्त्वेन वा विकल्पयतो मिथ्यात्वेन वा** ऽन्तद्वयम्। कथम्? सम्यक्त्वमनास्रवा धर्मा मिथ्यात्वं सास्रवाः। तत्र यदि भूतप्रत्यवेक्षां सम्यक्त्वेनैवाध्यवस्यत्येवं कुशलसास्रवा न भूतप्रत्यवेक्षा स्यात्। अथ पुनरसम्यक्त्वलक्षणमेव, एवमपि मिथ्यात्वमेवोपपद्यते त्रैधातुकप्रतिसंयुक्तकुशलवदिति। **एतस्यान्तद्वस्य परिवर्जनार्थं काष्ठद्वयाग्निदृष्टान्तः**।[५]तद्यथा **काश्यप** काष्ठद्वयं प्रतीत्याग्निर्जायत इति[६] जातश्च समानस्तदेव काष्ठद्वयं दहति। एवमेव **काश्यप** भूतप्रत्यवेक्षां प्रतीत्यार्यं प्रज्ञेन्द्रियं जायते जातं च तामेव भूतप्रत्यवेक्षां दहतीति। अयमत्रार्थः—**यथा काष्ठद्वयादनग्निलक्षणादग्निर्जायते, जातश्च**[७]**काष्ठद्वयं दहतीति। एवमेवा**[८]**सम्यक्त्वलक्षणाया**[९]**भूतप्रत्यवेक्षायाः सम्यक्त्वलक्षणमार्यं प्रज्ञेन्द्रियं जायते। जातश्च तामेव भूतप्रत्यवेक्षां दहति**[१०]। **विभावयतीत्य**[११]र्थः। सा हि विभावनादेव दग्धेव दग्धेत्युच्यते विकृतिदर्शनात्। इयञ्च **भूतप्रत्यवेक्षा** सास्रवापि सती **सम्यक्त्वानुकूल्याद्** भूतप्रत्यवेक्षेत्युच्यत इति।

व्यापृतावपि विकल्पोऽन्तः, अव्यापृतावपि। विकल्पोऽन्त इत्यधिकृतम्। कथमित्यत आह—**ज्ञानस्य बुद्धिपूर्वां क्रियां निःसामर्थ्यं वा कल्पयत** इति। यदि

२. काश्यपपरिवर्त p. 101, para 68.

३. Y. समया निर्मित°.

४. Y. आलम्बनं against Ms.

५. Cf. काश्यपपरिवर्त p. 102, para 69.

६. Y. अग्निजातश्च.

७. Bhāṣya तदेव काष्ठद्वयं.

८. Bhāṣya does not read एव.

९. Bhāṣya यथाभूत°.

१०. Bhāṣya. विभावयति in place of दहति.

११. Y. विभावयन्तीत्यर्थः.

ज्ञानमिदमज्ञानं प्रजहामीत्यवधार्य तत्प्रहाणाय प्रवर्तत इत्ययं व्यापृतौ विकल्पोऽन्तः। ज्ञानस्य क्षणिकत्वान्न प्रहाणव्यापारकाले सम्भवः। *अतोऽज्ञानप्रहाणस्य* निःसामर्थ्यमित्ययमव्यापृतौ विकल्पोऽन्तः। **एतस्य विकल्पद्वयान्तस्य परिवर्जनार्थं तैलप्रद्योतदृष्टान्तः**।[12] तद्यथा **काश्यप** तैलप्रद्योते कृते तमोऽन्धकारं विगच्छति न खलु पुनः **काश्यप** तैलप्रद्योतस्यैवं भवत्यहं *सर्वमन्धकारं विधमामीति। अपि तु खलु तैलप्रद्योतं* प्रतीत्य तमोऽन्धकारं विगच्छतीति। एवमेव **काश्यप** ज्ञान उत्पन्नेऽज्ञानं विगच्छति, न खलु पुनः **काश्यप** ज्ञानस्यैवं भवत्यहमज्ञानं विधमामीति। अपि तु खलु ज्ञानं प्रतीत्याज्ञानं विगच्छतीति। एतदुक्तं भवति—यथा प्रदीपो व्यापारशून्यस्तमोऽन्धकारव्युदासाभिप्रायरहितश्च पुनर्यस्मिन् प्रदेशे क्रियते तस्मात् प्रदेशात् प्रदीपसत्तामात्रेण सर्वतमोऽन्धकारं विगच्छतीति। एवमेव यस्मिन् सन्ताने निर्विकल्पं ज्ञानमुत्पद्यते तत्सत्तामात्रसद्भावादेव तस्मात् सन्तानादज्ञानं विगच्छति, ज्ञानस्य निर्विकल्पत्वात् क्रियाऽभावार्थेति। एवं न ज्ञानस्य व्यापाराभावात्[13] सामर्थ्याभावात् सामर्थ्याभावः[14], प्रदीपवत्सत्तामात्रेण प्रति[15]पक्षनिराकरणादिति।

अजन्मत्वेऽपि विकल्पोऽन्तः समकालत्वे[16]**ऽपि**। विकल्पोऽन्त इत्यनुवर्तते। कथमित्यत आह—**यदि प्रतिपक्षस्यानुत्पत्तिं वा कल्पयति** यथेयता कालेन नोत्पन्नपूर्वः प्रतिपक्षस्तथेदानीमपि नोत्पत्स्यत इति अयमजन्मत्वे विकल्पोऽन्तः। **सङ्क्लेशस्य**[17] **वा दीर्घकालत्वमिति**। न ह्यज्ञाने ज्ञानप्रतियोगिन्यवस्थित एव ज्ञानमुत्पत्तुं समर्थम्। अथापि कथञ्चिदुत्पद्येत तथापि चिरकालविरुद्धत्वादज्ञानस्य न ज्ञानेन तत्क्षणिकेन व्युदासः शक्यते कर्तुम्। ततश्च सङ्क्लेशव्यवदानयोः समानकालत्वमिति। **एतस्य विकल्पद्वयान्तस्य परिवर्जनार्थं द्वितीयस्तैलप्रद्योतदृष्टान्त** इति। [18]तद्यथा **काश्यप** गृहे वा लयने वाऽवचरके वा वर्षसहस्रस्यात्ययान्न केनचित् तैलप्रद्योतः कृतो भवति। अथ तत्र कश्चिदेव पुरुषस्तैलप्रद्योतं कुर्यात्। तत्किमन्यसे **काश्यप**ापि तु तमोऽन्धकारस्यैवं भवेद्वर्षसहस्रसञ्चितोऽहं नाहमतो विगमिष्यामीति। आह—नो **भगवन्न**हि तमोऽन्धकारस्य शक्तिरस्ति तैलप्रद्योते कृते न विगन्तुमवश्यं तेन विगन्तव्यम्। **भगवाना**ह—एवमेव **काश्यप** कल्पशतसहस्रसञ्चितोऽपि कर्मक्लेश एकेन योनिशोमनस्कारेण[19] विगच्छति। तैलप्रद्योत इति **काश्यप** आर्य-

१२. Cf. काश्यपपरिवर्त p. 103, para 70.

१३. Y. एवञ्च ज्ञानस्य व्यापारसामर्थ्याभावात् against Ms.

१४. Y. omits सामर्थ्याभावः.

१५. Y. विपक्ष against Ms.

१६. Y. समाकालत्वेऽपि.

१७. Bhāṣya संक्लेशस्यैव.

१८. Cf. काश्यपपरिवर्त p. 106, para 71.

१९. Y. मनस्कारप्रत्यवेक्षया against Ms.

स्यैतत् प्रज्ञेन्द्रियस्याधिवचनम् । तमोऽन्धकार इति शबलस्यै[२०] तत्कर्मक्लेशस्याधिवचनमिति । निदर्शनेन प्रतिपक्षस्यानुत्पत्तिं परिहरति प्रत्ययप्रतिबद्धत्वात् तदुत्पत्तेः सङ्क्लेशतुल्यकालताञ्च । कृष्णपक्षस्य दुर्बलत्वात्, बलवत्त्वाच्च तत्प्रतिपक्षस्य तमोऽन्धकारप्रदीपवदिति ।

उक्तान्तद्वयवर्जने प्रतिपत्तिः ।

[इ. विशिष्टा चाऽविशिष्टा च प्रतिपत्तिः]

विशिष्टा चाऽविशिष्टा च प्रतिपत्तिः कतमा ?

विशिष्टा चाऽविशिष्टा च ज्ञेया दशसु भूमिषु ।।२७।।

यस्यां भूमौ या पारमिताऽतिरिक्ततरा सा तत्र विशिष्टा, सर्वासु च सर्वत्र समुदागच्छतीत्यविशिष्टा । उक्तम्प्रतिपत्त्यानुत्तर्यम् ।।२७।।

अन्तद्वयवर्जनप्रतिपत्तेरनन्तरं विशिष्टा चाविशिष्टा च प्रतिपत्तिरुद्दिष्टेत्यतोऽन्तद्वयवर्जनप्रतिपत्तिनिर्देशानन्तरं पृच्छति—**विशिष्टा चाविशिष्टा च प्रतिपत्तिः कतमेति** । अत आह

विशिष्टा चाविशिष्टा च ज्ञेया दशसु भूमिषु ।।

तासु दशसु भूमिष्वेकैकशो द्विप्रकारापि प्रतिपत्तिः । कथमित्यत आह—**यस्यां भूमौ या पारमिताऽतिरिक्ततरा** भवतीति विस्तरः । यस्यां बोधिसत्त्वभूमौ व्यवस्थितो बोधिसत्त्वो यस्यां पारमितायामाधिक्येन प्रयुज्यते सा तस्यां बोधिसत्त्वभूमावितराभ्यः पारमिताभ्योऽतिरिक्ततरा भवतीति **विशिष्टोच्यते** । तद्यथा प्रथमायां भूमौ दानपारमिताऽतिरिक्ततरा भवतीति । तत्र प्रतिपत्तिर्विशिष्टोच्यते । एवं यावद्दशम्यां ज्ञानपारमितेति । अविशेषेण शेषासु **सर्वासु** पारमितासु तस्यां (तस्यां) भूमौ **समुदागच्छतीति** तासु प्रतिपत्तिर**विशिष्टोच्यते** । यथोक्तं प्रमुदितायां भूमौ दानपारमिताऽतिरिक्ततरा भवतीति । न च शेषासु न समुदागच्छति यथाबलं यथाभाज[१]मानमिति । एवं शेषासु भूमिषु यथासूत्रं निर्देशो वेदितव्यः ।

उक्तं प्रतिपत्त्यानुत्तर्यम् ।।२७।।

[उ. आलम्बनानुत्तर्यम्]

आलम्बनानुत्तर्यं कतमत् ?

व्यवस्थानन्ततो[१] धातुः साध्यसाधनधारणा ।
अवधार [२८ ब]प्रधारा च प्रतिवेधः प्रतानता ।।२८।।
प्रगमः प्रश[२]ठत्वञ्च प्रकर्षालम्बनम्मतम् ।

इत्येतद् द्वादशविधमालम्बनम्, यदुत—धर्मप्रज्ञप्तिव्यवस्थानालम्बनम्, धर्मधात्वा-

२०. Tib., Y. and Kāśyapaparivarta काश्यप. Ms. as here.

१. Y. यथायोज्यमानम् against Ms. Tib. Ci-ḥos-su.

१. N. Ṭīkā and Tib. तथा Ms. ततो.

२. Ms. प्रसठ.

लम्बनम्, साध्यालम्बनम्, साधनालम्बनम्, धारणालम्बनम्, अवधारणालम्बनम्, प्रधारणालम्बनम्, प्रतिवेधालम्बनम्, प्रतानतालम्बनम्, प्रगमालम्बनम्[3], प्रशठत्वालम्बनम्, प्रकर्षालम्बनञ्च। तत्र प्रथमं ये पारमितादयो धर्मा व्यवस्थाप्यन्ते। द्वितीयन्तथता। तृतीयचतुर्थे त एव यथाक्रमं धर्मधातुप्रतिवेधेन पारमितादिधर्माऽधिगमात्। पञ्चमं श्रुतमयज्ञानालम्बनम्। षष्ठं चिन्तामयस्याऽवगम्य धारणात्। सप्तमं भावनामयस्य प्रत्यात्मं धारणात्। अष्टमं प्रथमायां भूमौ दर्शनमार्गस्य। नवमं भावनामार्गस्य यावत् सप्तम्यां भूमौ। दशमं तत्रैव लौकिकलोकोत्तरस्य मार्गस्य, प्रकारशो धर्माऽधिगमात्। एकादशमष्टम्यां भूमौ। द्वादशं नवम्यादिभूमित्रये। तदेव हि प्रथमद्वयं तस्यां तस्यामवस्थायां तत्तदालम्बनं नाम लभते।

उक्तमालम्बनम्।

इदानीमालम्बनानुत्तर्यं निर्देशा[4]वसर इत्यत आह—**आलम्बनानुत्तर्यं कतमदिति।** अतस्तन्निर्धारणार्थं ब्रवीति

व्यवस्थानं तथा[5] धातुः

इति विस्तरः। **इत्येतद् द्वादशविधमालम्बनम्**, व्यवस्थानालम्बनमारभ्य यावत्प्रकर्षालम्बनम्। तदन्यसर्वालम्बनोत्कृष्टत्वादालम्बनानुत्तर्यमुच्यते। **तत्र प्रथमं ये पारमितादयो धर्मास्तेऽपि** बुद्धैर्बोधिसत्त्वैश्च सत्त्वानुग्रहार्थं **व्यवस्थाप्यन्त** इति व्यवस्थानम्। एतदेव प्रदर्शयन् **भाष्यकारो**ऽप्याह—**धर्मप्रज्ञप्तिव्यवस्थानालम्बनमिति।** धर्माणां दानपारमितादिबोधिपक्षार्यसत्यादीनां प्रज्ञप्तिर्धर्मप्रज्ञप्तिः। तया व्यवतिष्ठते सा वाऽत्र व्यवस्थानमिति धर्मप्रज्ञप्तिव्यवस्थानम्। अभिसमयानुकूल्याच्चात्र व्यवस्थानालम्बनादीनामानुपूर्वी द्रष्टव्येति। **द्वितीयं तथता**, धर्मधातुपर्यायत्वात्। **तृतीयचतुर्थे** इति। तत्र तृतीयं **साध्यालम्बनम्**, चतुर्थं **साधनालम्बनम्। ते एवेति** *प्रथम*द्वितीथ एव। **यथाक्रम**मिति प्रथमं साध्यालम्बनम्, द्वितीयं साधनालम्बनम्। तत्रैव कारणमाह—**धर्मधातुप्रतिवेधेन पारमितादिधर्माधिगमादिति।** धर्मधातुप्रतिवेधादनास्रवाः पारमिता अधिगच्छन्तीत्यतः[6] साध्यालम्बनं प्रथमं साधनालम्बनं द्वितीयमिति। **पञ्चमं धारणालम्बनम्। तच्छ्रुतमयस्य ज्ञानस्य।** श्रुतमात्रेण पारमितादीन् धर्मान् धर्मधातुञ्च धारयतीति श्रुतमयं ज्ञानं धारणेत्युच्यते। धारणाया आलम्बनं धारणालम्बनम्। तत्पुनः प्रथममेव द्वयं व्यवस्थानालम्बनं धर्माधात्वालम्बनञ्च। **षष्ठं चिन्तामयस्यावगम्य धारणादिति।** अपेक्षाकार्यकारणोपपत्तिसाधनधर्मतायुक्तिभिरवगम्य श्रुतार्थधारणादवधारणा चिन्तामयं ज्ञानं तस्यालम्बन**मवधारणालम्बनम्। सप्तमं भावनामयस्या**लम्बनमिति प्रकृतम्। **प्रत्यात्मं धारणादिति** प्रत्यात्ममर्थस्य

3. Ms. प्रग्रमा°.

4. Y. °नुत्तर्यं निर्देशा°.

5. Bhāṣya ततो.

6. Y. अधिगच्छन्तीत्यर्थः against Ms.

धारणात् प्रधारणा, प्रथमभूमिप्रवेशप्रायोगिकं भावनामयं ज्ञानम्। तत्पुनः स्मृत्युपस्थानान्यारभ्य यावद्बलानि। तस्यालम्बनं **प्रधारणालम्बनम्। अष्टमं प्रथमायां भूमौ दर्शनमार्गस्येति।** प्रत्यात्ममद्वयस्य धर्मधातोः सर्वत्रगत्वप्रतिवेधः। अथवा दर्शनहेयानां क्लेशानामक्लिष्टस्य चाज्ञानस्य सर्वत्रगार्थविषयस्य प्रत्यनीको वेधः[७] प्रतिवेधः। स पुनर्दर्शनमार्गः। तस्यालम्बनं **प्रतिवेधालम्बनम्। नवमं भावनामार्गस्य यावत् सप्तम्यां भूमाविति।** तस्यैव धर्मधातुप्रतिवेधस्याभ्यासादुत्तरोत्तरप्रकर्षं गतिः प्रतानता भावनामार्गो यावत्सप्तम्यां भूमौ। तस्य भावनामार्गस्यालम्बनं **प्रतानतालम्बनम्। दशमं तत्रैव लौकिकलोकोत्तरस्य मार्गस्या**लम्बनमिति प्रकृतम्। **प्रकारशो धर्माधिगमादिति।** तस्यामेव भूमौ सर्व**सूत्रा**दिधर्मनिमित्तप्रकाराद्यभिनिवेशविगममुखेन प्रकारेण धर्माधिगमात् प्रगम इति। स एव भावनामार्ग उच्यते सप्तम्यामेव भूमौ। प्रगमस्यालम्बनं **प्रगमालम्बनम्। एकादशमष्टम्यां भूमौ।** अष्टम्यां हि भूमौ सर्वनिमित्ताभोगमनसिकारविगतस्य स्वरसेन प्रशठवहनात् स एव भावनामार्गः (प्रशठता उच्यते)। प्रशठस्यालम्बनं **प्रशठालम्बनम्। द्वादशं नवम्यादिभूमित्रये,** नवम्यां प्रतिसंविज्ज्ञानप्रकर्षलाभात्। दशम्यां कर्मवशिताप्रकर्षलाभात्। बुद्धभूमावशेषक्लेशज्ञेयावरणविशुद्धिप्रकर्षलाभात्। एवं नवम्यादिभूमित्रये ज्ञानकर्मविशुद्धिप्रकर्षगमनात् तद्भूमिव्यवस्थितस्य यदालम्बनं **तत्प्रकर्षालम्बन**मुच्यते। **अन्यः** पुनराह—मार्गप्रकर्षस्यैव मृदुमध्याधिमात्रभेदं कृत्वा प्रकर्षालम्बनं तिसृषु भूमिषूक्तमिति। **तदेव हि प्रथमद्वयं तस्यां तस्यामवस्थायां तत्तदालम्बननाम**[८] **प्रतिलभत** इति। एतच्चालम्बनं यदुत धर्मव्यवस्थानालम्बनं धर्मधात्वालम्बनञ्च। तच्चैत[९]दालम्बनद्वयं तस्यां तस्यां ज्ञानावस्थायां तत्तन्नाम लभते। श्रुतमयज्ञानावस्थायां धारणालम्बनं धारणाज्ञानविषयत्वाद्धि तस्य। तेन च धारणाज्ञानं धारणेत्युच्यते। एवं यावत्प्रकर्षालम्बनं वक्तव्यम्। नवम्यां दशम्यां बुद्धभूमौ च प्रकर्षप्राप्तं लोकोत्तरं ज्ञानं तत्पृष्ठलब्धं च लौकिकम्। तस्यालम्बनं प्रकर्षालम्बनम्।

उक्तमालम्बनानुत्तर्यम्[१०]।

[४. समुदागमानुत्तर्यम्]

समुदागमः कतमः ?

अवैकल्याऽप्रतिक्षेपो[१]ऽविक्षेपश्च [२९ अ] प्रपूरणा ॥२९॥
समुत्पादो निरूढिश्च कर्मण्यत्वाऽप्रतिष्ठिता।
निरावरणता तस्याऽप्रस्रब्धिसमुदागमः ॥३०॥

७. Y. प्रत्यनीकवेधः against Ms.

८. Bhāṣya आलम्वनं नाम. The reading here is better than that of the Bhāṣya Ms.

९. Y. तत्रैतद् against Ms.

१०. Bhāṣya उक्तमालम्बनम्.

१. Ms. प्रतिपच्चो.

इत्येष दशविधः समुदागमः । तत्र प्रत्ययाऽवैकल्यं गोत्रसमुदागमः । महायानाऽप्रतिक्षेपोऽधिमुक्तिसमुदागमः । हीनयानाऽविक्षेपश्चित्तोत्पादसमुदागमः । पारमितापरिपूरणा प्रतिपत्तिसमुदागमः । आर्यमार्गोत्पादो नियामाऽवक्रान्तिसमुदागमः । कुशलमूलनिरूढिर्दीर्घकालपरिचयात् सत्त्वपरिपाकसमुदागमः । चित्तकर्मण्यत्वं क्षेत्रपरिशुद्धिसमुदागमः । संसारनिर्वाणाऽप्रतिष्ठिताऽविनिवर्तनीयभूमिव्याकरणलाभसमुदागमः, संसारनिर्वाणाभ्यामविनिवर्तनात् । निरावरणता बुद्धभूमिसमुदागमः । तदप्रस्रब्धिबोधिसन्दर्शनसमुदागमः ।।३०।।

इदानीं समुदागमानुत्तर्यस्यावसरप्राप्तस्याऽवधारणार्थमाह—**समुदागमः कतम** इति । तया तया प्रतिपत्त्या समुदानीयत इति समुदागमः । तदन्येभ्यः समुदागमेभ्यो विशिष्टत्वात्ततश्चान्यस्य समुदागमस्य विशिष्टाभावादानुत्तर्यमुच्यते । तत्प्रदर्शनार्थमाह

अवैकल्याप्रतिक्षेपो विक्षेपश्च प्रपूरणा ।

इति विस्तरः । तत्र प्रत्ययावैकल्यमारभ्य यावद् बोधिसन्दर्शन**मित्येष दशविधः समुदागमः । तत्र प्रत्ययावैकल्यं गोत्रसमुदागम** इति । प्रत्ययानामवैकल्यं[2] समग्राणां सान्निध्यम् । तेष्वाहृतेषु गोत्रं समुदागच्छति, स्फीतं तद्विशिष्टतरं भवतीत्यर्थः । तत्पुनः सत्पुरुषसंसेवा सद्धर्मश्रवणं योनिशो मनस्कार इत्येवमादयः । तेषां तद् गोत्रमित्रादिवैकल्याद्वैकल्यम् ।

महायानाप्रतिक्षेपोऽधिमुक्तिसमुदागम इति । यदि गाम्भीर्योदार्यलक्षणमहायानधर्मं न प्रतिक्षिपत्येवमस्य निश्चयस्य धारणात्मिकाया अधिमुक्तेः पुष्टिर्भवति ।

हीनयानाविक्षेपश्चित्तोत्पादसमुदागम इति । यदु[3]त्पादितबोधिचित्तस्य सत्स्वपि बोधिचित्तव्यावृत्तिप्रत्ययेषु श्रावकयाने प्रत्येकबुद्धयाने वा चित्तमस्य न क्रामत्येवमस्य तद् बोधिचित्तं पुष्टिमापद्यते ।

पारमितापरिपूरणा प्रतिपत्तिसमुदागम इति । उत्पादितबोधिचित्तानां तद्वशाद्दानादिपारमितानां परिपूर्या सर्वज्ञता[4]प्रतिपत्तिपुष्टिर्भवति ।

आर्यमार्गोत्पादो न्यामावक्रान्ति[5]समुदागम इति । प्रथमत एवापूर्वस्यार्यमार्गस्योत्पादो न्यामावक्रान्तिर्भवति । आम उच्यते दोषः क्षयो वा । स यत्र नास्ति सा न्यामा निवातव[6]दनास्रवा भूमिः । न्यामायामवक्रान्तिर्न्यामावक्रान्तिः[7] प्रवेश इत्यर्थः ।

२. Y. अविकल्यं.

३. Y. यद्यु° against Ms.

४. Y. सर्वज्ञाता.

५. Bhāṣya नियामावक्रान्ति°.

६. Ms. निधानवत् Tib. rluṅ-med.

७. Y. न्यामावक्रान्तिप्रवेश.

नियमा[८]वक्रान्तिपाठेऽपि नियम एव नियमः[८]। तथा ह्यु त्पन्नदर्शनमार्गो नियतो-भवति सुगतौ निर्वाणे चेति ।

कुशलमूलनिरूढिर्दीर्घकालपरिचयात् सत्त्वपरिपाकसमुदागम इति । लब्ध-दर्शनमार्गाणां तत्पृष्ठलब्धस्य भावनामार्गस्य दीर्घकालपरिचयादभ्यासात् कुशलमूल-वृद्धिः *कुशलमूलनिरूढिः*। तया सत्त्वपरिपाचनसमर्थो भवति । अतः कुशलमूलनिरूढिः सत्त्वपरिपाकसमुदागमः । **अन्ये** त्वाहुः—एवमस्य सत्त्वपरिपाकः समुदागतो भवति,ः यद्य[६]नेन दीर्घकालाभ्यासमागम्य सत्त्वसन्तानेषु कुशलमूलं दृढीकृतम् ।

चित्तकर्मण्यता[१०] **क्षेत्रपरिशुद्धिसमुदागम** इति । एवं भावनया विवृद्धकुशल-मूलानामेकायतनमार्गविपक्षयोर्निमित्ताभोगयोर्विगमाच्चित्तस्य कर्मण्यता । यत् कर्मण्य-ताधिपत्येन यथेच्छं स्फटिकादिमयं बुद्धक्षेत्रं दर्शयतीत्य*यश्चित्तकर्मण्यता क्षेत्रपरिशुद्धि-समुदागमः*।[११] [**सूत्रान्तरे**ऽप्युक्तम्—बुद्धक्षेत्रपरिशुद्धाध्येषणेन स्वचित्तं परिशोध-यितव्यमिति ।

संसारनिर्वाणाऽप्रतिष्ठताऽविनिवर्तनीयभूमिव्याकरणलाभसमुदागम इति । कथमित्यत आह—**संसारनिर्वाणाभ्यामविनिवर्तनात्**[१२]। एवं चित्तकर्मण्यतया संसारनिर्वाणयोरप्रतिष्ठता भवति । सत्त्वालोचनाद्दानादिपारमितात्रयपर्यादानान्नि-र्वाणे न प्रतिष्ठति । वीर्यादिपारमितात्रयपर्यादानात् संसारक्लेशैरुपक्लिष्टो न भवति । तस्माच्च संसारे न प्रतिष्ठति ।

अथवा संसारनिर्वाणाप्रतिष्ठता हि तदविनिवर्तनता[१३]। तत्र सत्त्वालोच-नात् संसारान्न विनिवर्तते कृपया संसारादानात् । प्रज्ञया निर्वाणान्न विनिवर्तते । एवं संसारनिर्वाणाप्रतिष्ठितो बोधिसत्त्वोऽविनिवर्तनीयायामचलायां भूमौ तिष्ठतीति बुद्धव्याकरणलाभसमुदागमः । अथवा अविनिवर्तनीयभूमिलाभो व्याकरणलाभश्च समुदागमः ।

निरावरणता बुद्धभूमिसमुदागम इति । यदुत सर्वसवासनाक्लेशज्ञेयावरण-प्रहाणात् त्रिकायसंगृहीताया बुद्धभूमेः समुदागमः । तस्मान्निरावरणत्वं बुद्धभूमि-समुदागमः ।

तदप्रस्रब्धिर्बोधिसन्दर्शनसमुदागम इति । तद्बुद्धबोधिरव्युपरता महाकृपाव-शाद्यावल्लोकस्तावद् बोधिदर्शनं बोधिसन्दर्शनसमुदागमः । अत्र च तुषितभवनावस्थानं योनिप्रवेशो जातिः कामभोगोऽभिनिर्याणं दुष्करचरणं धर्मचक्रप्रवर्तनं महापरि-निर्वाणादयश्च प्रदर्श्यन्ते, बोधिसन्दर्शनस्य तदभिन्नत्वात् । बोधिसन्दर्शनमिति दृष्टान्तमात्रोक्तेः शेषाण्यपि गृहीतानि] ॥३०॥

८. Is it नियामा as in the Bhāṣya ?
९. Y. यतोऽनेन against Ms.
१०. Bhāṣya कर्मण्यत्वं.
११. Text within [ ] is reconstruction from Tib.
१२. Y's reconstruction : अवैवर्तिकत्वात्.
१३. Y's reconstruction : तदवैवर्तिकता.

[शास्त्रनामव्याख्यानम्]

इत्येतत्

शास्त्रं **मध्यविभागं** हि

मध्यमाप्रतिपत्प्रकाशनात्, मध्यान्तविभागमप्येतन्मध्यस्याऽन्तयोश्च प्रकाशनात्, आद्यपरवर्जितस्यमध्यस्य वा ।

गूढसाराऽर्थमेव च ।

तर्कस्याऽगोचरत्वात्, परवादिभिरभेद्यत्वाच्च यथाक्रमम् ।

महार्थञ्चैव

स्वपराऽधिकारात् ।

सर्वार्थम्

यानत्रयाऽधिकारात् ।

सर्वाऽनर्थप्रणो [२९ ब] दनम् ॥३१॥

क्लेशज्ञेयावरणप्रहाणावाहनात् ॥३१॥

[1][**इत्येवमत्रायाताः** पदार्थाः परिपूर्णा इति । अर्थानुकूल्येन नाम्नोऽभिधानप्रतिपत्त्या वेदं

शास्त्रं मध्यविभागं हि

इत्युच्यते । अत्रावतारणप्रवृत्तिकारणमाह—**मध्यमाप्रतिपत्प्रकाशनादिति** । यस्मादेवमस्मिन् **शास्त्रे** शाश्वतोच्छेदान्तविगता मध्यमा प्रतिपत् प्रदर्शिता तस्मादेतच्छास्त्रं मध्यविभागमित्युक्तम् । मध्यस्य विवरणं प्रकाशश्चेत्यर्थः । **मध्यान्तविभागमप्येतत्** । अत्र कारणमाह—**मध्यस्यान्तयोश्च प्रकाशनादिति** । अतो मध्यान्तविभागमित्युच्यते । तत्र मध्यं ह्यद्वयधर्मधातुः, अन्तस्तु समारोपोऽपवादश्च । **आद्यपरवर्जितस्य मध्यस्य वेति** तथताया इत्**येके । अन्ये** तु मध्यान्तविगतोऽभूतपरिकल्पोऽत्र प्रदर्शित इत्याहुः । अत्र मध्यान्तमिति सम्बद्ध्यते ।

गूढसारार्थमेव च ।

तर्कस्याऽगोचरत्वाद् गूढार्थम्, **परवादिभिरभेद्यत्वात्** सारार्थं **यथाक्रमम्** । तर्कागोचरत्वमस्य निर्विकल्पज्ञानविषयत्वेन गम्यते, सारार्थत्वन्तु यथाभूतार्थदर्शनेन ।

महार्थञ्चैव

स्वपराधिकारादिति बोधिसत्त्वचर्याधिकारात् । एषा च बोधिसत्त्वचर्या स्वस्य परस्य चार्थानधिकरोति ।

सर्वार्थम्

यानत्रयाधिकारादिति श्रावकप्रत्येकबुद्धबोधिसत्त्वमार्गप्रकाशनात् ।

सर्वानर्थप्रणोदनम् ॥

इति । **क्लेशज्ञेयावरणप्रहाणावाहनात्**] ॥३१॥

१. Text within [ ] reconstructed from Tib.

[यानानुत्तर्यपिण्डार्थः]

आनुत्तर्यस्य पिण्डार्थः। समासतस्त्रिविधमानुत्तर्यम्—प्रतिपत्तिः, प्रतिपत्त्याधारः, प्रतिपत्तिफलञ्चैव। सा च प्रतिपत्तिर्यादृशी परमा, येन च

यथाप्रज्ञप्तितो धर्ममहायानमनस्क्रिया (५.७)

इत्येवमादिना, यथा येन प्रकारेणाऽविक्षेपपरिणता च शमथभावनया, अविपर्यासपरिणता च विपश्यनाभावनया, यदर्थञ्च मध्यमया प्रतिपदा निर्याणाऽर्थम्, यत्र च

दशसु भूमिषु (५.२७)

विशिष्टा चाऽविशिष्टा च (५.२७)।

अविपर्यासानाम्पिण्डार्थः। व्यञ्जनाऽविपर्यासेन शमथनिमित्तं प्रतिविध्यति। अर्थाऽविपर्यासेन विपश्यनानिमित्तं प्रतिविध्यति। मनस्काराऽविपर्यासेन विपर्यासनिदानं प्रतिवर्जयति। अविसाराऽविपर्यासेन तन्निमित्तं सुगृहीतं करोति। स्वलक्षणाऽविपर्यासेन तत्प्रतिपक्षेणाऽविकल्पं मार्गं भावयति। सामान्यलक्षणाऽविपर्यासेन व्यवदानप्रकृतिं प्रतिविध्यति। अशुद्धिशुद्धिमनस्काराऽविपर्यासेन तदावरणप्रहीणाऽप्रहीणतां प्रजानाति। तदागन्तुकत्वाऽविपर्यासेन सङ्क्लेशव्यवदानं यथाभूतं प्रजानाति। अत्रासाऽनुन्नत्यविपर्यासेन निरावरणो[1] निर्याति।

॥ [मध्यान्तविभागे] आ[३० अ]नुत्तर्यपरिच्छेदः पञ्चमः॥

॥ समाप्तो मध्यान्तविभागः॥

व्याख्यामिमामुपनिबध्य यदस्ति पुण्यं
पुण्योदयाय महते[2] जगतस्तदस्तु।
ज्ञानोदयाय च यतोऽभ्युदयम्महान्तं
बोधित्रयञ्च न चिराज्जगदश्नुवीत॥

॥इति मध्यान्तविभागकारिकाभाष्यं समाप्तम्॥

कृतिराचार्यभदन्तवसुबन्धोः।

[3][यानानुत्तर्यस्य पिण्डार्थ इति पूर्वं पिण्डार्थाख्यानप्रयोजनमुच्यते। समासतस्त्रिविधमानुत्तर्यमिति व्यासतोऽनन्तमिति। प्रतिपत्तिर्यदुक्तं

आनुत्तर्यं प्रपत्तौ हि (५.१)।

प्रतिपत्त्याधारो यदुक्तम्

पुनरालम्बने

इति। प्रतिपत्तिफलं यदुक्तम्

समुदागम उद्दिष्टम् (५.१)

इति। सा च प्रतिपत्तिर्यादृशी परमेति

परमा द्वादशात्मिका। (५.२)

इत्युक्तम्। येनेति

यथाप्रज्ञप्तितो धर्ममहायानमनस्क्रिया। (५.७)

१. N. निरावरणे against Ms.
२. N. महतो against Ms.
३. Text within [ ] reconstructed from Tib.

इत्येवमादिनेति ।

बोधिसत्त्वस्य सततं प्रज्ञया त्रिप्रकारया ।। (५.८)

इति वचनात् । तथा च

संयुक्ता धर्मचरितैः सा ज्ञेया दशभिः पुनः । (५.९)

इति । **यथा येन प्रकारेणाऽविक्षेपपरिणता च शमथभावनयेति** षड्विधविक्षेपाभावात् । **अविपर्यासपरिणता च विपश्यनाभावनयेति** व्यञ्जनादिषु दशसु विपर्यासाभावात् । **यदर्थञ्च मध्यमया प्रतिपदा निर्याणार्थमित्यन्तद्वयवर्जने प्रतिपत्तिः** । **यत्र चेति** यासु

दशसु भूमिषु । (५. २७)

किमित्यत आह

विशिष्टा चाविशिष्टा च (५.२७)

इति ।

अविपर्यासानां पिण्डार्थः । पुनर्व्यंजनाऽविपर्यासेन शमथनिमित्तं प्रतिविध्यतीति संयोगस्वभावविगतं साक्षात्करोति । **अर्थाविपर्यासेन विपश्यनानिमित्तं** द्वयमपि भ्रान्तिमात्रत्वेन **प्रतिविध्यति** ।

मनस्काराविपर्यासेन विपर्यासनिदानमालयविज्ञानाहितं द्वयाभिनिवेशबीजं **परिवर्जयति**[४] । **अविसाराविपर्यासेन** विपर्यासनिमित्तं मायादिवद् सदसत्त्वानभिनिवेशेन **संगृहीतं**[५] **करोति । स्वलक्षणाविपर्यासेन तत्प्रतिपक्षेणाविकल्पमभिलापरहितं** धर्मस्वलक्षणविषयं **मार्गं भावयति । सामान्यलक्षणाविपर्यासेन व्यवदानप्रकृति** सर्वधर्मसामान्यतया **प्रतिविध्यति । अशुद्धिशुद्धिमनस्काराविपर्यासेन तदावरणप्रहीणाप्रहीणतां प्रजानाति** प्रकृतिप्रभास्वरस्य धर्मधातोरागन्तुकोपक्लेशक्लिष्टत्वात् । **तदागन्तुकत्वाविपर्यासेन संक्लेशव्यवदानं**[६] **प्रजानाति** इति प्रकृतिप्रभास्वरस्यान्यथा संक्लेशस्य व्यवदानस्य चासम्भवात् । **अत्रासानुन्नत्यविपर्यासेन** पुद्गलधर्मानभिनिवेशतो **निरावरणो निर्यातीति** ।

।।समाप्ता चेयमागमानुसारिणी मध्यान्तविभागटीका आचार्यस्थिरमत्युपरचिता । [पारमितापञ्च] विंशतिसाहस्रिकायां हृदयं समाप्तम् ।।

४. Bhāṣya प्रतिवर्जयति.

५. Bhāṣya सुगृहीतं.

६. Ṭīkā omits यथाभूतं of the Bhāṣya text.

APPENDIX-A

आर्यमैत्रेयप्रणीता
मध्यान्तविभागकारिकाः

लक्षणपरिच्छेदः प्रथमः

लक्षणं ह्यावृतिस्तत्त्वं प्रतिपक्षस्य भावना ।
तत्राऽवस्था फलप्राप्तिर्यानाऽऽनुत्तर्यमेव च ॥१॥
अभूतपरिकल्पोऽस्ति द्वयं तत्र न विद्यते ।
शून्यता विद्यते त्वत्र तस्यामपि स विद्यते ॥२॥
न शून्यं नाऽपि चाऽशून्यं तस्मात् सर्वं विधीयते ।
सत्त्वादसत्त्वात् सत्त्वाच्च मध्यमा प्रतिपच्च सा ॥३॥
अर्थसत्त्वात्मविज्ञप्तिप्रतिभासं प्रजायते ।
विज्ञानं नास्ति चास्यार्थस्तदभावात्तदप्यसत् ॥४॥
अभूतपरिकल्पत्वं सिद्धमस्य भवत्यतः ।
न तथा सर्वथाऽभावात् तत्क्षयान्मुक्तिरिष्यते ॥५॥
कल्पितः परतन्त्रश्च परिनिष्पन्न एव च ।
अर्थादभूतकल्पाच्च द्वयाऽभावाच्च देशितः ॥६॥
उपलब्धिं समाश्रित्य नोपलब्धिः प्रजायते ।
नोपलब्धिं समाश्रित्य नोपलब्धिः प्रजायते ॥७॥
उपलब्धेस्ततः सिद्धा नोपलब्धिस्वभावता ।
तस्माच्च समता ज्ञेया नोपलम्भोपलम्भयोः ॥८॥
अभूतपरिकल्पश्च चित्तचैत्तास्त्रिधातुकाः ।
तत्रार्थदृष्टिर्विज्ञानं तद्विशेषे तु चैतसाः ॥९॥
एकं प्रत्ययविज्ञानं द्वितीयम् औपभोगिकम् ।
उपभोगपरिच्छेदप्रेरकास्तत्र चैतसाः ॥१०॥
छादनाद् रोपणाच्चैव नयनात् सम्परिग्रहात् ।
पूरणात् त्रिपरिच्छेदादुपभोगाच्च कर्षणात् ॥११॥
निबन्धनादाभिमुख्याद् दुःखनात् क्लिश्यते जगत् ।
त्रेधा द्वेधा च सङ्क्लेशः सप्तधाऽभूतकल्पनात् ॥१२॥
लक्षणं चाऽथ पर्यायस्तदर्थो भेद एव च ।
साधनञ्चेति विज्ञेयं शून्यतायाः समासतः ॥१३॥
द्वयाऽभावो ह्यभावस्य भावः शून्यस्य लक्षणम् ।
न भावो नाऽपि चाऽभावो न पृथक्त्वैकलक्षणम् ॥१४॥

तथता भूतकोटिश्चाऽनिमित्तं परमार्थता ।
धर्मधातुश्च पर्यायाः शून्यतायाः समासतः ॥१५॥
अनन्यथाऽविपर्यासतन्निरोधार्यगोचरैः ।
हेतुत्वाच्चार्यधर्माणां पर्यायार्थो यथाक्रमम् ॥१६॥
सङ्क्लिष्टा च विशुद्धा च समला निर्मला च सा ।
अब्धातुकनकाकाशशुद्धिवच्छुद्धिरिष्यते ॥१७॥
भोक्तृभोजनतद्देहप्रतिष्ठावस्तुशून्यता ।
तच्च येन यथा दृष्टं यदर्थं तस्य शून्यता ॥१८॥
शुभद्वयस्य प्राप्त्यर्थं सदा सत्त्वहिताय च ।
संसाराऽत्यजनार्थञ्च कुशलस्याऽक्षयाय च ॥१९॥
गोत्रस्य च विशुद्ध्यर्थं लक्षणव्यञ्जनाप्तये ।
शुद्धये बुद्धधर्माणां बोधिसत्त्वः प्रपद्यते ॥२०॥
पुद्गलस्याऽथ धर्माणामभावः शून्यताऽत्र हि ।
तदभावस्य सद्भावस्तस्मिन् सा शून्यताऽपरा ॥२१॥
सङ्क्लिष्टा चेद् भवेन्नाऽसौ मुक्ताःस्युः सर्वदेहिनः ।
विशुद्धा चेद् भवेन्नाऽसौ व्यायामो निष्फलो भवेत् ॥२२॥
न क्लिष्टा नाऽपि वाऽक्लिष्टा शुद्धाऽशुद्धा न चैव सा ।
प्रभास्वरत्वाच्चित्तस्य क्लेशस्यागन्तुकत्वतः ॥२३॥

॥ इति लक्षणपरिच्छेदः प्रथमः ॥

आवरणपरिच्छेदो द्वितीयः

व्यापि प्रादेशिकोद्रिक्तसमादानविवर्जनम् ।
द्वयावरणमाख्यातं नवधा क्लेशलक्षणम् ॥१॥
संयोजनान्यावरणमुद्वेगसमुपेक्षयोः ।
तत्त्वदृष्टेश्च सत्कायदृष्टेस्तद्वस्तुनोऽपि च ॥२॥
निरोधमार्गरत्नेषु लाभसत्कार एव च ।
सङ्क्लेशस्य परिज्ञाने शुभादौ दशधाऽपरम् ॥३॥
अप्रयोगोऽनायतनेऽयोगविहितश्च यः ।
नोत्पत्तिरमनस्कारः सम्भारस्याऽप्रपूर्णता ॥४॥
गोत्रमित्रस्य वैधुर्यं चित्तस्य परिखेदिता ।
प्रतिपत्तेश्च वैधुर्यं कुदुष्टजनवासता ॥५॥
दौष्ठुल्यमवशिष्टत्वं त्रयात् प्रज्ञाऽविपक्वता ।
प्रकृत्या चैव दौष्ठुल्यं कौसीद्यं च प्रमादिता ॥६॥

सक्तिर्भवे च भोगे च लीनचित्तत्वमेव च ।
अश्रद्धाऽनधिमुक्तिश्च यथारुतविचारणा ॥७॥
सद्धर्मेऽगौरवं लाभे गुरुताऽकृपता तथा ।
श्रुतव्यसनमल्पत्वं समाध्यपरिकर्मिता ॥८॥
शुभं बोधिः समादानं धीमत्त्वाऽभ्रान्त्यनावृती ।
नत्यत्रासोऽमत्सरित्वं वशित्वञ्च शुभादयः ॥९॥
त्रीणि त्रीणि च एतेषां ज्ञेयान्यावरणानि हि ।
पक्ष्यपारमिताभूमिष्वन्यदावरणं पुनः ॥१०॥
वस्त्वकौशलकौसीद्यं समाधेर्द्वयहीनता ।
अरोपणाऽथ दौर्बल्यं दृष्टिदौष्ठुल्यदुष्टता ॥११॥
ऐश्वर्यस्याऽथ सुगतेः सत्त्वाऽत्यागस्य चावृतिः ।
हानिवृद्ध्योश्च दोषाणां गुणानामवतारणे ॥१२॥
विमोचनेऽक्षयत्वे च नैरन्तर्ये शुभस्य च ।
नियतीकरणे धर्मसम्भोगपरिपाचने ॥१३॥
सर्वत्रगार्थे अग्रार्थे निष्यन्दाग्रार्थ एव च ।
निष्परिग्रहतार्थे च सन्तानाऽभेद एव च ॥१४॥
निस्सङ्क्लेशविशुद्धचर्थेऽनानात्वार्थ एव च ।
अहीनाऽनधिकार्थे च चतुर्धावशिताश्रये ॥१५॥
धर्मधातावविद्येयमक्लिष्टा दशधावृतिः ।
दशभूमिविपक्षेण प्रतिपक्षास्तु भूमयः ॥१६॥
क्लेशावरणमाख्यातं ज्ञेयावरणमेव च ।
सर्वाण्यावरणानीह यत्क्षयान्मुक्तिरिष्यते ॥१७॥

॥ इत्यावरणपरिच्छेदो द्वितीयः ॥

तत्त्वपरिच्छेदस्तृतीयः

मूललक्षणतत्त्वमविपर्यासलक्षणम् ।
फलहेतुमयं तत्त्वं सूक्ष्मौदारिकमेव च ॥१॥
प्रसिद्धं शुद्धिविषयं सङ्ग्राह्यं भेदलक्षणम् ।
कौशल्यतत्त्वं दशधा आत्मदृष्टिविपक्षतः ॥२॥
स्वभावस्त्रिविधोऽसच्च नित्यं सच्चाऽप्यतत्त्वतः ।
सदसत्तत्त्वतश्चेति स्वभावत्रयमिष्यते ॥३॥
समारोपाऽपवादस्य धर्मपुद्गलयोरिह ।
ग्राह्यग्राहकयोश्चापि भावाऽभावे च दर्शनम् ॥४॥

यज्ज्ञानान्न प्रवर्तेत तद्धि तत्त्वस्य लक्षणम् ।
असदर्थो ह्यनित्यार्थ उत्पादव्ययलक्षणः ॥५॥

समलाऽमलभावेन मूलतत्त्वे यथाक्रमम् ।
दुःखमादानलक्ष्माख्यं सम्बन्धेनाऽपरं मतम् ॥६॥

अभावश्चाप्यतद्भावः प्रकृतिः शून्यता मता ।
अलक्षणञ्च नैरात्म्यं तद्विलक्षणमेव च ॥७॥

स्वलक्षणञ्च निर्दिष्टं दुःखसत्यमतो मतम् ।
वासनाऽथ समुत्थानमविसंयोग एव च ॥८॥

स्वभावद्वयनोत्पत्तिर्मलशान्तिद्वयं मतम् ।
परिज्ञायां प्रहाणे च प्राप्तिसाक्षात्कृतावयम् ॥९॥

मार्गसत्यं समाख्यातं प्रज्ञप्तिप्रतिपत्तितः ।
तथोद्भावनयौदारं परमार्थन्तु एकतः ॥१०॥

अर्थप्राप्तिप्रपत्त्या हि परमार्थस्त्रिधा मतः ।
निर्विकाराऽविपर्यासपरिनिष्पत्तितो द्वयम् ॥११॥

लोकप्रसिद्धमेकस्मान् त्रयाद् युक्तिप्रसिद्धकम् ।
विशुद्धगोचरं द्वेधा एकस्मादेव कीर्तितम् ॥१२॥

निमित्तस्य विकल्पस्य नाम्नश्च द्वयसङ्ग्रहः ।
सम्यग्ज्ञानसतत्त्वस्य एकेनैव च सङ्ग्रहः ॥१३॥

प्रवृत्तितत्त्वं द्विविधं सन्निवेशकुपन्नता ।
एकं लक्षणविज्ञप्तिशुद्धिसम्यक्प्रपन्नता ॥१४॥

एकहेतुत्वभोक्तृत्वकर्तृत्ववशवर्तने ।
आधिपत्यार्थनित्यत्वे क्लेशशुद्ध्याश्रयेऽपि च ॥१५॥

योगित्वाऽमुक्तमुक्तत्वे आत्मदर्शनमेषु हि ।
परिकल्पविकल्पार्थधर्मतार्थेन तेषु ते ॥१६॥

अनेकत्वाऽभिसङ्क्षेपपरिच्छेदार्थ आदितः ।
ग्राहकग्राह्यतद्ग्राहबीजार्थश्चाऽपरो मतः ॥१७॥

वेदितार्थपरिच्छेदभोगायद्वारतोऽपरम् ।
पुनर्हेतुफलायासानारोपाऽनपवादतः ॥१८॥

अनिष्टेष्टविशुद्धीनां समोत्पत्त्याधिपत्ययोः ।
सम्प्राप्तिसमुदाचारपारतन्त्र्यार्थतोऽपरम् ॥१९॥

ग्रहणस्थानसन्धानभोगशुद्धिद्वयार्थतः ।
फलहेतूपयोगार्थनोपयोगात्तथाऽपरम् ॥२०॥

वेदनासनिमित्तार्थतन्निमित्तप्रपत्तितः ।
तच्छमप्रतिपक्षार्थयोगादपरमिष्यते ॥२१॥

गुणदोषाऽविकल्पेन ज्ञानेन परतः स्वयम् ।
निर्याणादपरं ज्ञेयं सप्रज्ञप्तिसहेतुकात् ॥२२॥
निमित्तात् प्रशमात् सार्थात् पश्चिमं समुदाहृतम् ॥

॥ इति तत्त्वपरिच्छेदस्तृतीयः ॥

प्रतिपक्षभावनाऽवस्थाफलपरिच्छेदश्चतुर्थः

दौष्ठुल्यात् तर्षहेतुत्वाद् वस्तुत्वादविमोहतः ।
चतुस्सत्यावताराय स्मृत्युपस्थानभावना ॥१॥
परिज्ञाते विपक्षे च प्रतिपक्षे च सर्वथा ।
तदपायाय वीर्यं हि चतुर्धा सम्प्रवर्तते ॥२॥
कर्मण्यता स्थितेस्तत्र सर्वार्थानां समृद्धये ।
पञ्चदोषप्रहाणाऽष्टसंस्कारासेवनाऽन्वया ॥३॥
कौसीद्यमववादस्य सम्मोषो लय उद्धवः ।
असंस्कारोऽथ संस्कारः पञ्च दोषा इमे मताः ॥४॥
आश्रयोऽथाश्रितस्तस्य निमित्तं फलमेव च ।
आलम्बनेऽसम्मोषो लयौद्धत्यानुबुद्धचना ॥५॥
तदपायाऽभिसंस्कारः शान्तौ प्रशठवाहिता ।
रोपिते मोक्षभागीये च्छन्दयोगाधिपत्यतः ॥६॥
आलम्बनेऽसम्मोषाविसारविचयस्य च ।
विपक्षस्य हि संलेखात् पूर्वस्य फलमुत्तरम् ॥७॥
द्वौ द्वौ निर्वेधभागीयाविन्द्रियाणि बलानि च ।
आश्रयाङ्गं स्वभावाङ्गं निर्याणाङ्गं तृतीयकम् ॥८॥
चतुर्थमनुशंसाङ्गं निःक्लेशाङ्गं त्रिधा मतम् ।
निदानेनाश्रयेणेह स्वभावेन च देशितम् ॥९॥
परिच्छेदोऽथ सम्प्राप्तिः परसम्भावना त्रिधा ।
विपक्षप्रतिपक्षश्च मार्गस्याङ्गं तदष्टधा ॥१०॥
दृष्टौ शीलेऽथ संलेखे परविज्ञप्तिरिष्यते ।
क्लेशोपक्लेशवैभुत्वविपक्षप्रतिपक्षता ॥११॥
अनुकूला विपर्यस्ता सानुबन्धा विपर्यया ।
अविपर्यस्तविपर्यासाऽननुबन्धा च भावना ॥१२॥
आलम्बनमनस्कारप्राप्तितस्तद्विशिष्टता ।
हेत्ववस्थाऽवताराख्या प्रयोगफलसंज्ञिता ॥१३॥

कार्याकार्यविशिष्टा च उत्तराऽनुत्तरा च सा ।
अधिमुक्तौ प्रवेशे च निर्याणे व्याकृतावपि ॥१४॥

कथिकत्वेऽभिषेके च सम्प्राप्तावनुशंसने ।
कृत्यानुष्ठान उद्दिष्टा धर्मधातौ त्रिधा पुनः ॥१५॥

अशुद्धाशुद्धशुद्धा च विशुद्धा च यथार्थतः ।
पुद्गलानां व्यवस्थानं यथायोगमतो मतम् ॥१६॥

भाजनत्वं विपाकाख्यं बलन्तस्याधिपत्यतः ।
रुचिर्वृद्धिर्विशुद्धिश्च फलमेतद् यथाक्रमम् ॥१७॥

उत्तरोत्तरमाद्यञ्च तदभ्यासात् समाप्तितः ।
आनुकूल्याद् विपक्षाच्च विसंयोगाद् विशेषतः ॥१८॥
उत्तराऽनुत्तरत्वाच्च फलमन्यत् समासतः ।

॥ इति प्रतिपक्षभावनादिपरिच्छेदश्चतुर्थः ॥

यानाऽऽनुत्तर्यपरिच्छेदः पञ्चमः

आनुत्तर्यं प्रपत्तौ हि पुनरालम्बने मतम् ।
समुदागम उद्दिष्टं प्रतिपत्तिस्तु षड्विधा ॥१॥

परमाऽथ मनस्कारे अनुधर्मेऽन्तवर्जने ।
विशिष्टा चाविशिष्टा च परमा द्वादशात्मिका ॥२॥

औदार्यमायतत्वञ्च अधिकारोऽक्षयात्मता ।
नैरन्तर्यमकृच्छ्रत्वं वित्तत्वञ्च परिग्रहः ॥३॥

आरम्भप्राप्तिनिष्यन्दनिष्पत्तिः परमा मता ।
ततश्च परमार्थेन दश पारमिता मताः ॥४॥

दानं शीलं क्षमा वीर्यं ध्यानं प्रज्ञा उपायता ।
प्रणिधानं बलं ज्ञानमेताः पारमिता दश ॥५॥

अनुग्रहोऽविघातश्च कर्म तस्य च मर्षणम् ।
गुणवृद्धिश्च सामर्थ्यमवतारविमोचने ॥६॥

अक्षयत्वं सदा वृत्तिर्नियतं भोगपाचने ।
यथाप्रज्ञप्तितो धर्ममहायानमनस्क्रिया ॥७॥

बोधिसत्त्वस्य सततं प्रज्ञया त्रिप्रकारया ।
धातुपुष्टचै प्रवेशाय चार्थसिद्ध्यै भवत्यसौ ॥८॥

संयुक्ता धर्मचरितैः सा ज्ञेया दशभिः पुनः ।
लेखना पूजना दानं श्रवणं वाचनोद्ग्रहः ॥९॥

प्रकाशनाऽथ स्वाध्यायश्चिन्तना भावना च तत् ।
अमेयपुण्यस्कन्धं हि चरितं तद् दशात्मकम् ॥१०॥

विशेषादक्षयत्वाच्च परानुग्रहतोऽशमात् ।
अविक्षिप्ताऽविपर्यासप्रणता चाऽनुधार्मिकी ॥११॥

व्युत्थानं विषये सारस्तथास्वादलयोद्धवः ।
सम्भावनाऽभिसन्धिश्च मनस्कारेऽप्यहंकृतिः ॥१२॥

हीनचित्तञ्च विक्षेपः परिज्ञेयो हि धीमता ।
व्यञ्जनाऽर्थमनस्कारेऽविसारे लक्षणद्वये ॥१३॥

अशुद्धशुद्धावागन्तुकत्वेऽत्रासिताऽनुन्नतौ ।
संयोगात् संस्तवाच्चैव वियोगादप्यसंस्तवात् ॥१४॥

अर्थसत्त्वमसत्त्वञ्च व्यञ्जने सोऽविपर्ययः ।
द्वयेन प्रतिभासत्वं तथा चाऽविद्यमानता ॥१५॥

अर्थे स चाऽविपर्यासः सदसत्त्वेन वर्जितः ।
तज्जल्पभावितो जल्पमनस्कारस्तदाश्रयः ॥१६॥

मनस्कारेऽविपर्यासो द्वयप्रख्यानकारणे ।
मायादिवदसत्त्वञ्च सत्त्वञ्चाऽर्थस्य तन्मतम् ॥१७॥

सोऽविसारेऽविपर्यासो भावाऽभावाऽविसारतः ।
सर्वस्य नाममात्रत्वं सर्वकल्पाऽप्रवृत्तये ॥१८॥

स्वलक्षणेऽविपर्यासः परमार्थे स्वलक्षणे ।
धर्मधातुविनिर्मुक्तो यस्माद् धर्मो न विद्यते ॥१९॥

सामान्यलक्षणन्तस्मात् स च तत्राऽविपर्ययः ।
विपर्यस्तमनस्काराऽविहानिपरिहाणितः ॥२०॥

तदशुद्धिर्विशुद्धिश्च स च तत्राऽविपर्ययः ।
धर्मधातोर्विशुद्धत्वात् प्रकृत्या व्योमवत्पुनः ॥२१॥

द्वयस्यागन्तुकत्वं हि स च तत्राऽविपर्ययः ।
संक्लेशश्च विशुद्धिश्च धर्मपुद्गलयोर्न हि ॥२२॥

असत्त्वात् त्रासतामानौ नाऽतः सोऽत्राऽविपर्ययः ।
पृथक्त्वैकत्वमन्तश्च तीर्थ्यश्रावकयोरपि ॥२३॥

समारोपाऽपवादाऽन्तो द्विधा पुद्गलधर्मयोः ।
विपक्षप्रतिपक्षाऽन्तः शाश्वतोच्छेदसंज्ञितः ॥२४॥

ग्राह्यग्राहकसंक्लेशव्यवदाने द्विधा त्रिधा ।
विकल्पद्वयताऽन्तश्च स च सप्तविधो मतः ॥२५॥

भावाऽभावे प्रशाम्येऽथ शमने ऽस्यतद्द्वये ।
ग्राह्यग्राहेऽथ सम्यक्त्वमिथ्यात्वे व्यापृतौ न च ।।२६।।

अजन्मसमकालत्वे स विकल्पद्वयाऽन्तता ।
विशिष्टा चाऽविशिष्टा च ज्ञेया दशसु भूमिषु ।।२७।।

व्यवस्थानन्ततो धातुः साध्यसाधनधारणा ।
अवधारप्रधारा च प्रतिवेधः प्रतानता ।।२८।।

प्रगमः प्रशठत्वञ्च प्रकर्षालम्बनम्मतम् ।
अवैकल्याऽप्रतिक्षेपोऽविक्षेपश्च प्रपूरणा ।।२९।।

समुत्पादो निरूढिश्च कर्मण्यत्वाऽप्रतिष्ठिता ।
निरावरणता तस्याऽप्रस्रब्धिसमुदागमः ।।३०।।

शास्त्रं मध्यविभागं हि गूढसारार्थमेव च ।
महार्थञ्चैव सर्वार्थं सर्वाऽनर्थप्रणोदनम् ।।३१।।

।। इति यानानुत्तर्यपरिच्छेदः पञ्चमः ।।

समाप्ता मध्यान्तविभागकारिका:

Bhāṣya-Index

[Ref. to pages; only important words listed]

S.=See